Sybille Bedford EIN VERMÄCHTNIS

DIE ANDERE BIBLIOTHEK
Herausgegeben
von Hans Magnus Enzensberger

SYBILLE

BEDFORD

EIN VERMÄCHTNIS

Aus dem Englischen neu übersetzt
und mit einem Dossier versehen
von REINHARD KAISER

Eichborn Verlag
Frankfurt am Main 2003

ISBN 3-8218-4519-8

First published by Weidenfeld & Nicolson 1956

INHALT

ERSTER TEIL
EIN HAUS

Die ersten neun Jahre meines Lebens verbrachte ich in Deutschland – in einem regelmäßigen Hin und Her zwischen zwei Häusern. Das eine war ungeheuer groß und häßlich, ein gewaltiges wilhelminisches Stadthaus im alten Westen von Berlin, das die Eltern der ersten Frau meines Vaters gebaut hatten und bewohnten. Das andere war schön, ein kleines Château aus dem 17. Jahrhundert mit einem Park, im Südwesten des Landes, am Fuß der Vogesen, das meine Mutter für meinen Vater gekauft hatte.

Zur Welt gekommen bin ich jedoch in einer eigens aus diesem Anlaß gemieteten Wohnung in Charlottenburg, einem Vorort von Berlin. Mein Vater und meine Mutter lebten damals (zu Beginn des Jahrhunderts) in Spanien; verschiedene Umstände hatten sie nach Berlin geholt. Den ersten Schwiegereltern meines Vaters, bei denen er normalerweise unterkam, war jegliche Aufregung unter ihrem Dach ein Greuel, und an eine Entbindungsklinik dachte niemand. Also wurde eine Wohnung hergerichtet, und ihr größter Vorteil scheint darin bestanden zu haben, daß sie auch den Pferden meiner Eltern Platz bot, denn die Vorstellung, ihre Tiere in einem fremden Stall unterzubringen, mißfiel beiden sehr. Über eine Rampe gelangten die Pferde von der Straße in ihr Quartier, das nur durch eine dünne Wand vom Schlafzimmer meiner Mutter getrennt war. Später erzählte sie mir, wie sie nachts ihrem Kauen gelauscht habe und wie tröstlich es ihr erschienen sei.

Das Haus, in dem ich nicht zur Welt kam, lag an der Voßstraße; hinten hinaus grenzte es an die Reichskanzlei, und heute ist es, glaube ich, zerstört.

Dorthin zogen wir drei Wochen nach meiner Geburt.

Die erste Frau meines Vaters war jung gestorben und hatte ein kleines Mädchen hinterlassen. Niemand, den es etwas anging, wunderte sich darüber, daß der Witwer an seiner Stellung als Sohn des Hauses auch dann noch festhielt, als er zehn Jahre später meine Mutter heiratete; seine Gastgeber hatten inzwischen die Achtzig überschritten und betrachteten ihn längst als festes Mitglied ihrer eigenen Familie. Ihre Wahrnehmung war nicht mehr die schärfste, und so fiel ihnen kaum auf, daß sich ihre Gastfreundschaft nun auch auf meine Mutter, ihr Personal und ihr Kind erstreckte. Sie hießen Merz. Arthur und Henrietta Merz. Sie waren, glaube ich, Vetter und Cousine zweiten Grades und gehörten zum jüdischen Großbürgertum von Berlin, zu jenem Dutzend Familien, den Oppenheims und Mendelssohns und Simons, deren Geld damals noch aus dem Bankgewerbe und dem Handel kam, die aber auch die Künste und Wissenschaften förderten, oft sogar selbst praktizierten, und deren Häuser mit ihren musikalischen Abenden und ihren Bildern während der letzten hundertzwanzig Jahre wie Oasen in der preußischen Hauptstadt gewesen waren. Die Merz waren nicht etwa entfernte, sondern direkte Nachfahren jener Henrietta Merz, die mit Goethe und Mirabeau, mit Schleiermacher und den Humboldts befreundet gewesen war – jener Frau, die, kaum daß sie das Ghetto verlassen hatte, einen Salon eröffnete, wo sie die Übersetzer Shakespeares mit gutem Rat und den preußischen König mit würdiger Zurückhaltung empfing – eine gefeierte Dame mit stattlicher Figur und griechischem Profil, einem großen Bekanntenkreis, etlichen Liebhabern und einer ausgedehnten Korrespondenz; wie George Eliot sprach sie Englisch, Deutsch, Französisch, Italienisch, Spanisch, Latein, Griechisch und Hebräisch, und im Unterschied zu George Eliot las sie außerdem Schwedisch. Doch nicht die geringste Spur dieses Erbes hatte sich bei »Großmama« und »Großpapa« Merz erhalten – so lehrte man mich sie nennen, als ich sprechen lernte, und nur so kann ich auch heute ungezwungen von ihnen sprechen. An keinem Punkt reichten ihre Interessen, ihre Vorlieben, ihre Gedanken über die eigene Familie und das eigene Wohlbefinden hinaus. Während andere Angehörige jener Welt, die auch die ihre hätte sein können, unter Schubert- und Haydnklängen dinierten, die Wissenschaft förderten, neben die Bouchers und den Delacroix an ihren Wänden nun auch Landschaften von Corot hängten oder gar schon ihren ersten Picasso kauften, ließen die Merz in ihrem Haus erstmals Klingelzüge anbringen und die Polster erneuern. Außerhalb des Ballsaals und des Kinderzimmers wurde Musik in der Voßstraße nie vernommen. Die Merz verreisten auch nie. Sie fuhren nie aufs Land. Sie fuhren überhaupt nirgendwohin, außer zur Kur, und dann benutzten sie einen privaten Eisenbahnwagen und nahmen eigene Bettwäsche mit.

Sie verschafften sich keine Bewegung und trieben keinen Sport; von den Kutschpferden abgesehen, hielten sie keine Tiere und duldeten auch keine im Haus. Das Hausmeisterehepaar im Souterrain neben der Heizung hielt einen Kanarienvogel, aber keine Spürnase hatte je die warme Luft in den oberen Etagen erschnüffelt, keine pelzige Pfote je den türkischen Läufer betreten, kein Zahn je das Mahagoni oder den Plüsch benagt und keine Kralle daran gekratzt – und in jedem Zimmer war eine diskrete Mausefalle aufgestellt. Die Merz hatten keine Freunde, benutzten auch das Wort nur selten, und Besuch empfingen sie nicht, abgesehen von der Verwandtschaft, dem Hausarzt und einem meist etwas ärmlich wirkenden Gast, den sie bisweilen auf den vierzehnten Platz an ihre Tafel luden. Trotzdem waren sie nie allein. Wenn der Friseur nicht zugegen war, dann die Maniküre. Nie hatte Großmama Merz ein Bad genommen, bei dem nicht auch ihre Zofe anwesend gewesen wäre und ihr beigestanden hätte. Läden besuchten sie nie. Die Dinge wurden ihnen zur Auswahl ins Haus geschickt, und auch Anproben fanden daheim statt. Sie lasen nicht. Es gab einen Rauchsalon und ein Billardzimmer, das niemand benutzte, aber eine Bibliothek – und sei es nur, um den Schein zu wahren – gab es nicht, und ich kann mich nicht erinnern, daß ich bei ihnen je ein Buch hätte herumliegen sehen.

Das einzige Druckerzeugnis, dem man in ihrem Haus begegnete, war die *Kreuzzeitung* – ein dünnes, inzwischen verblichenes, auch damals schon für verkalkt geltendes preußisches Tageblatt, das im wesentlichen aus Nachrufen und Mitteilungen über Eheschließungen und Geburten bestand. Auszüge daraus wurden Großpapa jeden Nachmittag in Anwesenheit seiner Frau vorgelesen, wobei gelegentlich auch Artikel zum Vortrag kamen, die speziell für sie von Interesse sein mochten. Ein Sohn im mittleren Alter – ein richtiger Sohn, nicht so einer wie mein Vater –, der im Haus wohnte, kam oft mit einer Ausgabe der *Börsen-Zeitung* nach unten. In jüngeren Jahren hatte Großpapa Merz an Vorstandssitzungen teilgenommen; inzwischen empfing er nur noch von Zeit zu Zeit ein äußerst seriös wirkendes Individuum, das in einer Mappe neben allerlei Papieren, die unterschrieben werden mußten, auch Banknoten und Gold bei sich führte. Dieser Mann wurde »der Buchhalter« genannt. Das Geld, das er brachte, wurde dem Hausdiener Gottlieb übergeben, der damit die Löhne und die Haushaltsrechnungen bestritt und sich im übrigen auch um die persönlichen Ausgaben seiner Herrschaften kümmerte, den Droschkenkutschern meiner Mutter vor der Haustür ein Trinkgeld gab und meiner Halbschwester nicht immer ganz unbedeutende Summen vorstreckte. Die Geldscheine waren jedenfalls immer neu. Geld galt als unhygienisch, genau wie Tiere, und die Hausangestellten waren gehalten, *gebrauchte* Scheine zu meiden. Deshalb wurden sie direkt aus der Notenpresse bezahlt. An das Problem mit dem Wechselgeld dachte niemand.

Im Laufe der Jahre, in denen ich – mit meinem Kindermädchen, mit meinen Spielsachen und oft auch mit mir allein – in gewissen Abständen in einem der oberen Stockwerke des Merz-Hauses zu Gast war, wurde Großpapa langsam neunzig, ein kleiner, zerbrechlich wirkender, eleganter alter Herr, der sich in seinem langen, altmodischen Rock und seinen engen, braunen Hosen immer kerzengerade hielt. Er hatte einen glatten rosa Kopf, schneeweiße buschige Koteletten, aber keinen Bart, und ein faltenlos glattes, fast glänzendes rosa Gesicht. Seine Füße waren klein und seine Schuhe vorn abgerundet. Er ging steif und langsam, aber auch ohne Stock oder stützenden Arm vollkommen aufrecht. Und er sprach das mal schleppende, mal schlagfertige Berlinisch der Lohnkutscher seiner Jugend.

Großmama Merz war eine rundliche Frau, eingewickelt wie ein kleines Paket in Stoffe, Falten und Haut und mit Broschen besteckt, deren Diamanten ziemlich grau aussahen, obenauf ein Gebilde aus struppigem, grauem Haar. Sie hatte mollige, ruhige Hände und einen watschelnden Gang. Groß und unbestimmt dehnte sich ihr rundes Gesicht, weniger glatt als das ihres Mannes, aber für ihr Alter doch faltenarm – mit einer Miene, die sanft und verdrießlich zugleich wirkte. Sie sprach in einem langsamen, hellen

Singsang, und nicht immer war klar, ob sie sich gerade mit sich selbst oder mit anderen unterhielt. Sie trug ein breites Perlenkollier, eine Uhr am Halsband und einen Schlüsselbund an der Hüfte, und jeden Morgen besprach sie sich eine halbe Stunde mit der Köchin.

Großmama Merz hatte ihre Ausfahrten mit dem Wagen schon vor zwanzig Jahren aufgegeben; Großpapa hingegen hatte sie beibehalten und hielt auch an den Vergnügungen seiner Jugend und seines reiferen Alters fest, indem er nach wie vor seinen Club aufsuchte und seine Nachmittage durch die Gesellschaft eines wohlgeformten Beines aufhellte. Für die Familie ergaben sich daraus gewisse Schwierigkeiten. Großpapa war ja doch viel zu gebrechlich, als daß man ihn mit dem Ballettcorps hätte herumturnen lassen können, und Ballettangehörige in der Voßstraße waren undenkbar. Wo also ein wohlgeformtes Bein hernehmen? – denn tatsächlich war dies die eine und einzige Vollkommenheit, um die es dem alten Herrn zu tun war. Im Umkreis der Familie fand sich gewiß keines, denn auch die Bekannten selbst der jüngeren Angehörigen hatten ihre siebte Saison in Marienbad längst hinter sich. Die Antwort lautete: im preußischen Adel. Lange, ansehnliche Beine waren bei den Damen dieser Kaste naturgegeben. Als Kaste indessen standen sie nicht besonders gut da. Und so kam es, daß sich eine lange Prozession von lauter knappgehaltenen Schwestern splendider Kavallerieoffiziere und schlechtversorgten Offizierswitwen in Bewegung setzte, magere Frauen mit langen Gliedern und verbrauchten, verschlossenen, glänzenden Gesichtern, Fräulein von Buchtenau, Fräulein von der Wahnenwitz, Frau von Stein und Frau von Demuth – die in die Voßstraße kamen, um nach dem Mittagsschlaf aus der *Kreuzzeitung* vorzulesen und in einfachen, hochgeschlossenen Blusen und langen Röcken, die gelegentlich die Verheißung einer zierlichen Ferse offenbarten, an den Ausfahrten teilzunehmen. Sie wurden »Gesellschafterinnen« genannt, und Großmama schüttelte oft den Kopf über ihre Fluktuation. Denn keine dieser steifen Damen hielt sich lange. Dem Fräulein zu der Hardeneck hatte der alte Herr einen Geldschein unter das Strumpfband zu schieben versucht, und zu Frau von Kummer hatte er »Mausi« gesagt. Gottlieb, der sich mit allem auskannte, sorgte für Nachfolgerinnen.

»Der junge Reußleben hat überall Schulden«, verkündete er beim Mittagessen. Gottlieb ergriff das Wort, wann immer er es für richtig hielt. Er war fast siebzig und hatte vor fünfundfünfzig Jahren als Stiefelputzer im Haus angefangen. In seinem vollen, glattrasierten, blühenden Gesicht blitzten kleine, blaue, listig dreinblickende Augen, während er federnd und würdevoll seinen Dienst versah. Er war praktizierender Lutheraner und in dieser Beziehung ein Vorbild für die übrigen Hausangestellten. »Soviel ich weiß, setzt ihm sein Schneider ordentlich zu.«

Mein Vater blickte auf. »Sein Schneider?«

»Faßkessel & Muntmann, Herr Baron.«

»Nie gehört«, sagte mein Vater und strich zärtlich über sein Jackett.

»Teurer Laden«, sagte Friedrich, der Sohn, der im Haus wohnte. »Viel zu gut für arme Leutnants.«

»Was ist gut?« fragte Großmama Merz, die am Kopf des Tisches saß.

»Nichts, Mama«, sagte ihr Sohn.

»Das Soufflé ist auch zu trocken.«

Mein Vater sah sich am Tisch nach jemandem um, mit dem er sich unterhalten konnte. Mehrere Themen kamen in Frage. Erstens war er der festen Überzeugung, daß Fisch als solcher erkennbar und nicht zu Soufflé verrührt serviert werden solle. Außerdem war ihm nicht begreiflich, wie jemand zu einem deutschen Schneider gehen konnte. Aber er war auch sehr höflich. Außer den beiden alten Leuten und ihrem Sohn saßen noch Großonkel Emil und Vetter Markwald mit am Tisch – zwei alte Herren, von denen der eine bucklig und sehr freundlich war. Beide hatten in jungen Jahren ihr Vermögen eingebüßt oder durchgebracht und lebten nun schon seit dreißig Jahren im Haus; außerdem war da noch meine Halbschwester und ihre französische Gouvernante. Meine Mutter kam selten zum Mittagessen herunter, und mein Kindermädchen, das kein Wort von den Gesprächen verstanden hätte, bekam das ihre auf einem Tablett oben serviert. Der Blick meines Vaters fiel auf mich. Ich war vielleicht vier oder fünf. Er hüstelte.

»Siehst du«, sagte er gleichmütig, »das heißt nun aber nicht, daß man hierzulande keinen guten Stiefelmacher finden könnte.«

»Fünf Schwestern«, sagte Gottlieb. »Zwei von ihnen erwachsen. Wir könnten es mit der Ältesten versuchen.«

»Was ist los?« fragte Großmama.

Man erklärte es ihr.

»Aber kommt denn heute nicht Fräulein – wie-heißt-sie-doch-gleich?«

»Fräulein von Kalkenrath hat es vorgezogen, uns zu verlassen, gnädige Frau«, sagte Gottlieb und betonte dabei jede einzelne Silbe.

»Sehr ungehörig«, sagte Großmama, den Kopf über den Teller gebeugt.

»Manchmal kommt eine Veränderung gar nicht so ungelegen, gnädige Frau.«

»Ich will keine Veränderungen«, erwiderte sie etwas lauter.

»Sagten Sie, die *ältere* Schwester?« fragte ihr Mann, dem kein Wort entgangen war.

»Die jüngere hinkt, soviel ich weiß, Herr Geheimrat.«

»Spielt für uns keine Rolle«, sagte Großmama.

»Wenn Sie mir den Hinweis gestatten, gnädige Frau«, sagte Gottlieb mit seiner klangvollen Stimme, »eine Dame, die sicher auf den Beinen steht, wäre Herrn Geheimrat bei seinen Ausfahrten von größerem Nutzen.«

»Das reicht jetzt, Gottlieb«, sagte Friedrich.

»Ich wollte Frau Geheimrat nur unser Problem erläutern.«

Mit einem Ausdruck beherrschter Verzweiflung hob mein Vater den Kopf. Er war sensibel und weltmännisch zugleich und sehr empfindlich gegen Entgleisungen, die beides vermissen ließen. Er nahm seine Gabel in die Hand, betrachtete sie und legte sie im nächsten Augenblick wieder zurück, weil ihm eingefallen war, daß ihm ihre Form noch nie gefallen hatte und daß Gottlieb das Silber immer zu stark polierte.

Den alten Merz hatten ihre Kinder wenig Glück gebracht. Die beiden Töchter waren als junge Frauen an Schwindsucht gestorben. Innerhalb eines Jahres hatte es diese hübschen, verzärtelten Mädchen eine nach der anderen dahingerafft. Beide waren kurz verheiratet gewesen. Ihr Tod hinterließ in Berlin einen tiefen Eindruck – die alten Merz hatten immer für etwas abseits stehend gegolten: nun wurde dem Verlust der beiden Töchter eine fast mythische Bedeutung beigemessen, und allen, die davon hörten, blieb er unvergeßlich. Die Mädchen hatten Melanie und Flora geheißen, aber ihre Namen wurden im Haus nie erwähnt.

Der zweite Sohn, Friedrich, war ein träger Beamter von achtundfünfzig oder neunundfünfzig Jahren mit ledrigem Gesicht. Es hieß, er lege jedes Jahr sein ganzes Gehalt und die Hälfte der Zuwendungen, die er von der Familie bekam, auf die hohe Kante. Er soll ein langweiliger Junge, aber ein guter Sohn gewesen sein. Er hatte an mehreren Universitäten studiert, hatte seine Examen bestanden und nachher im preußischen Staatsdienst die juristische Laufbahn eingeschlagen. Seine Karriere ruinierte er durch die Bekanntschaft mit einer Französin, die zwar präsentabel, aber nicht respektabel war. Gegen sie sprach unter anderem, daß sie im Zeitalter der Gummibadewannen auf Reisen ein silbernes Bidet mit sich führte. Die alten Herrschaften stellten sich quer, und es gelang ihnen, die Heirat zu verhindern. Aber mehr verhinderten sie nicht. Friedrich brachte die Dame mit nach Berlin, und seine Eltern ordneten die Verhältnisse, indem sie ihr schließlich ein Hutgeschäft einrichteten. Ich glaube nicht, daß Jeanne, wie wir sie nannten, eine besondere Begabung zum Dekorieren und Verkaufen von Hüten hatte, aber ein solches Arrangement galt für Französinnen von nicht ganz tugendhaftem Lebenswandel allgemein als das richtige. Friedrich wohnte weiter zu Hause. Doch sein Fortkommen geriet ins Stocken, und bis ins höhere Alter blieb er auf einem untergeordneten, wenig anspruchsvollen Posten bei einem Berliner Gericht. Jeanne wurde in der Voßstraße nicht empfangen. Doch andere Häuser öffneten sich ihr; und als sich im Laufe der Jahre herumsprach, sie sei unterhaltsam und liebenswürdig, bemühten sich auch jüngere Mitglieder der Familie um ihre Gesellschaft. So wurde aus Jeanne, der skandalumwitterten Fremden, in den Augen der Stadt binnen vierzig Jahren ein Muster an Beständigkeit, ein Opfer elterlicher Willkür, der Inbegriff einer anmutigeren Welt, eine Zierde jeder Abendgesellschaft. Als auch ich sie schließlich sehen durfte, hatte sie äußerst gepflegtes, bläulich weißes Haar, freundliche Augen und erfüllte ihre Umgebung mit dem Glanz ihrer lebhaften Rede. Ihre Kleider waren, wie die Hüte in ihrem Geschäft, pariserisch – aber auf eine eigene Art, wie mein Vater sagte, der sich auskannte. Friedrich heiratete sie, einen Tag nachdem seine Mutter zu Grabe getragen worden war.

Der älteste Sohn, Eduard Merz, einst von allen Dandys viel beneidet und oft kopiert, war ein Clubmensch, ein Roué, ein Spieler und mit sechzig ein stadtbekannter Bankrotteur. Elfmal hatte der Vater in den achtziger und neunziger Jahren Eduards Schulden bezahlt – und dreimal Eduards Frau. Sarah Genz-Kastell stammte aus einer Frankfurter Familie, die mit Anilin reich geworden war – eine hochgewachsene, kühle, weltgewandte Person mit klarem Kopf, eher elegant als schön, von vollendeter Haltung und ausgeprägtem Charakter. Ihre Art war nicht unfreundlich, aber auch nicht mehr. Sarah war weder besonders gefühlvoll noch besonders aufgeschlossen, und bisweilen konnte sie ziemlich scharfzüngig sein. In der Voßstraße war sie nicht beliebt, sondern gefürchtet – verständlicherweise, solange man die Dinge nicht auch mit ihren Augen zu sehen versuchte. Es war eine Liebesheirat gewesen, aber die lange Kette der Treulosigkeiten ihres Mannes und die Löcher, die er durch sein unverantwortliches Gebaren auch in ihr gemeinsames Vermögen riß, hatten sie zermürbt. Jedes Mal, wenn er beim Spielen ertappt wurde, versprach Edu, die Karten nie wieder anzurühren. Zuerst gab er sein Ehrenwort, später ließen sie es sich schriftlich geben. Beim letzten Mal zahlte Sarah, was zu zahlen war, und ging dann daran, die Zukunft ihrer Kinder und ihr eigenes Alter zu schützen, indem sie auf gesetzlicher Gütertrennung bestand. Sie setzte ihrem Mann, der außerdem ein Direktorengehalt der väterlichen Firma bezog, eine regelmäßige Zuwendung aus und stellte klar, daß eine Beteiligung an den gemeinsamen Ausgaben von ihm nicht erwartet werde. Sie stellte überhaupt alles klar: ihrem Schwiegervater teilte sie in einem Brief mit, wie sie künftig zu verfahren gedenke, und ihrem Mann erklärte sie in allen Einzelheiten, womit er zu rechnen habe, falls er noch einmal Schulden machen würde. Sie bot ihm auch die Scheidung an. Edu war außer sich. Dann ließ sie öffentlich verlauten, daß sie für Verbindlichkeiten ihres Mannes in Zukunft nicht mehr aufkommen werde. Ein Frösteln ging durch die Klubs. Edu gelobte Besserung. Die Voßstraße war empört. Sarah nannte Friedrich die Summe, um die es bei der letzten Bereinigung gegangen war, und Friedrich teilte sie seinem Vater mit.

Sie war erheblich, und der alte Herr fuhr hoch.

»Dieser Flegel wird uns ruinieren«, sagte er.

»Wie Frau Eduard bereits bemerkt hat, Herr Geheimrat«, sagte Gottlieb, der gerade im Raum war.

»Schöne Stange Geld. Weißt du, was er damit gemacht hat?«

»Nein, Papa.«

»Whist vermutlich.«

»Whist nicht, Papa.«

»Na, dann eben irgendein anderes albernes Spiel. Gutes Geld zum Fenster hinauswerfen. Würde sagen, das liegt in der Familie. Sieh dir Onkel Emil an. He, Emil, wach auf!« Sein Schwager, fünfzehn Jahre jünger als er, aber weder taub noch eingeschlafen, blickte auf. »Edu hat beim Spiel mehr verloren, als du jemals in den Fingern gehabt hast.«

»Arme Sarah«, sagte der freundliche Emil.

»Sarah ist reich«, sagte Vetter Markwald, der weder reich noch freundlich war.

»Jedenfalls hat sie das Geld zusammengekratzt. Wieviel war es noch?« fragte Großpapa, der sich durchaus erinnerte, aber den Betrag noch einmal hören wollte.

Friedrich nannte eine Zahl.

»Runde Summe«, sagte Großpapa.

»Hat der arme Edu wieder verloren?« fragte Großmama. »Immer hat er solches Pech. Bestimmt wird er betrogen.«

»Der?« sagte Vetter Markwald.

»Diese Schlußfolgerung ergibt sich aus den Fakten eigentlich nicht«, bemerkte Gottlieb.

»Ja, vielleicht, Mama, ich nehme an, die Geldwechsler legen ihn rein. Anders ist es kaum denkbar; niemand würde mit kühlem Kopf so viel aufs Spiel setzen.«

»Mit kühlem Kopf würde niemand überhaupt etwas aufs Spiel setzen«, meinte Emil.

»Geldwechsler?« sagte Großmama. »Wozu muß sich der arme Junge denn Geld leihen?«

»*Mein* Sohn bei den Geldwechslern?« fragte der alte Herr aufgebracht. »Ich werde ihn enterben. Was glaubt dieser Narr, wer er ist – ein Goi?«

»Heute geht jeder zu ihnen, Papa«, sagte Friedrich.

»Anscheinend sind wir auf dem absteigenden Ast«, sagte Emil.

Sechs Monate später sagte Edu zu seiner Frau: »Hör mal, Sarah, könnte ich mein Geld für das nächste Quartal nicht schon jetzt bekommen?«

»Nein, Edu, tut mir leid.«

»Ich bitte dich – ausnahmsweise! Kredit zu bekommen ist momentan furchtbar schwierig.«

»Kredit?«

»Das kommt von deinen verflixten Erklärungen! Anscheinend werden sie von allen ernst genommen. Ich brauche einen ganzen Tag, um ein paar hundert Mark aufzutreiben, selbst zu vierzig Prozent.«

»Ach.«

»Na, dann eben nicht... Aber etwas mehr Vernunft täte dir gut. Es führt zu nichts, wenn man jemanden zu knapp hält. Und sag nachher nicht, ich hätte dich nicht gewarnt.«

Edu ging zu seiner Mutter, die Gottlieb anwies, ihn aus der Haushaltskasse zu versorgen.

Die Anschauungen von Edu Merz und sein Auftreten waren typisch für seine Zeit. Er trug ein Monokel und weite englische Tweedanzüge, er war groß und schlaksig, ging leicht gebeugt, und sein faltenreiches Gesicht hatte jenen Anflug von Affenähnlichkeit, der sich bei allen Merz zeigte, außer bei Großpapa. Klugen Frauen gab Edu das Gefühl, sie seien altmodisch, und mit den anderen kam er immer gut zurecht. Selbstverständlich sah er keine an, die nicht hübsch war, und selbstverständlich war er lässig und arrogant und oberflächlich und besaß großen Charme. Für mich hatte er stets einen Witz parat, und trotzdem starrte ich ihn beim Essen vom unteren Ende des Tisches immer mit unverbrüchlichem Abscheu an. Meine Halbschwester verehrte ihn.

Meine Mutter sagte einmal, alles an Edu sei Schauspielerei: seine Leidenschaft gelte nicht den Karten, sondern dem Eindruck, den er von sich selbst beim Kartenspielen habe. Vielleicht hatte sie recht. Edu liebte die Rolle, die er sich ausgesucht hatte, aber den Rahmen, in dem er sie spielte, bestimmte in mancher Hinsicht seine Frau. Edu beim Pferderennen, Edu beim Herrenabend, Edu und seine Gläubiger – das war eines; Edu im Umgang mit Sarah war etwas anderes – und als Paar waren sie wieder etwas anderes. Ihre Ehe war offensichtlich ein Fehlschlag, doch darüber vermochten sie hinwegzusehen, und obgleich es sonst wenig Gemeinsamkeiten zwischen ihnen gab, verband sie der Glaube an die Wichtigkeit der guten Gesellschaft und die Überzeugung, daß sich Reichtum von selbst verstand. Beide fühlten sich wohl in ihrer Zeit.

Edu war im gleichen Jahr geboren wie Eduard VII. und hatte das Glück, in einer Zeit zu leben, die es ihm erlaubte, seiner zweiten Natur zu frönen. Denn nur in einem Zeitalter, das den Söhnen des jüdischen Großbürgertums so freundlich und dem Bakkarat so vorurteilslos begegnete, konnte er das sein, was er war, und obendrein ein Gentleman seiner Zeit.

Das Leben, das Edu und Sarah führten, war von dem erstarrten Provinzialismus der Voßstraße himmelweit entfernt. Die alten Merz aßen um Viertel nach sieben zu Abend, und zum Mittagessen gab es Suppe – die jungen Merz gingen mit der Zeit. Sie reisten oft nach England, verbrachten den Winter an der Riviera, und Sarah kaufte ihre Kleider in Paris, was im damaligen Berlin weder üblich war noch gutgeheißen wurde. Sie fuhr auch, und zwar ohne Edu, nach Florenz und Rom. Sie wohnten fünfzehn Kilometer außerhalb der Stadt, in einem Haus mit großen Fenstern, das Hans Messel für Sarah gebaut hatte, und ständig luden sie Gäste ein – Sportler, Theaterleute, den Kronprinzen, Schriftsteller, Kritiker; man warf Sarah vor, sie habe langhaarige Freunde und Bilder, die man genausogut verkehrt herum aufhängen könne.

Gleichzeitig erfüllten die jungen Merz gewissenhaft ihre Kindespflichten – Edu machte seiner Mutter jeden Tag einen Besuch, und Sarah versäumte das sonntägliche Abendessen in der Voßstraße nie.

Ihre Kinder, zwei Mädchen, besuchten ein Internat in England – zum Schrecken der Großeltern, die gehört hatten, dort gebe es in den Schlafsälen keine Dampfheizung. Sarah zog ihre Kinder auf *einfache* Art groß. Sie hatten kein Kindermädchen, frisierten sich selbst, lernten kochen, und wenn sie daheim waren, wurden sie mit dem öffentlichen Pferdeomnibus zu Konzerten oder zu Nachmittagsvorstellungen ins Theater nach Berlin geschickt. Ihre Mutter fuhr die erste Elektrolimousine der Stadt und kaufte wenig später einen Delaunay-Belleville, behielt aber ihren Kutscher; Edu schaffte sich in den neunziger Jahren einen Minerva mit einem belgischen Mechaniker an; sein Vater war nach wie vor in einem gutgefederten Landauer unterwegs, den zwei dicke Stuten zogen.

Ein paar Jahre kam Edu halbwegs über die Runden. Zwei- oder dreimal half ihm sein Vater aus der Patsche, einmal landete er beim Roulette einen Riesengewinn. Doch eines Abends verlor er im Herrenclub eine halbe Million Mark in Schuldscheinen. Zwei Tage später standen auch alle anderen Gläubiger vor seiner Tür. Sarah zahlte nicht. Es wäre ihr wohl auch nicht leicht gefallen. Großpapa Merz schimpfte auf sie, aber zahlte nicht. Edu war bankrott. Er mußte seinen Posten als Direktor bei Merz & Merz aufgeben und aus allen Clubs austreten. Er konnte nicht fassen, was ihm da widerfuhr, versprach aufrichtige, dauerhafte Besserung. Als er begriff, daß es seiner Frau mit ihren Warnungen ernst gewesen war und daß er sich in keinem Spielsaal mehr blicken lassen konnte, brach er zusammen.

Wieder bot Sarah ihm die Scheidung an. Wieder lehnte Edu ab. Seine Mutter ließ Sarah zu sich kommen. Die alte Dame war den Tränen nah. »Der arme Edu sagt mir, es sei aus mit ihm. Der arme Junge – es soll dort so kalt sein, und das Essen so schlecht.«

Doch ihre Miene hellte sich auf, als sie erfuhr, daß ihr Sohn auch weiterhin zwischen zwei komfortablen Häusern würde wählen können.

»Es heißt, Edu sei bankrott – muß er denn da nicht ins Gefängnis?«

»Heute ist das anders, Mama.« Ihr wurde das Wesen des modernen Bankrotts erläutert.

»Das Kittchen täte ihm ganz gut«, sagte Großpapa, der wütend auf seinen Sohn war, aber gleichzeitig froh darüber, daß er endlich Schiffbruch erlitten hatte.

»Er braucht seine Rechnungen also gar nicht zu bezahlen?« fragte Großmama.

»Er kann nicht.«

»Ich finde, das ist eine gute Idee. Aber warum regt er sich dann so auf?«

Auch dies wurde ihr erläutert – und zwar aus der Sicht ihres Sohnes.

»Ja, ja... Männer gehen gern in diese Etablissements. Aber warum lädt Edu diese Leute nicht einfach zu sich ein und spielt zu Hause mit ihnen Karten?« Womit sie ziemlich genau beschrieb, was ihr Sohn von nun an tat.

Die Meinungen über Sarahs Verhalten gingen auseinander. In den frühen Jahren des 20. Jahrhunderts erlebte Deutschland eine Zeit des Aufschwungs, und Berlin war die Hauptstadt. Die Verhaltensmaßstäbe gerieten in Bewegung. Vor der Einheit waren das Leben und die Atmosphäre in den verschiedenen Landesteilen und Fürstentümern regional geprägt und zugleich europäisch gewesen; und auch mit den Veränderungen, die nachher eintraten, änderte sich dort nicht alles und nicht auf einen Schlag. Außer in Brandenburg. Dem Kernland Preußens mit seinen unfruchtbaren Sumpfgebieten, seinen kümmerlichen Sandböden und der zwischen Exerzierplätzen und mageren Kiefern gelegenen Stadt, dieser Grenzmark mit ihren Garnisonen und ihren kaum überschaubaren Gütern, auf denen slawische Tagelöhner und hugenottische Handwerker arbeiteten und Nachfahren deutscher Ordensritter herrschten, bescherten Bismarcks siegreiche Kriege und die Reichsgründung eine Blütezeit – Geld, Unternehmergeist, Bauvorhaben, Ideen, alles im Überfluß und alles riesengroß –, die die Grenzen zwischen den verschiedenen Schichten verwischte, die das soldatische Gehabe und den Bürgergeist ins Wagnerische aufblähte und die älteren Tugenden der Sparsamkeit, der Bescheidenheit, der Redlichkeit verkümmern ließ. Die Geschäftsleute scheffelten Geld, der Mittelstand wurde reich, und die Reichen fingen an zu prassen. Die Beamtengehälter blieben mager, aber die Beamten schwelgten in Überheblichkeit. Bankierssöhne traten in Garderegimenter ein statt ins väterliche Unternehmen, und die Söhne von Brigadegenerälen quittierten den Dienst, um eine Schauspielerin oder eine reiche Erbin zu heiraten. Uniformen waren nicht länger das Gewand der Pflicht, sondern wurden wie ein Federschmuck getragen – um den Träger herauszuputzen und alle Welt zu beeindrucken. Die Männer arbeiteten nach wie vor hart, gaben jedoch auch viel unnützes Geld aus und wollten glänzen; von den Frauen erwartete man immer noch eine Mitgift und daß sie Strümpfe stopfen konnten, doch oft erfüllten sie weder diese noch die andere Erwartung.

In den Clubs sagten manche, Sarah Merz sei ein geiziges, hartherziges Weibsbild, das es sich wohl hätte leisten können, für den armen Edu zu zahlen; andere meinten, niemand könne sich so etwas immer wieder leisten.

»Aber sie hätte ihm noch eine Chance geben können.«

»Edu hat viele Chancen bekommen.«

»Sie hätte viel früher einschreiten müssen. Dadurch, daß sie die anderen Male gezahlt hat, hat sie ihn überhaupt erst auf dumme Gedanken gebracht.«

»So eine reiche Frau kann gar nicht anders als einen Mann auf dumme Gedanken bringen.«

»Sonderbar, wenn man sich das überlegt – Edu verliebt sich in eine kluge Frau.«

»Von Klugheit wußte er nichts.«

»Von Kastell Anilin wußte er sehr wohl.«

»Das wußten alle.«

»Aber Edu war verrückt nach ihr.«

»Und dabei war er kein armer Schlucker.«

»Aber jetzt ist er einer.«

»Ja. Am Ende ist es für Edu nicht so gut gelaufen.«

»Überhaupt nicht gut.«

Die Älteren sagten, Edu sei immer noch gut versorgt. Das Haus gehöre Sarah.

»Und außerdem hat er noch die Zuwendung von ihr, als Taschengeld.«
»Nicht mehr – er ist bankrott.«
»Sarah könnte es ihm heimlich zustecken.«
»Aber Sarah doch nicht.«
»Nein, wahrscheinlich nicht.«

»Sie hätte wenigstens seine Spielschulden bezahlen können. Ziemlich peinlich für einen Mann.«
»Daß eine Frau zu so was fähig ist!«
»Hat er noch dieses Mädchen vom Lessing-Theater?«
»Die oder eine andere.«
»Das wird Sarah nicht sonderlich gefallen haben.«
»Der hat auch alles andere nicht besonders gefallen.«
»Wie man es dreht und wendet – eine üble Geschichte.«
»Eine ganz üble Geschichte.«

Im Gericht, wo Friedrich arbeitete, sagte jemand: »Eduard Merz ist jetzt in der Hand des Konkursverwalters. Hätte nie gedacht, diesen Namen mal auf der Liste der Bankrotteure zu sehen.«
»Den alten Leuten muß das sehr nahe gehen.«
»Diesen Leuten geht so schnell nichts nahe.«
»Immerhin sind Schulden da.«
»Es hätte ihm ja niemand Kredit zu geben brauchen.«
»Zumindest nicht, nachdem seine Frau gesagt hat, wie sie verfahren wolle.«
»Ja, das war in Ordnung – falls man hier von Ordnung sprechen kann.«
»Die junge Frau Merz hat jedenfalls einiges auf sich genommen.«
»Irgendwelche Vermögenswerte?«
»Nur persönliches Eigentum. Merz hat ein Auto.«
»Wenig Aussicht, daß die Schulden bezahlt werden!«

»Keine Chance.«

»Eigentlich das beste für ihn.«

»Trotzdem wird es ziemlich komisch aussehen. Wenn sie weiter in dem großen Haus leben...«

»Verdammt komisch.«

»Wer hat Frau Merz vertreten?«

»Benjamin & Bleibtreu. Die Anwälte ihrer Familie.«

»Man kann sich leicht vorstellen, wie die Sozialisten darüber reden werden.«

»Seltsamer Bankrott, wenn man es sich recht überlegt – kein Pfennig ehrlich geschuldet. Es geht nur um Wucherer und Spieler und ein paar Restaurantrechnungen.«

»Ein gefundenes Fressen für die Zeitungen.«

»Bei so einer Geschichte kommt keiner gut weg.«

»Sie hätte zahlen sollen!«

»Früher oder später hätte er die ganze Familie ruiniert.«

»Eine Frau muß loyal sein und so etwas mit durchstehen.«

»Aber doch keine Millionärin aus Frankfurt! – so wie die aufwachsen!«

Die Leute, die bei Sarah verkehrten, sagten untereinander: »Sie hätte es mit weniger Aufsehen erledigen können.«

»So etwas kann man nur *so* machen – oder gar nicht.«

»Dann eben gar nicht.«

»Na ja, wie das so geht ...«

Der Kaiser war wütend. Er machte Eulenburg eine Szene. Dergleichen dulde er nicht in Berlin – und schon gar nicht bei solchen Leuten. Seit fünfzehn Jahren versuche er, den Antisemitismus aus der Welt zu schaffen, aber diese Kastells glaubten offenbar, ihnen gehöre die ganze Welt. Die Schulden müßten jedenfalls bezahlt werden.

Doch als man ihm die Einzelheiten erläuterte, wurde er wütend auf Edu. Er werde ihn aus der Stadt jagen, erklärte er, und wie solle er, der Kaiser, den Garderegimentern das Glücksspiel austreiben, wenn in zivilen Clubs solche Dinge vorkämen? Es hieß, er wolle Großpapa Merz in einem Brief sein Mitgefühl aussprechen, und alle Welt war gespannt, welche neuen Peinlichkeiten daraus erwachsen würden – bis Bülow ihn davon überzeugte, daß es besser sei, sich herauszuhalten.

Auch Edus Zahnarztrechnung war unbezahlt geblieben. Er und Sarah hatten nicht denselben Zahnarzt. Die Anwälte erklärten ihr, es wäre fatal, eine einzelne Verbindlichkeit zu begleichen. Sarah schickte ihre protestierenden Kinder, sich die eben in Ordnung gebrachten Zähne noch einmal nachsehen zu lassen. Der Zahnarzt verstand und faßte seine Forderungen in einer einzigen Rechnung zusammen, die Sarah bezahlte.

Als man nach einiger Zeit auch in der Voßstraße begriff, daß Edu tatsächlich keinen Scheck und keinen Schuldschein mehr unterschreiben konnte, breitete sich überraschte Erleichterung aus. Selbstverständlich erschien ihnen Sarahs Verhalten, wenn sie daran dachten, nach wie vor unverzeihlich. Sie ärgerten sich auch über die Lücken am sonntäglichen Abendtisch, denn die jungen Merz waren ins Ausland gegangen. Zuerst hatten sie es mit einer Villa zwischen Grasse und Nizza versucht, die Sarah gehörte, aber die Nähe von Monte Carlo bedrückte Edu allzusehr. Die Jacht eines Freundes brachte ihn an weniger verführerische Ufer. Sarah ging nach Paris. Sie bat meinen Vater, für sie eine Wohnung zu suchen, und er fand eine in der Avenue Rapp. Die Henri-II-Büffets schickte Sarah ins Möbellager, aber die Louis-XIII-Garnitur, so meinte sie, werde vielleicht nicht schlecht zu einem Gemälde passen, auf das sie ein Auge geworfen hatte; mein Vater sagte, auch er habe für die Renaissance nicht viel übrig, aber was könne man von möblierten Wohnungen schon erwarten; wenn sie aber wirklich etwas kaufen wolle, dann solle sie sich lieber ein Relief aus dem 13. Jahrhundert mit einer Verkündigungsszene ansehen, das er gefunden habe – wo, das wolle er ihr noch nicht verraten, aber er sei sicher, es stamme aus Cluny. Sarah engagierte auf Anraten meines Vaters eine Köchin, aber ihr Bild kaufte sie aus eigenem Entschluß. Und es geschah in dieser Wohnung, bei einem Abendessen, daß mein Vater meine Mutter kennenlernte.

ZWEITER TEIL
EIN GOLDENES ZEITALTER

1. Kapitel

Julius Maria von Felden wurde um die Mitte des 19. Jahrhunderts in Baden geboren, als zweiter Sohn von Augustus Matthias Joseph, Baron Felden, Freiherr zu Landeney, und erbte, wie auf dem Kontinent üblich, zusammen mit seinen drei Brüdern den Titel und einen Anteil am Besitz. Die Familie besaß Land, sie war alt und vermögend, aber nicht wirklich reich und ohne besondere Auszeichnung. In früherer Zeit hatte sie sich offenbar sehr viel zupackender und gewinnsüchtiger gebärdet, und wenigstens ein Felden hatte an einem Kreuzzug teilnehmen müssen. Doch während der letzten vier Jahrhunderte hatten sich die Felden um ihren Grundbesitz gekümmert, der übrigens nicht zu-, sondern eher abnahm, und sie hatten diplomatische Posten von mehr dekorativem als politischem Zuschnitt übernommen und Ämter an kleineren Fürstenhöfen versehen. Aber Hinterwäldler oder Höflinge waren sie deshalb nicht, sondern Landedelleute mit kultivierten, wenn auch nicht eben weitgespannten Interessen. Sie tranken Rheinwein und Bordeaux, wußten aber auch ihren eigenen Wein zu keltern. Aus Liebhaberei befaßten sie sich mit den Naturwissenschaften und trieben mit Vergnügen jene Künste, die das Leben angenehmer machen – Innenarchitektur, Instrumenten- und Gartenbau. Alles Abstrakte, auch die Literatur, langweilte sie, und Gedankentätigkeit schien ihnen nur dort akzeptabel, wo sie wirklichen Dingen galt. Neue akustische Theorien gefielen ihnen, neue Staatstheorien hingegen erregten Mißtrauen und Abscheu. Sie musizierten wie Handwerker und bauten Musikinstrumente wie Künstler. Einer von ihnen ging nach Cremona in die Lehre und machte sich einen Namen als Amateur-Lautenbauer. Einige lieferten Beiträge zu vogelkundlichen Werken, andere botanisierten. Früher hatten sich mehrere von ihnen auch mit alchimistischen Experimenten befaßt, und der Großvater meines Vaters hatte sich für den Dampf begeistert. Der Physik haftete damals noch kein Schrecken an, und die Elementargesetze des Universums waren etwas, womit sich ein Mann in seiner Werkstatt hinter den Ställen höchst angenehm die Zeit vertreiben konnte.

Für eine unvermischt katholische Familie war die Zahl derer, die in den Dienst der Kirche getreten waren, vergleichsweise klein, und von diesen waren die meisten Landpfarrer geblieben. Die französische Revolution war ihnen als Unheil noch gegenwärtig, und von der industriellen hatten sie nichts mitbekommen. Während der Napoleonischen Kriege hatten sie mit dem Rheinbund sympathisiert und sich, wenn auch ohne Begeisterung, ein bißchen für Bonaparte eingesetzt. Doch seit der Reformation hatte kein Felden mehr eine militärische Laufbahn eingeschlagen, und keiner hatte je in irgendeiner Angelegenheit zu den Waffen gegriffen. Sie heirateten die Töchter ihrer Nachbarn, sie heirateten Frauen aus Bayern, aus Piemont, aus Tirol, aus der Lombardei, aus dem Elsaß und aus Frankreich; gutes Aussehen war ihnen wichtig, wenn sie ihre Wahl trafen, aber nach allem, was der Gotha verzeichnet, hatte keiner von ihnen je außerhalb des katholischen Adels geheiratet. Zu der Zeit, als mein Vater auf die Welt kam, wurde in der Familie Französisch gesprochen. Gemütslage und Lebensart waren verspätetes 18. Jahrhundert. Die Felden hatten immer in einer warmen Ecke von Baden gelebt, dieser gemächlichen, eintönigen Landschaft aus Wiesen und Forellenbächen, kleinen Höfen, nicht sehr hohen Bergen und kleinen Städten; ihre Heimat war das katholische Westeuropa, und die Mitte ihrer Welt war Frankreich. Preußen ignorierten oder verachteten sie, aber später fürchteten sie es; und das Meer war ihnen fremd.

Als ich geboren wurde, ging Julius von Felden schon auf die Sechzig zu. Seine Eltern und ihre Zeit war längst verblichen. Ich habe diese Großeltern nicht gekannt und habe auch Landen nicht gekannt, das Haus, in dem mein Vater aufwuchs. Aber von der Atmosphäre seiner Jugend erreichte mich manches durch ihn selbst, anderes erfuhr ich aus Gesprächen. Nicht alles. Mein Vater mochte sich immer nur an das erinnern, was ihm selbst wesentlich und für eine angenehme Konversation verwendbar erschien. Einsamkeit wäre ihm lieber gewesen, zumindest ein zurückgezogenes Leben mit Tieren und *objets d'art,* doch er hielt es für seine Pflicht, einen nicht unbeträchtlichen Teil seiner Zeit – zum Beispiel bei Tisch – mit seinesgleichen zu verbringen. Seine Sprache war begrenzt, er wählte seine Worte nicht, aber wenn er erzählte, dann trat ihm, glaube ich, vor Augen, was er erlebt hatte. Aus diesen Bruchstücken erfuhr ich von dem geschützt liegenden Tal von Landen, wo jedes Jahr an der Südmauer die Aprikosen reif geworden waren; ich erfuhr, wie die Hunde und Enten und Pferde hießen, und hörte von den Gerüchen der verschiedenen Jahreszeiten – dem Duft, der von der Stelle, wo die Wildschweinhälften geräuchert wurden, über den Schnee zog, von dem trüben, süßen Wein, der schäumend direkt aus der Presse getrunken wurde, und wie es war, wenn man bei Sonnenaufgang bei einem Weiher ansaß. Ich hörte von dem Baum, der dreihundert Pfund Pflaumen trug, und vom Roggen, der schwingend über die Sense kippt. Ich lernte den Wortschatz der Imkerei und der Hirschhatz kennen; ich wußte, was das ist, frisches Stroh, Hafer und Klee, Winterhonig, Walnüsse, Märzwolle, das Schwein, das zu Michaelis und zu Ostern geschlachtet wurde, und die Schinken, die in einem Brotlaib gebacken wurden; ich hörte von den Vorstellungen, die reisende Mesmeristen in der Bibliothek gegeben hatten, von den Marotten der Landadeligen, von den Nöten der Hauslehrer und den Schlichen der Pfaue. In Julius' Schilderungen war das Landleben so geruhsam und gelassen wie seine eigene, fein ausgeprägte Person mit ihrem geordneten Tageslauf. Den Namen der Mutter meines Vaters erfuhr ich nicht und auch nicht, was die Hauslehrer eigentlich hatten unterrichten sollen; statt dessen erfuhr ich, daß man in Landen immer pünktlich eine Stunde nach Sonnenuntergang zu Abend gegessen hatte und daß mein Großvater (oder war es *dessen* Vater?) seinen Gästen erklärt habe, so sei es schon bei den alten Römern Sitte gewesen; ich erfuhr, daß Julius und seine Brüder sich zum Reiten irgendwelche alten Klamotten anzogen, während sie, wenn sie einen Wagen lenkten, auf gepflegte Kleidung zu achten hatten, und daß die Jungen, wenn sie in der winterlichen Abenddämmerung vom Schlittschuhlaufen heimkamen, immer Branntwein mit heißem Wasser verabreicht bekamen und daß Johannes, der dritte Sohn, auf einer Kirmes mal mit einem Bären getanzt hatte.

Ich hörte von dem Meßbuch, das sie in der größten Kirche von Karlsruhe während eines Hochamts von der Empore hatten fallen lassen, um zu beweisen, daß Newton recht hatte, und wie sie nachher allesamt für einige Zeit in ein Jesuitenseminar verfrachtet wurden, wo die Patres sich an Rheinwein, Forelle und Hasenbraten labten, die Schüler hingegen an Suppe. Ich erfuhr von den Sommerferien, die sie mit ihren Cousins in den Bergen der Côte-d'Or verbrachten – *en Bourgogne,* wie mein Vater sagte –, wo er die Möbel hatte wachsen dürfen und wo man ihm schwarzen Johannisbeersaft in den Weißwein mischte; ich erfuhr, daß Cagliostro einmal in Landen übernachtet und angeblich ein Geheimnis hinterlassen hatte; daß Gustavus, der Älteste (Julius hat ihn nie gemocht), zwar ein geschickter Aquarellist war, den alten Baron jedoch heftig gegen sich aufbrachte, als er ihm bei den Hühnern nicht zur Hand gehen, sondern unbedingt an seinen Wappen weitermalen wollte; ich erfuhr, daß man einmal im Jahr, zu Sankt Martin, den *curé* eingeladen hatte und daß dann bei einem Essen mit vielen Gängen zwei gebratene Gänse serviert wurden: eine für die Tischgesellschaft und eine für den *curé* – und wie mein Großvater sich *weigerte,* in seinem Haus deutsch zu sprechen, außer mit Pächtern und Domestiken, während der *curé* des Französischen nicht mächtig war und sie sich deshalb mit Latein behelfen mußten; ich konnte sogar die nach nichts schmeckenden Plätzchen schmecken, die die Großherzogin von Baden meinem Vater geschenkt hatte, als er noch ganz klein gewesen war, und erst jetzt fällt mir ein, daß sie mit jener alten Dame gar nicht identisch gewesen sein kann, jener Großherzogin Louisa, zu der man mich im Alter von vier Jahren brachte, damit sie mir den Kopf streichelte.

Julius' Mutter starb, als er ein kleiner Junge war. Sein Vater heiratete nicht wieder, und es wurde auch keine Frau aus der Verwandtschaft herbeigerufen. Statt dessen übernahm ein älterer Verwalter die Leitung des Haushalts. Er und seine Brüder, so erzählte Julius, seien früh angehalten worden, sich ihr Essen selbst zu bestellen. Tatsächlich nahmen die Jungen mit zwölf Jahren am Eßtisch Platz – nicht als Kinder, sondern als Söhne des Hauses, die ihren Wein bekamen und ihren Teil an den Gastgeberpflichten übernahmen. Sie luden ihre Nachbarn allerdings so wenig wie möglich ein. Baden, so sagte der alte Baron oft, sei in den sechziger Jahren verbiedert – die Männer kleideten sich schlecht, und die Frauen interessierten sich für nichts. Trotzdem war das Haus immer voller Menschen – Wissenschaftler, Reisende, Sammler aus ganz Europa, Herren mit besonderen Steckenpferden, alte Beaux, Vettern und Feinschmecker, die Söhne derer, die die Französische Revolution überlebt hatten, und auch Quacksalber waren in Landen stets herzlich willkommen. In diesem Haus lebte mein Vater, bis er siebzehn war.

Dann lud man ihn ein, einen Prinzen von Baden in seinem Alter auf einer Bildungsreise zu begleiten. Zu der Gruppe gehörten außerdem der Privatlehrer des Prinzen, Herr von L., ein Stallmeister, ein Reisemarschall sowie ein Kammerdiener, und sie blieben mehrere Jahre fort. Sie gingen nach Frankreich, wo sie sich bei der Académie des Beaux-Arts einschrieben – wo Julius Unterricht in Möbelgestaltung nahm, wo er begann, das Hôtel des Ventes zu belagern, um nie mehr davon loszukommen, und wo er die Frauen kennenlernte, die ihm unter den *grandes cocottes* des Zweiten Kaiserreiches besonders gefielen. Sie gingen nach Spanien, nach Portugal und von dort über das Meer nach Italien. Weil Julius darauf bestand, besuchten sie auch Spanisch-Marokko, und weil Herr L. darauf bestand, Griechenland. Über Wien kehrten sie zurück, hielten sich an der Hofburg auf, und so erblickten die jungen Männer auch die Kaiserin Elisabeth. Sie unternahmen das Übliche und begegneten den Leuten, die man kennenlernen mußte. Sie zeichneten; sie besichtigten; sie gingen auf Bälle. Sie jagten in der Guadarrama, waren in diesem Jahr zur Karwoche in Sevilla und im nächsten zum Karneval in Venedig; sie besuchten die maßgeblichen Höfe, ließen sich unter den Mauern der Alhambra von einer Zigeunerin ihr Schicksal weissagen und machten auch Rom ihre Aufwartung; aber die Interessen von Julius und sein Wille scheinen die Reisegesellschaft bestimmt zu haben, denn den größten Teil der Zeit verbrachten sie mit der Besichtigung von Häusern und beim Herumstöbern in Antiquitätenläden. Julius hatte Frankreich schon immer geliebt, aber Spanien eroberte sein Herz im Sturm. In Italien wußte er schon, wonach er suchte, und fand weniger davon; in Griechenland wurde die Reise strapaziöser – aber die Rituale des mediterranen Lebens, die er bei Ziegenhirten und Fischern in fast unberührter Ursprünglichkeit fand, bezauberten ihn. Nach Landen kehrte er als junger Mann zurück – mit einem Maki, ein paar Kisten voller Krimskrams und einer klaren Vorstellung davon, wie sein Leben aussehen sollte.

Es war nach dem Jahr 1870; der Krieg zwischen Frankreich und Preußen war ausgefochten worden, während sich Julius in Spanien aufgehalten hatte. Baden gehörte nun zum Deutschen Reich, und er stellte fest, daß sich alles sehr verändert hatte.

Die Felden und viele andere in diesem Teil des Landes hätten es lieber gesehen, wenn alles beim alten geblieben wäre. Ihnen hatte nicht einmal die Idee eines Bündnisses der süddeutschen Staaten behagt, und wäre nicht die Abschaffung der Monarchie damit verbunden gewesen, so hätten sie gegen einen Anschluß an Frankreich nichts einzuwenden gehabt. Die durch und durch deutsche Einheit mit Preußen und – schlimmer noch – unter seiner Führung, nach einem Sieg über Frankreich in einem mutwillig herbeigeführten Krieg, war für sie eine höchst unerfreuliche Erschütterung. Daraus könne nichts Gutes werden, sagte der alte Baron, und seine Pächter sagten das gleiche; Politik war etwas für Intriganten, und was ein Intrigant war, sah man an Bismarck. So beschlossen sie, Abstand zu wahren zu dem neuen Reich – für sie selbst würde sich dann nichts ändern. Doch plötzlich sah man die unwahrscheinlichsten Leute in Uniform. Die Bodenpreise sanken, aber alles andere wurde teurer. Wer auch nur den *ruhigsten* Posten anstrebte, mußte nun seine Befähigung nachweisen. Baron Felden sah sich kurz vor dem Ruin; Nachbarn redeten ihm ein, er müsse sich um die Laufbahn seiner vier Söhne kümmern. Er war nun siebzig und hatte, ohne daß es ihm aufgefallen wäre, immer getan, was er für richtig hielt; nun sagte man ihm, er müsse mit der Zeit gehen. Von dergleichen war in Landen bisher nie die Rede gewesen. Vor seiner Reise hatte Julius geplant, sich der Kunsttischlerei zu widmen, und sein Bruder Johannes wollte sich mit Tierzucht befassen. Doch der alte Mann wurde nervös und schickte Johannes mit fünfzehn Jahren auf eine Kadettenanstalt, damit ein Offizier aus ihm würde; Julius war dafür zu alt und wurde bei einem Repetitor in Bonn untergebracht, der ihn durch die neuen Prüfungen für den diplomatischen Dienst schleusen sollte. Der Maki starb.

Die Entschlüsse des alten Barons waren nicht klug gewesen. Jedenfalls kamen sie zu spät. Johannes wurde zwar wider Erwarten tatsächlich Rittmeister, während mein Vater über den Rang eines dritten Sekretärs nie hinauskam und den Dienst bei der ersten sich bietenden Gelegenheit verließ. Doch Johannes verlor auch seinen Verstand und wurde Jahre später Mittelpunkt einer *cause célèbre;* Julius kam im ganzen besser zurecht, aber die Schicksalsschläge, die ihn trafen, machten auch ihn mißtrauisch gegen das Leben. Er verkantete sich gleichsam, während er sich in diesem Leben einrichtete, und geriet dabei ebenfalls in ein sonderbares Verhältnis zur Wirklichkeit. Überall sah er Kräfte am Werk, denen er ausweichen, die er aber nicht verstehen wollte, und das Leben schien ihm bestimmt von einer Abfolge völlig willkürlicher Schläge. Bisher war es ihm noch immer gelungen, dem, wovor er sich fürchtete, zu entkommen. Er hatte jedoch das Gefühl, dieses Etwas sei ihm weiter auf den Fersen, und seine große Begabung für die Annehmlichkeiten des Lebens wurde untergraben von einem Pessimismus, einer Trübsal, einer Befangenheit, die ihm selbst das Leben sehr schwierig und anderen das Leben *mit* ihm sehr sonderbar gemacht haben müssen. Man kann nie wissen, pflegte er zu sagen, was einen bei der Rückkehr von einer Reise zu Hause erwartet. Es war ansteckend. Und wenn ich neben ihm auf dem Bock des Wagens saß und wir in unsere Zufahrt einbogen, verkrampfte sich auch mir das Herz und die Hand glitt mir, als müßte sie ihr Schutz bieten, an die Stirn, während wir jeder für sich und schweigend unter dem Rütteln des Wagens versuchten, die Vision eines bis auf die Grundmauern niedergebrannten Hauses abzuschütteln.

Die Strenge der preußischen Kadettenanstalten war berüchtigt und beabsichtigt. Hier wurden Jungen – meist Söhne von Militärs und manchmal schon im Alter von neun Jahren – sieben oder acht Jahre lang den bildsamen Einflüssen von organisiertem Hunger, Brutalität und geistiger Verödung ausgesetzt. Während eiskalter Morgenstunden wurden sie mit Handfeuerwaffen, mit Moltke, mit der Heeresdienstordnung, mit Julius Caesar und den Feldzügen Friedrichs des Großen zu Härte und Steifheit gedrillt. Viele starben. An Ruhr oder an Lungenentzündung auf den Krankenrevieren – und wegen geringerer Beschwerden wurde kein Junge dorthin geschickt, und keiner kam von selbst, nachdem er es einmal probiert hatte – oder an nie gemeldeten, nie erwähnten Verletzungen, die sie nach dem »Licht aus« in den Schlafsälen erlitten hatten. Die Überlebenden wurden mit achtzehn als Offiziersanwärter und seelische

Krüppel entlassen. Das Korps in Benzheim am Rhein war eine Neugründung und erst seit kurzem preußisch, aber trotzdem schon eine getreue, noch etwas befangene Kopie der Originale. Johannes verstand die Welt nicht mehr.

Es traf ihn völlig unvorbereitet. Er, der in seinem geräumigen Zuhause immer ein sonniges Zimmer für sich und seine drei Hunde gehabt hatte, der immer frische Speisen aus der eigenen Wirtschaft gegessen hatte, den man Höflichkeit gegen jedermann gelehrt und stets höflich behandelt hatte, der seine Tage in den Feldern und die Abende an einem blanken Tisch verbracht hatte, der nicht einmal zur Schule gegangen war, sondern unvermerkt zu einer Mischung aus prächtigem Tier, jungem Edelmann und glücklichem Kind geformt worden war – er wurde zum Schlafen nun mit vierzig anderen schnaufenden Wesen in einen Saal gesperrt, wurde von Unteroffizieren und Aufsichtsschülern angeschrien, mußte durch Flure marschieren und in einem emaillierten Blechnapf Suppe fassen. Am ersten Abend beim Essen weinte er. Als ihm der Lärm des Speisesaals, die Befehle, die Gaslampen, der Dunst der dünnen Suppe und des wäßrigen Gemüses zuviel wurden, brach er in Tränen aus. Landen atmete damals noch den Geist Rousseaus, und die alten Herren, die bei seinem Vater zu Gast waren, vergossen oft Tränen. Johannes wußte nicht, daß sich die Zeiten geändert hatten. Er wußte nicht und konnte nicht wissen, was Tränen in Benzheim bedeuteten. Einen Augenblick starrten ihn alle ehrfürchtig an – so offen zu zeigen, was sonst niemand je preisgab, mußte ein Akt von ungeheurem, unvorstellbarem Mut sein. Dann ekelten sie sich vor ihm. Der Aufsicht führende Hauptmann mit dem lahmen Bein humpelte vorbei und sah nicht hin. Allen ging das Wörtchen *nachher* durch den Kopf, man konnte es fast hören. Der Tischälteste, ein Kadett von siebzehn Jahren, beugte sich vor und starrte Johannes an. Die anderen taten es ihm nach. Die Gesichter von zwei oder drei kleineren Jungen begannen zu zucken, einer kicherte. Dann wurde es wieder still. Johannes, vom Heimweh gepackt, hob das tränenüberströmte Kindergesicht und sah nichts. Dann kam eine Ablenkung: es war Donnerstagabend, und Donnerstag abends gab es Fleischklöße. Es gab auch andere Fleischtage – mittwochs Eintopf mit Hammel zu Mittag und Sonntag abends Rindfleisch mit Soße – alles wurde verschlungen, aber die Fleischklöße am Donnerstag waren das Beste, das einzige wirklich Gute während der ganzen Woche.

Die Geschichte von Johannes' erstem Abend in Benzheim gehört zu meinen eigenen Kindheitserlebnissen. Ich hörte sie, als mir mein Vater infolge einer weiteren Wende in seinem Leben zum einzigen Kameraden und ich ihm zur einzigen Gefährtin seiner letzten Jahre geworden war. Ich war damals sieben, dann acht, dann neun. Tagsüber spielte ich allein; abends, in einem Zimmer unter einer hohen Decke erzählte mir mein Vater sein Leben in einer gemilderten Fassung, und ich ließ ihn nicht merken, daß ich schon manches wußte. So wurde die Erinnerung an den Jungen, der schon ein Mann gewesen und gestorben war, bevor ich auf die Welt kam, und an die Schule, die ich nie gesehen hatte, zu einem festen Teil der geheimen Wirklichkeit meiner eigenen Vergangenheit.

Sie nannten die Fleischklöße *Klopse.* Ein Küchenbursche ging herum und schöpfte auf jeden dicken weißen Teller zwei graue Bällchen. Die Kadetten griffen nicht nach ihren Gabeln. Sie versuchten, die Bällchen nicht anzusehen; sie versuchten, einander nicht anzusehen; sie wußten nicht, wohin sie sehen sollten. Sie wußten nicht, was sie mit ihren Händen anfangen sollten. Plötzlich ging der *Stubenälteste,* wie die unschöne Bezeichnung lautete, gleich einem

Feuerwerksknaller in die Luft. Es klang ungefähr wie *Klopp-sää RAUFFF!* – und es war ein Befehl. Dreiundzwanzig weiße Porzellanteller flogen in die Höhe, wanderten von Hand zu Hand, wirbelten durch die Luft, senkten sich, alle im gleichen Winkel, am Tischende, und flogen weiter. Es war ein schwindelerregendes Manöver, fast eine Varieté-nummer.

Johannes blickte um sich, belustigt und ergriffen.

Der Stubenälteste bellte *Haaalt!* – und die Teller landeten behutsam auf dem Tisch. Vor jedem Jungen stand nun wieder ein Teller, aber ungefähr zehn von ihnen waren leer, während sich vor dem Stubenältesten ein hübscher Berg Fleischklöße türmte. Er schaufelte, so schnell er konnte – jedesmal einen ganzen Klops. Die Jungen saßen reglos da. Dann legte er die Gabel auf den Tisch und bellte seine Befehle noch einmal. Die Teller kreisten; sechs weitere wurden abgeräumt. Als sie wieder gelandet waren, stand der volle von Johannes noch sichtbarer da als vorher.

»Du da, gib den Teller her«, rief der Stubenälteste. »Und merk dir für nächste Woche, wie das hier läuft. Heute abend darfst du ihn mir selbst bringen.«

Johannes rührte sich nicht.

»Hast du mich verstanden?« Der Stubenälteste sprach nicht, er schrie.

»Ja«, sagte Johannes.

»Bring den Teller her!«

»Nein«, sagte Johannes.

Die Wände stürzten nicht ein.

»Ach, essen will ich sie gar nicht«, erklärte Johannes. Und weil er plötzlich fürchtete, er habe in einem fremden Haus etwas Ungehöriges über das Essen gesagt, fügte er hinzu: »Ich habe nämlich keinen Hunger, wissen Sie« – und begann wieder zu weinen. Er sprach ein klägliches Deutsch, mit vielen falschen Endungen, gespickt mit französischen

Wörtern, und er brummte und nuschelte wie die Bauern in Baden.

Die Kadetten kicherten.

Johannes wandte sich an einen Zwölfjährigen, der neben ihm saß. »Nimm du sie, willst du?«

Der Junge fuhr zurück, aber er wußte, es war zu spät. Er hatte einen Blick auf den Teller dieses ungeheuerlichen Neuen geworfen; er würde mit ihm untergehen.

»Ich warte!« rief der Stubenälteste.

»Sie haben genug gehabt«, sagte Johannes. »Es ist widerlich, anderen Leuten ihr Essen wegzuessen. Die sehen aus, als wollten sie es selbst haben.«

Verlegenheit griff um sich.

»Steh auf, wenn du mit mir redest!« sagte der Stubenälteste.

»*Pourquoi donc?*« erwiderte Johannes.

»STEH AUF!«

»Wie albern«, sagte Johannes.

Die Jungen erstarrten – der Aufsicht führende Hauptmann trat neben Johannes' Stuhl. »Stehen Sie auf«, sagte er.

Johannes stand auf.

»Name?«

»Wir kennen uns schon, *Monsieur l'officier.* Sie waren freundlich und haben mir heute nachmittag die oberen Räume gezeigt.«

Der Hauptmann war der Physiklehrer. Die Lehrer in Benzheim waren Heeresoffiziere; mit ihnen hatte es eine besondere Bewandtnis, es waren lauter Leute, die aus körperlichen Gründen für den gewöhnlichen Dienst nicht taugten und denen es wegen fehlendem Talent oder fehlenden Beziehungen nicht gelungen war, eine Stelle beim Generalstab zu bekommen. »Name?« wiederholte der Hauptmann.

»Johannes von Felden.«

»Kadett von Felden«, sagte der Hauptmann, auf seinen Stock gestützt, »ich muß Sie auf zwei Dinge aufmerksam machen. Erstens: Ihr Stubenältester ist Ihr unmittelbarer Vorgesetzter; zweitens: Ihr ziviler Humor ist in Benzheim fehl am Platze und wird hier nicht geduldet.«

»Muß ich wirklich alles tun, was der mir sagt?« fragte Johannes.

»Sie haben gehört, was ich gesagt habe. Und in Zukunft werden Sie mich mit *Herr Hauptmann* ansprechen.«

»Ja, *Herr Hauptmann.*«

»Jetzt reicht es mit Ihrem Ja und Nein, Kadett von Felden. Es heißt ›*Zu Befehl, Herr Hauptmann.*‹ Das wäre alles. Kadetten, Sie können Ihr Abendessen beenden.«

Johannes nahm seinen Teller und trug ihn an das Tischende. Mit einer leichten Verbeugung stellte er ihn vor den Stubenältesten. *»Monsieur, vous me dégoûtez«,* sagte er und kehrte an seinen Platz zurück.

Der Stubenälteste übernahm wieder das Kommando; die Teller kreisten – vier unberührte blieben übrig. Während er noch kaute, zog er seine Uhr hervor, legte sie auf den Tisch und schrie: »FAAAASSST ZUU!« – und die vier Knaben, vor denen zufällig volle Teller gelandet waren, aßen. Es blieben noch vierzig Sekunden bis zum Dankgebet. Ihr Brot hatten sie längst gegessen, den Becher Kakao längst getrunken, und die armseligen Fleischklopse waren eiskalt.

An diesem Abend im Schlafsaal fielen sie über ihn her. Aber leicht hatten sie es nicht, denn Johannes war stark. Überall sonst hätten ihn seine Kraft, seine Arglosigkeit und seine Schönheit – *»ah, il était beau«,* sagte mein Vater einmal – gerettet. Er kämpfte wie ein wildes Tier, das sich in die Enge getrieben fühlt – sprang vorwärts, warf sich auf sie, biß zu, kratzte, bäumte sich auf; aber niemand warf ihm vor, er schlage sich wie ein Mädchen, und am meisten brachte sie der Lärm, den er machte, aus der Fassung. Er knurrte, er überschüttete sie mit französischen Schmähungen – »*Ça, alors ça – ça c'est trop fort!*« Er jaulte im Dunkeln, so laut er konnte, heulte auf vor Wut und Schmerz, dabei wußten doch alle, daß es bei solchen Auftritten still zugehen mußte. Aber am Ende waren es zu viele für ihn. Er teilte kräftig aus, aber sie richteten ihn übel zu; und als sie dann früher von ihm abließen, als sie vorgehabt hatten, war Johannes in einem erbärmlichen Zustand. Er warf sich auf sein Bett und schrie zitternd vor Wut: »*Vous n'êtes qu'une bande de mal-élévés!*« Und war so empört, so zermürbt, so fassungslos, daß er sofort einschlief, und es geschah vielleicht zum ersten Mal in Benzheim, daß sich ein Neuer an seinem ersten Abend ins Bett legte und nicht an zu Hause dachte.

Am nächsten Morgen ging er.

Eine scheppernde Glocke weckte ihn. Er war so zerschlagen, daß er sich kaum rühren konnte, und es war eisig kalt. Er folgte den anderen – wusch sich vor einer langen Reihe von Blechschüsseln, zog sich vorschriftsmäßig an und mischte sich unter die Horde, die zum Morgenappell nach unten stürmte. Im Märzwind auf dem Hof stand er mit den anderen stramm. Als sie sich neu aufstellten, um zum Unterricht nach drinnen zu marschieren, ging er. Er ging einfach. Ein paar Offiziere blickten auf, Johannes ging vorbei. Ein Wachposten rief ihm eine Frage nach, Johannes ging weiter – quer über den Platz, am Wachlokal vorbei, durch das Tor, den Berg hinunter, in den Ort –

Er kam nicht weit. Ein paar Stunden später wurde er in einem Gasthof aufgegriffen, wo er die Leute dazu hatte bringen wollen, ihm eine Mahlzeit zu spendieren und das Geld für ein Telegramm nach Hause vorzustrecken. Es war eindrucksvoll, wie er abgeführt wurde. Der Ort war natürlich verbotenes Terrain – Ausgang wurde nur gewährt, wenn Angehörige zu Besuch kamen. Es war eines dieser malerischen deutschen Städtchen, eine Mischung aus Fachwerk und Untertanengeist. Die Einwohner verdienten nicht schlecht an den hungrigen Kadetten, aber ihr Herz schlug für die Obrigkeit und für die Militärkapelle, und überall gab es Konditorläden, Wurststände und Spitzel. Niemand verstand, was Johannes wirklich vorgehabt hatte. Die Anklage lautete auf unerlaubte Entfernung von der Truppe, und weil er neu war und wahrscheinlich nicht ganz gescheit, ließ man es dabei bewenden. Er wurde vor versammelter Mannschaft gerügt, bekam seine Stockhiebe und wurde für achtundvierzig Stunden in eine Arrestzelle gesperrt. Als sie ihn herausließen, ging er auf den Leutnant los und biß ihn durch die Uniform. Er wurde in Handschellen gelegt, noch einmal verurteilt und wieder eingesperrt. Danach war er gefügiger. Da er von Rechtschreibung nichts wußte und auch kaum schreiben konnte, steckte man ihn in die unterste Klasse, wo er sich sehr still verhielt. Die Kleinen schafften es nie, alle Vorschriften einzuhalten, immer knöpften sie irgend etwas falsch zusammen oder waren zehn Sekunden nach der Glocke noch im Bett oder ließen die Seife fallen, weil sie kalte Finger hatten. Sie wurden ständig bestraft, und unter ihnen fiel Johannes nicht sehr auf. Trotzdem war Zurückhaltung auf die Dauer nicht seine Stärke: er mußte noch vieles lernen. Er ließ sich – nicht aus Eigennutz, denn langsam war er nicht – auf einen Streit über die Benzheimer Gepflogenheit ein, jeden Tag und bei jeder Gelegenheit den Jungen zu bestrafen, der bei irgend etwas zufällig der letzte war. Es fehlte Johannes an schulischer Bildung, nicht aber an Verstand, und ihm war eingefallen, daß irgend jemand immer der letzte an einer Tür sein mußte. Davon ließ er sich nicht abbringen. Und als er in der alle vierzehn Tage hierfür vorgesehenen halben Stunde einen Brief nach Hause schreiben sollte, füllte er voller Zutrauen eine ganze Seite in seinem Schönschreibheft mit seinem mühsamen Gekritzel. Man kann sich vorstellen, was dann geschah. Der Brief wurde in einem Ordner abgeheftet, und so hat er sich erhalten.

Ce Dimanche 28 Mars 187...

Cher Papa,

Je suis fort malheureux. Tous le monde ici est fou. Mes camerades sont des méchant. Quand je suis parti ils mon prit et j'ai fait de la prison. IL FAUT ENVOYER ME CHERCHER TOUS DE SUITE je vous embrasse. Embrassez pour moi Jules, Ursus et Ulysse, Zoro et le Petit Gabriel

votre bien malheureux

fils

Jean

Er saß in der Patsche. Er war in Verruf geraten, und man hatte ein Auge auf ihn. Deshalb dauerte es mehrere Wochen, bis es ihm gelang, von neuem zu entwischen.

Unterdessen erging es Jules bei seinem Repetitor nicht gar so schlecht. An Arbeit war er nicht gewöhnt, und sie langweilte ihn – »in meinem Alter!« –, aber es gab viel zu tun. Seine Handschrift war zwar im Unterschied zu der seines Bruders zierlich und geradezu verschnörkelt; sie war jedoch genauso unleserlich, und mit der Rechtschreibung kam Jules sowenig zurecht wie Johannes. Überhaupt empfand er es als Zumutung, daß korrektes Deutsch von ihm verlangt wurde. Wahrscheinlich werde er ja doch einen Posten im Ausland bekommen – da wäre es doch wohl sinnvoller, *Sprachen* zu lernen. Aber die Sache hatte auch ihre angenehmen Seiten. Bonn lag nicht am Ende der Welt, und die Eisenbahnverbindungen waren vorzüglich. Jede Woche verbrachte er ein, zwei Tage in Holland oder Belgien, sah sich Brügge und Gent an, aß in Amsterdam Austern, stöberte in Antiquitätenläden herum, spazierte durch die abendlichen Straßen von Brüssel und durch die Hafenviertel von Antwerpen oder Delft. Er sah sich um, nahm auf, lernte. Damals konnte man noch Funde machen. Er entwickelte einen Blick für die Dinge und lernte, mit den Händlern umzugehen. In Lüttich schlich er drei Wochen lang um einen Tisch herum. *»Quel dommage«,* rief der Ladenbesitzer, *»qu'un homme si élégant puisse être aussi radin.«*

Ich erfuhr nicht viel über den Repetitor und seine Familie, aber aus dem wenigen schloß ich, daß es freundliche Leute waren. Mit seinem Charme brachte Julius sie dazu, daß sie die eigenen Möbel beiseite räumten und ihm gestatteten, seine Erwerbungen in ihrem Eßzimmer aufzustellen; anscheinend gewöhnten sie sich auch an seinen zahmen Raben – ohne Käfig –, an die französische Bulldogge und die Katze, die er sich als Begleiter für die Bonner Zeit ausgesucht hatte, weil ihnen die Stadt und das andere Klima wahrscheinlich am wenigsten ausmachen würde. Außerdem überredete er seine Wirtsleute, sich Gänse anzuschaffen. Solche *intelligenten* Tiere, beteuerte er immer wieder, und so dankbar. Das Essen, das im Haus seines Repetitors auf den Tisch kam, bestürzte ihn, und er bat darum, das Dienstmädchen auf den Markt begleiten zu dürfen. Und da wanderte er nun herum, eins fünfundachtzig groß, angetan mit Stiefeln, Handschuhen und einem Hut wie Apoll, kaufte Fisch und zeigte dem Mädchen, worauf man beim Kauf von Gemüse achten muß. Trotzdem kamen immer noch graue Braten in einer Lake aus Mehlsoße auf den Tisch, die Kartoffeln wurden vor dem Kochen geschält und die *haricots verts* geschnippelt … Julius kaufte sich einen Spirituskocher, stellte fest, daß er kochen konnte, und übernahm die Küche. Der alte Baron schickte aus Landen jede Woche einen Mann, der Wild, Geräuchertes, richtiges Brot, Butter und Birnen brachte; und er gab schriftliche Ratschläge. »Achte stets auf die äußere Beschaffenheit ... Überlege dir jeden Schritt im voraus ... Mach dir die elementaren Verfahren beim Kochen zu eigen, dann gelingt dir alles ...« Mein Großvater hatte entschiedene Ansichten; als junger Mann hatte er die großen Chef-Cuisiniers des Empire und der bourbonischen Restauration gekannt und mit ihnen korrespondiert, und er hatte eine schmale Broschüre mit dem Titel *Quelques Remarques sur la Théorie du Braisage des Mets* geschrieben, die er Carême widmete, ein Leitfaden, der noch heute nützlich ist.

Selbstverständlich kam Julius mit seinem Geld nicht aus. Kost, Logis und Unterricht wurden vierteljährlich für ihn bezahlt; er hatte einen Kreditbrief von seinem Vater – genug, um einem jungen Mann ein angemessenes Leben zu ermöglichen, außerdem rechnete man damit, daß weitere Ausgaben hinzukommen würden. Aus Landen hatte er ein Pferd und einen leichten Einspänner mitgebracht, um die sich ein Junge kümmerte, der ebenfalls aus Landen kam und im Haus des Repetitors untergebracht war. Morgens kam ein Barbier, um Julius zu rasieren und zu frisieren; ein Schneider aus der Stadt plättete ihm die Anzüge, und um seine Wäsche kümmerten sich die Frauen des Hauses. Für seine Stiefel sorgte er selbst. Julius war kein Verschwender, aber seine gewöhnliche Lebenshaltung war auch nicht ganz billig, und ganz sicher blieb ihm nicht genug, um damit eine Sammlung anzulegen. Mit Preisen mochte er sich auskennen, aber von Haushaltsführung verstand er nichts: verschiedene Personen waren bereit, ihm auszuhelfen, und er machte ziemlich unüberlegt etliche Schulden.

Geselligkeit suchte er in Bonn nicht. Wenn er nicht reiste, spielte er abends Pikett und Bézigue mit seinem Repetitor, dem er diese Spiele beigebracht hatte. Der Repetitor hatte geglaubt, man werde die Zeit zum Studieren nutzen.

»Nach dem *Abendessen?*« fragte Julius.

Gewissenhaft schrieb der Repetitor deswegen nach Landen. Der alte Baron schickte an *Monsieur le Précepteur* ein Dutzend Flaschen Madeira und teilte ihm in einem kurzen Brief mit, sein Sohn sei kein Enzyklopädist, sondern ein *homme du monde.* Bücher am Abend seien *ungesund* und *übertrieben.* Zeit spiele keine Rolle, und der Unterricht solle in einem *vernünftigen* Tempo erteilt werden. Nach dieser in seiner Laufbahn wahrscheinlich einmaligen Einlassung scheint es sich der Repetitor für lange Zeit mit einem Programm bequem gemacht zu haben, das im wesentlichen aus Gänsedressur, *haute cuisine,* Stilmöbeln und Glücksspiel bestand, während sich die übrigen Hausbewohner der Pflege von Julius' Garderobe widmeten. Was all dies für sein Ansehen an der Bonner Universität bedeutete und wie er es später mit seinen Schülern hielt, ob er überhaupt noch welche fand, weiß ich nicht. Solche Fragen hätte mein Vater gar nicht verstanden.

Julius' Naturell festigte sich früh. Schon in Bonn wurde erkennbar, wo sein Betätigungsfeld und seine Interessen lagen. Er betrachtete diese Phase seines Lebens als Lehrzeit – und tatsächlich mußte er jenes Wissen über die Dinge aus fünf Jahrhunderten erst noch anhäufen, seinen Geschmack orientieren, mehr Dinge an mehr Orten mit mehr Mitteln erwerben, sein Talent mehren – aber der Geschmack und sein Talent blieben, wie sie waren. Sie bildeten den Umriß seines Wesens und den Rahmen für das alltägliche Gleichmaß der folgenden Jahre: die Sorgfalt, die er Tag für Tag auf seine Person und ihre Erscheinung wendete; das auf Geld gründende Dasein und das Unbehagen gegenüber dem Geld; die Vorkehrungen gegen das Eindringen der Außenwelt; das Kunststück, in Deutschland zu leben, als lebte er in einem Vakuum; die Fähigkeit, durch eine Liebhaberei

Abstand von sich selbst und vom Leben zu gewinnen; der Mangel an Neugier in bezug auf die Welt der Menschen und – sonderbar bei einem so jungen Mann – keinerlei Bedürfnis nach Geselligkeit. Frauen bildeten eine Ausnahme – er war empfänglich und hielt sich bisweilen für ergriffen. Aber diese Lieben waren keine Fenster nach draußen, nur Türen in ein anderes, ebenfalls hübsch ausstaffiertes Zimmer. Er mochte und kannte nur eine Art: die geschliffene, wohlgeformte, umgängliche. Er schätzte Lebhaftigkeit, bestand nicht unbedingt auf Dummheit und hatte sogar eine Abneigung gegen den *esprit lourd,* wie er ihn nannte. Es gab jedoch Grenzen, und ein reger Verstand war nur akzeptabel, wenn ihm Stetigkeit und Gutmütigkeit beigesellt waren. Seine Rue-de-Rivoli-Maßstäbe waren hoch, aber nie ging er davon ab, auch nicht in der Ehe. In jener Zeit, als Frauen über dreißig für alt galten, konnte sich vollendete Haltung mit jugendlichem Liebreiz verbinden, und bei einer Anzahl verheirateter Schönheiten von neunundzwanzig Jahren genoß Julius alle Erfolge, die er sich nur wünschen konnte.

Johannes' Flucht aus Benzheim muß eine Meisterleistung gewesen sein. Nach dem »Licht aus« brach er die Tür des Schlafsaals auf, umging die Wachen, kletterte über eine Mauer. Im Freien begann er zu rennen und rannte die ganze Nacht. Am Morgen legte er sich hin. Von Geographie verstand er nicht viel, aber er wußte, wie er nach Hause kommen konnte, und wußte doch auch, daß er diesen Weg nicht nehmen durfte. Er wußte plötzlich eine ganze Menge. Daß sie ihn jagen würden und wo sie ihn suchen würden. Er war aber wild entschlossen, sich nicht fangen zu lassen, und hierauf konzentrierte er sich mit aller Kraft. Den ganzen ersten Tag hielt er sich in einem Gehölz versteckt; erst nach Einbruch der Dunkelheit machte er sich auf den Weg nach

Norden. Nicht nach Landen, sondern in die entgegengesetzte Richtung – sieben Nächte lang. Er hatte kein Geld. Er brachte einen Landstreicher dazu, ihm seine Sachen zu überlassen; dann grub er mit den Händen, mit seinem Messer, mit Steinen ein Loch für seine Uniform. Nachher mied er Straßen und Menschen und zeigte sich nie. Nachts huschte er durch Felder und Gebüsch; tagsüber kroch er, wenn es sich machen ließ, von einer Deckung zur anderen, aber meistens rührte er sich nicht. Die Gegend war belebt, und tagsüber waren die Leute bei der Arbeit. Johannes wußte, daß er nur leicht oder gar nicht schlafen durfte, und er lernte sofort, wie ein Hase zu schlafen. Hunde und Kühe kamen an seine Hecke und schnüffelten an ihm, aber er wußte mit ihnen umzugehen, und sie zogen friedlich ihrer Wege. Er tat alles mit Überlegung, und alles machte er richtig. Er hatte seine Uhr und sein Messer und auch die Daguerrotypie von seinem schwarzen Hund Zoro mitgenommen – nichts, was er liebte, hatte er in Benzheim zurückgelassen –, aber er begrub die Sachen zusammen mit seiner Uniform. Johannes war ein offenherziger Junge gewesen, jetzt lebte er wie ein Tier, das daran gewöhnt ist, seine Spuren zu verwischen. Eines Morgens erschrak er fürchterlich: vor sich sah er einen Fluß und eine Stadt mit lauter spitzgiebligen Häusern und glaubte, es sei der Rhein. Das geschah am fünften Tag, und selbstverständlich hatte er seinen *Lederstrumpf* gelesen und wußte alles über die Gefahr, im Kreis zu laufen. Vielleicht war es Benzheim, vielleicht nicht; er hat es nie herausgefunden. Aber eine panische Angst machte ihn verrückt, und er mußte sie niederkämpfen – allein, ohne Beistand, regunglos im Gras liegend; und dieser Tag erschöpfte sein Herz.

Johannes hatte Benzheim Mitte April verlassen; die Tage waren oft grau und feucht und die Nächte noch ziemlich kalt. Immer gab es Bodenfrost. Die Schuhe des Landstreichers paßten Johannes nicht, und seine eigenen hatte er – vielleicht unnötigerweise – mit den anderen Sachen vergraben; deshalb ging er nun zuerst in Strümpfen, später barfuß. Mit Wasser hielt er sich am Leben. Manchmal stahl er sich etwas zu essen. Eier von einem Bauernhof, Rüben und Mangold aus einer Scheune, Milch direkt von der Ziege. Er versuchte, Hafer zu kauen. Auf den Feldern und in den Obstgärten gab es noch nichts Eßbares, und in eine Speisekammer brach er nie ein. In Landen hatte er im Lexikon gelesen, daß ein Mensch siebenundzwanzig Tage ohne feste Nahrung leben könne, sofern er reichlich Wasser zu sich nehme – und Johannes hatte diese faszinierende Tatsache mit seinen Brüdern ausführlich erörtert. In dem Lexikon stand auch, der Mensch spüre dabei keinen wirklichen Hunger. Johannes, der tatsächlich keinen verspürte, staunte über die Genauigkeit der Angaben und gewann daraus Zuversicht. Trotzdem wurde er schwächer. Er ließ außer acht, daß das Lexikon nicht an einen Menschen gedacht hatte, der auf holprigen Wegen Nacht für Nacht vierzig Kilometer hinter sich bringt.

Er täuschte sich nicht. Sie waren hinter ihm her, mit allem, was die Obrigkeit aufzubieten vermochte. Wie knapp er einer Verhaftung entging, sagte ihm vielleicht nur sein Instinkt. Die Kölner Polizei errichtete im Umkreis von dreißig Kilometern um Benzheim einen Sperrbezirk; die Landespolizeien von Rheinhessen, Württemberg und Baden wurden alarmiert; seine steckbriefliche Beschreibung wurde herumgeschickt; Gendarmen patrouillierten auf den Straßen. Es waren viele; sie nutzten alle verfügbaren Mittel; und sie konnten bei ihrer Verfolgungsjagd auf die willige Hilfe der Bevölkerung rechnen. Alldem konnte Johannes nur seine einsame Disziplin entgegensetzen. Zweierlei war für ihn von Vorteil. Die Kadettencorps waren nicht beliebt; die

Leute erzählten sich Greuelgeschichten. Im Winter war in Lichterfelde ein Kadett vom Sims eines hoch gelegenen Fensters, auf dem seine Kameraden ihn in einer eisigen Nacht hatten strammstehen lassen, in den Tod gestürzt. Sozialisten, Liberale und der immer noch mißvergnügte Süden – alle würden die Gelegenheit nutzen und unbequeme Fragen stellen. Deshalb mußte eine solche Flucht mit Zurückhaltung behandelt werden – vor allem durften die Zeitungen nichts erfahren; deshalb ließ sich aber auch die Unterstützung der Bevölkerung nicht in vollem Umfang nutzen.

Außerdem ließ sich die Benzheimer Anstalt auf ein Risiko ein: In der festen Überzeugung, daß der Junge es nie und nimmer bis nach Hause schaffen werde, benachrichtigte man seine Angehörigen nicht.

Der zweite Vorteil war die Neigung der Militärs zu schematischem Denken – sie waren immer noch damit beschäftigt, seinen ersten Fluchtversuch zu vereiteln. Polizeihauptleute erhielten Berichte darüber, wie sich J. v. Felden wahrscheinlich verhalten würde, und wurden angewiesen, nach einem unverschämten, vorlauten Knaben Ausschau zu halten, der sich in Hotels aufspielte und in breitem Badisch mit französischen Einsprengseln seine Wünsche kundtat. Aber auf einen Dorfpolizisten wirkte diese Beschreibung nicht recht überzeugend, und so mancher eifrige Wachtmeister lief mit seinen eigenen Vorstellungen durch die Gegend und sagte den Bauersfrauen, sie sollten die Augen offenhalten und alles melden, was ihnen verdächtig erschien; hätte also Johannes irgendwo ein Würstchen mitgehen lassen, so wäre es vielleicht tatsächlich mit ihm ausgewesen.

Der Landstreicher wurde nie gefunden; oder er hielt den Mund.

In der achten Nacht änderte Johannes seinen Kurs und ging nach Osten. (Er zählte die Tage, indem er Kerben in einen Stock biß.) Er wanderte nun durch Weideland, die Kühe blieben nachts schon draußen, und er konnte sich mehr Milch beschaffen. Nach weiteren vier Tagen wagte er, nach Südwesten abzubiegen, und nahm von nun an den direkten Weg nach Hause.

An einem Sonntag im Mai erreichte er Landen. Der alte Baron, Julius, der für eine Woche gekommen war, und Gustavus machten gerade eine Spazierfahrt. Da sahen sie vor sich eine schmutzige, struppige Gestalt aus dem Boden wachsen. Sie erkannten ihn nicht – genausowenig wie der Spaniel, der mit von der Partie war.

Da warf sich das zerlumpte Gerippe mit lautem Geheul in den Tilbury.

»Prenez garde au vernis«, rief der alte Baron. Dann erst begriffen sie, daß es Johannes war.

Aber sie konnten es nicht glauben.

Johannes umarmte sie, und sie waren bestürzt.

»Mon Dieu, mon fils«, sagte der alte Baron, *»qu'est-ce que cela peut bien dire?«*

Sie hatten tatsächlich Tokajer-Essenz in Landen und holten sie für Johannes aus dem Keller. Eine Jahreszahl aus dem 18. Jahrhundert war auf den Korken gestempelt, und ein Löffel davon scheint tatsächlich die Wirkung gehabt zu haben, die man diesem legendären Zaubertrank zuschreibt. Nachdem Johannes ein Bad genommen, saubere Wäsche angezogen, einen Pfirsich aus dem Gewächshaus gegessen und noch ein wenig von dem belebenden Wein getrunken hatte, überkamen den alten Baron Empörung und gleichzeitig Zärtlichkeit. Er begleitete Johannes' Bericht mit Zungenschnalzen und Ausrufen der Entrüstung – *Pas possible … Est-ce concevable? Pensez-donc! Quel endroit sauvage* –, und Johannes erzählte freimütig. Damals sprach er noch. Von seiner erschreckenden körperlichen Verfassung abgesehen schien er unverändert; er war, wie er immer gewesen war. Er plauderte, beschwerte sich, schimpfte einfach auf Benzheim. Aber gewisse Szenen spielte er Julius jeden Tag aufs neue vor. Julius und Johannes hatten sich jahrelang sehr nahegestanden, während Gustavus schon ein steifer junger Mann und Gabriel noch ein kleines Kind war. Vielleicht war keiner von ihnen imstande, alles zu begreifen; vieles muß das Verständnis von Johannes' alterndem Vater und das Mitgefühl von Gustavus, der sich zu einem langweiligen Pedanten entwickelte, überstiegen haben. Der alte Baron war empört darüber, daß Johannes seine Uhr, wie er es ausdrückte, weggeworfen hatte; den Ausdruck »begraben« wollte er nicht gelten lassen, er sei zu dramatisch.

»Eine *so* gute Uhr«, sagte er jedesmal, wenn es ihm wieder einfiel. »Dein eigener Großvater hat sie gemacht – *völlig* übertrieben.«

Aber Gabriel, der damals zwölf war, hatte Alpträume, in denen Benzheim vorkam; und auch in Julius, der oft selbst Angstgefühle hatte, setzte sich manches von dem, was Johannes durchgemacht hatte, für immer fest. Es reichte, um alle in Unruhe zu versetzen. Der alte Baron war sehr wütend auf Benzheim – es sei eine große Schande und ein großer Jammer, Johannes solle jeden Tag Rinderbrühe bekommen, und damit sei der Fall erledigt. Julius blieb vorerst in Landen, und Johannes erholte sich rasch.

2. Kapitel

Nun gerieten verschiedene Kräfte gleichzeitig in Bewegung. Für Johannes interessierten sich diese Kräfte eigentlich nicht; sie nahmen keine Rücksicht auf ihn, obwohl er ein Faktor in ihren Berechnungen war, und am Ende erdrückten sie ihn. Gustavus hatte das ganze Frühjahr hindurch versucht, sich zu verloben, und eine Woche nach Johannes' Rückkehr war es ihm gelungen.

»Und was kommt als nächstes?« fragte der alte Baron. *»Quelle folie encore?«*

Gustavus sagte, es sei eine Ehre für ihn, daß er akzeptiert werde.

»Von dieser jungen Frau?«

»Jawohl, Papa.«

»Du hast sie *gefragt?«*

»Aber ja, Papa. Nachdem mir ihr Vater seine Erlaubnis gegeben hatte.«

»Wie unbesonnen! Meine bekommst du nicht. In *deinem* Alter. Du bist viel zu jung. Wie alt bist du eigentlich?«

»Im August dreiundzwanzig.«

»Na bitte! Wo hat man je gehört, daß ein Mann mit dreiundzwanzig heiratet. In den besten Jahren. Ich habe es nicht getan. Dein Großvater hat es nicht getan. Und Onkel Xavier auch nicht. *Jules a sa maîtresse près de Namur. Une femme très bien.* Also, ich war fünfzig, als ich deine Mutter zum ersten Mal gesehen habe.«

»Du hast mit achtundvierzig geheiratet, Papa.«

»Eben. Fast fünfzig. Siehst du?«

Es stimmte. Die Felden waren für Frauen empfänglich, aber sie waren vorsichtig. Sie liebten das Junggesellenleben, und sie liebten es, Kinder zu hinterlassen, aber sie erreichten selten ein hohes Alter. Sie heirateten spät und starben früh. So gab es binnen hundert Jahren kaum zwei Generationen von ihnen, und kein Felden-Kind hatte je seinen Großvater gekannt. Gustavus hätte darauf hinweisen können, daß es nicht sehr klug sei, Söhne großziehen zu wollen, wenn man selbst schon an der Schwelle zum Greisenalter stand; statt dessen sagte er: »Früher war alles anders, Papa, und ich liebe Clara.«

»Bien sûr. Tout le monde connaît ce sentiment. Pourtant ce n'est point une femme aimable. Et lorsqu'elle aura trente ans elle sera fort laide. Et puis c'est une dévote …«

»Sie ist eine Heilige!«

»Eh bien! Cela te fera une jolie épouse. Wenn du jemanden brauchst, der dich jeden Tag in die Kirche schleppt, dann stell einen Kaplan ein. Ich sehe überhaupt keinen Grund, warum du von zu Hause fortgehen solltest – jetzt, wo ich alt bin und mit meinen Experimenten und meiner Korrespondenz zu tun habe und niemand von mir erwarten kann, daß ich noch an die Ernte und meine Pächter, diese Schurken, denke und jeden Heuwagen selber zähle. Anscheinend wißt ihr alle nicht, wie gut es euch geht. Sieh dir Jean an.«

»Aber Papa, ich will doch gar nicht fortgehen. Wir werden alle hier leben. Clara möchte eine Schule gründen …«

»Ah, pas de bonnes œuvres – surtout pas de bonnes œuvres!«

»Clara sagt, das Dorf braucht …«

»Du willst sie *herbringen?*« Der alte Baron nahm sich zusammen. »Ganz unmöglich. Das Haus ist zu klein. Was soll sie hier mit sich anfangen? Sie kann doch nicht abends mit uns zusammensitzen. Ich wette, sie würde den Salon deiner Mutter aufschließen wollen, und sie wäre sehr langweilig. Nein, nein, das geht alles überhaupt nicht … Und glaub mir, solche Leute zu heiraten führt zu nichts Gutem. *Mais oui, c'est un beau nom. Mais le tien l'est aussi. Et si aujourd'hui il a un peu moins d'éclat, c'est que depuis des siècles nous avons bien mangé et vécu heureux! Le vieux Bernin a toujours eu quelque chat à fouetter. Pire qu'un cardinal. C'est presqu'un ambitieux.*«

»Aber Clara ist ein Engel.«

»Zweifellos.«

So schimpfte der alte Baron tagelang vor sich hin. Beklagte sich bei Julius, beschwerte sich bei seinem Verwalter, schrieb zahllose Briefe. Gustavus schmollte. Es enttäuschte ihn, wie sein Vater die Neuigkeit aufnahm, aber wirklich zu schaffen machte ihm die Haltung der Bernins selbst – wie reserviert sie blieben. Es gab wenig, was sie billigerweise gegen eine Verlobung hätten einwenden können, aber es gab auch nichts, was ihnen daran wirklich gefiel. Sie brachte langgehegte Pläne durcheinander und bot dafür einem jungen Mann ohne Aussicht auf eine Karriere und ohne erkennbare Verdienste eine Verbindung zu einem der fortschrittsfeindlichsten Häuser im Großherzogtum. Der Vater der Verlobten, Graf Bernin Sigmundshofen, war ein ungemein fähiger, ungemein aktiver Mann, Anführer einer mächtigen katholischen Clique, Oberhaupt einer der bedeutendsten Familien Süddeutschlands, eine Persönlichkeit des öffentlichen Lebens. Er war Präsident des Landtags und war vorher jahrelang Gesandter des Großherzogs Friedrich beim Heiligen Stuhl gewesen, doch sein Wirkungskreis reichte weit über Baden hinaus. Er gehörte zu jenen Männern, denen man zutraute, daß sie in jeder Kanzlei einen Freund und in nicht wenigen sogar einen Verwandten sitzen haben; Baron Felden war nicht der einzige, dem so viel Ehrgeiz mißfiel. Aus heutiger Sicht scheint Graf Bernin noch etwas anderes gewesen zu sein: ein uneigennütziger Mann mit einer Mission. Aber er war auch ein Strippenzieher aus Überzeugung, verfügte über reiche Erfahrung im Umgang mit Menschen und Motiven und besaß obendrein – *leider*, wie man im Hinblick auf Johannes sagen muß – großen Charme.

Graf Bernin widmete sein ganzes Handeln der Kirche, genauer gesagt, der Einheit und dem Vorrang des katholischen Europa – und im Blick auf dieses Ziel erschien ihm die Kirche wiederum als das wichtigste Werkzeug. Die Reformation war in seinen Augen die Wurzel allen gegenwärtigen Übels. Er fand sich mit der Spaltung der Christenheit sowenig ab wie mein Großvater mit dem Deutschen Reich. Während jedoch mein Großvater herumlief und sich von morgens bis abends laut und vernehmlich beklagte, setzte der Graf auf seinen eigenen Weitblick; und wenn er, was durchaus möglich ist, ein Fanatiker war, besaß er doch Weltläufigkeit und Gespür für die praktische Politik. Auch ihm mißfiel das neue Deutschland, aber er hatte es kommen sehen und schlug deshalb als nächsten Schritt vor, es von innen zu bekämpfen. Für den Traum von einer *Pax Catholica* können die Zeiten damals nicht günstig gewesen sein. Zum einen gab es keine katholische Großmacht. Frankreich war antiklerikal und im Krieg unterlegen, Spanien neutral, Italien nicht geeint, und Österreich mußte sich mit Slawen und Sultanen herumschlagen und drohte darüber auseinanderzubrechen. Außerdem beruhten die Bündnisse dieser Jahrzehnte – mit Rußland, mit England, mit der Türkei, mit Japan – nicht auf konfessioneller Einigkeit, sondern zielten auf koloniale Expansion, auf die Lösung territorialer Probleme und die gegenseitige Duldung aggressiver Bestrebungen, kurzum, sie sollten Ängste schüren und Ängste beschwichtigen. Dies alles durchschaute Graf Bernin und glaubte, vor diesem Hintergrund und in Anbetracht der Unfähigkeit der Wittelsbacher, der Senilität des Hauses Habsburg und des Elans in Preußen, die Aufgabe des politisch amorphen deutschen Südens und seines verschlafenen Adels deutlich zu erkennen; der Süden mußte zu neuem Leben erwachen, mußte sich auf seine Rolle einlassen und die Bürde des Katholizismus auf sich nehmen, mußte die dominierende Kraft in Deutschland werden – die Brücke nach Frankreich, ein Bindeglied in Richtung Rom und eines Tages vielleicht der Eckpfeiler eines Europa unter der Vorherrschaft des Heiligen Stuhls. So zog Graf Bernin von einem Landsitz zum anderen, von einer Versammlung zur nächsten, machte Andeutungen, erteilte Ratschläge, gab

Erläuterungen, sprach von Gewinnen und Beförderungen und von der Gefahr, ins Hintertreffen zu geraten, spornte faule Prälaten an, schmeichelte trägen Beamten und lethargischen Grundbesitzern mit Visionen von ihrer eigenen Wichtigkeit, drängte Freunde und Kollegen, Ämter zu übernehmen, sich um Ämter zu bewerben und die eigenen Söhne auf die Übernahme von Ämtern vorzubereiten. Zunächst gelte es, die Preußen auf ihrem eigenen Feld zu schlagen. Im Augenblick täten sie ja doch alles, um sich den Süden gewogen zu machen – also galt es, die Gelegenheit zu ergreifen. Tatkraft war gefordert. Man mußte sich das Faible der Preußen für alles Militärische zunutze machen: Bayern, Württemberg und Baden besaßen einige glanzvolle Regimenter mit prächtigen Uniformen und großer Tradition – Schicken wir ihnen also unsere Söhne, auf daß sie in der Garde glänzen!

Graf Bernin war ein reicher Mann. Aber er hatte nur eine Tochter, Clara. Damals war sie Mitte Zwanzig, eine Frau mit deutlichen Anzeichen von Charakter und noch deutlicheren Anzeichen von Willensstärke. Sie war sehr fromm und verband einen standhaften, einfachen, orthodoxen Katholizismus mit einer überaus strengen, geradezu protestantisch anmutenden Rechtschaffenheit. Sie war groß und schmal, aber nicht größer als Gustavus, obwohl es so aussah – mit einem guten Gesicht, das im höheren Alter an Ausdruck noch gewann. Ihre Kleidung sollte nicht auffallen und fiel auch nicht auf. Clara hatte schöne Hände und für den Geschmack ihrer Zeit etwas zuwenig Haar.

Ihre Mutter war gestorben; ihr Bruder war päpstlicher Kammerherr. Der Vater hatte es für nötig gehalten, seine Tochter schon früh auf ihre Pflicht vorzubereiten, den Weinberg des Herrn zu bestellen, und zwar dort, wo es in diesem Jahrhundert am nötigsten war: in der Welt. Als Clara im Laufe der Jahre keine Anstalten machte, diese Berufung auf sich zu nehmen, wurde Graf Bernin deutlicher. Er sprach von dem jungen Mann – jung in Anbetracht dessen, was er schon erreicht hatte –, der nun Staatssekretär im Außenministerium war, und erwähnte für den Fall, daß seine Tochter ihre Abneigung gegen die Ehe mit einem Lutheraner nicht überwinden konnte, auch jenen katholischen Witwer, den man soeben auf den neu geschaffenen Posten eines Gouverneurs von Elsaß-Lothringen berufen hatte. Da begann Clara ihrerseits, von Gustavus zu sprechen …

Bestimmt war Gustavus mit seinen dreiundzwanzig Jahren in Clara verliebt. Vielleicht hat er dadurch sehr gewonnen. Wie jeder Mensch muß auch er die unsterblichen Sehnsüchte der Jugend verspürt haben. Bisher hatte er nur den lockeren Umgang, den seine Verwandten mit Frauen pflegten, gekannt. Nun entdeckte er etwas anderes – glaubte, er erobere die Tugend selbst und werde ihrer dabei auch teilhaftig. Eine solche Aussicht ist immer erfreulich. Noch der Schlechteste unter uns möchte sich verändern, möchte zumindest mit dem Gedanken umgehen – und davon sprechen –, ein besserer Mensch zu werden; die Zuwendung derer, die uns bessern wollen, ist stets schmeichelhaft, und nie fällt uns der steile Pfad zum Höheren leichter, als wenn wir verliebt sind. Clara von Bernin, die Unbeugsame, die, wenn ihr Vater sie auf einen Ball schickte, nicht etwa tanzte, sondern betete, und zwar so vernehmlich, daß die Umstehenden es fast mitbekamen; die nie mit Männern ihres Alters sprach und selten von ihnen angesprochen wurde – sie erweichte im Umgang mit Gustavus. Ihr Ernst flößte ihm Vertrauen ein; mit fast amüsierter Nachsicht sprach sie von seiner, wie sie sich ausdrückte, heidnischen Erziehung; der alte Baron sei ein braver Mann, sagte sie, zumindest innerlich – und man könne Gott gewiß auf vielerlei Weise gefällig sein. Für Gustavus hielt sie allerdings etwas noch Schöneres bereit; sie sprach von seiner unsterblichen Seele, die seit dem Katechismusunterricht niemand mehr erwähnt hatte. Sie sprach von dem, was sie gemeinsam tun könnten: für Landen, für die Erlösung der Welt, für die Armen. Beharrlichkeit. Erbauung. Unendlichkeit. Es war erhebend, es war berauschend; es war neu. Und klar war auch, alles rührte daher, daß Clara von Bernin Sigmundshofen ihn als Mann unwiderstehlich fand. Noch etwas kam hinzu. Gustavus wollte weg von zu Hause. Er hatte sich in Landen nie ganz heimisch gefühlt, hatte sich oft überlegt, wie wohl die Nachbarn über seine Familie dachten – und nun erschien ihm diese Familie tatsächlich in einem anderen Licht. Er strebte nicht eigentlich nach der Kraft und der Herrlichkeit, aber es ging ihm, anders als seinem Vater, auch nicht um das *vivre heureux;* er wollte angesehen und respektiert sein. Er hatte die Seele eines modernen Bürgers, und ein Posten in einer Bank wäre das Richtige für ihn gewesen. Insofern war es ein rührendes Beispiel poetischer Gerechtigkeit, daß er auf der Flucht vor dem Nonkonformismus direkt in den flammenden Rigorismus von Clara und die große Politik des Grafen Bernin geriet. Damals liebte er vor allem den Spiegel, den Clara ihm vorhielt, fühlte sich von dem Unwahrscheinlichen, das in der Eroberung ihrer Person lag, verlockt und den eigenen Brüdern hoch überlegen – und auch ihren *beau nom* liebte er sehr.

Und Clara? Wie reimte sie sich das alles zusammen? Wie dachte sie über sich selbst? Ihre Altersgenossen wunderten sich jedenfalls darüber, daß sie nicht den Schleier nahm; ich lernte sie erst kennen, als sie fast siebzig war, und noch in diesem Alter – immer in strengem Schwarz, kerzengerade Haltung, leuchtende Augen in einem friedlichen, tief zerfurchten Gesicht – wirkte sie so weltfern wie keine andere Frau. Es ist unvorstellbar – aber sie muß Gustavus geliebt haben. Für mich war sie die einzige Gestalt meiner Kindheit, die nie ihre Meinungen änderte, die nie an sich selbst dachte, die sich immer gleich blieb, die alles aus ganz anderen Gründen als alle anderen tat, die aber immer rührig blieb, immer urteilte und Zensuren verteilte und nie nachgab, sich nie durch eine Laune, eine Stimmung, das eigene Interesse oder die Situation erweichen ließ, und bis heute erscheint es mir unbegreiflich, daß dieser Turm, dieser vielgefürchtete und vielverlachte Fels, dem meine Mutter nie das geringste Lächeln zu entlocken vermochte, einst von der fehlbarsten aller menschlichen Regungen beseelt gewesen sein sollte. Es ist unfaßbar, daß sie ihr nachgab. Und doch hat sie es getan.

Was immer Clara bewogen hat – es war stark genug, auch Graf Bernin zu bewegen. Gegen ihr unbesonnenes Projekt führte er Prinzipien ins Feld und Einflüsse – den töchterlichen Gehorsam, die Pflichten der Vorstreiter Gottes, die Bezähmung des eigenen Willens – und Priester. Priester, die einen Hausbesuch machten; Priester, die länger im Haus blieben; Priester, die ein Konklave in der Bibliothek abhielten; Priester, die nach dem Tee gemütlich wurden; Priester im Beichtstuhl. Was diesen letzteren anging, war Graf Bernin allerdings im Nachteil, denn Claras Beichtvater war, wie er wohl hätte wissen können, ein moderner Jansenist. Und dieser brave Mann, Pater Martin, hegte für die vom Grafen in Aussicht genommene Ehe mit einem ketzerischen Staatssekretär so viel Abscheu wie Clara selbst. Die Auseinandersetzung zog sich durch den ganzen Winter bis ins Frühjahr, und stets bewegte man sich dabei auf dünnem Eis, hätte doch Clara jederzeit den »Ruf« vernehmen können. Sie blieb gelassen: gegen die Verbindung, so erklärte sie, lasse sich nichts einwenden. Und damit hatte sie recht. Gegen die Felden ließ sich nach den Maßstäben der Welt, der beide Familien angehörten, wirklich nichts einwenden. Sie waren eines der ältesten Geschlechter in Baden und zumindest nach ihrer Ahnentafel durch und durch katholisch. Der alte Baron war bei Hof gern gesehen. Die Art der Felden gefiel den Leuten, und ohne es zu wissen, waren sie überall sehr beliebt. Im Grunde verkörperten sie genau das, wofür Graf Bernin sich einzusetzen schien. Landen war zwar mit Hypotheken belastet, aber außer den Bernins gab es in Baden kaum wirklich reiche Leute. Die Söhne galten als romantische Erscheinungen, und über die Beziehung zwischen Clara und Gustavus sprach man schon voller Rührung. Mochte der alte Baron auch exzentrisch und altmodisch wirken, mochte Graf Bernin seinen Mangel an Gemeinsinn noch so sehr bedauern und sich über die ungeschickte, eigenbrötlerische Art seiner Lebensführung ärgern, so war ihm doch klar, daß dies alles kein plausibler Grund war, die Verlobung seiner Tochter mit einem der vier wohlgeratenen Söhne eines Landedelmannes, eines weniger begüterten Standesgenossen, eines Nachbarn zu verhindern. Doch eines konnte Bernin ganz und gar nicht leiden: seine Karten aufzudecken.

Unterdessen leistete der Gouverneur des Elsaß auch ohne Claras Einflüsterungen gute Arbeit; Graf Bernin glaubte von Tag zu Tag weniger daran, daß er seine Tochter den eigenen Plänen jemals würde dienstbar machen können; im Mai gab er schließlich klein bei und stimmte Claras Verlobung mit Gustavus einstweilen zu.

Sie kamen zu einem Besuch nach Landen. Während die jungen Leute einen Spaziergang machten, unterhielten sich der alte Baron und Graf Bernin in der Bibliothek. Der Altersunterschied zwischen ihnen betrug kaum zehn Jahre, aber Baron Felden tat gern so, als sei er achtzig. Sie gingen liebenswürdig miteinander um. Der alte Baron konnte den Reizen seiner eigenen Gastfreundschaft nie widerstehen; mochte er, wenn Gäste ins Haus standen, vorher stundenlang schimpfen – sobald sie da waren, überschüttete er sie mit erstklassigem Oloroso und Havannas. Bernin konnte sich so ziellos geben, wie sein Gastgeber war. Sie unterhielten sich. Über den Flug der Zugvögel und die schlechten Zeiten und eine Nachbarin, die alte Gräfin Frassen, die die neuen Wichtigtuer kürzlich der Weinpanscherei überführt und ins Bezirksgefängnis gesteckt hatten.

»Diese Zudringlichkeit!« sagte der alte Baron.

»Eine leidige Angelegenheit«, sagte Graf Bernin.

»Ach«, sagte der alte Baron, »Wein panschen – ein großer Fehler.«

Er zeigte seinem Gast ein Flaschenschiff, das Gabriel gebastelt hatte, und fragte ihn nach seiner Meinung über das Verfahren des Monsieur Pasteur. Mit Erleichterung stellte er fest, daß Bernins Begeisterung über die Verlobung nicht größer war als seine eigene. Auch der Graf sah diese Übereinstimmung und noch manches mehr.

Während dieses Besuchs wurde mein Großvater zu einer Kuh gerufen. Er war zu allem anderen auch der tüchtigste Tierarzt der Gegend, und seine Pächter bestanden darauf, daß er bei jeder Niederkunft zugegen sei.

Julius erschien, schmuck, gelöst, und erbot sich, den Gast herumzuführen.

Nun hielt Graf Bernin zu jedermanns Leidwesen und Überraschung gern private Vorträge über Wirtschaftsfragen. Er sah große soziale Unruhe voraus. Der Norden, so erklärte er, stehe infolge der Ausdehnung seiner Industrie und der niedrigen Löhne auf dem Lande vor unüberwindlichen Problemen, deshalb müsse man im ländlich geprägten Süden um so mehr auf die Zufriedenheit der ländlichen Bevölkerung bedacht sein. Bei den Freunden des Grafen, soweit sie Grundbesitzer waren, fand diese Idee wenig Anklang. Aber während er nun auf dem Anwesen seines Nachbarn umherging, mußte er erstaunt feststellen, daß der Baron tatsächlich eines der bestgeführten Güter Badens sein eigen nannte, auch wenn es nicht viel Gewinn abwarf, und daß seine

Pächter sich besser standen und einen besseren Eindruck machten als in Deutschland sonst üblich.

Er versuchte, Julius seine Eindrücke zu vermitteln.

»Mein Vater mag es, wenn sie gut essen«, erklärte ihm Julius. »Er sagt ihnen, es sei dumm, Kalbfleisch und Gemüse zu verkaufen und sich mit Knödeln und Bratkartoffeln zu begnügen.«

Der Graf kam auf andere Aspekte der Frage zu sprechen.

Julius hörte ihm höflich zu, und es gelang ihm ganz gut, Ahnungslosigkeit und Desinteresse zu verbergen.

Im Kopf des Grafen begann es zu arbeiten. »Zwanzig? Haben Sie gesagt, Sie seien zwanzig?«

Er versuchte Julius etwas über seine Aussichten und Absichten für die Zukunft zu entlocken. Darauf verstand sich Graf Bernin sehr gut.

Aber Julius blieb auf der Hut. Er antwortete mit der größten Bereitwilligkeit und sagte doch nichts.

Auch dies entging Graf Bernin nicht. »Und ihr seid hier vier?« fragte er. »Vier Söhne!«

Die Abende waren noch kühl. Julius schlug vor, ins Haus zu gehen. Im Rauchzimmer würden sie ein Feuer finden.

Es war genau dieser Augenblick, den die Anstaltsleitung von Benzheim sich ausgesucht hatte, um Johannes' Vater durch Vertreter des Kriegsministeriums vom Verschwinden seines Sohnes zu unterrichten. Der Junge war vor fünf Wochen entlaufen, mußte also entweder tot oder in Übersee sein. Die Abgesandten waren in ihrer Lage nicht zu beneiden, aber man hatte sich entschlossen, offen zu sprechen. Das Kriegsministerium war mit altmodischen Preußen besetzt, die anderen und sich selbst alle möglichen Ungeheuerlichkeiten abverlangten; sie konnten schweigen, wenn es nötig war, aber Lügen waren ihnen genauso zuwider wie ihrem alten Kaiser Wilhelm. Sie hatten beschlossen, dem Baron zu erklären, warum er mit Rücksicht auf das öffentliche Interesse bisher nicht benachrichtigt worden war; sie wollten ihren Fehler eingestehen und ihn bitten, den Fall nicht als Vater, sondern als Patriot und Angehöriger der herrschenden Kaste zu betrachten. Dieser Appell sollte den alten Baron jedoch nie erreichen, denn es war Graf Bernin, der, als er mit Julius vom Hofgut zurückkehrte, auf Major von Grautkopf traf, der, Helm und Handschuhe in der Hand, in der Halle wartete.

»Es ist meine Pflicht, Ihnen eine sehr ernste Mitteilung zu machen«, sagte der Major.

»Wie bitte?« erwiderte Graf Bernin.

Das Kalb war tot, die Kuh hofften sie durchzubringen. Der alte Baron hatte den Grafen Bernin ganz vergessen. Bei seiner Rückkehr fand er ihn in heller Aufregung, außerdem einen Mann in Uniform, der in der Halle herumschrie.

Der Major ging auf ihn los.

»Wie ich höre, ist der Junge hier!«

»Was?« fragte der alte Baron. »Was ist los?«

»Wir sind nicht benachrichtigt worden.«

»Das trifft ja wohl umgekehrt genauso zu«, sagte Graf Bernin.

»Dem Jungen muß befohlen werden, sich sofort reisefertig zu machen.«

»Wovon reden Sie eigentlich?« fragte der Baron. *»Jules, tu as l'air décoiffé.«*

Julius sah tatsächlich fünf Jahre jünger aus. »Papa, sie wollen Jean nach Benzheim zurückholen.«

»Wie bitte?« sagte der Baron.

»Wenn ich vielleicht erklären darf«, sagte Graf Bernin. Er hatte zum ersten Mal von dieser Sache gehört, aber während der vergangenen halben Stunden hatte er mehr erfahren, als er sollte.

»Dieser Herr –«

»Von Grautkopf«, sagte der Major.

»Major von Grautkopf ist eigens aus Berlin gekommen.«

»Mit dem Zug?« fragte der Baron. »Sehr unbequem. Bin selbst allerdings nie dort gewesen.«

»Ich glaube nicht –«, sagte der Major.

»Eigens aus Berlin«, wiederholte Graf Bernin, »in der Annahme – «

»Er wollte uns mitteilen, daß Jean tot ist«, sagte Julius.

Graf Bernin hatte den Major mit seiner Mitteilung tatsächlich bis zu diesem Punkt kommen lassen. Der Major war wütend.

»Un fou«, sagte der Baron.

»Er ist natürlich der Meinung –«, sagte Graf Bernin.

»Wo ist der Junge?« fragte der Major.

»Mir scheint, Ihnen ist immer noch nicht klar, in was für einer Situation wir hier sind«, sagte Graf Bernin. Auch der Graf – und dies unter den Augen von Julius – war in einer schwierigen Lage gewesen.

Der alte Baron begriff langsamer als sein Nachbar. Schließlich wandte er sich an den Major: *»Monsieur l'Officier* – das ist eine Ungeheuerlichkeit. Wie können Sie es wagen, hierher zu kommen? Wie können Sie es wagen, mir vorzuwerfen, ich hätte Ihnen wegen meines Sohnes nicht geschrieben? Bei der Rückkehr aus Ihrer Anstalt war mein Sohn halb verhungert, ungewaschen –«

»Aber, Baron –«

»Und Sie haben die Unverfrorenheit, ihn zurückzufordern. Ich hoffe, Sie verlieren *alle* Ihre Schüler.«

»Baron!«

»Das führt doch zu nichts –«, sagte Graf Bernin

»Ich wäre Ihnen sehr verbunden, Monsieur«, sagte der alte Baron, »wenn Sie jetzt mein Haus verließen.«

Der Major schlug die Hacken zusammen, der alte Baron verbeugte sich; der Major schlug die Hacken auch vor Graf

Bernin zusammen, und dieser verbeugte sich ebenfalls und hätte fast mit den Achseln gezuckt. Julius mit dem Helm in der Hand stand neben der Tür.

»Also, *wirklich!*« sagte der alte Baron und setzte sich. »Also, wirklich!«

Graf Bernin sagte nichts.

Schließlich sagte der alte Baron: »Wo ist Jean? Schade, daß er das nicht mitbekommen hat. *Jules, va chercher Jean.* Sie bleiben doch zum Abendessen, Bernin, oder? Sie – und die junge Frau.«

»Danke gern. Ich würde Ihren Sohn Johannes wirklich gern kennenlernen. Der Junge muß einen ungeheuren Schneid besitzen.«

»C'est un brave cœur«, sagte sein Vater.

Aber Johannes war nirgendwo zu finden.

Das ganze Abendessen hindurch ärgerte sich der alte Mann. Wo war Jean? Warum war Jean nicht da? So *mal-élevé,* so unnatürlich. Als es Zeit wurde, die Pferde der Bernins zu holen, hieß es, Johannes habe sich im Stall versteckt.

»Sonderbar«, meinte der alte Baron. »Gustavus, geh und hol ihn.«

Gustavus unterhielt sich gerade mit Clara; aber er ging.

Und kam allein zurück.

»Wo ist dein Bruder?«

»Er will nicht hereinkommen.«

»Er will nicht hereinkommen?«

»Er ist verrückt«, sagte Gustavus und kehrte zum Sofa zurück.

Julius war ebenfalls hinausgegangen. »Papa, er hat Angst.«

»So ein Unsinn!«

»Ach, wirklich?« fragte Graf Bernin.

Der alte Baron wollte selbst sehen, was los war, und die anderen folgten ihm. Sie fanden Johannes in einer Box.

Er hielt einen jungen Bullen umschlungen und zitterte am ganzen Leib. Seine schwarzen Locken waren vom Schweiß verklebt.

»Jean«, sagte sein Vater. »Jean!«

Julius, Graf Bernin, Clara, Gustavus, Gabriel und zwei Stallknechte standen im Halbkreis. Mit weitaufgerissenen Augen sah Johannes durch sie hindurch.

»Reiß dich zusammen, Jean. *Il y a du monde, voyons.*«

»Jean, bitte, sag was«, sagte Gabriel.

Aber Johannes zitterte bloß.

»Sprich zu uns«, sagte der alte Baron.

Clara trat einen Schritt vor. »Armer Junge«, sagte sie und versuchte ihn zu streicheln.

Johannes fuhr zurück und fletschte die Zähne.

»Willst du dich wohl benehmen, du kleiner Dummkopf!« sagte Gustavus und packte ihn am Kragen.

Johannes fuhr herum und biß ihm in die Hand.

»Jean –«, rief sein Vater.

»Jean!« rief Julius.

»Jean bitte –«, rief Gabriel und brach in Tränen aus.

Der Bulle stand reglos da und leckte sich die Schnauze.

»Liebes, es tut mir schrecklich leid, diese scheußliche Szene«, sagte Gustavus.

»Und deine *Hand,* Liebster?« fragte Clara.

Julius hatte Zoro geholt. Der schwarze Hund kam hereingesprungen – sah nach seinem Herrn – sah nach dem Bullen – sah wieder nach seinem Herrn und winselte.

»Ach, du Dummer«, sagte Johannes und wankte aus dem Stall; er stürzte sich auf den Hund und brach in lautes Schluchzen aus.

»Ich glaube, der Wagen wartet«, sagte Graf Bernin.

3. Kapitel

In diesem Sommer fand Landen keine Ruhe. Zunächst kam eine knappe Mitteilung aus Benzheim.

Kommandantur
Kadettenanstalt Corps Benzheim
Benzheim am Rhein b/Köln
Königreich Preußen

Sein. Hochwohlgeboren *Den 23.5.187..*
Baron Felden zu Landeney
Schloß Landen
Großherzogtum Baden

Sehr geehrter Herr Baron!
Durch Rapport des Major von Grautkopf erfahren wir soeben, daß der am sechzehnten ultimo vom Corps Benzheim entsprungene Zögling Kadett von Felden sich im elterlichen Hause befindet, u. ersuchen wir Sie hiermit, besagten Zögling unverzüglich in das Corps Benzheim einzuliefern.

Gehorsamst,
gez. von Köppen
Oberst u. Kommandant

»*Quel exécrable langage*«, sagte der alte Baron und schnippte den Brief zu Julius hinüber. »Diese Leute haben offenbar weder Verstand noch Manieren.«

Benzheim erhielt keine Antwort, aber man sprach in Johannes' Gegenwart über den Brief, und Johannes, der sich inzwischen wieder normal benahm, bekam eine Art Anfall. Beim ersten Mal war der alte Baron erschüttert gewesen und hatte sich erst nachher geärgert; diesmal ärgerte er sich sofort. Völlig übertrieben, ein solcher Mangel an *tenu;* hatten denn alle den Verstand verloren?

Dann kam ein Telegramm. Telegramme waren in Landen eine Seltenheit. Der alte Baron hatte einen guten Freund in Neuchâtel, einen hochbetagten Ornithologen.

»Voilà! on m'appelle au lit de mort de mon pauvre ami. Tout le monde s'en va ...« Mit zitternder Hand brach er das Siegel auf. Aber als er die Unterschrift *Benzheim Kommandentur* las, fühlte er sich an der Nase herumgeführt und beschuldigte Johannes, er störe seinen Seelenfrieden. Johannes bekam davon allerdings nichts mit; beim Anblick des Boten war er in den Wald gelaufen.

Clara hingegen war nun ständig in Landen. Der Ärger des Barons über seine Kinder nahm immer mehr zu. Rätselhafte Schuldscheine, offenbar von Julius unterschrieben, flatterten ins Haus: Julius bekam zu hören, es sei höchste Zeit, daß er sich wieder hinter seine Bücher setze, und kehrte schleunigst nach Bonn zurück.

Auch die Uhr, die Johannes abhanden gekommen war, ging dem alten Mann nicht aus dem Kopf. Ihm kam eine Idee. Eine Anzeige. »Wir setzen sie in die Zeitung!«

»Aber was schreibt man da?« fragte Gabriel.

»Jules?« Aber Jules war nicht mehr da. »Ach, man sagt ihnen einfach, worum es geht. Die machen das dann schon.«

So fuhr Gabriel mit dem Einspänner nach Breisach, wo der *Mannheimer Anzeiger* und der *Badische Landwirt* Geschäftsstellen hatten, und erklärte den Leuten dort, worum es ging.

Unterdessen beriet sich Benzheim mit dem Kriegsministerium. Das Kriegsministerium sah sich den Rapport des Majors von Grautkopf noch einmal an, und Generalleutnant von Schimmelpfennig selbst schrieb an seinen alten Bekannten Graf Bernin.

»*Lieber* Bernin –«

Es war ein weitschweifiger Brief. Er erwähnte die angenehme Zeit, die sie gemeinsam während der Verhandlungen über die Gasteiner Konvention verbracht hatten. Gut erinnere sich der Briefschreiber an die, wenn er dies so sagen dürfe, *brillante* Art, den *nie versagenden* Takt, den Bernin bei seinen Vermittlungsbemühungen an den Tag gelegt habe. Die schleswig-holsteinische Frage! Als wäre es gestern gewesen. Dabei lag das schon acht Jahre zurück, nicht wahr? *Tempus fugit.* Ja – nun seien sie alle Deutsche. Gewisse Schwierigkeiten müßten allerdings hier und da noch bereinigt werden; der Süden scheine nicht immer zu *verstehen* … Gerade jetzt bereite ihnen eines seiner Landeskinder einiges Kopfzerbrechen. Der Knabe habe sich aus einer der neuen Kadettenanstalten anscheinend auf französisch verabschiedet. Der Vater müsse ein Nachbar von Bernin sein – eine Art ungeschliffener Diamant, wie man höre.

Graf Bernins Unterstützung war nicht leicht zu erlangen. Zwischen allerlei Höflichkeiten antwortete er mit einer heiklen Gegenfrage: Wieso denn die Anwesenheit eines kleinen Jungen auf einer Militärschule für das Kriegsministerium von Belang sein könne?

Der General ließ nun das Thema Schleswig-Holstein auf sich beruhen. Die Leitung in Benzheim, so schrieb er, sei besorgt wegen der Auswirkungen einer erfolgreichen Flucht auf die allgemeine Moral; die Mitschüler, von denen etliche andere ebenfalls neu seien und aus süddeutschen Familien stammten, wüßten, daß der Knabe weggelaufen sei. Wenn man ihm das durchgehen lasse, könnten die pädagogischen Prinzipien dieser Anstalten Schaden nehmen.

Graf Bernin schrieb zurück, er verstehe, was gemeint sei; aber was denn genau von ihm erwartet werde?

Im nächsten Brief wurde der General sehr direkt. Das Kadettencorps habe mit den Eltern mehrerer Schüler Probleme; Benzheim lege größten Wert darauf, daß der Knabe vor Beginn der Sommerferien zurückgebracht werde. Rechtlich betrachtet, sei jedoch ohne die Zustimmung des Vaters nichts zu machen, und Druck sei offenbar zwecklos. Wie aber wäre es mit einem Orden? Seine Majestät sei zwar mit Kreuzen für Zivilisten ziemlich sparsam. Aber man könnte an den König von Bayern herantreten ... Oder würde der alte Felden womöglich doch auf einer kaiserlichen Auszeichnung bestehen? Ob Bernin einen Vorschlag für das weitere Vorgehen habe?

Graf Bernin antwortete wahrheitsgemäß, sein direkter Einfluß auf seinen Nachbarn sei gleich Null. Er erwähnte nicht, was er an diesem Punkt hätte erwähnen sollen: daß ihn mit den Felden bald mehr als nur nachbarschaftliche Beziehungen verbinden würden. Er schrieb dem General, wegen des Ordens brauche er sich den Kopf nicht zu zerbrechen, und fügte hinzu, Major von Grautkopf sei ein Fehler gewesen.

Der General verstand den Wink. Ja, schrieb er, ja, dieser Major von Grautkopf ... Er schätze Bernins Offenheit sehr, aber was für einen Mann er denn vorschlage?

Graf Bernin schickte ihm eine Beschreibung.

Hauptmann Montclair, der vorher Bayerischer Militärattaché in Paris gewesen war, hatte viel von einem Dandy. Er war vorzüglich gekleidet, und der alte Baron, dem viele Freunde ihre Bekannten ins Haus schickten, hatte ein schlechtes Gewissen – fürchtete, er habe einen Brief vergessen. »Sie interessieren sich also für Barometer?« fragte er.

»Sehr sogar«, sagte der Besucher.

Da glaubte der alte Baron zu wissen, mit wem er es zu tun hatte, und zeigte ihm seine Sammlung. »Dieses hat der Abbé Nollet entworfen; interessant ist, wie er das Rad angeordnet hat. Dies hier gehörte dem armen Lavoisier. Aber jetzt die Feder – was für ein Vorteil gegenüber der Quecksilbersäule ... Wie denken Sie darüber, Monsieur?«

»Die runden sehen nicht so gut aus.«

»Wie recht Sie haben«, sagte der alte Baron. »Heute kann anscheinend niemand mehr ein anständiges Gehäuse bauen. Trotzdem, wollen Sie etwa auf die Feder verzichten? Wie würden Sie denn Ihre Skala plazieren? Oder ziehen Sie den Gefäßheber vor? Sie sind doch einverstanden mit dem, was unser Freund Mercier über die Wechselwirkung von Feuchtigkeit und Schwerkraft sagt, oder nicht? Erlauben Sie – ich mache Ihnen eine Skizze. Stellen Sie sich eine Pendeluhr vor –«

Hauptmann Montclair griff nach diesem Strohhalm. »Da wir gerade von Uhren sprechen. Die Ihre gefällt mir außerordentlich.«

»Wie bitte?« fragte der alte Baron. »Ach, so. Das ist keine Pendeluhr.«

»Nein, natürlich nicht. Aber sie ist sehr schön.«

»Ja, eine *sehr gute Uhr*«, sagte der Baron. »Mein Vater hat sie gemacht. Eigentlich waren zwei davon da. Aber mein Sohn, dieser Unhold, hat die andere verloren. Weggeworfen hat er sie; so unüberlegt. Er glaubte, die Preußen seien hinter ihm her.«

»Hinter Ihrem Sohn?« fragte Hauptmann Montclair.

»Und das waren sie auch. Mein Sohn benimmt sich wie ein Irrer, sieht ihm gar nicht ähnlich. Und der Älteste geht hin und verlobt sich mit dem Mädchen von dem alten Wichtigtuer drüben in Sigmundshofen, völlig überflüssig.«

»Der Junge ist vielleicht etwas überreizt.«

»Gustavus? Nein, nein.«

»Ich meine Ihren jüngeren Sohn, von dem Sie sagten, er sei ausgerissen. Ist so ein Verhalten denn nicht ziemlich unvernünftig?«

»Vollkommen übertrieben«, sagte der alte Baron.

»Wissen Sie, Baron, diese Kadettenanstalten sind lange nicht so schlecht, wie Ihr Sohn anscheinend behauptet.«

»Also, das würde ich nicht sagen; Sie hätten Jean sehen sollen – in was für einem Zustand er hier ankam, erschütternd!«

»Über Ihren Jean würde ich gern einmal mit Ihnen sprechen, Baron«, sagte der Hauptmann.

»Nein, nein«, sagte der Baron, »wir unterhalten uns über die neuen Konstruktionen des Professors. Machen Sie mir davon doch bitte eine Zeichnung. Ich merke schon, Ihr Besuch muntert mich richtig auf. Heute morgen kam ein hübsches Stück Lachs – dazu nehmen wir einen 58er Montrachet. Kein schlechter Jahrgang.«

»Schade«, sagte der Hauptman und erklärte, daß es ihm an Zeit fehle.

»Sie bleiben nicht hier? Sie wohnen im Gasthaus in Breisach? Sofort lassen wir ihre Sachen herüberbringen, mein alter Freund Mercier würde mir nie verzeihen, wenn ich ...«

Der Hauptmann entschuldigte sich noch einmal; er müsse sofort aufbrechen.

»Viel zu kurz«, sagte der alte Baron. »Mir scheint, der Professor braucht Sie.«

Hauptmann Montclair fuhr nach Sigmundshofen. Dem Grafen Bernin war sein Besuch etwas peinlich. Wie der Baron versuchte auch er, es bei Freundlichkeiten zu belassen, allerdings mit weniger Erfolg.

»Also – vor die Tür gesetzt hat er mich nicht«, sagte der Hauptmann.

»Immerhin.«

»Wir sind sogar prima miteinander ausgekommen, der Baron und ich.«

»Felden ist ein sehr charmanter Mann.«

»Wirklich prima – aber herausgekommen ist trotzdem nichts.«

Typisch für den armen Montclair, sagte Graf Bernin später zu Clara: »Er kommt gut an – aber mit seinen Aufträgen kommt er nie zu Rande.« Vor seiner Abberufung habe ihn auch die Kaiserin Eugénie ganz entzückend gefunden.

»Aber ich konnte die Einladung, zu bleiben, nicht annehmen«, sagte der Hauptmann.

»Versteht sich.«

»Nein, *daran* lag es nicht«, sagte der Hauptmann und erklärte ihm den wahren Grund. »Ziemlich dumm von mir.«

Graf Bernin lächelte nicht. Er sagte: »Wissen Sie, an Ihrer Stelle würde ich packen und nach Berlin zurückfahren.«

Statt dessen kehrte Hauptmann Montclair in seinen Gasthof nach Breisach zurück. In der Schankstube warteten zwei Männer in Straßenanzügen auf ihn.

»Herr Hauptmann, wir hätten von Ihnen gern eine Erklärung zum Fall des entsprungenen Kadetten.«

Gustavus kam zur gewohnten Zeit herüber und besuchte Clara. Er war sehr verdrossen. »Gabriel läuft überall herum und erzählt eine wüste Geschichte von einem zweiten Mann aus Benzheim. Im Haus herrscht helle Aufregung.«

»Ich glaube, das sollte auch Papa hören«, sagte Clara.

»Glaubt denn auch Ihr Vater, daß dieser Mann aus Benzheim kommt?« fragte der Graf.

»Er glaubt kein einziges Wort. Aber Gabriel behauptet steif und fest, in einem Gasthof in Breisach wohne ein Mann, der wegen Jean gekommen sei. Die Leute aus dem Gasthof hätten unserem Knecht gesagt, er habe einen großen silbernen Helm mit Federbusch und einem besonderen Futteral auf seinem Bett zurückgelassen, außerdem habe er einen weißen Uniformrock, und sie hätten seinen Degen gesehen. Gabriel sagt, es sei derselbe Mann, der heute morgen verkleidet bei uns gewesen ist.«

»Ich verstehe«, sagte Graf Bernin.

»Glauben Sie, da ist etwas dran, Graf?«

»Könnte das nicht derselbe Hauptmann sein, der heute bei dir war, Papa?« fragte Clara. »Der trug doch auch keine Uniform.«

Graf Bernin setzte sich an seinen Tisch und schrieb noch einmal an Generalleutnant von Schimmelpfennig: Mein lieber Schimmelpfennig, Ihr Hauptmann Montclair hat es geschafft, aus der ganzen Angelegenheit eine Farce zu machen. Es führt zu nichts, wenn Sie sich und Ihre Abgesandten zum Gespött der Leute machen, und ich meine, Sie sollten die Sache auf sich beruhen lassen. Warum sagen die Benzheimer ihren Kadetten nicht einfach, der Junge sei krank oder man habe ihn in eine andere Anstalt oder in ein Militärgefängnis gesteckt? Irgend etwas wird ihnen doch einfallen. Im übrigen glaube ich, daß der Junge tatsächlich krank ist. Ein bißchen Beweglichkeit, wenn Sie mir diese Bemerkung gestatten, kann mitunter nicht schaden. Stets Ihr ergebener Diener, Conrad Bernin.

An diesem Morgen erschienen in zwei badischen Tageszeitungen Berichte über Johannes' Flucht aus Benzheim. Unter journalistischem Aspekt waren diese weitschweifigen Artikel eher von der altmodischen Art.

*Unsere Leser werden mit Interesse von der verwegenen Flucht aus dem Gewahrsam einer gewissen Militärakademie erfahren, die kürzlich dem furchtlosen Sproß einer der namhaftesten Persönlichkeiten Südbadens, dem Sohn des Barons F*** von L***, gelungen ist …*

Aber sie erzählten eine Geschichte, und manche Einzelheiten, die Gabriel in seiner Bestürzung zum besten gegeben hatte, waren erschreckend. Sie weckten über den Kreis der Abonnenten des *Badischen Landwirts* und des *Mannheimer Anzeigers* hinaus Aufmerksamkeit, und am nächsten Morgen wurden die Tatsachen in knapperer Form von den *Karlsruher Nachrichten* und vom *Süddeutschen Courier* aufgegriffen. Damals war die Pressefreiheit in Deutschland noch etwas Neues und Heikles. Im Prinzip durfte man alles drucken, solange es nicht unwahr und nicht tendenziös dargestellt war und nicht gegen die öffentliche Ordnung, die Moral und das Interesse des Staates verstieß. Doch die Ermessensspielräume waren groß, und oft wurden Nachrichten und Zeitungen wegen einer nichtigen Kleinigkeit unterdrückt. Die liberale *Frankfurter Zeitung* wollte einen Leitartikel bringen und schickte einen Mann in den Süden, der den Fall überprüfen sollte. Bebels Organ *Die Neue Zeit* entschloß sich zu dem gleichen Schritt; das republikanische *Hamburger Fremdenblatt* telegraphierte seinem Korrespondenten in München; die vorsichtigere *Kölner Warte* erkundigte sich in Berlin, ob es schon ein Dementi gebe. Der Chefredakteur einer in der Schweiz erscheinenden antizaristischen Zeitschrift kam aus Basel herüber. Bald waren alle diese Herrschaften in dem Breisacher Gasthof versammelt. Und Hauptmann Montclair speiste auf seinem Zimmer.

In Landen suchte sich Gabriel einen Federkiel und kritzelte auf einen Zettel: SOS KOMM SOFORT HER. Eben sollte der wöchentliche Freßkorb nach Bonn abgehen. Gabriel versiegelte sein Briefchen mit Wachs und schob es zu dem Lammrücken, den Enten und den Erbsen in den Korb.

Am nächsten Morgen standen der Adjutant des Generals von Schimmelpfennig und ein Sekretär aus Bismarcks Reichskanzlei, noch steif von der langen Fahrt und erfüllt vom feierlichen Ernst ihrer Amtspflichten, in aller Frühe zusammen mit Hauptmann Montclair vor dem Tor des Grafen Bernin. Der Graf war noch im Morgenmantel. »Meine Herrn, was kann ich für Sie tun?«

Es war einfach. Dem Grafen, der gewohnt war, in solchen Kategorien zu denken, war alles glasklar. Uns, die wir das Erbe dieser und noch ganz anderer zum Wohle des Staates begangener Ungeheuerlichkeiten angetreten haben, erscheint all dies unsinnig, schändlich und verworren. Handlungen, die die Zukunft prägen, erfüllen selten den Zweck, dem sie dienen sollten; der Kurs, den das private Interesse einschlägt, erscheint nur für einen kurzen Moment als der direkte Weg, und die Geschichte von Individuen, Gruppen und ganzen Ländern ist die Summe solcher Handlungen. An jenem Maimorgen vor achtzig Jahren erfuhr Graf Bernin, es biete sich ihm die Gelegenheit, der Reichsregierung einen großen Dienst zu erweisen.

Fast jeder hielt damals ein geeintes Deutschland aus sich heraus für wünschenswert. Das Reich war – um einen jener Prokrustes-Begriffe zu verwenden, mit dem wir der Welt einen entmenschlichten und zugleich sehr menschlichen Stempel aufdrücken und uns obendrein den Blick auf sie verstellen – eine »historische Notwendigkeit«. Dennoch waren alle bis hin zu Bismarck unzufrieden mit der Gestalt, die dieses Reich angenommen hatte. Die Liberalen hatten sich für die Einheit eingesetzt, weil sie auf diese Weise die Fürstenmacht zu beschneiden hofften; die preußischen Nationalisten wollten ihre Vormachtstellung gegenüber Österreich festigen; die Freihändler wollten die antiquierten Währungsverhältnisse abschaffen, die Demokraten wollten das Wahlrecht ausweiten, die Arbeiterführer wollten die Arbeiterklasse einigen, die Sozialisten wollten mehr Raum für die Gewerkschaftsbewegung und das Heer mehr Raum für das Heer. Zu den ersten Früchten gehörten die Verfassung von Versailles, die neuen Zolltarife, die Sozialistengesetze, Elsaß-Lothringen, Bismarck und die dauerhafte Feindschaft Frankreichs. Bismarck mußte eine Koalitionsregierung bilden.

Wenn nun die Öffentlichkeit erfuhr, wie es Johannes in Benzheim ergangen war, würden jene Abgeordneten, die sich verpflichtet fühlten, solche Fragen zu stellen, unweigerlich eine entsprechende Anfrage im Reichstag einbringen. An sich war das nicht weiter gefährlich. Die Regierung oder der gemäßigt-konservative Flügel, auf den sie sich stützte, war durchaus bereit, sich zur Wehr zu setzen und einen Sturm durchzustehen, der ohnehin nicht sehr heftig ausfallen konnte. Paradoxerweise fühlten sich aber nicht diejenigen, die für die Kadettenanstalten verantwortlich waren, in die Enge getrieben, sondern ihre antimilitaristischen Widersacher. Die liberalen Abgeordneten gehörten momentan zwar der Regierungskoalition an, sie konnten sich aber in einer solchen Frage nicht ohne Gesichtsverlust öffentlich zur Position des rechten Flügels bekennen. Falls es also zu einer Debatte kam, war der Zerfall der Regierungsmehrheit unvermeidlich. Die Regierung würde stürzen. Eine andere Koalition ohne Bismarck würde keine Mehrheit zusammenbringen. Aber auch Bismarck würde es schwerfallen, eine neue Koalition zu schmieden. Also durfte die Frage nach dem entsprungenen Kadetten nicht gestellt werden.

»Ja –«, sagte Graf Bernin. »Ja –«

»Falls es uns gelingt, den Fall aus den Frankfurter und Berliner Zeitungen herauszuhalten.«

»Sobald der Junge vom eigenen Vater zurückgeschickt wird, ist die Luft raus.«

»Wahrscheinlich«, sagte Graf Bernin.

»Und dann sorgen wir dafür, daß diese Schmierblätter die Lautstärke drosseln. Wir könnten ihnen mit Verdrehung von Tatsachen beikommen. Dann müssen sie schreiben, es sei bloß ein dummer Streich gewesen, der Junge sei gesund und munter nach Benzheim zurückgekehrt. Nachher wird sich niemand trauen, darauf zurückzukommen.«

»Vermutlich«, sagte Graf Bernin.

»Wäre interessant zu wissen, wie sie überhaupt davon erfahren haben.«

»Der Kaplan in Benzheim soll ein unzuverlässiger Kantonist sein.«

»Möglich«, sagte Graf Bernin mit einem frostigen Lächeln.

»Meine Herrn – wir dürfen keine Zeit verlieren.«

»Jede Stunde zählt.«

»Wir müssen den Presseleuten sagen können, was sie schreiben sollen.«

»Es wäre am besten, wir hätten etwas von dem alten Felden selbst. Sehen Sie eine Möglichkeit, Bernin?«

»Nicht die geringste.«

»Auch nicht, wenn wir ihm alle Tatsachen mitteilen?«

»Dann erst recht nicht.«

»Eine sonderbare Haltung. Sind Sie sich sicher?«

»Graf Bernin muß es nun wirklich wissen. Wenn Sie bedenken, in welche Beziehung er künftig ...«

»Meine Herren!«

»Lassen wir das mit der Presseerklärung. Befassen wir uns lieber mit dem Jungen.«

»Was sollen wir dem alten Felden eigentlich sagen?«

Graf Bernin sagte: »An heiklen Fragen besteht bei Ihrer Regierung wahrlich kein Mangel.«

»Sie werden uns aufgezwungen, Graf. Aufgezwungen. Denken Sie bloß an das Vetorecht bei der Berufung von

Geistlichen ... Dem Reichskanzler behagt die Unfehlbarkeit ... wirklich, eine sehr unbedachte Verlautbarung ... genausowenig wie vielen Mitgliedern Ihrer Kirche. Und jetzt geht es um die Ernennung des Bischofs von Bamberg ...«

»Ja und?« fragte Graf Bernin.

»Sie werden zugeben, wir mußten unser Veto einlegen – *ex principio,* wegen der Haltung des Kandidaten. Aber solche Schritte sind nicht immer das, was sie zu sein scheinen. Wir sind nicht unbeweglich ... Im Fall einer *de facto* vollzogenen Investitur – das kann ich Ihnen mit einiger Sicherheit sagen – würden die Anhänger des Bischofs auf wenig wirklichen Widerstand stoßen.«

»Diesen Eindruck hatte ich allerdings bisher nicht«, sagte Graf Bernin.

»Ach, Graf, ein bißchen Dankbarkeit sollten Sie uns ruhig zugestehen.«

»Was sollen wir dem alten Felden denn nun sagen?«

Graf Bernin stand auf. »Wir müssen einen Weg finden.«

»Ich lasse mich da wohl besser nicht noch einmal blikken«, sagte Hauptmann Montclair.

»Oh, ich an Ihrer Stelle würde aus Ihrer dortigen Sonderstellung nun auch Nutzen zu ziehen versuchen, Hauptmann«, sagte der Graf.

»Fällt Ihnen etwas ein, das der alte Knabe vielleicht haben möchte, Bernin?«

»Seine Ruhe will er haben.«

»Damit können wir nicht dienen.«

»Aber durchaus«, sagte der Graf. »Durchaus.«

»Grotesk, nicht wahr? Daß ein verwöhnter Bengel die Reichsregierung in solche Schwierigkeiten bringen kann ...«

Bevor Graf Bernin nach Landen hinüberfuhr, sprach er mit Clara. Gustavus war bei ihr.

»Sie können ruhig zuhören«, sagte der Graf. »Eure Verbindung hat mich in eine unmögliche Lage gebracht. Und eines will ich dir sagen, Clara: wenn Felden nicht bereit ist, seinen Jungen zurückzuschicken, bekommt ihr meine Einwilligung zur Heirat nicht. Ich werde eure Verlobung als null und nichtig betrachten. Du wirst Gustavus Felden nicht ohne meine Zustimmung heiraten, solange ich lebe. Und wie ich deinen Bruder kenne, der genauso denkt wie ich, auch nicht zu dessen Lebzeiten. Es tut mir sehr leid. Aber ich lasse mich nicht kompromittieren.«

Wenig später begleiteten die Männer aus Berlin Graf Bernin, der sich zum Ausgehen umgekleidet hatte, an seinen Wagen.

»Ich kann Ihnen nichts versprechen«, sagte er. Aber als er mit Hauptmann Montclair in Landen ankam, hatte sich dort Johannes selbst schon fast alles verdorben.

Der alte Baron begrüßte sie auf der Treppe. »Sehr erfreut, Sie zu sehen, *cher monsieur*. Sie konnten also doch noch einmal kommen?« Er nahm Hauptmann Montclair am Arm. »Treten Sie ein. Ich wollte gerade ein Glas Wein trinken. Falls wir irgendwo einen Platz finden. Was für ein Morgen! Im Haus wimmelt es von den *seltsamsten* Leuten. Aber Ihr Besuch ist mir ein großes Vergnügen. Sie werden sehen, ich habe meine Mechanikkenntnisse für Sie ein bißchen aufgefrischt. Dabei hatte ich keinen ruhigen Augenblick. Heutzutage weiß anscheinend niemand mehr, wann es Zeit ist *zu gehen*.«

»Was wollen diese Leute denn?« fragte Graf Bernin.

»Ach, mein lieber Bernin, vielleicht können *Sie* das herausfinden. Ich glaube, die wissen es selber nicht. Mir scheint, es sind lauter *Hochstapler*. Meine Kinder sagen, sie kämen aus Benzheim. Jeans Schule, wissen Sie. Na, vielleicht stimmt es sogar. *Aussehen tun sie so*. Jean hätte sie nicht herkommen lassen dürfen. Er hat hysterische Anfälle, hat sich irgendwo verkrochen – unappetitlich und so nutzlos. Jean ist außer Rand und Band. Stellen Sie sich vor, Monsieur, Jean und Gabriel haben behauptet, auch *Sie* würden von *dort* kommen. Sie sollten diese Leute sehen! Jetzt sind alle in der Küche. Dabei sind sie zum ersten Mal in meinem Haus – sie hätten wenigstens *fragen* können.«

»Haben diese Leute überhaupt mit Ihnen gesprochen?« fragte Graf Bernin.

»Und ob! Stundenlang. Den ganzen Morgen. Irgendwas wegen Jeans Uhr. Gefunden haben sie sie natürlich nicht. Aber einer von ihnen hat mich um einen Beitrag gebeten – vielleicht überlasse ich ihm meine Abhandlung über die Phosphate... Und dann ist da ein Herr – ganz manierlich –, der sagt, er kommt aus Sankt Petersburg. Der hat sein Gepäck dabei! Als ich ihn fragte, wie es meiner alten Freundin, Gräfin Trubkin, gehe, erzählte er mir, er habe in Zarskoje mit ihr getanzt, und sie sei ja eine so entzückende Erscheinung. Der Ärmste muß den Verstand verloren haben. Maria Fedorowna hütet seit fünfzehn Jahren mit Gicht das Bett... Aber alle wollten sie mit mir über Benzheim sprechen. Und was ich *davon* halte, habe ich ihnen gesagt.«

»Hauptmann Montclair hat tatsächlich gewisse Beziehungen zu Benzheim«, sagte Graf Bernin.

»Tatsächlich? Haben Sie? So ein Zufall! Wie man sich irren kann... Es muß herrlich für die Jungen sein, daß Sie dort sind.«

»Der Hauptmann ist nicht direkt *in* Benzheim.«

»Natürlich nicht. Dazu hätte er gar keine Zeit. Ich nehme an, Sie führen da gelegentlich Ihre interessanten Experimente vor. Warum hat mir mein Freund Mercier bloß nie davon erzählt? Ich habe mir anscheinend eine ganz falsche Vorstellung von dieser Schule gemacht. Jean ist ein Esel.

Mit seinen Geschichten hat er mich fast ins Grab gebracht ... Und dann all diese schrecklichen Leute ins Haus zu holen Jetzt verstehe ich – *die* sind es, die mit Benzheim nichts zu tun haben.«

»Das sind Radikale, die Einrichtungen wie Benzheim in Verruf bringen wollen.«

»Aha«, sagte der alte Baron, »Nihilisten. Und Maria Fedorowna geht mit ihnen zum Ball – obwohl sie ja gar nicht mehr kann. Die Ärmste muß jetzt ein sonderbares Leben führen. Und Jean läßt diese Leute hier herein und bringt alles durcheinander. Ich weiß gar nicht, was ich mit dem Jungen machen soll – *que le diable l'emporte.*«

»Darüber würden wir gern mit Ihnen sprechen«, sagte Graf Bernin. »Sollen wir uns vielleicht in die Bibliothek setzen?«

Das Mittagessen in Sigmundshofen eine Stunde später war bloß eine Nebensache. Die Herren aus Berlin hatten ihre Aktenmappen geöffnet neben sich auf dem Tisch liegen und kritzelten.

»Bernin war wunderbar«, sagte Hauptmann Montclair. »Sie hätten ihn sehen sollen.«

Clara gab dem Diener ein Zeichen, die Koteletts nicht noch einmal herumzureichen.

Hauptmann Montclair goß sich selbst Moselwein nach. »Diese Zeitungsleute kamen gar nicht so ungelegen, wie?«

Der junge Adjutant schob seine Papiere beiseite. »Das wär's. Könnten Sie sich wirklich darum kümmern, Graf?«

»Selbstverständlich. Mein Diener wird das übernehmen. Das Pferd steht schon bereit.«

»Vielen Dank.«

»Bernin – darf ich Sie zu einem nicht unerheblichen diplomatischen Erfolg beglückwünschen?« sagte Hauptmann Montclair.

»Ich lasse den Bahnhofsvorstand in Singen benachrichtigen, er soll den Schnellzug nach Köln anhalten«, sagte Graf Bernin.

»Danke.«

»Kann man sich auf den Mann verlassen?«

»Vollkommen.«

Hauptmann Montclair zog seine Uhr hervor. »Während Sie sich hier diesem vorzüglichen Cognac widmen, sollte ich mich wohl besser auf den Weg machen. Ich darf meinen *Zögling* nicht warten lassen ...«

»Clara, würdest du bitte läuten«, sagte Graf Bernin.

Niemand sah Montclair an, als er das Eßzimmer verließ.

»Meinst du, er wird Schwierigkeiten bekommen?«

»Nein«, sagte Graf Bernin. »Er ist ein Narr, aber er weiß, was er will.«

»Mir gefällt das nicht.«

»Mir auch nicht.«

»Mir auch nicht«, sagte Graf Bernin.

»Es ist nicht – wie soll ich sagen? – nicht richtig.«

»Ich nehme an, es gab keine andere –?«

»Leider nicht.«

»Ich fürchte, Sie haben recht. Nun ja ... und *uns* empfehlen Sie den Nachtzug von Karlsruhe?«

»Unbedingt.«

»Wir haben Ihnen reichlich Unannehmlichkeiten gemacht, Graf.«

»Durchaus nicht.«

Aber als der Schnellzug an diesem Abend in Singen angehalten wurde, stiegen keine Fahrgäste zu, und die Herren kehrten auch nicht nach Berlin zurück, denn Johannes hatte, als er erfuhr, was ihm bevorstand, die Köpfe von mehreren Schachteln Schwefelhölzer verschluckt.

4. Kapitel

In Landen lösten nun Ärzte die Reporter ab. Der alte Baron konnte sie nicht ausstehen. Er war überzeugt, daß sie nur Unglück brachten. Er verabscheute Krankheit in jeder Form, außer bei Tieren oder wenn sie sich mit einem Glas Wein und einem Beefsteak kurieren ließ, und Krankheit in der eigenen Familie erschien ihm geradezu als schändlicher Mutwille. Außerdem fürchtete er sich vor dem Tod. Und daß in Landen jemand mit dem eigenen Leben spielte, kam in seinen Augen einem Zusammenbruch jeglicher Vernunft gleich. Zwischen Schrecken und Zorn wußte er nicht mehr ein noch aus, zog sich in die Bibliothek zurück, ließ außer Graf Bernin und Montclair niemanden ein und war fest überzeugt, nun sei das Chaos über ihn hereingebrochen.

»Schlimmer als die Große Revolution«, sagte er. »Schlimmer.«

Gustavus durfte hereinkommen, sofern er Neuigkeiten brachte.

Johannes hatte Krämpfe bekommen, und ihm war sehr schlecht gewesen. Es hatte ihn in einer Scheune gepackt, aber die Hunde waren aufgeschreckt, und es war ihnen gelungen, Gabriel zu alarmieren. Johannes bekam Seifenwasser zu trinken, und später wurde ihm der Magen ausgepumpt, eine entnervende Prozedur, die ihn verstört und geschwächt hatte. Er war nun außer Gefahr, aber ihm tat noch alles weh, und er lag zusammengerollt und zitternd zwischen Wärmflaschen in seinem Bett und ließ Claras Zuwendung über sich ergehen. Zoro hatte sich auf dem Fußboden ausgestreckt. Er rührte sich nicht, ließ nur von Zeit zu Zeit ein tiefes Stöhnen vernehmen. Clara versuchte, mit Johannes über seine schwere Sünde zu sprechen. Laut tickte im Zimmer eine Uhr.

Johannes lag mit dem Gesicht zur Wand.

Draußen irrte Gabriel durch das Haus und weinte.

»Du darfst niemals verzweifeln«, sagte Clara. »Wenn du die Verzweiflung hereinläßt, bist du allein. Dann hast du Gott ausgeschlossen. Bring deinen Schmerz Gott zum Opfer dar, und Er wird dir beistehen. – Es gibt keinen Grund zu verzweifeln. Du mußt dein Leiden annehmen, du mußte es aus ganzem Herzen bejahen, jeden einzelnen Augenblick, denn es ist Sein Wille, der geschieht. Wenn dir das gelingt, wirst du nicht mehr allein sein und dich nie mehr fürchten. – Ich bete für dich. Ich bete dafür, daß du Gottes Willen begreifst. Damit du Trost findest und nicht mehr allein bist ...«

Aber Johannes' Geist, in seinem Jammer erstarrt, von den heranrollenden Wogen des Nichtverstehens überspült, hörte nicht. Und als Julius direkt vom Bahnhof hereinkam, zusammen mit Gabriel, der sich an seinen Mantel klammerte, da fand er die Vorhänge zugezogen, Clara auf den Knien und Johannes noch immer abgewandt.

Clara erhob sich nicht, und Johannes drehte sich nicht um, nur Zoro sprang quicklebendig und frohlockend auf.

»Sitz, Zoro! Lieber Zoro. Sitz!«

Als Johannes die Stimme seines Bruders hörte, begann er sich zu rühren.

»Jean, mon pauvre Jean?« sagte Julius und versuchte ihn zu umarmen. »Was um Himmels willen –?« Endlich drehte sich Johannes um.

»Streichhölzer, verstehst du – die, die so komisch riechen, er hat sie gegessen«, sagte Gabriel. »Er hat die Köpfe mit einem Messer abgeschnitten und in ein Glas Apfelwein geschüttet, weil Papa ihn nach Benzheim zurückschicken will. Er hat es in *Le Petit Jules Verne Pratique* gelesen. Zoro und Ursus haben mich geholt. Sie haben ihm das Leben gerettet. Einen Gummischlauch, so dick, haben sie ihm in den Hals geschoben. Oh bitte, Jules, sprich mit Papa.«

»Jean, du Dummkopf, was soll denn das heißen?«

»Papa sagt, ich muß zurück nach Benzheim. Papa will, daß ich nach Benzheim zurückgehe.«

»Was für ein Unsinn, Jeannot. Papa doch nicht!«

»Papa sagt, ich muß zurück nach Benzheim.«

»Aber Jean, sei doch vernünftig. Papa weiß, wie es da ist. Er würde dich nie und nimmer zurückschicken.«

»Papa will, daß ich nach Benzheim zurückgehe.«

»Ich fürchte, es stimmt«, sagte Clara.

Die Miene des alten Barons erhellte sich, als er Julius sah.

»Willst du deinen Mantel etwa anbehalten?« fragte er.

Aber als Julius von Johannes zu sprechen begann, wurde ihm befohlen, das Zimmer zu verlassen; und als er nicht ging, wurde ihm befohlen, nach Bonn zurückzukehren. Doch Julius blieb hartnäckig. Da ging sein Vater so heftig auf ihn los, daß er die Flucht ergriff – weniger aus Angst als aus Bestürzung.

Er traf Clara. »Was geht hier vor?«

»Wir alle haben einen großen Fehler gemacht«, sagte sie. »Ich glaube, wir dürfen nicht zulassen, daß dein Bruder zurückgeschickt wird. Die Anspannung hat seinen Willen gebrochen. Er ist zu jung; es ist mehr, als man ihm zumuten darf. Wenn wir ihn jetzt loslassen, wird er aus seinem Aufruhr nie mehr herausfinden, und es ist, als würden wir ihn verstoßen.«

»Um Gottes willen, Clara.«

»Ja, um *Gottes* willen, Julius.«

»Ich kann mit Papa kein vernünftiges Wort reden. Was ist denn bloß in ihn gefahren? Mir scheint, er versteht überhaupt nichts mehr.«

»Aber ich verstehe«, sagte Clara.

»Und was können wir tun?«

»Ich werde mit Pater Martin sprechen. – Nein, nicht mit Pater Martin. Er versteht sich nicht mit meinem Vater. Wir müssen Pater Hauser holen. Falls wir ihn finden.«

»Ist er denn nicht im Seminar?«

»Das wurde nach der Vertreibung des Ordens geschlossen.«

»Man hat sie vertrieben?«

»Ach, Jules. Wir müssen es in Schaffhausen versuchen. Ich gebe dir einen Brief mit. Du mußt sofort aufbrechen und ihn morgen früh mitbringen, wenn du kannst.«

»Warum denn Pater Hauser? Mein Vater mag *überhaupt* keine Priester.«

»Tu, was ich dir sage!«

»Du willst doch nicht etwa heute abend noch mal die Pferde herausholen, Jules?« sagte Gustavus.

»Sie hatten wohl einen anstrengenden Tag?«

»Nicht alle«, sagte Clara. »Deines ist noch ziemlich frisch, Gustavus.«

»Dann nehme ich das«, sagte Julius, »wenn ich darf, und die neue Stute. Soviel ich gehört habe, war sie auch noch nicht draußen.«

»Ich verstehe wirklich nicht –«

»Ja, selbstverständlich, Jules«, sagte Clara, »nimm das Pferd von Gustavus.«

»Clara! Hast du den Verstand verloren?« sagte Gustavus.

»Tiere sind geschaffen, den Menschen zu dienen.«

»Also wirklich, Clara. Hast du vergessen, was dein Vater uns gesagt hat?«

»Wie sollte ich? Aber Liebster – mein Liebster, wir dürfen nicht eigensinnig sein.«

»Natürlich nicht«, sagte Gustavus, »natürlich nicht. Aber dir kommt das alles ganz recht...«

»Recht?«

»Nein, nein, ich wollte sagen – ich wollte nicht sagen –«

»Gib mir deine Hand, Gustavus. Ach, Gustavus. Du – ich. Wir haben das hier. Niemand kann es uns nehmen. Wir werden einander immer vertrauen, Gustavus!«

»Clara, bitte, weine doch nicht«, sagte Gustavus.

Pater Hauser S. J. saß eine Zeitlang bei Johannes. Er streichelte den Hund; er rauchte; er sprach ein bißchen, meistens mit sich selbst.

Als er das Zimmer verließ, blickte Johannes auf und sagte zu ihm: »Will Papa wirklich, daß ich nach Benzheim zurückgehe?«

Draußen sagte Pater Hauser zu Julius: »Ich konnte mich noch gut an ihn erinnern. Er hat sich nicht sehr verändert. Sie übrigens auch nicht. Ich kann mich an euch alle erinnern. Ihr wart ja nicht lange bei uns – sechs Wochen ungefähr, nicht wahr? Wir sollten euch von Newton kurieren. Seltsam, ich hätte gedacht, er werde später am ehesten nach eurem Vater geraten; aber man weiß es nie. Bei Leuten, die ihren eigenen Weg gehen, läßt es sich immer schwer sagen, und man darf sich nicht wundern, wenn sie manchmal ein bißchen aus der Spur geraten. Ihr Bruder da drinnen – wahrscheinlich wird nie ein frommer Katholik aus ihm, aber er ist in Ordnung, er ist eins mit der Kreatur, wie wir das nennen. Auch Sie haben davon etwas abbekommen, aber bei Ihnen ist es, wie soll ich sagen, nicht so tief verwurzelt, eher... Wenn Sie nicht aufpassen, werden Sie sich noch mehr verschließen. Aber Sie wissen natürlich nicht, worauf Sie bei sich achten müssen. Sie werden nie besonders viel über sich selbst wissen. Trotzdem, denken Sie daran: Es ist viel, wenn man lieben kann, ohne etwas dafür zu erwarten. Als Sie damals zu uns geschickt wurden, haben Sie Ihre Eule mitgebracht.«

»Sie ist im Winter vor drei Jahren gestorben.«

»Haben Sie keine neue?«

»Ich habe jetzt einen Raben. Jacques. Er ist mir zugeflogen.«

»Sie werden Ihnen immer zufliegen, Julius.«

»Mögen Sie Eulen, Pater?«

»Nicht besonders – nein.«

»Es stimmt nicht, was die Leute sagen – daß sie Läuse übertragen.«

»Ich wußte gar nicht, daß man das sagt. Aber ich bin froh, daß Sie mich geholt haben. Es war ein weiter Weg. Der da drinnen, wissen Sie: Jean« – und nun benutzte Pater Hauser den Ausdruck, den auch der alte Baron vor gar nicht langer Zeit benutzt hatte –, *»c'est un brave cœur.* Und er ist sehr krank.«

»Die Vergiftung?«

»Nein. Nicht die Vergiftung. Und jetzt werde ich mit Ihrem Vater sprechen.«

Gustavus lief höflich vor ihnen die Treppe hinunter. Er war als erster in der Bibliothek. »Papa, da ist ein Jesuit, der mit dir über Jean reden will.«

»Preußen, Nihilisten, Jesuiten –«, sagte der alte Baron.

»Mein Vater bedauert sehr – aber er kann Sie nicht empfangen, Pater«, sagte Gustavus.

»Wollen Sie mit *meinem* Vater sprechen?« fragte Clara.

»Oh«, sagte Pater Hauser.

»Aber zuerst muß ich mit Ihnen sprechen.«

»Nein, Clara. Lassen Sie nur, mein Kind. Ich rede lieber selbst mit ihm.«

»Pater Hauser!« sagte Graf Bernin.

»Conrad Bernin«, sagte Pater Hauser.

»Sind Sie hier überhaupt sicher?«

»Ziemlich sicher.«

»Das freut mich. Nein, die würden Sie nicht verhaften wollen; das würde ihnen gar nicht in den Kram passen. Trotzdem, Sie sollten vorsichtig sein. Irgendein übereifriger Gendarm kann immer auftauchen.«

»Sie haben also schon wieder alles genau überlegt, Conrad? Sie lassen nicht locker. Aber kommt jemals das dabei heraus, was herauskommen soll? Jetzt zum Beispiel, nach Ihren eigenen Worten zu urteilen, würde ein übereifriger Gendarm *Ihnen* in den Kram passen.«

»*Hauser!* Wie können Sie so etwas sagen?«

»Ah, ich weiß doch, es würde Ihnen nicht gefallen, wenn ich im Gefängnis säße. Ich habe ja auch nicht gesagt, daß Sie diesen Gendarm selbst rufen würden. Bei mir werden Sie inkonsequent, nicht wahr, Conrad? Aber geben Sie es ruhig zu, ich wäre Ihnen nützlich.«

»Es würde einen äußerst heilsamen Aufruhr geben!« sagte Graf Bernin.

»Anschuldigungen ... Gegenvorwürfe ... öffentliche Lügen ... juristische Halbwahrheiten –«

»Ein Mann von Ihrem Ruf und Ihrem Charakter.«

»Der sich nie mit Politik abgegeben hat.«

»Im ›Kulturkampf‹ könnte das eine Wende bringen.«

»Es könnte ihn in die Länge ziehen!«

»Es könnte zu einer Aufhebung des Jesuitengesetzes führen.«

»Und zu einem hübsch eingefädelten Abkommen.«

»Sie könnten zurückkehren!«

»Das würden wir.«

»Worauf wollen Sie hinaus, Hauser?«

»Auf das, was Sie nicht sehen wollen, Conrad.«

»Wollen Sie denn etwa *nicht* zurück?«

»Ich? Sehr sogar. Mir bekommt das belgische Klima nicht. Außerdem habe ich mich an die Aussicht aus unserem Ostflügel so gewöhnt; ich liebe diesen Blick auf die Vogesen. Aber wie Sie sehen, bin ich sowieso viel hier. Trotzdem ... ich könnte dann meine alten Freunde auf Sigmundshofen besuchen, ohne daß ich mir eine solche Tweedjacke leihen müßte.«

»Und Ihre Beichtkinder? Ihre Schüler?«

»Unsere Beichtkinder sind, obwohl ihnen viele ausgezeichnete Priester zur Verfügung stehen, dazu übergegangen, ihre Seelenerforschung auf dem Postweg zu betreiben. Allerdings macht uns das erheblich mehr Arbeit als vorher. Außerdem schicken jetzt mehr deutsche Eltern als früher ihre Kinder auf unsere Schulen.«

»Aber die Vertreibung *war* doch ein Unrecht, oder etwa nicht?«

»Unrecht läßt sich nur durch eine freie Übereinkunft aller Betroffenen wiedergutmachen. Die Schöpfung ist kein Schachbrett.«

»Entwickeln Sie sich etwa zum Quietisten, Hauser?«

»Nicht zum Quietisten. Aber ich gebe mich mit dem zufrieden, was mir der Tag beschert, Conrad.«

»So hat Ihr Orden nicht immer gedacht.«

»Auch meine Ordensbrüder können irren.«

»Und Ihre Zöglinge?«

»Die auch, Conrad.«

»Und *Sie?*

»Auch ich.«

»Vielleicht irren Sie gerade jetzt.«

»Gewisse Dinge kann man wissen«, sagte Pater Hauser.

»Wie?«

Pater Hauser schwieg.

»Wie?«

»Aus dem Munde eines gläubigen Menschen«, erwiderte Pater Hauser, »klingt die Frage seltsam.«

Graf Bernin hob den Kopf. »Es gibt gewisse Ziele«, sagte er, »gewisse Ziele ...«

Pater Hauser legte seine Pfeife beiseite. *»Conrad von Bernin«*, sagte er, *»was haben Sie eigentlich vor?«*

Graf Bernin sprach; Pater Hauser hörte zu. Dann sprach Pater Hauser, und Graf Bernin hörte zu. Auf jedes Wort achtend, das der andere zu sagen hatte. Es waren viele.

»Und doch kann ich Ihnen nicht zustimmen«, sagte er schließlich. »Ich *kann* nicht.«

Nach einer Pause sagte Graf Bernin: »Es steht zu viel auf dem Spiel.«

Und nach einer weiteren Pause: »Ich kann nichts dafür, daß der alte Felden nicht mehr ganz klar im Kopf ist.«

»Außerdem ist es zu spät.«

»Hören Sie, Sie sind nicht mein geistlicher Ratgeber.«

»Ich habe nicht damit angefangen. Und Spaß gemacht hat es mir schon gar nicht.«

»Wenn irgend jemand begreift, daß ich das alles nicht für mich tue und nicht für diese Zeit ... dann Sie!«

»Oh, diese Leute. Sie sind immer noch da. Lauter Niemande. Automaten. Ohne jede Beziehung zum eigenen Volk und zu dem, was sie dem Staat schuldig sind. Blinde, die geführt werden müssen.«

»Ja, wenn Sie so wollen, auch benutzt. Gelegentlich auch *benutzt.*«

»Stolz? *Mein* Stolz?«

»Aber ich *kann* die Zukunft sehen. Die Gegenwart interessiert mich nicht.«

»Es ist noch nie etwas erreicht worden, ohne daß ein Preis dafür zu zahlen war...«

»Nein, nein – übergeordnete Fragen *gibt* es durchaus.«

»Nein. An das Glück eines einzelnen habe ich wohl nie geglaubt.«

»Dann also meine Aufgabe? Mein Leben –?«

Und noch später sagte er: »Kann es denn da wirklich so schlimm sein?«

Irgendwann sagte Pater Hauser: »Also, gute Nacht, Conrad. Es ist spät geworden. Morgen komme ich wieder.«

»Wo schlafen Sie denn, Hauser?«

»Ich werde schon ein Plätzchen finden.«

»Unsinn. Wenn Sie noch bleiben wollen, dann hier.«

»Danke, Conrad. Wenn Sie mich einladen, bleibe ich gern.«

Am nächsten Tag sagte Graf Bernin: »Und was ist mit dem Bischof von Bamberg?«

»Kramer ist ein guter Mann, ein sehr guter Mann, aber ich bezweifle, daß Gott auch nur eine Seele Schaden nehmen lassen würde, weil Bismarck nicht zulassen will, daß Erzdiakon Kramer das Bistum Bamberg übernimmt.«

»Er ist aber nun mal der einzige, der sowohl mit Seiner Heiligkeit als auch mit dem Kardinal von Berlin gut auskommt. Aber erzählen Sie das um Himmels willen nicht diesen Regierungsleuten!«

»Die würden mir gar nicht zuhören«, sagte Pater Hauser. »Die sind drauf und dran, sich zu bekreuzigen, wenn sie mich sehen.«

Später an diesem Tag sagte Graf Bernin: »Vielleicht habe ich auch bei Clara einen Fehler gemacht. Ein seltsames Mädchen. Sie ist jetzt andauernd in Landen, während ihr Verlobter sich *hier* herumdrückt. Ich habe geglaubt, ich würde sie kennen. Hauser, irgendwie schaffen Sie es, daß alles plötzlich ungeheuer kompliziert aussieht.«

Pater Hauser blieb vier Tage. Als er erkannte, daß er nichts weiter tun konnte, reiste er ab.

Graf Bernin brachte ihn selbst über die Schweizer Grenze. Die beiden Männer umarmten einander. »Adieu, Conrad. Beten Sie für mich.«

»Adieu, Pater. Werde ich Sie wiedersehen?«

»Clara wird wissen, wo ich zu finden bin. Grüßen Sie sie sehr herzlich von mir.«

Graf Bernin kehrte zurück und stieß wieder auf die Männer, die voller Unbehagen über ihren Auftrag in Sigmundshofen ihre Zeit totschlugen.

In Landen hatte sich herumgesprochen, daß Hauptmann Montclair Johannes mitnehmen sollte, sobald dieser kräftig genug für die Reise war. Der Hauptmann wohnte jetzt mit allem, was er bei sich hatte, im Haus. Der alte Baron, der die Angelegenheit so schnell wie möglich zu Ende bringen wollte, ließ ihm freie Hand. Jeden Morgen drängte sich Julius in die Nähe seines Vaters und versuchte, mit ihm zu sprechen. Der alte Baron tat etwas, das er früher nie getan hatte – er legte die Hand auf sein Herz und drohte mit zitternder Stimme, ihn werde gleich der Schlag treffen. Julius floh jedesmal.

Gabriel sagte zu Julius: »Jean und ich wollten zusammen weglaufen. Nach Amerika. Es ist einfach. Zuerst verstecken wir uns auf einem Schiff, dann lassen wir uns anstellen und hüten Büffel in der Prärie. Jean würde es gefallen. Aber er will nicht mitkommen. Er hört gar nicht zu. Er sagt nur immer, Papa wolle, daß er nach Benzheim zurückgeht. Ich kann Papa gar nicht mehr leiden. Und du? Müssen wir Papa trotzdem noch gern haben? Ich könnte auf dem Schiff Kartoffeln schälen und das Deck schrubben, dann brauchte sich Jean nicht die ganze Zeit zu verstecken, und der Kapitän würde ihm eine Hängematte und etwas zu essen geben. Schiffszwieback gibt es da und Pökelfleisch. Man nennt es: sich seine Passage verdienen. Aber er will nicht mitkommen, und allein würde ich es auch gar nicht schaffen, ich bin zu klein. Mit mir allein bekäme er Angst. Deshalb mußt du noch mitkommen. Ich habe schon alles überlegt. Du bist erwachsen und hast Geld, wir könnten den Zug nehmen, und es wäre gar nicht wie Weglaufen. Jean müßte nicht zu Fuß gehen, wie beim letzten Mal, und nicht hungern, und niemand könnte uns aufhalten. Wenn wir dann in Amerika sind, schreiben wir an Papa, und er verzeiht uns.«

»Was bist du noch für ein Kind, Gabriel«, sagte Julius.

Am Abend sagte Gabriel: »Das mit Amerika war vielleicht albern. Es ist zu weit weg, und wir wissen auch gar nicht, wo die Schiffe sind. Aber du weißt Bescheid. Du weißt, wohin du mit ihm könntest. Und wenn du meinst, ich sei zuviel, dann bleibe ich hier. Du weißt am besten Bescheid. Vielleicht kannst du ihn mit zu deinem Lehrer nach Bonn nehmen oder ihn in dem Haus der Dame in Namur verstecken, von der Papa sagt, du würdest sie immer besuchen. Namur ist nicht in Deutschland, oder? Ich glaube, wenn

Jean irgendwo wäre, wo er weiß, daß ihn aus Benzheim keiner holen kann, ginge es ihm bald besser. Oh Jules, bring ihn fort, bitte! Wann? *Heute abend?*«

»Ich habe kein Geld. Wirklich, Gabriel, nichts.«

»Aber du bist erwachsen. Papa gibt dir Geld.«

»Ich habe es ausgegeben.«

»Kannst du dir nicht welches leihen?«

»Das habe ich schon getan.«

»Dann müssen wir es eben stehlen. Aber Jules, du nimmst Jean doch mit? Oder?«

»Gabriel – wie soll das denn gehen?«

»Clara, hör mal! Jules muß mit Jean weglaufen, nicht wahr?«

»Nein, Gabriel, nein. Das glaube ich nicht. Es wäre ungehorsam eurem Vater gegenüber, es würde ihm große Sorgen bereiten und ihn ängstigen. Es wäre eine böse, aufrührerische Ausflucht.«

Aber Clara ging mit sich zu Rate, und noch am selben Abend klopfte sie an Julius' Tür.

Julius war im Nachthemd. Er hatte auf seiner Kommode vier Kerzen angezündet und bürstete sich das Haar. Auch hatte er ein Stück Genueser Samt, das er vor einer Woche gekauft hatte, herausgeholt, um es zu betrachten. Er versuchte noch, den Stoff in der Schublade verschwinden zu lassen, aber es war zu spät. Clara blieb in der Mitte des Zimmers stehen und bemerkte es nicht.

Julius ordnete seine Bürsten.

»Ich weiß, Pater Hauser unternimmt etwas«, sagte Clara. »Aber mir ist nicht wohl dabei. Mein Vater ist ein schwieriger Mensch, und deiner ist so sonderbar. Und weißt du – vielleicht ist es lieblos, so zu reden – aber ich glaube nicht, daß Hauptmann Montclair ein Mensch mit Gewissen ist.«

»Er macht doch einen ehrenwerten Eindruck«, sagte Julius.

Clara seufzte. »Alles das ist nicht gut für deinen Bruder«, sagte sie. »Ich finde, du solltest ihn wegbringen. Gabriel hat ganz recht. Nimm ihn einfach mit nach Belgien. Hast du nicht gesagt, du hättest dort Freunde?«

»Nein, nein, nein«, erwiderte Julius, »das wäre ganz und gar unpraktisch.«

»Dann mach es folgendermaßen. Bring ihn nach St. Rond ins Sankt-Ignatius-Kloster. Dort werden sie nett zu ihm sein, und Pater Hauser wird sich um alles kümmern. Aber du mußt bei ihm bleiben; in seinem Zustand braucht er dich oder Gabriel. Ich habe das Geld. Ich habe es mitgebracht.«

»Clara, ich würde es nicht schaffen.«

»Was würdest du nicht schaffen, Jules?«

»Na ja – mit dem Geld.«

»Jules, manchmal verstehe ich dich nicht!«

»Alle werden melodramatisch, wie Gabriel«, sagte Julius.

»Du sprichst schon wie dein Vater.«

»Wirklich, Clara – du tauchst hier mitten in der Nacht auf und schlägst mir vor, ich soll Jean aus dem Haus seines Vaters entführen. Hast du an meinen Vater gedacht? Hast du an das Personal gedacht?«

»Möge Gott dir gnädig sein, Julius«, sagte Clara. Aber bevor sie das Zimmer verließ, legte sie einen Hundertmarkschein und zwei Rollen Goldmünzen auf den Genueser Samt.

Julius steckte den Geldschein in einen Umschlag und adressierte ihn an Gräfin Clara. Für das Gold fand er keine passende Verpackung – und schließlich schob er es unter ein paar Krawatten, so daß es ihm aus den Augen war.

Die beiden Herren aus Berlin waren nicht begeistert. Graf Bernin sah es ihren Gesichtern an. Es traf ihn schwer.

Und doch hätte sein Kompromiß selbst jetzt noch alle Beteiligten zufriedenstellen können. Er bestand aus zwei

Punkten. Johannes würde noch einmal für kurze Zeit nach Benzheim zurückkehren, aber sobald der Zweck seiner Rückkehr erfüllt war, nach ein oder zwei Monaten, würde er die Anstalt für immer verlassen. Die Leitung sollte zusichern, daß sie in Anbetracht der körperlichen Verfassung des Jungen auf jegliche Bestrafung wegen seiner Flucht verzichten werde. Falls man dies nicht versprechen könne, würde der Junge überhaupt nicht zurückgeschickt.

Die Beamten verbeugten sich. »Wir alle tun unsere Pflicht so, wie wir es für richtig halten, Graf«, sagten sie und verbeugten sich noch einmal. Sie erklärten sich allerdings bereit, auf ihrem Rückweg in Benzheim Station zu machen und beim Kommandanten um Straffreiheit für Johannes nachzusuchen.

Nachdem sie abgereist waren, wartete Graf Bernin ab. Er konnte sich nicht entschließen, mit Clara oder sonst jemandem über seine Entscheidung zu sprechen; so wie er sich früher nicht hatte entschließen können, rechtzeitig mit ihr über ihre Verlobung zu sprechen.

Die Antwort kam noch in der gleichen Woche, am Samstag. Sie war klar und deutlich. Ohne Rücksicht auf die politischen Verwicklungen, nur an der Aufrechterhaltung der Disziplin in seinem Corps interessiert, hatte der Kommandant erklärt, er sehe keine Möglichkeit, im Fall des Kadetten von Felden eine Ausnahme zu machen. In einem Postskript hieß es außerdem, der Kommandant sei momentan nicht erreichbar. Graf Bernin hatte gerade die Mitglieder des Freiburger Konsistoriums zu Gast; er erkundigte sich, ob Gustavus im Haus sei, und hörte, er sei im Obstgarten und zeichne.

»Wissen Sie, wann Ihr Bruder abreisen soll?«

»Uns hat niemand etwas gesagt. Montclair kümmert sich darum. Papa will nichts mehr davon hören. Es kann jeden Moment soweit sein.«

»Ich kann hier jetzt nicht weg«, sagte Graf Bernin. »Sie müssen diesen Brief sofort zu Ihrem Vater bringen. Es ist dringend. Sehr dringend. Sorgen Sie dafür, daß er ihn auch liest. Sagen Sie ihm, daß ich am Abend zu ihm herüberkomme.« Graf Bernin zögerte noch, fragte sich, ob es nicht ratsam wäre, Gustavus noch mehr zu sagen; doch dann ließ er es dabei und kehrte ins Haus zurück.

Die Kutsche hielt nicht vor dem Haus. Hauptmann Montclair und zwei Ordonnanzen schleppten Johannes zu den Ställen. Gabriel schrie laut nach Julius. Julius trommelte an die Tür seines Vaters. Sie war verschlossen, und von drinnen drang kein Laut nach draußen. Julius stürzte wieder nach draußen und sah Johannes, wie er mit baumelnden Beinen in die Mietdroschke gehoben wurde. Johannes bewegte sich nicht, wehrte sich auch nicht, aber die Hunde umringten ihn, und Gabriel bearbeitete den Hauptmann Montclair mit den Fäusten. Ein junger Stallbursche versuchte, Ursus auf die Männer zu hetzen, aber die Hunde in Landen waren nicht dressiert, sie gingen nicht auf Menschen los, sondern jaulten und bellten nur.

»Jean –«, schrie Julius.

Johannes drehte den Kopf und sah ihn an.

Einer versetzte den Pferden einen Schlag mit der Peitsche, und schon raste der Wagen die Zufahrt hinunter. Alles ging so schnell, daß erst in diesem Augenblick die Hausdiener und Knechte herbeieilten. Gabriel rannte schreiend neben der Kutsche her, und in einer Wolke aus Staub und Lärm jagten alle Hunde hinterdrein. Julius stand benommen da.

So fand ihn Clara eine Minute später. Sie war ins Dorf gegangen, unterwegs jedoch, einer plötzlichen Eingebung folgend, umgekehrt. Weiß wie ein Blatt Papier stand er auf dem Zufahrtsweg.

»Los, hinterher! Sofort, sofort – Nimm dir ein Pferd, das schnellste Pferd – *Beeil dich.*«

»Wozu denn noch?« fragte Julius.

»Sieh zu, daß sie den Zug nicht anhalten – den Schnellzug – in Singen – wenn du vor ihnen da bist – der Bahnhofsvorsteher darf diesen Zug nicht anhalten –«

»Wie soll ich ihn denn daran hindern?«

»Befiel es ihm – verbiete es ihm – du bist der Sohn des Hauses. Hol den Jungen aus dem Zug, oder steig mit ein – egal, egal, aber steh hier nicht herum, vertu hier nicht die Minuten – Jules, hörst du mich? Bist du ein Mann? Oh! Warum gibt es hier keinen Damensattel –«

»Baron Jules«, sagte der Verwalter neben ihm. »Ich habe Ihr Pferd kommen lassen. Hier ist es.«

Julius zögerte noch immer, aber sobald er im Sattel saß, war er wie verwandelt.

Deutlich sah er vor sich, was er zu tun hatte, und war außer sich vor Kummer und Angst – sie einholen, seinen Bruder diesen Männern entreißen, ungeschehen machen, was er eben gesehen hatte, und so legte er seine ganze Kraft, alles Geschick und alles Gefühl in diesen Ritt und rief unterwegs die ganze Zeit laut nach Jean. Als er ankam, waren sie weg.

»Baron Julius«, sagte der Bahnhofsvorsteher. »Ich bin froh, Sie zu sehen. Es war doch alles in Ordnung? Wenn wir den Schnellzug anhalten, wissen Sie, dann haben wir gern eine Anweisung der Familie; aber von Ihrem Vater war nichts gekommen. Und der junge Herr machte einen so überaus seltsamen Eindruck, ich wußte gar nicht, was ich davon halten sollte. Aber es war ja ein Offizier bei ihm ... Nun, ich bin froh, daß Sie da sind, damit hat ja nun alles seine Richtigkeit. Oder stimmt etwas nicht, Baron Julius? *Baron Julius?* Oh, Baron Julius –!«

»Mein armer Gustavus«, sagte Clara an diesem Abend. »Ich weiß, ich weiß. Aber du kannst doch nichts dafür, wir alle wissen, wie dein Vater ist. Du konntest ihn nicht dazu bringen, den Brief zu lesen. Und jetzt meint er sogar, er hätte ihn gar nicht zu sehen bekommen. Bitte, Gustavus, mach nicht so ein Gesicht – du brauchst kein schlechtes Gewissen zu haben. Es wäre falsch.«

Gabriel war, solange er genug Luft hatte, neben Johannes und der Kutsche hergerannt. Dann blieb er zurück, dann fiel er hin. Als sein Herz nicht mehr hämmerte, hatte er noch immer das Gefühl, es müßte ihm vor Jammer zerspringen. Er blieb in den Feldern, taumelnd, nicht auf den Weg achtend, ohne Sinn für Gras und Stein und Hecken. Als es dunkel war, kehrte er heim und schlich ins Haus. Er hörte Stimmen, seinen Vater, Clara, Gustavus, und ging weiter, die Hintertreppe hinauf, in Jules' Zimmer. Jules war nicht da. Gabriel zündete eine Kerze an und wartete. Aber Jules kam nicht. Nach Mitternacht schlief er auf dem Stuhl ein. Als er ungefähr eine Stunde später wieder erwachte, war er immer noch allein und fror. Eine Zeitlang ging er hin und her, dann suchte er in Jules' Sachen nach etwas, das er überziehen konnte. Als er Claras Rollen mit den Goldmünzen fand, nahm er sie an sich und verließ das Haus.

Er schlug die Richtung nach Singen ein. Er kannte den Güterzug, der am frühen Morgen nach Norden fuhr, und er kannte die Kurve vor dem Bahnübergang, wo der Zug langsamer wurde, wo sie oft gestanden und die Wagen von anderen Zügen gezählt hatten, und er glaubte auch zu wissen, wie man auf einen fahrenden Zug springt. Als der Zug dann kam, schien er viel schneller zu sein, als Gabriel es sich vorgestellt hatte. Das Rattern und der Luftzug, der von ihm ausging, nahmen ihm den Mut, und zuerst schaffte er es nicht, so nah heranzukommen, daß er ihn zu fassen bekam. Aber es war ein langer Zug, Gabriel blieb genug Zeit für einen neuen Versuch; und als er eine zweite offene Tür und ein paar kräftige Eisenstangen kommen sah, da sprang er und griff nach ihnen. Vielleicht packte er nicht fest genug zu, vielleicht lag es daran, daß er müde und verwirrt und aufgeregt war, aber ehe er einen Halt für die Füße finden konnte, wurde er zur Seite geschleudert, auf einen Haufen Schlacken. Er schlug mit dem Kopf auf einen Stein und war sofort tot.

Um die Vorkehrungen, die nach diesen Ereignissen zu treffen waren, kümmerte sich Graf Bernin. Julius lag krank in seinem Bonner Bett und konnte nicht nach Hause kommen. Mit Erlaubnis ihres Vaters fuhr Clara in Begleitung eines Arztes selbst nach Benzheim, um Johannes abzuholen. Sie fanden ihn auf dem Krankenrevier, während die Anstaltsleitung betretene Sorge an den Tag legte. Eine Rückkehr nach Landen schien nicht ratsam, und auf Pater Hausers Empfehlung wurde Johannes zu einem Arzt in die Schweiz gebracht, in dessen Haus auf dem Lande er mehrere Jahre zwischen Tieren und den Kindern des Arztes lebte. Sie waren gut zu ihm. Besuche von Angehörigen kamen, wie sich bei einem katastrophal endenden Versuch von Julius zeigte, nicht in Frage. Julius kehrte für lange Zeit nicht mehr nach Landen zurück und hat dort später nie mehr gewohnt. Clara und Gustavus heirateten sechs Monate nach Gabriels Tod in der Kapelle von Sigmundshofen und zogen dann in das Haus des alte Barons. Der neue Bischof von Bamberg hatte sich erboten, die Trauung vorzunehmen. Graf Bernin lehnte dankend ab.

DRITTER TEIL
DER GEFANGENE

1. Kapitel

Im Jahre 1891 waren Manet und Seurat schon tot; Pissarro, Monet und Renoir waren auf der Höhe ihres Schaffens; und Cézanne hatte begonnen, eine andere, ganz neue Welt zu erschließen. Der Sonntag auf der Ile de la Grande Jatte und das *Déjeuner dans le bois,* die *Musique aux Tuileries,* die *Dames dans un jardin,* die ockerfarbenen Bauernhöfe und gelbbraunen Berge von Aix – alles das gab es auf Leinwand, es wurde aufgehängt und betrachtet, und wer bereit war, sehen zu lernen, der konnte es sehen. Ebenso die schimmernden Bäume, die sonnengetüpfelten Wege, die wogenden Felder, das Licht, die flirrende Luft, das Wasser – Aber wurden sie gesehen? Ging man darin umher, lebte man darin? Kamen denn wirklich morgens Damen mit einer silbernen Teekanne nach draußen in den Garten? Kamen einem durch hüfthohes Getreide und Mohnblumen Gouvernanten aus Fleisch und Blut mit einem Blumenstrauß in der Hand entgegen? Tauchten junge Männer die Hand in ein Wasserbecken, und lachten junge Frauen auf Schaukeln? Legten vornehme Herren ihre Zylinderhüte wirklich ins Gras?

Die Ära des Impressionismus war nämlich auch immer noch die Ära der Etikette und des Pomps, der Mahagonimöbel und Souterrainküchen, die Ära der überladenen

Interieurs und der Stuckvillen; eine Zeit, die alte, reiche, boshafte Frauen und kluge Bankiers verehrte, in der die Orte öffentlicher Lustbarkeit riesig, mit Pfeilern verstellt und geschmacklos waren und in der sich jeder, der nicht Sportler oder arm oder sehr jung war, dreimal am Tag zu Tisch setzte und auf einem Stuhl mit hoher Lehne endlose Mahlzeiten zu sich nahm.

Mein Vater sprach selten über diese mittlere Phase seines Lebens. Aber andere kannten ihn damals, verkehrten mit ihm, waren am Leben geblieben, erzählten, und so weiß ich, daß Jules Felden in den neunziger Jahren an der französischen Riviera mit einem Maultiergespann unterwegs war –

Melanie Merz, zart, sanft, hübsch, gerade zwanzig und vorzüglich gekleidet, saß mit einer Seidenstickerei am Fenster. Die simpelsten Kreuzstiche, einfache Blüten auf einem viereckigen Stück Stoff, und ihr kleines, trauriges Gesicht hatte sie der Auffahrt und den Topfpalmen draußen zugewandt.

»Was würdest du denn heute morgen gern machen, Liebes?« fragte ihre Schwägerin.

Melanie hob die freundlichen braunen Augen und sagte, ihr sei alles recht, was Sarah vorschlüge, danke.

»Meine Liebe, und es geht dir doch gut hier? Genießt du es?«

Melanie sagte, es gehe ihr gut.

»Deine Mutter und dein Vater fehlen dir nicht? Du fühlst dich nicht irgendwie seltsam oder anders, so weit weg von ihnen?«

»Hier ist es doch fast wie zu Hause«, sagte Melanie.

»Ach, wirklich?« sagte Sarah.

Edu Merz trat ein – Edu, noch keine fünfundvierzig, noch nicht bankrott, fast noch beschwingt im Umgang mit Sarah; Edu – nach eben beendeter Toilette in einen Hauch von Eau-de-Lubin gehüllt, einen Feldstecher in der Hand, ohne drückende Schulden, an einem schönen Februarmorgen in Südfrankreich.

»Morgen, Sarah; morgen, Melanie. Herrlicher Tag, oder? Ich lade euch ein – ein bißchen auf dem Tennisplatz zusehen, und später essen wir einen Happen im *Anglais.*«

Melanie blickte zu ihrem Bruder auf, freundlich, aufmerksam, als würde er ihr eine Nuß hinhalten – oder eine ganze Tüte? »Danke, Edu«, sagte sie, »sehr gern.«

Sarah sagte, Melanie sei zu einem großen Mittagessen bei Lady De Moses eingeladen – und Edu, soviel sie wisse, ebenfalls.

Auch gut, sagte Edu; da wäre der Küchenchef des *Anglais* ja ebenfalls im Spiel. Das alte Mädchen habe immer furchtbar viele Gäste. Er werde also Melanie dorthin begleiten und Sarah dann den Panhard zurückschicken.

Der Panhard, meinte Sarah, habe gestern zwischen dem *Sporting* und dem *Ambassadeurs* drei Pannen gehabt, sie nehme lieber die Kutsche.

»Ich hole bloß meinen Hut«, sagte Melanie und stand auf, schick, exotisch, zerbrechlich. »Nur eine Minute, Edu«, und schon rauschte sie aus dem Zimmer.

Tolles Kleid, sagte ihr Bruder. Ob Sarah es ausgesucht habe? Er hätte nie gedacht, daß sie eine solche Wahl treffen würde – er wolle damit sagen, daß er sich gar nicht vorstellen könne, wie *ihr* diese breiten Streifen ständen.

Für Melanie seien sie richtig, sagte Sarah. Genau richtig.

Ob sie nicht vielleicht ein bißchen, sagte Edu, ein bißchen – wie solle er es ausdrücken? ein bißchen zu ... – Melanie sei ja noch sehr jung und überhaupt?

Zu auffallend?

Ja, vielleicht.

Genau richtig, sagte Sarah. Ein bißchen Commedia dell' Arte. Das Mädchen wisse, wie es sich anziehen muß, und ihm stehe einfach alles. Weiß der Himmel, woher sie das habe. Sarah warf Edu einen Blick zu.

Ja, sagte er. Für ein Berliner Mädchen, das über Bad Kissingen noch nicht hinausgekommen ist …

»Sie hat mir eben gesagt, das Leben an der Riviera komme ihr vor wie in der Voßstraße.«

»So ein Quatsch«, sagte Edu.

»Weißt du, was?– ich lasse Lady De Moses heute mal aus«, sagte Sarah. »Es ist so ein schöner Tag. Außerdem wollen sie vor allem dich dort sehen. Ich mache mit Melanie eine Landpartie, ein bißchen frische Luft tut ihr bestimmt gut. Wir könnten zu Jules hinauffahren.« Melanie mit ihrem Sonnenschirm war eben wieder eingetreten und knöpfte sich die Handschuhe. »Hättest du Lust dazu, Liebling?«

»Zu dem jungen Mann mit den Maultieren?«

»So jung ist er gar nicht. Er muß in meinem Alter sein. Mindestens.«

»Im Ernst?« fragte Melanie.

Es *war* ein schöner Tag. Still, blau, sehr still – und wie ein Segen legte sich die Wärme den Damen um die Schultern. Eine Biene verirrte sich in die Kutsche. Im Vallée du Loup blühten die Mandeln zwischen den Pfirsichbäumen, den jungen, schlanken Pfirsichbäumen, die in unzähligen Reihen, rosa und weiß, die Hänge bedeckten.

»Liegt denn seine Villa nicht am Meer?« fragte Melanie.

»Es ist keine Villa«, antwortete Sarah.

Es war in einem Olivenhain, am Ende eines abscheulichen Stücks Straße – eine Priorei oder das, was von ihr übriggeblieben war, ein niedriges Gemäuer, Rundbögen, die Reste eines Klosters.

Julius in einer Jacke aus Tussahseide, einen schwarzen spanischen Strohhut auf dem Kopf, kam heraus, um sie zu begrüßen.

Sie gingen nicht nach drinnen.

Über das Geländer und die bauchigen Ölkrüge rankten Kaskaden von Blüten, nach Zitronen, nach Rosen, nach Gewürzen duftend, tiefrot und zartweiß. Weiter unten rahmten zwei Zypressen die Aussicht. Julius schüttelte für Melanie eine Hängematte aus. »Da haben Sie ein bißchen Schatten«, sagte er. »Nicht zuviel. Gerade richtig. Eigentlich gehört sie Tzara – sie achtet nicht auf ihr Haar. Aber mit dem Kissen können Sie es sich bequem machen.« Er trat einen Schritt zurück.

»Sagen Sie mal – das ist ein wunderbares Kleid. Wirklich schick.«

Melanie lächelte.

Auch er sah wunderbar aus. Wie ein Mann, ein Edelmann, eine Lilie im Felde – gepflegt und natürlich, vornehm und männlich, mit einem schönen Profil und einer kantigen Nase, groß, wohlproportioniert, kraftvoll, graziös.

»Julius«, sagte Sarah. »Ich brauche Ihren Rat wegen dieses Chippendale. Die Leute haben wieder geschrieben. Ich weiß nicht, ihr Preis scheint nicht zu stimmen. Ich habe Zeichnungen mitgebracht, die sie mir geschickt haben.«

»Ich habe auch etwas, das ich Ihnen zeigen möchte«, sagte Julius.

»Die schönen Blumen!« sagte Melanie. »Was für welche sind das?«

»Ach, wissen Sie, die Efeublättrigen. Ich bekomme die Ableger aus Italien. Sie nennen sie dort *cascante.*«

»Cascante?« fragte Melanie.

»Geranien«, sagte Sarah.

»Geranien?« fragte Melanie.

»Heute sind wir Lady De Moses untreu geworden«, sagte Sarah. »Jules – ob wir bei Ihnen etwas essen können?«

»*Mich* lädt sie schon gar nicht mehr ein. Aber es hat drei Jahre gedauert, bis sie soweit war. Ich bin heute morgen in

Nizza gewesen, sehr früh. Das hätten Sie sehen sollen, wie der Fisch ankam – herrlich. Aber stellen Sie sich vor, kein Mensch da – niemand, den ich kannte, außer dem Küchenmädchen des Fürsten Lichnowsky. Ein paar von fern bekannte Gesichter aus den Hotels, niemand aus Beaulieu, kein einziger Küchenchef aus den Villen, niemand von den Leuten der englischen Königin – obwohl sie wirklich gut essen –, überhaupt niemand auf dem Fischmarkt an diesem ersten ruhigen Morgen nach dem vielen Wind. Kein Wunder … – Na, also *wir* werden gleich Seeigel bekommen; sie machen sie gerade auf. Und einen *Loup*. Gegrillt.«

»*Seeigel*«, sagte Sarah. »Mein Koch weigert sich, sie anzurühren. Er tut, als gäbe es sie gar nicht.«

»Sie kosten ja auch nur drei Sous das Dutzend. Er sollte sich einen Lederhandschuh anziehen. Über die linke Hand. Mademoiselle – möchten Sie ihn sehen?«

»Das werde ich ihm nie beibringen können«, sagte Sarah.

»Ja bitte«, sagte Melanie.

Julius brachte einen rohen Fisch mit dunkler Haut, sechzig oder siebzig Zentimeter lang, und hielt ihn in die Höhe, damit sie ihn betrachten konnte. »Sehen Sie ihn sich an: ein *loup de mer*, eine Art Seebarsch. Der beste Fisch, den es hier in der Gegend gibt. Sehen Sie, wie fest er ist, wie frisch; heute bei Tagesanbruch gefangen, sehen Sie sich die Kiemen an, fühlen Sie mal …«

Der Fisch war fest und geschmeidig und ringsum indigoblau und mattbraun gefleckt: es sah aus, als hätte er gar keine Schuppen, trotzdem schimmerte er. In ihrem Leben hatte Melanie noch nie einen jungen Mann gesehen, der vor ihr in der Sonne einen ganzen Fisch in die Höhe hielt. Sie blinzelte ihm zu, streckte zwei Fingerspitzen aus und berührte den Fisch. Er war trocken.

»Und hier.« Er nahm dem Jungen den Korb aus der Hand. Melanie sah hinein.

»Die *bewegen* sich …«

»Aber sicher«, sagte Julius. »Sie leben. Sonst wären sie nicht gut. Kommen Sie, ich lege Ihnen einen auf die Hand. Nein – strecken Sie sie flach aus; die Stacheln tun nicht weh, wenn man die Hand flach ausstreckt.«

»Oh –«, sagte Melanie, »ein schwarzer Igel.«

»Nein, nein«, sagte Julius. »Niemand würde einen richtigen Igel essen, solche niedlichen Tiere. Obwohl – ich glaube, Zigeuner essen sie. Sehr grausam.«

»Warum grausam?« fragte Sarah.

»Einen Igel essen?«

»Warum Seeigel und keine richtigen Igel?«

»Das ist doch etwas völlig anderes. Seeigel leben im Meer.«

»Eben haben Sie gesagt, sie würden leben. Anscheinend dämpft Wasser das natürliche Mitgefühl. Bei Ihren feinen Unterscheidungen komme ich nicht ganz mit, Jules; verstehen Sie mich nicht falsch, ich teile Ihre franziskanischen Anschauungen nicht, aber sind Lämmer nicht genauso niedlich wie Igel? Trotzdem habe ich Sie Lämmer essen sehen. Sie sagen natürlich Kotelett dazu oder Rücken. Ihre Haltung ist interessant.«

»Ja, ja! *›Les tristes lois de la cruelle Nature …‹*«

»Von Gemüse allein könnten wir nicht leben«, sagte Melanie.

»Sehr richtig«, sagte Julius.

»Es freut mich, zu sehen, daß die Lektion in Naturkunde bei dir anschlägt, Melanie«, sagte Sarah.

Melanie zog sich in ihre Hängematte zurück.

»Ich hole uns ein bißchen Weißwein«, sagte Julius. »Kellertemperatur – ist das recht?«

Der Mittagstisch wurde auf einer blanken, rosa Marmorplatte in einer Maulbeerlaube gedeckt.

Die Butter lag auf einem grünen Blatt und das Brot auf einem Brett; ein Teller mit ein paar Zitronen und hölzerne Mühlen für den schwarzen und den grauen Pfeffer und für das Salz standen auf dem Tisch; das Porzellangeschirr stammte aus dem 18. Jahrhundert, Moustier, und der Wein stand, noch nicht umgefüllt, in ein paar dicken grünen Flaschen ohne Etikett auf dem Boden. Julius entkorkte sie selbst, füllte Gläser, hielt sie gegen das Licht und gab sie weiter. Zwischen den Olivenbäumen konnten sie das Tal sehen, den Berg mit seinen Terrassen und auf der anderen Seite den sanft abfallenden, von Mimosen überwölkten Hang, der jetzt in der Sonne lag.

»Wie gut«, sagte Sarah.

»Ja, manchmal ist es hier so«, sagte Julius.

»Nach sechs Tagen Mistral.«

»Der Süden ...«

»Ich könnte anderswo gar nicht leben«, sagte Julius.

»Ich bin noch nie hier gewesen«, sagte Melanie.

Die Seeigel kamen, aufgetürmt, in heraldischen Farben, tiefschwarz und violett – aus den einzelnen Lagen stießen ihre glänzenden Stacheln hervor, gleich jenem unerklärlichen Detail zwischen Disteln und Einsiedelei im Hintergrund eines Tafelbildes aus dem Quattrocento, und bald zeigten sich in jeder aufgebrochenen Schale die zarten Umrisse eines Seesterns.

»Mit dem Löffel«, sagte Julius. »So.«

Später zündete er ein Streichholz an und legte Feuer an den nächsten Gang. Aus Rosmarin und Fenchel knisterten die Flammen hervor, wohlriechend und im strahlenden Tageslicht fast unsichtbar.

»Wie Plumpudding!«

»Der immer überschätzt wird«, sagte Julius. Mit blitzenden Silberklingen legte er den nußweißen Fisch in seiner verkohlten, wie Rinde aussehenden Kruste frei.

Melanie sah sich nach der Sauciere um. Kartoffeln schien es nicht zu geben.

Julius versorgte sie mit ein paar Tropfen von durchsichtigem Öl.

»Perfekt, Jules«, sagte Sarah.

Julius griff zu einer kleinen Glocke. »Sieh bitte zu, daß Tzara und Robert ein bißchen hergerichtet werden, bevor sie zu uns kommen.«

»Sie sind noch nicht zurück, Monsieur le Baron. Sie sind heute morgen zum Plan de Grasse gegangen. Sie haben ein Picknick mitgenommen.«

»Gott sei Dank«, sagte Sarah.

»Zum Dessert sollten sie aber zurück sein«, sagte Julius und sah gleich auf zwei Taschenuhren.

»Ich schicke sie zu Ihnen, sobald sie da sind, Monsieur.«

»Und wo ist Léon?«

»Léon ist in der Küche. Zerschlägt Teller. Er ist wütend, weil Robert ihn nicht mitnehmen wollte.«

»Sag ihm, er soll sofort aufhören. Robert ist eifersüchtig, weil Léon Tzara so heiß verehrt, und Tzara fühlt sich geschmeichelt.«

»Sie haben offenbar alle einen abscheulichen Charakter«, sagte Sarah.

»Léon zerschlägt jedenfalls allerlei. Waren Sie schon in Monte Carlo, Mademoiselle?«

»Edu hat sie mit in den Spielsaal genommen.«

»Und? Gewonnen?«

»Ich habe zwei Louis d'Or verloren«, sagte Melanie.

»Wobei?«

»Beim Spiel.«

»Ich meine, Ihre *mise*. Worauf haben Sie gesetzt?«

»Ach. Eine Zahl.«

»Sehr schwierige Entscheidung«, sagte Julius. »Ich habe ein System. Mein Vater hat es uns beigebracht.«

»Und es ist unfehlbar!« sagte Sarah.

»Woher wissen Sie?« fragte Julius. »Natürlich, die Wahrscheinlichkeit ist minimal. Soll ich es Ihnen erklären, Mademoiselle? Passen Sie auf, Sie fangen mit dem ersten Dutzend an und verschwenden nichts auf *à cheval* und gerade oder ungerade Zahlen. Aber an die Zero sollten Sie denken –«

»Und dann?« fragte Melanie.

»Es schwächt natürlich Ihr Guthaben; aber wenn Sie das fünfte Mal hintereinander verloren haben, verdreifachen Sie Ihre *mise*, verstehen Sie, und wechseln auf das zweite Dutzend.«

»Das klingt interessant«, sagte Melanie. »Mein Bruder hat auch ein System, aber Ihres ist interessanter.«

»Jules, ich möchte nach Le Thoronet fahren«, sagte Sarah.

»Unbedingt.«

»Wie kommt man dahin?«

»Waren Sie noch nie dort? Noch nie in Le Thoronet? Das einzig Vollkommene, was es an Romanik in dieser Gegend zu sehen gibt. Vollkommen, wirklich vollkommen! Ihre Schwägerin sollte es auch sehen. Was *haben* Sie denn gesehen? Eze? – zu stark restauriert. Le Haut Cagnes? Cimiez? Saint-Maximin? Die Inseln?«

Melanie sah zu Sarah hinüber. Sarah sagte nichts.

»Wir haben die *bataille des fleurs* gesehen. Und wir waren beim Pferderennen und haben eine Fahrt auf der Grande Corniche gemacht, und in Grasse haben wir gesehen, wie Parfum hergestellt wird.«

»Leider sehr schlechtes Parfum«, sagte Julius. »Sie müßten nach Les Tourettes fahren, nach Biot und Valauris; wenn Sie es verkraften, könnten Sie auch zum Kloster auf dem Gourdon hinaufsteigen – das meiste, was sie haben, ist nachgemacht – wissen Sie, Sarah, ich glaube, die verkaufen dort Altarbilder. Nein, nicht diese Birne. Lassen Sie mich eine für Sie aussuchen.«

Frisch gebürstet, in Strickjacken, kamen sie herein. Tzara ging sofort zu Julius, befühlte seine Taschen und fing an, ihm etwas zu erklären. Robert stand mit demonstrativ geduldiger Miene daneben.

»Setz dich, Robert«, sagte Julius.

Robert machte eine kleine ironische Verbeugung zu Sarah hinüber und setzte sich.

Sarah betrachtete ihn ohne Sympathie.

»Nimm dir vom Obst«, sagte Julius.

Tzara schmiegte sich an ihn, nahm eine Feige, betrachtete sie, zeigte sie ihm und kaute sie dann mit unverkennbarer Zufriedenheit. Robert zog den Teller an sich, wählte einen Kalvilleapfel, legte ihn wieder zurück und nahm dann, ohne Sarah aus den Augen zu lassen, jede einzelne Frucht in die Hand. Nun erschien auch Léon, mit gerunzelter Stirn, winzig neben den beiden anderen und unentschlossen. Da erblickte er Melanie.

Er stieß einen kurzen Schrei aus – und schon saß er auf ihrem Schoß und umarmte sie in spontanem Entzücken. Melanie zuckte nur leicht.

Tzara öffnete ihre Hand – eine zerquetschte Dattel platschte auf die Marmorplatte. Robert saugte die Backen ein.

»Ihr schmutzigen Affen«, sagte Sarah.

Léon, an Melanies Brust, schmiegte sich in die gestreifte Seide und streckte seine kleine schwarze Hand nach Melanies Gesicht aus.

»Er mag Sie«, sagte Julius, »dabei ist er sehr schwierig.«

»Das liebe Äffchen«, sagte Melanie.

»Watteau!« sagte Sarah. »Sehen Sie doch, Jules – Watteau, der reinste Watteau, die heiterste, kostbarste Periode.«

2. Kapitel

Was hast du heute morgen vor?« fragte Sarah.

»Jules Felden nimmt mich mit nach Monaco, ins Aquarium.«

»Tut mir leid, Liebling, aber das kommt nicht in Frage. Immer diese strapaziösen Ausflüge, das ist ein bißchen viel verlangt; und heute habe ich wirklich keine Zeit.«

»Das macht nichts«, erwiderte Melanie. »Er hat gesagt, er würde Léon mitbringen und eine andere Dame.«

»Was du nicht sagst!«

»Wir essen heute mittag bei Kitty Wolfe«, sagte Edu, »sie hat dich extra eingeladen.«

»Es geht aber nicht«, sagte Melanie.

»Du kannst die gute Kitty nicht versetzen – sie besteht darauf, daß wir genau sechsunddreißig sind.«

»Tut mir leid, Edu. Ich habe Baron Felden zugesagt. – Sarah?«

»Ja?«

»Jules Felden hat gesagt, er will mir Léon schenken. Ist das nicht nett?«

»Deine Mutter wird sich freuen.«

Melanie schwieg.

»Jules Felden ist ein sehr charmanter, kultivierter Mann«, sagte Sarah. »Aber – das weißt du doch, oder? – er ist auch ungefähr zwanzig Jahre älter als du.«

Melanie strich sich über den Rock. »Ich muß mich fertigmachen«, sagte sie. »Es wird Zeit. Maultieren bekommt das Stehen nicht, wenn sie warm sind.«

»Absurd«, sagte Sarah.

»Ach, ich weiß nicht«, sagte Edu.

»Völlig absurd.«

»Natürlich, der Unterschied der Religionen.«

»Ach, *der!*« sagte Sarah. »Es wird höchste Zeit, daß sich ein paar von uns taufen lassen.«

»Nicht, solange meine Mutter noch lebt«, sagte Edu.

»Was können einen Mann wie Jules und ein Mädchen wie sie gemeinsam haben?«

»Jedenfalls ist er sehr an ihr interessiert.«

»Eine Woche lang – einen Monat. Falls sie an etwas anderes denkt, wird es ein böses Erwachen geben.«

»Vielleicht sollten wir herausfinden, was seine Absichten sind.«

»Du bist verrückt, Edu.«

»Ich dachte, vielleicht könntest du das übernehmen. Felden ist schließlich *dein* Freund.«

»Ich hätte Lust, diesen kleinen Dummkopf nach Hause zu schicken. Ich bin den Eltern gegenüber verantwortlich, verstehst du.«

»Natürlich – viel Geld kann Felden nicht haben.«

»Wirklich? Ich weiß nicht.«

»Er lebt sehr einfach.«

»Nicht wirklich«, sagte Sarah.

»Er hat Land geerbt, in Bayern oder wo.«

»Ja, man vergißt, daß er Deutscher ist.«

»Es besteht ja eigentlich kein Mangel an solchen Leuten«, sagte Edu, »aber wenn man schon jemanden mit einem Titel heiratet, dann wirkt es doch irgendwie merkwürdig, wenn er arm ist – du verstehst, was ich meine.«

»Das alles ist überhaupt völlig unpassend«, sagte Sarah.

»Er müßte sich jedenfalls von Madame de la Turbie trennen – Sarah, sag nicht, du hast noch nie von Madame de la Turbie gehört!«

»Aber ja. Jeder hat von Madame de la Turbie gehört.«

»Es heißt, Felden sei ihretwegen hierhergezogen.«

»Unsinn. Wie sieht sie eigentlich aus? Ich habe sie zwar im Wagen vorbeifahren sehen, aber bei all den Schleiern erkennt man nicht viel.«

»Früher war sie eine tolle Frau. Aber sie wird nicht jünger.«

»Wie alt mag sie sein?«

»Sie muß um die Vierzig sein. Obwohl man es nicht glauben sollte.«

»So alt wie ich«, sagte Sarah.

»Ganz anders als du«, sagte Edu.

»Ich bin ja auch noch aus anderen Gründen gut.«

»Wie du *redest!* – Also, wer soll sich Felden nun vornehmen? Melanie ist schließlich meine Schwester, verdammt ...«

»Edu! Ich verbiete dir ...«

»Was hast du denn? Was ist denn los? Findest du etwa nicht, daß Jules Felden ein netter Familienzuwachs wäre?«

»Ein netter Familienzuwachs ...«, wiederholte Sarah.

Wieder erhob sich der Mistral, fegte tagelang über die kleinen, tief gebeugten Bäume durch das Rhônetal dem Meer zu und wirbelte Staub und Papier über die verödeten Uferpromenaden. In den Hotels liefen die Zentralheizungen auf Hochtouren, in den Villen klapperten die Fenster, und die Kaminfeuer qualmten. Die Blumenpflückerinnen kamen kurz nach Tagesanbruch schon wieder aus den Bergen zurück, Büschel tropfender Narzissen in den steifen Händen. Julius ließ Léon und die Schimpansen nicht nach draußen. Melanie, die sich nach einer Bronchitis seit längerem auf dem Weg der Besserung befand, fing wieder an zu husten. Ein Arzt bekräftigte, was Sarah ihr gesagt hatte: sie solle im Bett bleiben.

Julius schickte Früchte und Blumen aus seinem Garten, dazu ein Kärtchen mit einer höflichen Frage nach ihrem

Befinden. Er selbst erschien nicht; und soweit Sarah es mitbekam, schrieb er auch nicht.

Melanie hatte ein Französischlehrbuch bei sich im Bett.

Nachdem das eine Woche so gegangen war, kam Sarah herein und sagte, den Blick auf das Mädchen gerichtet: »Jetzt reicht es mit diesem Wetter, ich habe beschlossen, wir lassen den März hier ausfallen. So ein Frühling tut auch dir nicht gut. Sobald du aufstehen kannst, machen wir die Villa zu und fahren nach Hause.«

Melanies kleines Gesicht knitterte.

Sarah, die Schwäche haßte und Stärke haßte, überwältigt, getrieben von ihrer Überlegenheit, gab nicht nach – erlebte diesen langen Augenblick mit allen Sinnen, die Stille, die zum Greifen war; hörte, wie die unbekümmerten Wörter fielen und sich in die Länge zogen. »Ich denke, ich fange schon mal an zu packen. Laß mich nachdenken – welcher Tag ist heute?« Melanie rührte sich nicht; nur die großen, tiefbraunen Affenaugen wanderten zwischen der Wand und Sarah hin und her. Sarah sagte: »Was hast du denn? Jules könnte doch auch nach Berlin kommen.«

Melanie antwortete nicht sofort. Dann sagte sie: »Er kann Berlin nicht ausstehen.«

»Du könntest auch versuchen, noch zu bleiben. Lady De Moses oder jemand anders würde dich mit dem größten Vergnügen aufnehmen.«

»Jules würde es so nicht gefallen.«

Melanie zitterte unter ihrem Plumeau; Sarah, von kaltem Abscheu gepackt, fand nur mit Mühe den Weg zur Tür.

Von dort, wo sie wohnten, führten keine Spazierwege in die Gegend. Wieder legte Sarah ihren broschierten Anatole France auf den Tisch; erhob sich; trat ans Fenster; versuchte zu lesen. Sie war eine Frau, die bei allem, was sie tat, über sich Bescheid wissen mußte. Es gab wenige Menschen, die sie gern hatte, und nie hatte sie jemanden für längere Zeit zugleich geliebt und gern gehabt; sie konnte es sich nicht leisten, sich nicht selbst gern zu haben. Würde und Bewußtsein gaben ihr Schutz und Rückhalt. Sie hatte Ausstrahlung, sie war gebildet, sie besaß Urteilsvermögen, sie war zu groß; Männer hielten sich ihr gegenüber an das, was sie sahen, und niemals hatte einer von ihnen so mit ihr gesprochen, wie Julius mit Tzara, seiner Schimpansin, sprach. Es gab auch keinen, von dem sie sich das hätte gefallen lassen: sie war auf der Suche nach Geradheit, Erfolg, Charakter; nach gutem Aussehen, Witz und Verstand, und nie hatte sie alles in einer Person vereint gefunden. Ohne gutes Aussehen war bei ihr nichts zu gewinnen – gutes Aussehen und eine kultivierte Fassade; aber Verstand – damit hatte sie sich seit langem abgefunden – fand sie unter ihren Bekannten nur bei Leuten, die entweder schlampig und egoistisch oder schlampig und gleichgültig waren; und so war sie in dieser Phase ihres Leben sehr allein.

Wieder legte Sarah ihr Buch zur Seite und machte sich klar, was es zu erkennen galt, verstand, daß es nichts war und daß es keine Abhilfe gab, verstand, daß sie, wenn sie es nicht von sich wegschob, daran zugrunde gehen würde. Es hatte keinen Namen und keine Zukunft; dagegen war nichts zu machen, aber für sich konnte sie etwas tun. Wenn man keine Sympathie aufzubringen vermag, kann man wenigstens gerecht sein; und Sarah erkannte, was zu tun war. Sie ging sofort zu Edu, und da sie wußte, wie ihr Erscheinen im Zimmer der Kranken gewirkt hätte, bat sie ihn, ihr die Botschaft zu überbringen. Das Barometer steige wieder, es sei eine alberne Idee gewesen, das Mädchen solle sich keine Sorgen machen, selbstverständlich würden sie noch bleiben; sie solle sich nur keine Sorgen machen.

»Den Laden hier dichtmachen?« fragte Edu. »Prima Idee. Ist doch scheußlich, oder? ... Ja, laß uns fahren.«

»Kommt nicht in Frage«, sagte Sarah. »Sag Melanie, wir bleiben mindestens bis nach Ostern.« Danach kehrte sie zu *Thaïs* zurück – zum ersten Mal seit Wochen ohne dieses nagende Gefühl in ihrem Inneren, ganz erfüllt von der bewußten Freude und Gelöstheit einer Genesenden.

»Völlig hoffnungslos«, sagte Julius.

»Hoffnungslos?« sagte Sarah.

»Ja, sehen Sie denn nicht? Ein junges Mädchen. Eine Schwester von Merz. *Avec les jeunes filles cela ne peut finir que par un mariage.*«

»Na, ja – *eben*«, sagte Sarah.

»So denke ich auch.«

»So ganz ungewöhnlich ist dieser Schritt nicht.«

»Aber zu früh«, sagte Julius.

»Sie ist wirklich noch jung. Aber viel älter wird sie wohl nie sein; und, wissen Sie, Jules, ich glaube, in gewisser Hinsicht kennt sie Sie sehr gut. Jedenfalls so gut, wie es Ihnen nur angenehm sein kann.«

»Ich meinte, *ich* bin zu jung.«

»Und was haben Sie noch vor?«

»Was soll ich denn machen?« fragte Jules.

Zwei Tage später sagte er: »Sarah, ich habe es mir überlegt. Ich fahre nach Paris.«

»Haben Sie auch an Melanie gedacht?«

»Ich denke die ganze Zeit an sie.«

Am Donnerstag von Mi-Carême lud Edu seine Frau, Melanie und Julius zum Diner mit Tanz ins Hôtel de Paris nach Monte Carlo ein. Eigentlich hatte er an einen Abend zu acht gedacht, aber Sarah war dagegen gewesen. Als sie an ihren Tisch geführt wurden, erkannte der Maître d'hôtel Julius und sagte: »Ich werde Gaston Bescheid sagen, daß

Sie hier sind, Monsieur.« Edu war noch nie so gut bedient worden und genoß es. Später entschuldigte sich Julius, er könne leider nicht tanzen; er sei in Trauer – wegen seines Schwiegervaters.

»Wegen Ihres Schwiegervaters?«

»Eigentlich der Schwiegervater von meinem Bruder. Conrad Bernin.«

»Der Staatssekretär.«

»Sein Vater. Der alte Graf Bernin. Er starb vor sechs Monaten.«

»Ach, ich erinnere mich. Edu, das war der, der diesen bayerischen Holzkopf auf den spanischen Thron bringen wollte. Muß ein interessanter Mann gewesen sein, Jules.«

»Ach nein, er war sehr langweilig.«

Edu erhob sich und bat seine Schwester um einen Tanz; die Leute im Saal sahen herüber, auf ihr Kleid.

»Dommage!« sagte Julius. »Es geht einfach nicht. Allein schon die Ausgaben. Verstehen Sie, eine Frau kann ich mir gar nicht leisten.«

»Melanie ist nicht arm«, sagte Sarah.

»Mag sein. Aber ich bin arm.«

»Sind Sie sicher? Ständig kaufen Sie all diese Dinge ... Ich bin zwar überzeugt, daß meine Ölschinken, wie Sie und Edu sie nennen, sich als die bessere Geldanlage erweisen werden. Und trotzdem –«

»Geldanlage?«

»Und Sie sagen, Sie seien arm!«

»Bald werde ich es sein. Sehr bald.«

»Jules? Sie geben doch nicht mehr aus, als Sie einnehmen?«

»Ich weiß nicht. Jedenfalls gebe ich Geld aus.«

»Aber das Geld kommt doch von irgendwoher«, sagte Sarah.

»Es kommt aus der Bank«, sagte Julius.

»Und wie ist es dorthin gekommen?«

»Um das Konto hat sich der alte Bernin gekümmert. Verstehen Sie, ich habe es geerbt. Als mein Vater 82 starb. Nicht das Geld – unser Haus. Mein älterer Bruder hat es verwaltet, zusammen mit Clara. Clara ist meine Schwägerin. Ich glaube nicht, daß sie es besonders gut gemacht hat. Dann wurde mein Bruder Sekretär ihres Vaters, und sie zogen aus. Sie haben keine Kinder. Deshalb wurde es verkauft. Der alte Bernin hat sich um alles gekümmert.«

»Haben Sie jemals gearbeitet, Jules?«

»Aber ja«, sagte Julius. »Ich hatte ein ziemlich anstrengendes Leben. Fast zehn Jahre lang.«

»Und was haben Sie in diesen zehn Jahren getan? Wie wenig wir doch über Sie wissen!«

»Ich habe in einer Botschaft gearbeitet«, sagte Julius.

Edu und Melanie kamen von der Tanzfläche zurück. Die Männer tranken noch einen Cognac. Julius unterhielt sich mit dem Oberkellner über die Phylloxera. Sie war eines seiner Lieblingsthemen.

»Phylloxera?« fragte Melanie.

»Eine Katastrophe«, sagte Julius. »Die amerikanische Reblaus.«

»Wollen wir noch mal, Melanie? Tolle Kapelle!«

»Wie du möchtest, Edu.«

Sarah sagte: »Jules, was werden Sie denn tun, wenn Ihre Mittel erschöpft sind?«

»Ich habe keine Ahnung«, erwiderte Julius.

»Sie sollten darüber nachdenken. Finden Sie diese Aussicht denn nicht beunruhigend?«

»Das ganze Leben ist beunruhigend.«

»Wir würden gern wissen, was Sie hiervon halten, Monsieur«, sagte der Oberkellner.

Julius kostete. »*Ausgezeichnet,* Ricardo«, sagte er. »So was ist mir schon lange nicht mehr untergekommen. Meinen muß ich mir aus England schicken lassen, stellen Sie sich vor.«

»*Berry Bros.* geht auch langsam aus, wie ich höre.«

»Sie haben nicht zufällig noch ein, zwei Flaschen übrig?«

»Ich habe schon daran gedacht, Monsieur. Guillaume hat ein halbes Dutzend zur Seite gelegt; ich werde dafür sorgen, daß sie Ihnen geschickt werden.«

»So ein Pech für Ihre anderen Gäste«, sagte Sarah.

»Madame – die meisten unserer Gäste haben schon *spanischen* Cognac mit einem Hennessy-Etikett getrunken. Es ist immer eine Freude, Monsieur le Baron zu bedienen; Monsieur le Baron ißt und trinkt mit *attention.*«

»Jules«, sagte Sarah, »Melanie ist sogar ein sehr reiches Mädchen. Wußten Sie das nicht? Ich wollte sagen: ihr Vater ist reich.«

»Ihr Vater?«

»Ja, Jules, ja. Ihr *Vater.* Sie hat einen Vater – und eine Mutter auch. Wie wir alle.«

»Ach«, sagte Julius. »Das müssen nette Leute sein.«

3. Kapitel

V*on?*« sagte Großpapa Merz. »*Von?* Hat sich wohl taufen lassen, wie der Mann von unserer armen Flora?«

»Er hat sich selbstverständlich *nicht* taufen lassen«, sagte Sarah.

»Die geben einem kein *Von,* wenn man sich nicht taufen läßt. Ich habe dreimal nein gesagt. Einmal dem alten Kaiser. Zweimal dem jetzigen Wilhelm.«

»Die betreffende Freiherrenwürde wurde seinerzeit von Ottomark dem Bären verliehen«, sagte Gottlieb.

»Woher wissen denn *Sie* das?« fragte Edu.

»Ich habe mir erlaubt, im Gotha nachzuschlagen, als ich das letzte Mal in Ihrem Hause weilen durfte.«

»Wir waren immer Juden«, sagte Großmama.

Sie saßen beim zweiten Frühstück. Dieses zweite Frühstück wurde jeden Morgen um Viertel nach elf an einem langen Tisch im Herrenzimmer serviert, einem dunklen Raum voller Möbel, mit schweren Vorhängen an den Fenstern, der zwischen zwei Vorzimmern lag. Es war vor allem für die Herren bestimmt. Sie aßen kaltes Wild mit Johannisbeergelee, eingelegtes Fleisch, Zunge und Geflügel mit Pumpernickel, Toast und Roggenbrot und tranken dazu Portwein. Großmama saß auch dabei. Sie hatte vor sich ein frisches Ei in Sahne und knabberte an einem weichen Brötchen mit *Spickgans* – geräucherte Gänsebrust, dünn geschnitten auf Butter. Großpapa ließ sich jeden Morgen in einem kleinen Tiegel mit Deckel ein Küken braten; und Vetter Markwald mit seinem Magenleiden aß Griesbrei, geschmortes Bries und eine spezielle Sorte Zwieback. Sarah hatte abgewunken, als Gottlieb auch für sie decken wollte; Edu trank ein Glas Sherry.

»Du sagst, er ist nicht getauft, Sarah?« fragte Großpapa.

»Er wurde bei seiner Geburt getauft«, sagte Edu.

»Wie die Kinder der Rosenheims. Übel, diese neuen Sitten.«

»Was tut er denn?« fragte Friedrich. Friedrich aß langsam und gründlich und ohne darauf zu achten, was er sich einverleibte – so sehr war er daran gewöhnt.

»Er lebt in Frankreich und sammelt Möbel«, sagte Edu.

»Ein Kunsthändler«, sagte Friedrich.

»Keineswegs«, erwiderte Edu.

»Früher war er im diplomatischen Dienst«, sagte Sarah.

Vetter Markwald hatte sich die Sachen auf seinem Teller kleingeschnitten. »Ein Frührentner«, sagte er.

»Er sucht doch nicht etwa einen Posten bei mir?« sagte Großpapa.

»Nein, nein«, sagte Sarah.

»Felden?« sagte Friedrich. »Felden? Ist das etwa der Kerl, der für den alten Bernin im Kultusministerium die Drecksarbeit gemacht hat.«

»Politik?« sagte Edu. »Das glaube ich kaum. Jedenfalls hat er immer in Spanien und in Frankreich gelebt, soweit ich sehe.«

»Ein kluger Mann«, sagte Emil.

»Iß nicht so viel *paté de foie gras,* Emil«, sagte Großpapa.

»Niemand denkt heutzutage mehr an seine Gallenblase«, sagte Vetter Markwald.

»Das ist heute eine sehr gute *paté de foie gras*«, sagte Großmama.

»*Soweit du siehst,* Edu?« sagte Friedrich. »Aber du siehst nicht besonders weit.«

»Das Kind ist noch zu jung«, sagte Emil.

»Wir alle wüßten doch gern etwas mehr über ihn«, sagte Vetter Markwald.

»Er ist ein sehr netter junger Mann«, sagte Großmama. »Melanie hat ein Bild von ihm.«

»Ein sehr gutaussehendes *Paar,* gnädige Frau«, sagte Gottlieb.

»Und sie sollen alle hier wohnen«, sagte Großmama, »nicht so weit draußen wie Edu und Sarah.«

Wenn Friedrich nach dem morgendlichen Dienst bei Gericht zum Mittagsessen nach Hause ging, sah er meistens bei Jeanne vorbei. Damals hatte sie noch ihr Hutgeschäft in der Nollendorfstraße. Es besaß ein Schaufenster und nannte sich zurückhaltend *Modes & Chapeaux.*

Als Friedrich eintrat, schickte Jeanne ihre Verkäuferin in die Mittagspause und zog selbst die Jalousie herunter.

»Arme Melanie«, sagte sie.
»Es muß alles sehr schnell gegangen sein.«
»Wie, sagtest du, heißt er?«
Friedrich sagte es ihr.
»*Jules* Felden?«
»Ich glaube, ja.«
»Aber doch nicht *Le Beau Jules*!? So nannte man ihn in Paris. Eine Freundin von mir hat ihn sehr gut gekannt. Vielleicht hast du mal von ihr gehört? Nelly de la Turbie.«
»Sarah hat wirklich die sonderbarsten Freunde«, sagte Friedrich.

»Er hat mir geschrieben, ich soll für ihn eine Wohnung mieten«, sagte Edu. »Sie müsse gut geheizt sein. *Gut geheizt* ist unterstrichen. Im Mai! Was glaubt er, wo wir hier sind? In Sibirien?«
»Edu – ich habe ein ungutes Gefühl.«
»Er wird doch nicht diese Frau mitbringen?«
»Schlimmer«, sagte Sarah.

Die Reise – im Schlafwagen erster Klasse – war lang und ruinös gewesen. Zuerst waren sie über den Zug und alles, was sie darin fanden, in helle Aufregung geraten; dann hatten sie sich gelangweilt, nachher waren sie mürrisch geworden, dann wütend, dann wieder mürrisch. Und in jeder dieser Phasen hatten sie in ihren Abteilen etwas kaputtgemacht. Der Junge, der sich sonst um sie kümmerte, hatte sich ein Bier holen wollen und war in Straßburg verlorengegangen.
Edu, der am Bahnsteig wartete, fand Julius tadellos gekleidet – nur etwas blaß. Julius hatte wenig geschlafen, aber reichlich Trinkgelder verteilen müssen. Auch schien es, als könnte er den Bahnhof nicht einfach verlassen und seiner Wege gehen. Der Träger sammelte das Gepäck um sich –

ein halbes Dutzend Lederkoffer, ein paar Babystühle und ein Netz mit schmuddeligem Spielzeug –, dann setzte er sich und wartete. Er pfiff vor sich hin.

Der Schaffner übergab Julius einer wachsenden Ansammlung von Beamten. Robert wollte jedem die Hand geben. Keiner nahm sie.

»Kann ich denn nicht jetzt und hier bezahlen?« fragte Julius. »Ich bin ja bereit dazu, verstehen Sie.«

»Erst müssen die Formulare ausgefüllt werden.«

»Verstehen Sie, ich habe Angst, sie könnten sich erkälten. Sie sind dieses Klima nicht gewöhnt.«

Er wurde vorwärts geschoben. Er trug Léon auf dem Arm und hielt Robert an der Hand. Tzara hatte sich bei Edu eingehängt. Edu kam sich vor wie ein Narr.

»Macht eure Mäntel zu«, sagte Julius. »Sie haben ihre Schals verloren. – Genauer gesagt«, fügte er, an Edu gewandt, auf französisch hinzu, »sie haben sie in Magdeburg aus dem Fenster geworfen, weil der Mann mit dem Rollbüffet ihnen seine Apfelsinen nicht geben wollte.«

»Das Reichsbahnhofsvorstandsamt – bitte sehr, mein Herr.«

»Hier hinein?« fragte Julius.

Sie mußten stehen.

Eine Reihe von Tischen – dahinter saßen Beamte. Alle schrieben.

»Werter Herr«, sagte Julius, »dürfte ich Sie höflichst bitten, so freundlich zu sein und uns sofort dranzunehmen? Wir haben eine furchtbar lange Reise hinter uns, wissen Sie.«

Der Vorsteher nahm seinen Zwicker ab, betrachtete Julius, setzte den Zwicker wieder auf und schrieb weiter.

»Also wirklich«, sagte Julius.

Edu warf ihm einen flehenden Blick zu. »Entschuldigen Sie vielmals, Herr Bahnhofsvorstand«, sagte er.

»Wenn ihr jetzt noch einen Moment lang brav seid, dann könnt ihr auch bald ins Bettchen, und jeder bekommt ein Glas leckere warme Milch«, sagte Julius.

Léon winselte.

»Name?« sagte plötzlich jemand hinter einem der Schreibtische.

»Wie Sie heißen«, sagte Edu.

»Geboren?«

»Geburtsort?«

»Name des Vaters?«

»Beruf?«

»Name der Mutter?«

Ein Verzeichnis der Schäden wurde angelegt.

a) 2 Gasleuchterkugeln, Eigentum der Kaiserlich-Königlichen Deutschen Eisenbahnverwaltung; zertrümmert.

b) 6 Glaszylinder, Typ 4B, Eigentum besagter Eisenbahnverwaltung; zertrümmert.

c) 1 Porzellanwaschbecken mit Deckel, Eigentum der Mitteleuropäischen Schlafwagen-Gesellschaft; zertrümmert.

d) 1 Wasserflasche & 2 Zahnputzbecher, Eigentum der Compagnie Internationale des Wagons-Restaurants; zertrümmert.

e) 1 Emailschild mit der Aufschrift VERBOTEN, Eigentum der Preußischen Staatseisenbahn; verunstaltet.

Viele Federn machten sich zu schaffen. Auf Papieren gingen Gummistempel um.

»Sie werden von uns hören«, sagte der Bahnhofsvorstand. »Sie dürfen Berlin nicht verlassen und Ihren Wohnsitz nicht ändern, ohne vorher die Polizei zu benachrichtigen. Und unterschreiben müssen Sie hier – und hier. Und hier auch. Und nun noch die Durchschläge. Dann können Sie gehen.« Er sah auf und erblickte über die Ränder seiner Augengläser hinweg, was Edu schon eine Weile mit wachsender Besorgnis beobachtete. Robert hatte hinter einem der Schreibtische Platz genommen, hatte einen Zwicker aufgesetzt und vor sich eine Anzahl Aktenordner aufgestapelt; hinter seinem Ohr steckte ein Federhalter, nun griff er nach einem Tintenstift und begleitete dann ein imaginäres Verhör mit einem hübschen Stempelstakkato. Für eine Improvisation war es eine beachtliche Leistung.

»Oh, Robert«, sagte Julius, »du darfst nicht mit den Sachen von anderen Leuten spielen. Wie oft habe ich dir das schon gesagt!«

Der Bahnhofsvorstand hatte sich erhoben. Alle anderen waren ebenfalls aufgestanden.

»Er ist doch bloß ein armer Affe«, sagte Julius. »Er hat es nur getan, weil er müde ist.«

Sie erhielten die Erlaubnis, Friedrich kommen zu lassen. Sie benachrichtigten ihn durch einen Boten und mit der Rohrpost. Friedrich kam und hatte einen Anwalt mitgebracht. Der Anwalt versuchte, Julius zu erklären, was ihm vorgeworfen wurde. Friedrich und Julius wurden miteinander bekannt gemacht. Julius hielt ihn für Melanies Onkel und blieb dabei. Seine Mutter und seine *Schwester*, erklärte Friedrich, hätten ihn um vier Uhr zum Kaffee erwartet. Er zog seine Uhr hervor – Julius und Edu die ihren. Er brauche unbedingt ein bißchen Cognac mit Milch für Léon, sagte Julius; das Fläschchen sei in seinem Gepäck. Der Anwalt regelte die Kautionsfrage.

Sie fuhren zu der Straße mit den aufwendigen Stuckfassaden, in der Edu eine Wohnung gemietet hatte. Gute

Adresse, sagte er. Der Hausmeister versuchte, ihnen den Weg zu verstellen; im Treppenhaus begann eine Frau zu kreischen. Edu hatte seinen Wagen längst nach Hause geschickt. Sie nahmen eine Mietdroschke.

»Palasthotel«, sagte Edu.

Man ließ sie nicht hinein.

»Fürstenhof«, sagte Edu.

Der Fürstenhof war ausgebucht.

»Versuchen wir es im Esplanade«, sagte Edu.

Sie fuhren durch den Tiergarten. Es war Mai und noch hell. Julius gefielen die Bäume nicht. »Neun Jahre«, sagte er, »seit neun Jahren war ich nicht mehr in Deutschland.«

Im Hotel Esplanade war man höflich. »Bedauern sehr, meine Herren, bedauern ...« Aber beherbergen wollte man sie nicht.

»Sie sind genauso sauber wie unsereins«, sagte Julius. »Sogar sauberer. Baden können sie zwar nicht, aber sie striegeln sich die ganze Zeit, und außerdem bürste ich sie mit einem Spezialpuder. Dadurch wird ihr Fell so frisch. Sie schlafen nie bei geschlossenem Fenster, und gekochtes Essen mögen sie nicht.«

Edu kannte ein verschwiegenes, kleines Hotel an der Straße »In den Zelten«, nahe der Spree. Im Zwielicht der Dämmerung ratterten sie die Siegesallee hinunter. Julius betrachtete die Statuen voller Abscheu. »Wozu stehen denn die Gipsfiguren da?« fragte er. »Ist heute ein Festtag?«

Das seien die Könige von Preußen, sagte Edu. Und sie seien aus Marmor.

Das verschwiegene Hotel nahm sie nicht auf. Sie fuhren nach Unter den Linden, zum Bristol, dann zum Bellevue, zum Europa, zum Großbritannien und zum Hotel de Russie. Sie fuhren zum Deutschen Hof.

Tzara schlief an Julius' Schulter. Robert döste. Léon schluchzte.

Sie fuhren die Mohrenstraße entlang und versuchten es bei einigen Häusern ohne Namen.

»Affen?« sagte die Wirtin. »Jotte doch, det verjrault mir ja die Kundschaft.«

Schließlich wurde es dunkel, aber die Straßenlampen leuchteten hell. »Da werden wir wohl zurück nach Frankreich fahren müssen«, sagte Julius.

»Sie glauben doch nicht, daß man Sie noch mal in einen Zug steigen läßt?!« sagte Edu.

Sie versuchten es beim Potsdamer Bahnhofshotel und beim Anhalter Bahnhofshotel; sie versuchten es beim Gasthaus zum Schwarzen Adler und beim Gasthaus zum Bösen Hirsch. Sie wurden auch im Haus der Temperenzler vom »Blauen Kreuz« und beim Christlichen Verein Junger Männer abgewiesen.

Der Kutscher schob den Kopf herein. »Sie sollten es im Kaiserhof versuchen«, meinte er, »da steigen die ganzen ausländischen Kaiser und Sultane ab. Letztes Jahr hatten sie dort den Schah von Persien. Die sind an Harems und Schwarze gewöhnt.«

»Vielleicht hat er recht«, sagte Edu.

Für die Königinwitwe von Sachsen war gerade der rote Teppich ausgerollt. Der Chef der Rezeption erwiderte Roberts Verbeugung. Im Gepäckaufzug brachte man sie nach oben.

Julius klingelte nach dem Zimmerkellner. »Ich muß Sie jetzt verlassen«, sagte Edu. »Für einen Besuch bei Papa ist es inzwischen zu spät. Sie sollten besser morgen früh mit ihm sprechen.«

»Sprechen? – Worüber denn?« fragte Julius.

In einem Kleid, an dem die Familie nur herummäkelte, wartete Melanie den ganzen Abend auf ihn.

Am Morgen kam Edu ins Hotel, um Julius abzuholen. Der Junge war nicht eingetroffen. Julius erklärte ihm, daß er nicht ausgehen könne.

»Das Personal hier ist anscheinend nicht besonders freundlich.«

Edu wollte wissen, was er seinen Eltern sagen solle.

Julius antwortete: »Es ist doch nur wegen Robert, wissen Sie. Robert ist schwierig. Er ist sich selbst sein schlimmster Feind.«

Der Junge blieb mehrere Tage verschwunden. Edu und Friedrich verschickten die nötigen Telegramme. Schließlich wurde Großpapa überredet, einen Besuch im Kaiserhof zu machen. Julius hatte eben einen Kohleofen aufgetrieben, nachdem sich die Direktion geweigert hatte, die Zentralheizung noch einmal in Betrieb zu nehmen. Julius litt selbst unter der Hitze, aber Großpapa fand es so gemütlich warm wie bei sich zu Hause. Auch die Schimpansen, die sich zum ersten Mal wohl fühlten, waren guter Dinge; Robert schenkte Madeira ein, und Tzara zeigte Interesse an dem alten Herrn. Der schenkte ihr ein Goldstück und kam sehr beeindruckt nach Hause.

»Wie in der Oper«, sagte er beim Mittagessen, »in der Oper der guten alten Zeit.«

»Hat er dir keine Nachricht mitgegeben?« fragte Melanie.

Schließlich tauchte der Junge auf.

Julius kam in die Voßstraße; stieg die mit Teppich belegten Stufen hinauf; ging durch die Vorzimmer – Gottlieb schob eine letzte Tür auf:

»Frau Geheimrat – unser Bräutigam!«

– und traf im Berliner Salon auf Melanie, die neben dem Sessel ihrer Mutter stand. Die Wände waren schokoladenbraun, mit Prägemustern bedeckt; die Polster magentarot; in den Kandelabern schwelte das morgendliche Gaslicht.

Melanie errötete, lächelte, trat ihm mit vollendeter Anmut entgegen. Sie hob den Kopf und blickte zu ihm auf; Julius erwiderte die Begrüßung, aber er sah nur das Haus.

Vetter Markwald kam dazu, dann auch Emil. Bald traten auch Großpapa und Friedrich ein. Jeder schüttelte Julius die Hand und begab sich dann zu einem bestimmten Sessel.

Großmama blieb in ihrem sitzen. »Sieht älter aus als auf dem Bild«, sagte sie.

Man drängte ihn, er solle zum Essen bleiben. Nach und nach fand er heraus, was noch von ihm erwartet wurde: nach Tisch mit Großpapa zusammensitzen; mit der alten Dame Kuchen essen; mit den verschiedenen, vom Mittagsschlaf zurückkehrenden Familienmitgliedern plaudern; zum Abendessen wiederkommen.

»Und was machen Sie den lieben langen Tag da unten in Südfrankreich?« fragte Markwald.

»Neun Wochen war ich da«, sagte Melanie.

»Spielt er Grabuge?« fragte ihre Mutter.

»Er kennt jedes Kartenspiel.«

»Ich glaube, mein Großvater hat es gespielt«, sagte Julius.

»Eigentlich ist das kein Spiel für einen Mann«, sagte Markwald.

Gottlieb und ein Diener brachten den Kasten. Melanie und Gottlieb begannen eine unwahrscheinliche Menge schwarzer Karten zu mischen. Grabuge wird von zwei Personen mit hundertachtundzwanzig Kartensätzen gespielt – lauter Pick. Ein Schreckgespenst von Patience, ungeheuer aufwendig und zugleich primitiv, und es dauert einen ganzen Nachmittag.

»Mir gegenüber«, sagte Großmama. Julius nahm Platz; aber bald zeigte sich, daß er Grabuge nicht spielen konnte. »Ich bringe es Ihnen bei«, sagte Großmama – erwies sich dazu aber nicht imstande und überließ die Sache Gottlieb.

»Was gibt es Neues, Friedrich?« fragte der Vater seinen Sohn.

»Friedrich geht nämlich jeden Tag in die Stadt«, erklärte Großmama. Während ihr Partner noch lernte, brachte sie schon mal ein paar Runden nach Hause und kam gut voran.

»Staatsanleihen sind gefallen, Papa.«

»Wie immer.«

»Warum hören die Leute eigentlich nie auf, sich über Staatsanleihen zu beschweren?« sagte Emil. »Anscheinend haben sie trotzdem welche. Ist das Vorschrift?«

»Man soll ein Drittel in dieser Art von Wertpapieren anlegen – eine Regel, die sich bewährt hat«, sagte Friedrich.

»Ist Baron Felden auch dieser Ansicht?« rief Markwald quer durch den Raum. »Setzen Sie auch auf Staatsanleihen, Baron?«

»Es klingt vernünftig«, sagte Julius.

»Es gibt also doch jemanden, der auf Staatsanleihen gut zu sprechen ist«, sagte Onkel Emil.

»Jemand, der anscheinend selbst keine hat«, erwiderte sein Vetter.

»Jules hat eine reizende Statue gekauft«, sagte Melanie.

»Ich habe sie in einer Kirche gefunden.«

»In einer Kirche?« fragten Großmama und Markwald.

»Was habe ich gesagt!« sagte Großpapa.

»Sie war in einem schlechten Zustand«, sagte Julius.

»Die Franzosen schlagen sich hervorragend in Marokko«, sagte Friedrich.

»Marokko?« fragte Großmama.

»Maroquin, gnädige Frau – Leder.«

»Ah ja …«

»Weiße Häuser«, sagte Julius. »Ganz weiß. Diese arabischen Häuser in Fes. Wunderschön.« Julius hatte sich von seinem Kartenlehrer befreit, und Melanie hatte neben ihm Platz genommen.

»Wie geht es Léon?«

»Gar nicht gut. Ich wollte Ihren Onkel fragen, wann er glaubt, daß diese Sache endlich erledigt sein wird.«

»Der Fall wird vom Dritten Kammergericht verhandelt«, sagte Friedrich, »aber in dieser Sitzungsperiode nicht mehr.«

»Melanies Verlobter hat einen Polizisten beleidigt«, sagte Großmama.

»Nicht mit Absicht«, sagte Melanie.

»Und im Frühling fahren Sie immer nach Paris, Baron?« fragte Emil und pfiff leise eine Melodie aus *La Belle Hélène*. Großpapa tat es ihm nach, aber lauter. Offenbach erkannte er immer.

»Sitzungsperiode?« fragte Juluis.

»Bagatelldelikte. Aber erst nach der Sommerpause. Im August tagt die Kammer nicht, und das Sitzungsprogramm ist schon ziemlich voll.«

»Ich habe früher wunderbare Diners bei Maxim's gegeben und im Café de la Paix. Fragen Sie den Oberkellner«, sagte Emil. »Ist aber schon lange her.«

»Als er noch jung war«, sagte Großmama.

»Und reich«, fügte Friedrich hinzu.

»Ich hab's nicht bereut.«

»Wozu auch?« sagte Vetter Markwald, dem ein anderer Lebenswandel ein ähnliches Schicksal beschert hatte.

»Emil hat hier sein Zuhause«, sagte Großmama.

»Das haben dein Bruder und dein Vetter sich so eingerichtet«, sagte ihr Mann.

»Ich nehme Spargel zum Abendessen«, sagte Großmama. »Floras Max hat heute den ersten geschickt. Für einen reicht es.« Floras Mann, ein Bankier, war vor kurzem geadelt worden und hatte außerdem ein Landgut gekauft. Das Jagdrevier und die Gewächshäuser versorgten die Tafeln der Verwandtschaft.

»Und ich muß die ganze Zeit hierbleiben?« fragte Julius.

»Wenn Sie die dreitausend Mark Kaution nicht verlieren wollen«, sagte Friedrich.

»So viel?«

»Wir haben das mit Ihrer Bank geregelt.«

»Sie meinen also, ich muß bleiben? Hier bleiben?«

»Zum Glück gibt es ja auch noch angenehmere Gründe«, sagte Gottlieb.

»Sie sind dran, junger Mann!« sagte Großmama.

»Verzeihung ...«

»Möchte wissen, wo die Dreien stecken«, sagte Großmama und drehte den vor ihr liegenden Stoß um.

»Ach, darf man seine Karten ansehen?« fragte Julius.

»Eigentlich nicht«, sagte Melanie.

Sie war es, die schließlich die Initiative ergriff – mit dem Beistand des Hausdieners.

»Mama – ich glaube, Jules will die Partie lieber nicht zu Ende spielen.«

»Gnädige Frau, darf ich eine kurze Ruhepause vor dem Umkleiden vorschlagen?«

»Melanie, zeig Baron Felden doch mal den Wintergarten«, sagte Emil.

»Ich möchte aber zu Ende spielen«, sagte Großmama.

»Wir dürfen nicht immer nur an das eigene Vergnügen denken«, sagte Gottlieb.

Sie stand auf. Er ging hinter ihr aus dem Zimmer. Mit leichtem Schritt. Seine Jacke saß vorzüglich, und er hielt sich kerzengerade.

Von Blumen im Haus bekam Großmama Merz Kopfschmerzen, aber den Wintergarten versorgte ein Blumenhändler, der regelmäßig ins Haus kam. Sie standen zwischen Farnen und Azaleen und hatten Angst. Er sah die Bedrohung, die über seinem Dasein hing, eine Wolke, die sein sorgsam geordnetes Privatleben verschlingen würde, eine Bedrohung, die sich in diesem Haus, dieser Stadt, diesen Leuten ankündigte, die in ihnen ihre Werkzeuge fand und Wirklichkeit wurde. Ihm war, als sei er irgendwo hängengeblieben, kam sich vor wie festgehalten, als hätte ihn die unbegreifliche Verkettung der Ereignisse wieder einmal an die Schwelle einer großen Veränderung genötigt; er spürte, daß er sich diesem Kampf stellen mußte oder untergehen würde, fühlte schon, wie er zwischen seiner eigenen Niedergeschlagenheit und seinen Ahnungen versank. Mit ausdrucksloser Miene stand er da, wollte dem Druck in Brust und Kehle standhalten; er litt schon damals an Bronchialasthma oder glaubte es jedenfalls, und er rührte sich nicht, versuchte mit gespielter Ruhe, die Last zu schultern, zu balancieren, von hier nach dort zu verlagern. Vor ihm bewegte sich Melanie – nicht in Schritten, sondern trippelnd, vom Blumenkübel zur Bank am Fenster. Ihre Füße waren klein, ihr Kleid raschelte, und ihren Rock raffte sie geschickt. Er indessen nahm sie gar nicht wahr.

Ihre Angst war groß und einfach. Am liebsten hätte sie geschrien: Er liebt mich nicht mehr – und wußte doch genau, so als hätte man es ihr eingeschärft, daß sie das nicht durfte. Sie spürte, etwas fehlte, und wußte nicht, was es war; sie spürte, etwas stimmte nicht, und wußte nicht, warum; sie wußte, sie würde kämpfen müssen, und wußte nicht, wogegen oder wie. Sie war zwanzig; sie hatte nie eine Frage gestellt; und was man ihr gesagt hatte, nahm sie als selbstverständlich hin: daß es ein besseres Zuhause als das ihre, ein besseres Leben als das ihre nicht gab – und wenn sie oft erschlafft und ein wenig traurig gewesen war, dann deshalb, weil es in diesem besten aller Leben wohl so sein mußte. Ihre Mutter hatte in jedem Augenblick ihres langen Lebens diese oder jene Kleinigkeit haben wollen. Melanie dagegen hatte alles, was sie wollte, immer schon gehabt und nichts davon besonders heftig begehrt. Jetzt aber war sie von ihrem Verlangen ganz durchdrungen, und es füllte alles. Von der Relativität der Liebe hatte sie noch nicht gehört, und vielleicht war das, was sie bewegte, auch nicht relativ; ihre Zukunft – oder das Fehlen einer solchen – zeigte schließlich, daß dies die eine und einzige zielstrebige Sehnsucht ihres Körpers, ihres Willens und ihres fügsamen Herzens gewesen war. Dieses sanfte Wesen erkannte, daß sie Mut brauchte, und fand ihn – stemmte die Zudringlichkeiten ihrer Angst beiseite und wandte sich mit einem wohlerzogenen Lächeln ohne jede Spur von Vertraulichkeit oder Anspannung an Jules.

»J'ai tant regretté d'apprendre que vous avez fait un si mauvais voyage«, sagte sie in reizendem, etwas holprigem Französisch. Sie besaß ein gutes Gehör und hatte den Tonfall ihres französischen Kindermädchens behalten; im Süden hatte Jules ihre Aussprache gelobt; seit ihrer Rückkehr hatte sie hart gearbeitet; doch dieser eine freundliche Satz kostete sie eine ungeheure Kraft, und krampfhaft walkten ihre Finger das Taschentuch hinter dem Rücken.

Ihm fiel der Wechsel in die andere Sprache, der für ihn etwas Normales war, gar nicht auf. Er sagte: *»Eh bien, ce n'était surtout pas commode pour ces pauvres bêtes.«*

Da erst bemerkte sie, daß sie nicht bei ihm waren.

Er sprach darüber, wie schwierig es sei, in einem Hotel das richtige Futter zu bekommen, über ihre Unruhe, darüber, wie er ihnen Bewegung verschaffte –

Melanie neigte den Kopf und hörte zu. Sie hörte immer zu, ihren Onkeln, ihrem Vater, ihren Brüdern ...

Julius sprach vor sich hin. »Der Tiergarten am Morgen – die Leute starren einen an, und wir müssen auf diesen häßlichen Wegen bleiben. Sie pflücken sich ihre Pfirsiche gern selbst ... Aber der Mann dort sagt, sie dürften den Rasen nicht betreten – wie ungerecht! Sie tragen schließlich keine Stiefel.«

»Hier darf niemand den Rasen betreten«, sagte sie.

»Ach, wirklich?« sagte er. »Und warum nicht?«

Melanie wußte keine Antwort.

Sie ließen das Thema fallen.

»Edu und Onkel Emil versuchen Papa zu überreden, daß er mich endlich Reitstunden nehmen läßt.«

»Ach ja, Reiten«, sagte er. »Reitet man hier viel?« Er hatte vergessen, daß er selbst sie gedrängt hatte, Reiten zu lernen. Und vergessen hatte er auch, wie sonderbar es ihm erschienen war, daß dazu Unterricht nötig sein sollte.

Sie hätte am liebsten die Hand ausgestreckt und gesagt: Lieber, was ist denn? Sprich zu mir, mein Lieber!

Er sagte: »Das Wetter war nicht gut.«

»Im Süden?«

»Hier.«

»Wir sind die ganze Woche nicht ausgegangen«, sagte sie. Es war ihr noch nie in den Sinn gekommen, daß sich jemand, der solchen Glanz verbreitete, unglücklich fühlen könnte. Aber sie sah, daß er sich nach seinem Haus sehnte, nach seinen Sachen, nach der Sonne... Und als sie dies sah, da sah sie noch weiter – sie war es gewohnt, ihre Eltern zu lieben und ihnen zu gehorchen, und auch jetzt wäre sie nicht auf die Idee gekommen, sie zu kritisieren – sie war bloß bereit, wenn es nötig war, Mutter und Vater in die Wüste zu schicken.

»Heute morgen war es kalt.«

»Ich mag keine Kälte«, sagte sie.

»Natürlich nicht.«

»Aber es wird nicht immer so sein«, sagte Melanie und sah ihn an. Er sah sie nicht, so etwas war möglich. *Es gefällt ihm hier nicht. Er ist nicht er selbst.* Der Gedanke quälte sie. Ein anderes Gefühl stieg in ihr auf, und zum ersten Mal weitete sich ihr Herz vor Zärtlichkeit. *Mach dir keine Sorgen. Bald wird alles anders sein.* Sie füchtete jetzt weniger für sich. *Ich werde einen Weg finden. Es wird anders sein, wenn wir unser eigenes Haus haben. Ein Haus, in dem es dir gefällt.* Aber sie scheute sich, Wörter auszusprechen, die seine Zukunft mit der ihren verbanden. Es fiel ihr schwer, sich weitere Gesprächsthemen auszudenken, und kaum hatte sie in Gedanken wieder etwas Halt gefunden, da überließ sie sich schon praktischen Erwägungen. Aber weiter schweigen durften sie nicht. »Meine Schwester Flora hat jetzt ein Fahrrad«, sagte sie und fügte nicht hinzu: seit sie geheiratet hat.

Ihr neuer Heldenmut bewährte sich – einigermaßen. Aber als bald darauf Sarah hereinkam, Sarah, ganz sie selbst, in einem eleganten grauen Schneiderkostüm, mit einem übergroßen Hut, auf dem drei Straußenfedern wippten, da wandte sich Julius ihr zu und war unendlich erleichtert.

4. Kapitel

Jules Felden Julius lieh sich beim Zimmerkellner Feder und Tinte und schrieb an seine Schwägerin. Er habe sich in den Bestimmungen des preußischen Rechtswesens verfangen und könne sich nicht mehr frei bewegen, ob sie nicht ihren Bruder, Conrad Bernin, der in diesen Dingen doch bewandert sei, bitten könne, etwas zu unternehmen.

Clara, Gustavus und auch Graf Bernin, der eben ein Amt aufgegeben und ein anderes noch nicht angetreten hatte, waren auf Sigmundshofen und kümmerten sich um die Abwicklung der Angelegenheiten des verstorbenen alten Grafen. Seit jener Woche, in der Baron Felden – später, als er selbst erwartet hatte – gestorben und von seinen Pächtern unter Tränen zu Grabe getragen worden war, hatten sie Julius nicht mehr zu Gesicht bekommen. Damals war er rechtzeitig aus Madrid eingetroffen und hatte mit Gustavus und den drei Bernins auf dem herbstlichen Friedhof gestanden. Seine Gefühle hatten ihn überwältigt, und nachher hatte er zu Clara etwas darüber gesagt, daß dem Leben nicht zu trauen sei. Gustavus hatte seine untadelige Haltung bewahrt. Clara ließ in der ganzen Gegend Messen für die Seelenruhe des alten Barons lesen; Graf Bernin sorgte dafür, daß Julius aus seinem Besitz ein regelmäßiges Einkommen erhielt. Das alles war inzwischen neun Jahre her. Julius war nach Spanien zurückgekehrt, aber nicht auf seinen Posten, und die Bernins erfuhren erst über das Auswärtige Amt von dem ebenso verschwommenen wie endgültigen Brief, in dem er mitgeteilt hatte, er sei entschlossen, den Dienst zu verlassen.

»Die Bestimmungen des preußischen Rechtswesens? Was kann er bloß meinen?« fragte Graf Bernin.

»Wir müssen es herausfinden, Conrad«, sagte seine Schwester.

»Selbstverständlich«, sagte Graf Bernin.

Graf Bernin war in fast jeder Hinsicht ein Abbild seines Vaters geworden. (Er hatte sogar die gleiche Körperhaltung, die gleiche Stimme, das gleiche Profil, und sein Haar hatte den gleichen Grauton.) Die Ähnlichkeit ging so weit, daß in späteren Jahren sehr junge und sehr alte Leute und die Öffentlichkeit, soweit sie diesen langen Lebensweg verfolgte, Vater und Sohn für ein und dieselbe Person hielten. Dennoch gab es einen Unterschied, und vielleicht bestand er darin, daß der jüngere Bernin 1850 und nicht 1810 geboren war. Von Kindesbeinen an hatte er die Luft des allgemeinen Wahlrechts geatmet. Er war eine Spur trockener, eine Spur weniger selbstherrlich, eine Spur vorsichtiger als sein Vater – alles an ihm war ein wenig gemäßigt; und obwohl auch er im Laufe der Jahre in fast alle Angelegenheiten seiner Zeit verwickelt wurde, fühlte er sich nie wie ein Taschenspieler. Er verehrte Clara, hatte sie gern um sich (er heiratete nicht); und manchmal hörte er auf ihren Rat. Clara blickte zu ihrem Bruder auf – der zwei Jahre jünger war als sie – und empfand, was ihn anging, nichts mehr von jenem Zwiespalt, der ihr in ihrer Jugend so sehr zu schaffen gemacht hatte.

Es mangelte Graf Bernin auch an einem der nützlichsten Talente seines Vaters. Er ließ sich zwar von niemandem etwas vormachen, aber er besaß doch nicht den klaren Blick des alten Grafen für Charaktere und Motive. Und dies wiederum hatte der alte Graf seinerseits nicht erkannt. Der jüngere Bernin sah seinen Schwager im großen und ganzen so, wie er war: ein bißchen langweilig, faul, förmlich, eitel; kein schlechter Kerl, durchaus imstande, sich Mühe zu geben – Claras Ehemann, ziemlich unbedeutend, ganz annehmlich, eventuell auch mal nützlich. Der alte Graf dagegen hatte Gustavus ganz und gar durchschaut, er hatte es jedoch versäumt, dieses Wissen an seinen Sohn weiterzugeben. Im Laufe seines Lebens hatte der Graf immer wieder dafür bezahlen müssen, daß er es versäumte, irgendeine wesentliche Tatsache beizeiten mitzuteilen. In diesem Fall hatte er bloß deshalb nichts gesagt, weil er es nicht für nötig hielt; er glaubte, Conrad denke und sehe wie er selbst, und konnte sich gar nicht vorstellen, daß etwas, das ihm selbst offensichtlich schien, seinem Sohn entgehen könnte.

»Warum Berlin?« fragte Graf Bernin.

»Ich weiß nicht«, sagte Clara, in deren Augen eine Stadt wie die andere war.

»Du hast ihn nicht gesehen, damals, als Papa versuchte, ihn auf den Weg zu bringen. Wie er sich aufgeführt hat! Er wollte gar nicht einsehen, daß er kommen müßte. Es war ihm lästig; er wäre am liebsten direkt von Bonn nach London gegangen. Ich möchte wissen, was für einen Eindruck man in der Wilhelmstraße von ihm hatte.«

»Und die Examen hat er nie absolviert«, sagte Gustavus.

»Ach, Examen«, sagte Graf Bernin.

»London war ein großartiger Posten für einen jungen Mann, der gerade erst anfängt – völlig unerwartet. Ich vermute, den hatte er nur deinem Vater zu verdanken, Clara.«

»Der arme Jules, ich weiß noch, wie enttäuscht er war. Er war sich so sicher gewesen, daß er nach Spanien käme.«

Der alte Graf Bernin hatte es eine Zeitlang für klug und erfolgversprechend gehalten, junge Katholiken, die von ihrem Glauben nicht allzuviel Aufhebens machten, mit diplomatischen Posten in jenen Ländern zu betrauen, denen der Katholizismus nicht behagte; und tatsächlich hatte Julius am Hof der Königin Victoria keinerlei Skandal verursacht, weil er nie auf den Gedanken gekommen wäre, seine Zugehörigkeit zur Römischen Kirche auch nur zu erwähnen.

»Am Ende hat es ihm aber doch gefallen«, sagte Graf Bernin. »Jedenfalls hätte es ihm gefallen müssen. Er kam so ungeheuer gut an. Die Engländer haben ihn verehrt.«

»Er sagte immer, die Häuser und die Pferde hätten ihm gefallen«, meinte Clara. »Alles sei fast wie auf Landen gewesen.«

»Er konnte den Leuten erklären, woher ihr Silber und die anderen Sachen stammten, und hat nie über Politik geredet.«

»Graf Helmholz hat mir erzählt, sie hätten Jules nie zum Arbeiten bringen können«, sagte Gustavus.

»Ach, das wurde gar nicht von ihm erwartet.«

»Es heißt auch, er sei wunderbar verschwiegen gewesen.«

Graf Bernin seufzte. »Das war seine große Begabung. Leider zu nichts nütze – bloß Getue.«

»Aber du wirst ihm doch helfen?« fragte Clara.

»Meine Liebe: glaubst du vielleicht, das preußische Rechtswesen läßt mit sich reden? *Que diable allait-il chercher dans cette galère?*«

»Und wenn man ihn direkt fragen würde?« sagte Gustavus.

»Warum eigentlich nicht?« sagte Clara. »Ich werde ihm schreiben. Wenn du es wirklich wissen willst, Conrad.«

»Ja, bitte«, sagte Graf Bernin.

Auf die direkte Frage antwortete Julius mit einem einzigen Satz: Er sei in Berlin, weil er dort heiraten solle.

»Wie schön für Jules!« sagte Clara.

»Und wen?« fragte Gustavus.

»In Berlin?« fragte Graf Bernin.

»Wollen wir hoffen, daß sie im Glauben *gefestigt* ist. Alles andere wäre fatal – für beide.«

»Bei den Leuten *in partibus infidelium* ist das ja doch eher die Regel.«

Bevor sie wieder an Jules schrieb, zog sich Clara in die Kapelle zurück und überließ sich der Dankbarkeit.

»Wir sollten überlegen, wie wir sie dem armen Jules abnehmen können«, sagte Sarah, während sie ihre langen Handschuhe zuknöpfte. »Ich gehe jetzt zur Auktion. Heute nachmittag sind Kaminböcke und Zinn an der Reihe. Gotisch. Na ja – Jules sagte, er wollte auch vorbeischauen, wenn er es schafft. Also, ich will sie *auch* nicht im Haus haben, aber vielleicht läßt sich ja etwas organisieren?«

»Warum schickst du nicht die Mädchen mit Miss Mills, sie könnten alle zusammen in eine Konditorei gehen oder in den Zoo«, sagte Edu.

»Da waren sie schon. Es hat ihnen nicht gefallen. Sie paßten schon vom Alter her nicht zusammen.«

»Weißt du, was?! Ich sage Papa, er soll sie bei seiner Ausfahrt mitnehmen. Fräulein von Tschernin kann es egal sein – sie wird schließlich bezahlt.«

»Miss Mills war es nicht egal. Und sie hat es mir gesagt.«

Großpapa Merz und Fräulein von Tschernin holten Robert und Tzara im Landauer ab. Zu viert fuhren sie durch die Lennéstraße und die Viktoriastraße und am Lützowufer entlang. Sie hatten eine Tüte Nüsse gekauft, und bald hatte auch Großpapa den Dreh heraus, wie man mit den Schalen nach den Hüten der Fußgänger zielt. Gisela von Tschernin hatte früher ein Pony gehabt und im schuldenbelasteten Haus ihrer Eltern nahe der Weichsel mal ein Wolfsjunges aufgezogen. Jetzt bewohnte sie ein Mädchenzimmer mit verschossenen Tapeten im zweiten Stock bei einem beamteten Onkel, und ihr erstarrtes Herz begann vor lauter Glückseligkeit noch einmal zu hüpfen. Sie kauften Trauben und Eis und zwei Matrosenmützen und ein Zelluloidfähnchen, und Robert ließ sich von ihr sogar die Ohren ausputzen. Später stellte der alte Herr die beiden in seinem Club vor, während Fräulein von Tschernin draußen wartete.

»*Leute dieses Namens gibt es nicht*«, sagte Gustavus. »Es gab mal eine Familie Merzweiler-Schleichegg, aber seit dem Regensburger Reichstag hatten sie keine Nachkommen. Und dann gibt es noch die ungarischen März – März-Glinsky, sie sind mediatisiert, aber natürlich seit langem geisteskrank.«

»*Doch* – es gibt welche«, sagte Graf Bernin. »Arthur Merz. Merz & Merz, G.m.b.H. Phosphate. Beträchtliches Vermögen; weitgehend totes Kapital.«

»Israeliten«, sagte Gustavus und senkte unwillkürlich die Stimme. »Also vermutlich ein päpstlicher Titel.«

»Konvertiten«, sagte Clara. »Oh, Conrad!«

»*Kein* Titel. *Keine* Konvertiten. Ich glaube nicht, daß sie getauft sind.«

Es wurde still.

»Fromme Juden –«, sagte Clara. »Besinnen wir uns auf den Ursprung unserer eigenen Religion.«

Gustavus hatte die Hände vor das Gesicht geschlagen. »Neunzehn Generationen beurkundete Ehebündnisse –«

»Steht etwas drin, ob es überhaupt schon beschlossene Sache ist?« fragte Graf Bernin.

»Darüber schreibt Jules nichts.«

»Ritter der immerwährenden Nachtwache ... Ritter des heiligen Johannes ... Ritter des Ewigen Lichts ...«

»Papa war nie grundsätzlich gegen Mischehen, wie ihr wißt«, sagte Graf Bernin.

»Soll das ein Verlobungsdiner sein?«

»Natürlich nicht«, antwortete Sarah. »Ein ganz normales Abendessen. Aber chic ... Keine Riesenportionen ... Jules wird mich zu Tisch führen, und auf die andere Seite neben mich setzen wir Professor Boden.«

»Den Museumsmann?«

»Ja«, sagte Sarah.

»Sollten wir nicht Prinz Eitel-Heinz einladen?«

»Nein«, sagte Sarah. »Bloß niemand aus der königlichen Familie, ich bitte dich. Links von Jules wird Madame Mopurgo sitzen –«

»Madame Mopurgo?«

»Ja.«

»Und Melanie?«

»Melanie bekommt den französischen Marineattaché als Tischherrn.«

»Ob ihr das recht sein wird?«

»Ganz bestimmt – wenn sie weiß, was gut für sie ist. Claude Billy ist bezaubernd, und er hat es immer geschafft, daß man ihn in Länder wie Persien schickt. Sie hat ein neues Kleid von Worth. Schwefelgelb. Wir haben nicht geglaubt, daß die Zeit reichen würde, aber Jeanne hat wahre Wunder vollbracht.«

»Du warst bei *Jeanne?*« fragte Edu.

»Ich bin jeden Tag bei ihr«, sagte Sarah.

Graf Bernin schrieb an den Anwalt von Julius und an Friedrich; trat mit verschiedenen Leuten in Verbindung; schrieb dann noch einmal an Julius' Anwalt. All das dauerte seine Zeit. Sehr schwerwiegend sei der Fall anscheinend nicht, schrieb er; jedenfalls nicht, wenn es bei öffentlicher Ruhestörung bliebe; es könnte allerdings auch auf Mißachtung der Staatsgewalt und Beamtenbeleidigung hinauslaufen, was entschieden ungünstiger wäre. Die Behörden seien in diesem Fall anscheinend ziemlich gereizt; hilfreich wäre eine Erklärung, derzufolge das *primum mobile,* wie man es nennen könnte – Schimpansen, nicht wahr? – aus der Welt geschafft worden sei. Ob es in Anbetracht dessen klug sei, wenn Baron Felden mit ihnen weiter im teuersten Hotel der Stadt logiere? Auch habe man sie in Begleitung des zukünftigen Schwiegervaters des Beschuldigten in der Öffentlichkeit gesehen. Die Behörden betrachteten den Baron, so scheine es, mit einem gewissen Mißtrauen – vielleicht erwecke er nicht *ganz* den richtigen Eindruck ...?

»Ich möchte das Derby in England nicht verpassen«, sagte Edu.

»Es gibt keinen Grund, warum *du* nicht hinfahren solltest.«

»Wirklich, Sarah – ich möchte mal wissen, was hier eigentlich gespielt wird.«

»Wie meinst du das?«

»Na ja, die Leute wundern sich, und ich weiß nicht, was ich ihnen sagen soll. Verstehst du – ich glaube, er hat bei Papa noch gar nicht richtig um ihre Hand angehalten.«

»Dein Vater scheint aber zu glauben, daß er es getan hat.«

»Er weiß, daß Jules *mich* gefragt hat – in Südfrankreich.«

»Hat er?«

»Durch dich – dachte ich.«

Clara stand in der Tür eines Saals, der mit seinem kargen Mobiliar in immerwährender Erwartung einer Gemeinderatssitzung zu verharren schien. »Conrad, wir müssen unbedingt wissen, wer der geistliche Beistand von Julius' zukünftiger Frau ist. Jules schreibt nichts darüber. Ob er unsere Briefe überhaupt liest?«

Graf Bernin ging mit Gustavus gerade die Abrechnungen der Gutsverwaltung durch. Er blickte nicht auf. »Einer der Pater aus der Fasanenstraße wahrscheinlich«, sagte er.

Clara seufzte. »Mir wäre es viel lieber, wenn sie jemand wie Pater Martin hätte. Meinst du, wir sollten Pater Martin schicken?«

»Meine Liebe – der arme Kerl ist inzwischen sehr alt.«

»Vor seinen Pflichten hat er sich noch nie gedrückt.«

»Laß doch, Clara«, sagte Gustavus, »die Fasanenstraße ist völlig in Ordnung.«

»Jetzt ist endlich auch über Geld gesprochen worden.«

»Mit wem hast du gesprochen?« fragte Jeanne.

»Mit Friedrich. Mit den alten Herrschaften. Markwald, Emil. Mit allen. Und immer wieder mit Gottlieb. Daß du Gottlieb immer noch nicht kennst! Auf diese Weise läßt sich *jede* Ehe zustande bringen.«

»Das würde ich so nicht sagen.«

»Mit Friedrich war es am schlimmsten, weißt du.«

»Wirklich schade, daß Jules einfach nicht davon loskommt, Friedrich sei sechzig; Friedrich ist genauso eitel wie Edu.«

»Man sollte es nicht glauben«, sagte Sarah.

»Flora haben sie zwei Millionen gegeben, nicht wahr?«

»Ja. Aber Max steht auch selbst sehr gut da. Für Jules habe ich mit soviel nie gerechnet.«

»Ach, funktioniert das so? Die Mitgift richtet sich nach dem, was der Mann hat oder nicht hat?«

»Es ist nicht unüblich«, sagte Sarah.

»Wieviel hast du Edu gebracht?« fragte Jeanne.

»Fünf.«

»Die waren ziemlich schnell weg, wie?«

»Jedenfalls sind sie weg. – Emil und Edu meinten übrigens, mehr als vier- oder fünfhunderttausend würden die alten Herrschaften ihnen nicht geben, aber ich wußte, daß sie an eine Million dachten. Von Anfang an sagten sie ›die Million‹.«

»Also dann – eine Million! Oh, Sarah, ich freue mich für *le Beau Jules*.«

»Die Sache hat einen Haken«, sagte Sarah. »Sie wissen nicht, wohinein sie es stecken sollen.«

»Investieren?«

»Üblicherweise steckt man die Mitgift in das Geschäft des Schwiegersohnes.«

»Ach.«

»Sie hätten auch nichts dagegen, ihm eines einzurichten.«

»Ja, so sind sie«, sagte Jeanne.

Die beiden Frauen lachten.

»Die Bank von Max wurde ins Gespräch gebracht. Aber Melanie hat es mitbekommen. Man kann sich vorstellen, wie. In diesem Haus braucht das Personal gar nicht an der Tür zu lauschen … Sie war entschieden dagegen. Edu übrigens auch.«

»Und du auch«, sagte Jeanne.

»In diesem Fall ja. Sonst ist es mir lieber, wenn ein Mann arbeitet. Meine Brüder arbeiten auch.«

»Es hat seine Vorteile«, sagte Jeanne.

»Friedrich kam auf die Idee, die Mitgift auf Jules zu übertragen, so daß er und Melanie von den Zinsen leben könnten. Das Problem besteht nur darin, daß eine Million zu zwei oder drei Prozent – das wäre die Art von Anlage, an die sie denken – ihnen zwanzig- oder dreißigtausend Mark im Jahr bringen würde. Aber das reicht nicht, Jeanne. Soviel geben sie allein für ihre Kleider aus.«

»Hast du das gesagt?«

»Es hat keinen Zweck, daß man zu sehr in die Einzelheiten geht. Emil weiß längst, wie die Verhältnisse wirklich liegen, und Markwald ahnt es. Die alten Herrschaften waren ein bißchen verwirrt. Mir scheint, wenn sich nicht alle so unklar ausdrückten, gäbe es überhaupt keine Hochzeit.«

»Wir beide drücken uns nicht unklar aus.«

»Jeanne – warum bist *du* eigentlich dafür?«

»Ich weiß gar nicht, ob ich dafür bin. Vielleicht aus Lust am Ehestiften. Oder ist es die Sympathie einer Ausgewanderten für ihr Land und für jemanden, der eine Beziehung zu diesem Land hat? Oder sind es die Gefühle einer Frau für eine andere Frau? Die Gefühle einer Frau für einen gutaussehenden Mann in Not? Oder *meine* Gefühle für Friedrichs Eltern?«

»Ich hätte alles aufhalten können«, sagte Sarah. »Ich könnte es noch immer. Einfach, indem ich nichts tue.«

»Mit guten Gründen kann keine Frau eine andere daran hindern, ihren Mann zu bekommen.«

»Aber sie kann ihr aus den falschen Gründen dabei helfen«, sagte Sarah.

»Natürlich, er wird ein miserabler Ehemann sein. Aber es gibt Schlimmeres. Woher willst du wissen, daß das Mädchen jemals eine bessere Wahl treffen würde? Oder noch einmal die Chance dazu bekäme?«

»Sie könnte sich in das fügen, was in ihrer Familie üblich ist.«

»Was das Geld angeht – Sarah, *du* könntest auch dafür sorgen, daß sie ihnen alles auf einmal geben, und du weißt es.«

»Ich bin mir aber gar nicht sicher, daß ich das will. Eine Million ist viel Geld. Ich fände es schlimm, wenn die beiden nicht ordentlich versorgt sind, aber Kapital ist Kapital.«

»Ja«, sagte Jeanne, »auch mich haben die Eltern zum Sparen erzogen.«

»Was mir vorschwebt, ist eine Zuwendung – eine große jährliche Zuwendung. Ich habe fünfundsiebzigtausend vorgeschlagen, und ich schätze, sie werden sechzigtausend geben. Es ist bestimmt das beste für die beiden – es ist komfortabel und sicher. Edu und ich werden ihnen zur Hochzeit das Geld für ein Haus schenken.«

»Sehr komfortabel. Und trotzdem, Sarah – das Wort Zuwendung gefällt mir nicht.«

»Nur bis die alten Herrschaften gestorben sind. Melanies Erbteil, selbst wenn er im Treuhandvermögen der Familie bleibt, was sicher der Fall sein wird, ist so groß, daß sie und Jules von den Zinsen sehr gut leben können.«

»Ich sehe, du hast an alles gedacht«, sagte Jeanne.

»Ja«, sagte Sarah. »Das habe ich.«

Auch Großmama Merz begriff schließlich, worum es ging.

»Soll Melanie demnächst mit Affen zusammenwohnen?«

Fräulein von Tschernin, die inzwischen auch Julius zu Gesicht bekommen hatte, bestätigte, dies gehöre in der Tat zu den glänzenden Aussichten ihrer Tochter.

»Das lassen wir nicht zu«, sagte Großmama.

»Herr Geheimrat mag sie auch.«

»Bei Junggesellen sind Affen in Ordnung«, sagte Großpapa.

»Ich habe ihn gefragt, ob er diese Viecher sein Leben lang behalten will«, sagte Markwald, »und wißt ihr, was er geantwortet hat? Wahrscheinlich leider nicht, obwohl sie länger leben als Hunde.«

»Was, Hunde auch?« fragte Großmama.

»Floras Max hat einen mitgebracht«, sagte Friedrich.

»Aber er kommt nicht ins Haus«, sagte Großmama. »Flora hat es mir gesagt.«

»Aber was tut man mit unerwünschten Affen?« fragte Emil.

Großmama überlegte. »Er muß sie weggeben«, sagte sie. »Hat er keine armen Verwandten?«

Wieder betrat Clara den Saal. Sie setzte sich selten. »Ich habe das Gefühl, ich muß selbst hinfahren. Ich bin mir sogar sicher.«

»In letzter Zeit ging es dir nicht besonders gut«, sagte ihr Bruder. »Und außerdem – was wird aus unserem Altar für die Fronleichnamsprozession?«

»Auf den Schmuck kommt es doch nicht an. Ich fand schon immer, daß er zu aufwendig ist. Er lenkt nur ab. Und Gustavus kann sich genausogut darum kümmern.«

»Das finde ich nicht«, sagte Graf Bernin. »Die Marienkinder erwarten, daß *du* ihnen hilfst; und es kommt sehr wohl darauf an – die Herrin von Sigmundshofen hat sich immer um den Fronleichnamsaltar gekümmert, bei der Prozession kommen Hunderte Leute und sehen ihn sich an.«

»Auch der Bischof«, sagte Gustavus.

»Ich sehe das anders«, sagte Clara.

Der erste Hinweis darauf, daß Julius Claras Briefe doch gelesen hatte, kam von Friedrich. Julius mußte sich einmal in der Woche auf einem Polizeirevier melden, und am ersten Montag im Juni begleitete ihn Friedrich dorthin. Nachher schaute er bei Jeanne vorbei und traf dort auf Sarah. Er war wütend.

»Mir scheint, dein wunderbarer Felden will uns allesamt auf den Arm nehmen. Wißt ihr, was er heute in seinem süddeutschen Tonfall zu mir gesagt hat? ›Ihre Nichte *ist* doch katholisch?‹«

»Nicht möglich! Und was hast du ihm geantwortet?«

»Ich habe ihm gesagt, wir seien keine Christen, falls er das meine. Und er sagte: Ja, nein, gewiß doch – aber ob ich damit etwa sagen wollte, daß sie *tatsächlich* nicht in der katholischen Kirche wäre?«

»Na ja«, sagte Sarah. »Ich glaube nicht, daß es ihm etwas ausmacht.«

»Ihm?« rief Friedrich. *»Mir* macht es etwas aus. Inzwischen verstehe ich sehr gut, warum die Leute von der Eisenbahn ihn impertinent fanden.«

»Er ist es einfach gewohnt, daß alle katholisch sind«, sagte Jeanne. »Da, wo er herkommt, ist das so. Mein Vater war Freidenker, und ich bin, könnte man sagen, rückfällig geworden – aber katholisch sind wir alle.«

»Er hat gedacht, *ich* sei Christ«, sagte Friedrich.

Sarah besuchte Julius noch am gleichen Nachmittag, und sie hatten ein Gespräch, das Sarah veranlaßte, am Abend in der Voßstraße zu essen.

»Vielleicht ist es ratsam, gewisse Dinge erst *nachher* anzuschneiden, gnädige Frau«, sagte Gottlieb im Vorraum.

Sarah beachtete ihn nicht, aber seine Warnung nahm sie ernst. Edu war nach London gefahren; Jules hatte geglaubt, sich an diesem Abend entschuldigen zu dürfen. Sarah saß da und sagte kaum etwas, während nacheinander die Hühnersuppe, die Langusten in Aspik, die Blätterteigpastete, die Kalbszunge mit Rosinen in Madeira, die Taube in Chartreuse mit Artischockenpüree serviert wurden, und erst nach dem Nesselrode-Pudding und als Melanie nach oben geschickt worden war, offenbarte sie den anderen, Jules Felden halte es offenbar für nötig, daß seine künftige Frau auch seine Religion teile.

»Er will, daß sie sich taufen läßt.«

»Der junge Mann mit den Affen will, daß unsere Tochter getauft wird?«

»Was glaubt er, wer wir sind?«

»Sogar Max hat so was nie vorgeschlagen!«

»Ich habe es euch gesagt – er ist ein verkappter Goi.«

»Das arme Kind.«

»Emil – bitte!« sagte Sarah.

»Na, hör mal«, sagte er, »eine Zumutung ist das, eine Unverfrorenheit –«

Sarah beschloß zu warten, bis der Sturm abgeflaut war, und ging nach Hause. Am nächsten Morgen traf sie sich wieder mit Julius, dann mit Friedrich, dann mit dem alten Herrn. Auch mit Markwald wechselte sie ein paar Worte. Die Merz waren froh, ihren Gefühlen Luft machen zu können, aber sie weigerten sich, das Thema zu *besprechen*, und in der nun folgenden Woche gab keiner auch nur einen Fingerbreit nach.

»Wie eine Kissenschlacht«, sagte Sarah zu Jeanne. »Und man sieht, wie sehr man sich irren kann. Die alte Dame und Jules. Ich hätte nie gedacht, daß ausgerechnet diese beiden Schwierigkeiten machen würden; aber sie sind am schlimmsten. Jules findet es *sonderbar*, daß Melanie nicht getauft ist; es beunruhigt ihn. Er sagt einfach, er könne niemanden heiraten, der nicht katholisch ist – so etwas tue man nicht, niemand tue es. Er kommt nicht davon los. Aber das hätte er sich nun wirklich früher überlegen können.

Ich wasche meine Hände in Unschuld. Und ich verstehe die Merz sehr gut. Sag mal, kannst du ihn begreifen?«

»Vollkommen«, sagte Jeanne.

»Aber er ist doch gar kein praktizierender Katholik – nicht im geringsten.«

»Genauso wenig wie die Merz. Friedrich geht nirgendwohin – außer zu Beerdigungen. Und in der Voßstraße tun sie ja nicht mal so, als würden sie den Sabbath einhalten oder keinen Hummer und keinen Schinken essen.«

»Seltsam«, sagte Sarah, »wie sich zwei nicht praktizierende Angehörige zweier Religionen gegenseitig ins theologische Aus manövrieren können.«

Edu kehrte aus Epsom zurück und bekam einige harte Worte zu hören. Jules kam nicht mehr zum Essen in die Voßstraße; Sarah sprach von Plänen für den Sommer. Eines Abends hüllte sich Melanie in einen dichten Schleier und schlich mit ihrer Zofe Hedwig aus dem Haus. Sie betraten die Matthäus-Kirche durch ein Seitenportal. Hedwig war in ihrer Gemeinde ein bekanntes Gesicht; Melanie hatte in einem Täschchen einige Goldstücke bei sich; Pastor Völler war betagt. So kam es, daß Melanie nach einer kurzen Unterredung die leere Kirche betreten durfte, wo ihr Wasser auf die Stirn geträufelt wurde und sie die Worte sprach, die Gottlieb ihr beigebracht hatte. Dann trug sie sich ins Taufbuch ein und war nun Mitglied der evangelisch-refomierten Kirche Deutschlands.

Zu später Stunde und sehr erregt, mit brennend roten Wangen, kam sie in die Voßstraße zurück.

Die Familie war besorgt, hatte aber schon im Eßzimmer Platz genommen. Melanie trat vor sie hin.

»Es ist geschehen«, verkündete sie. »Ich gehöre Jules.«

»Der Schuft!« sagte Markwald.

»Was ist los?« fragte Großmama.
»Nichts kann uns jetzt noch trennen.«
»Sind sie durchgebrannt?« fragte Großmama.
»Schlimmer«, sagten Markwald und ihr Mann.
»Schlimmer!« sagte Emil.
»Unser Schatz ist getauft«, sagte Gottlieb.

Noch am gleichen Abend sprachen Edu und Friedrich im Kaiserhof vor und verlangten die sofortige Eheschließung. Julius saß da und brütete über Hotelrechnungen. Edu war verlegen und stotterte; Friedrich war aufgebracht.

Er sprach von Schande.

Julius fand sein Auftreten sehr preußisch, aber er willigte ein, und die beiden Männer zogen sich zurück.

Ein Datum wurde für Ende Juni festgesetzt. Die alten Merz, die ihre Tochter, nachdem sie nun schon Christin war, nicht auch noch ihres Nadelgeldes beraubt sehen wollten, erklärten sich bereit, ihr einen Betrag von fünfzigtausend Mark im Jahr zukommen zu lassen.

Clara hatte an ihrem Bund die richtigen Schlüssel gefunden und mit Gustavus' Hilfe – da sie in solchen Dingen nicht sonderlich geschickt war – das Silberzeug und die bestickten Tischdecken herausgenommen und später wieder weggeschlossen. Erst danach machte sie sich auf den Weg nach Berlin. Sie wollte nicht, daß man ihretwegen den Expreß anhielt, nahm lieber die Bummelbahn nach Karlsruhe und stieg dort in den falschen Zug um. Sie hatte Julius einen Brief geschrieben, und Graf Bernin hatte an die Bayerische Gesandtschaft telegraphiert. (Der badische Geschäftsträger war Junggeselle und außerdem ein sehr kleines Licht.) Julius reservierte im Hotel Bristol eine Suite für sie; in der Gesandtschaft richtete man ein Zimmer her und schickte den Wagen zum Bahnhof. Auch Julius wartete bei der Ankunft des Morgenzugs am Bahnsteig. Doch Clara kam mit einem späteren. Die ganze Nacht hatte sie kerzengerade in einem Abteil zweiter Klasse gesessen; jetzt ging sie, ohne nach rechts und links zu sehen, zum Ausgang, trug ihren Koffer selbst und nahm die Pferdebahn zu den »Grauen Damen« in der Stettiner Straße. Dort traf sie so zeitig ein, daß sie das Ende der Messe noch mitbekam, wechselte dann die Unterwäsche, zog aber ihr Kleid wieder an, führte ein kurzes, freundliches Gespräch mit der Mutter Oberin und der Schwester Pförtnerin und machte sich von neuem auf den Weg. Noch einmal nahm sie die Pferdebahn und fuhr direkt in die Voßstraße.

Sie ließ Melanie ihre Karte bringen; Gottlieb meldete sie, ohne eine Bemerkung zu machen.

Clara trat mit raschen Schritten ein, neigte den Kopf vor der alten Dame in ihrem Sessel, übersah die Männer und breitete die Arme aus. »Liebes Kind – ich mußte Sie einfach sehen!«

Melanie blickte ihr argwöhnisch entgegen. Alle Frauen waren ihre Feindinnen. Aber sie blieb freundlich.

»Sagen Sie mir – Sie lassen sich doch vorbereiten?«

»Sie heiratet am neunundzwanzigsten«, sagte Großmama.

»Eine sehr stille Hochzeit«, sagte Markwald.

»Und Ihre feierliche Aufnahme ...?«

»Schon geschehen«, sagte Melanie.

»Liebstes Kind!« Clara strahlte und trat weiter vor. Sie hatte Tränen in den Augen. »So rasch! Ach, Sie sind ein wunderbares Mädchen. Was für ein Segen! Und ich hatte gezweifelt, ob Sie überhaupt ... Werden Sie mir verzeihen? Wie schön muß das für Ihren geistlichen Beistand sein!«

»Pastor Völler –«

»Nicht Pastor, meine Liebe – *Pfarrer.* Wir nennen unsere Priester Pfarrer.«

»Pfarrer Völler«, sagte Melanie.

»Kenne ich ihn?«

Melanie hielt ihr die Urkunde hin, die sie immer bei sich trug.

Clara, schon etwas weitsichtig, streckte den Arm aus, um sie zu lesen. Sie sah genauer hin, runzelte die Stirn, hielt sich das Blatt nun doch näher vor die Augen, starrte es an, wobei sich ihre Lippen lautlos bewegten... Dann gab sie ein schwaches Zischen von sich und begann zu wanken. Gottlieb war rechtzeitig mit einem Stuhl zur Stelle.

Großmama bot ihr Riechsalz ab. Clara rührte sich wieder.

»Evangelisch«, stöhnte sie und glitt zur Verblüffung aller vom Stuhl auf den Fußboden. »Auf die Knie, mein Kind! Und möge der Herr uns gnädig sein.«

Großmama gab Gottlieb ein Zeichen. »Bringen Sie der armen Frau ein Ei in Portwein.«

Aber Clara, die seit dem Vortag nichts zu sich genommen hatte, wehrte allen Beistand ab. Sie erhob sich und sagte mit kräftiger Stimme: »Es ist Sein Wille, daß diese schreckliche Prüfung über Sie kommt. Vielleicht hat er mich gesandt, um Sie auf den rechten Weg zu führen. Wir dürfen nicht zulassen, daß der Irrglaube in Ihnen Wurzeln schlägt, wir müssen sofort einen Priester rufen. Das ist ein Notfall, und ich bin überzeugt, Sie werden sofort aufgenommen werden. Die Unterweisung kann später folgen.«

Diesmal kam der Seufzer aus dem Sessel. »Sie wollen sie zweimal taufen!« rief Großmama und sank in ihre Kissen zurück.

Gottlieb drehte sich um und hielt ihr das Tablett mit dem Eierpunsch hin. Großmama nahm ihn.

Die Jesuiten in der Fasanenstraße sahen den Fall anders als Clara, und Melanie wurde weder an diesem noch am nächsten Tag in die Kirche aufgenommen. Die Merz gewannen ihre Fassung zurück; Graf Bernin und Gustavus wurden nach Berlin gerufen; Edu stellte fest, daß die halbe Stadt über seine Familie lachte – aber es war Claras Zielstrebigkeit, die in dem nun folgenden, allgemeinen Aufruhr dafür sorgte, daß sich die Dinge ihren Absichten gemäß fügten. Melanie bekam ihre Unterweisung und wurde so rasch Katholikin, daß ihre Hochzeit nur geringfügig verschoben werden mußte; die Merz nutzten diese zweite Zumutung und ließen sich dafür zusichern, daß die Schimpansen verschwinden würden. Graf Bernin, der eine ähnliche Einstellung zum Geld hatte wie Sarah, konnte den Druck noch erhöhen. In Hamburg gab es einen Mann namens Hagenbeck, der in einem neuartigen Zoo ohne Käfige wahre Wunder vollbrachte. Julius sprach mit Herrn Hagenbeck und faßte Zutrauen zu ihm. Die beiden führten einige nützliche Gespräche; Jules stiftete (wobei Großpapa die Hälfte des Betrages übernahm) einen Heizapparat mit Lampen, der schon im Kopenhagener Affenhaus eingesetzt wurde, und ließ sich nachher nur mit Mühe davon abhalten, als Gegengeschenk einen Seehund anzunehmen. Die Idee, was mit den Affen geschehen könnte, stammte von Edu; Sarah stellte ihr Elektromobil zur Verfügung, und Jules fuhr damit im Schneckentempo in die Hansestadt, wo er von Robert und Tzara Abschied nahm.

Graf Bernin setzte ein Schreiben an die Justizbehörden auf, und die Klage gegen Julius wurde niedergeschlagen. Sarah und Clara gingen gemeinsam die Einladungen durch, und dabei erzählte ihr Clara unumwunden von Johannes. »Es gibt noch einen Bruder. Wußten Sie das? Er war lange krank, weil man etwas falsch gemacht hatte. Dann besserte sich sein Zustand, aber der Arzt sagte, er würde nie so sein wie andere Leute. Der Arzt wollte ihn bei sich zu behalten, aber mein Vater wünschte sich für ihn ein Leben in der Welt, möglichst ähnlich dem, für das er eigentlich bestimmt war. Bei uns konnte er nicht wohnen, weil er seinen Brüdern nicht begegnen durfte. Das gehört zu seiner Krankheit. Jules besuchte ihn einmal im ersten Jahr, es war furchtbar. Gustavus hat es nie versucht. So blieben ihm nicht allzu viele Möglichkeiten; der Arzt sagte, körperliche Betätigung werde ihm guttun, und mein Vater dachte an die Armee. Papa kannte ein paar Leute, und unsere alte Großherzogin war der Familie sehr verbunden, und etwas anders kam für ihn auch gar nicht in Frage. Also wurde er Offizier bei den Leibdragonern. Er trägt natürlich keine Uniform, und eine reguläre Militärausbildung hatte er auch nicht. Aber er steht auf der Regimentsliste und bekommt seinen Sold wie alle anderen. Nicht, daß er darauf angewiesen wäre – sein Erbteil am Besitz seines Vaters wurde für ihn auf die Seite gelegt, und auch *mein* Vater hat ihm ein ziemlich großes Vermächtnis hinterlassen, aber wie es scheint, gibt er nichts davon aus, der arme Kerl – die Armee nimmt einen offenbar nur ganz oder gar nicht.«

Sie öffnete eine neue Schachtel mit Umschlägen. »Man hat ihm die Leitung eines Heeresgestüts überlassen, und mit den Pferden kommt er wunderbar zurecht. Er wacht bei ihnen, wenn sie krank sind. Es heißt, er habe noch kein einziges Fohlen verloren. Natürlich sind Wachtmeister und andere Leute da, die manches für ihn erledigen. Der Hof liegt auf der anderen Seite des Schwarzwaldes, er ist dort ziemlich allein und hat natürlich ein Haus für sich. Sie wissen ja, Ihre Hoheit ist vor einiger Zeit gestorben, aber die großherzogliche Familie ist weiter sehr freundlich. Der Oberst ist sein Freund; er läßt ihn in Ruhe. Er muß nicht zum Rapport erscheinen und nicht grüßen oder mit Leuten reden und in der Kantine essen. Und alle sind froh wegen der Pferde. Er ist jetzt Rittmeister. Papa hielt das nicht für klug. Aber Conrad sagt, es macht weniger Aufsehen, wenn die Dinge ihren gewohnten Gang gehen, und seine Beförderung stand an, weil er jetzt über fünfunddreißig ist. Er spricht nicht; obwohl – manchmal doch, soweit man hört. Er sieht gut aus, gesund und munter. Fleisch ißt er nicht. Es ist alles sehr traurig. Er kann nicht zur Messe gehen, weil er es mit anderen Leuten in geschlossenen Räumen nicht aushält, aber ich bin sicher, Gott liebt ihn. Ich finde, wir sollten ihm eine Einladung schicken – sein Bursche wird sie lesen und wissen, daß wir an ihn denken, und sie beiseite legen.«

Clara schob eine Karte in einen Umschlag und adressierte ihn in ihrer raschen, flüchtigen Handschrift. »Seltsam«, sagte sie und blickte auf, »wir dachten immer, Jean würde so groß wie Gustavus und Jules werden, aber er blieb ziemlich klein, wissen Sie. Klein und untersetzt – wie ein Landarbeiter. Meinen Sie wirklich, wir sollten die *alle* versiegeln? Ich finde, das macht nur unnötige Kosten.« Sie hielt einen offenen Briefumschlag in der Hand. »Vielleicht bekommen Jules und Melanie einen Sohn«, sagte sie.

»Fänden Sie das gut?« fragte Sarah.

Der Scheck von ihr und Edu belief sich auf einen hohen Betrag. Andere Geschenke trafen ein. Niederschmetterndes Porzellan von den Vettern Merz, das Tafelsilber aus Landen, das Gustavus hergab, die Schatulle voller Juwelen, die der Mutter von Julius und Gustavus gehört hatten und die Clara nun unbedingt mit Melanie teilen wollte. Melanie gefielen besonders die Fassungen, sie waren gerade so weit aus der Mode, daß man sie wieder tragen konnte; der Rest der Familie verständigte sich darüber, daß es mit den Steinen nicht weit her sei. Clara schenkte ihr auch eine dünne Medaille, die Leo XIII. gesegnet hatte; und Jeanne – die nicht eingeladen war und Melanie daher auch nicht kennenlernte – schickte einen Fächer und einen Perlmuttrosenkranz, der angeblich einmal dem wirklichen Vorbild für die Heldin in Constants *Adolphe* gehört hatte. Der Fächer wie der Rosenkranz waren von erlesenstem Geschmack. Julius – nachdem man ihn daran erinnert hatte, daß es so Sitte sei – schenkte Melanie den Ring seines Vaters, einen Topas, der so groß und klar war, daß sich der alte Baron viele Jahre lang nicht hatte entschließen können, seinen durchsichtigen Glanz durch eine belanglose Gravierung zu beeinträchtigen, und als er sich schließlich zu einem chinesischen Vogel durchgerungen und ihn auch selbst entworfen hatte, da mußte er, vielleicht zu seiner Erleichterung, feststellen, daß die Steinschneider, die diese Arbeit hätten ausführen können, inzwischen ausgestorben waren. Bei seinem Tod hatte Gustavus den wappenlosen Stein Julius überlassen, der ihn, weil er bei einem Mann seiner Zeit zu auffällig gewirkt hätte, immer in der Tasche getragen hatte. Edu ließ ihn zu Friedländer bringen, wo er fachgerecht mit dem Wappen der Felden versehen wurde.

Großmama trennte sich von einigen Diamanten. Die Aussteuer ihrer Tochter – Batist, Leinen, Spitzen – lag seit Jahren bereit, nur die Monogramme fehlten. Diese wurden nun – von einer siebenperligen Freiherrenkrone überwölbt – in aller Eile von der Stickereiabteilung der Firma Braun angefertigt. Melanie lehnte von sich aus den nahegelegenen Kurort ab, den ihre Familie für die Hochzeitsreise ins Auge gefaßt hatte, und erklärte, sie wolle in den Süden. Julius hatte von Spanien gesprochen. Und wieder gaben Melanies Eltern nach – für sie war es im Ausland überall gleich schrecklich. Gustavus verkündete, er wolle lieber tot sein, als sich mit den Merz in der Sankt-Hedwigs-Kathedrale zeigen; diesen und anderen Peinlichkeiten machte Graf Bernin ein Ende, indem er mit einem Dechant aus seiner Bekanntschaft verabredete, die Trauung in der Voßstraße abzuhalten, was die Merz, die solche Annehmlichkeiten von ihrer eigenen Religion nicht gewöhnt waren, fast schon wieder damit versöhnte, daß sie überhaupt stattfand. Nun hieß es, sie würden dem Paar fünfundvierzigtausend Mark im Jahr zukommen lassen, und in einem Anfall von *attendrissement* überließ Großmama ihrer Tochter für die Zeit der Reise die eigene Zofe, Marie.

So wurden denn Julius Maria von Felden und Melanie Ida Merz an einem schwülen Tag im Juli Mann und Frau.

Julius hatte seinen Schwiegereltern zwei persische Porzellankatzen aus dem 17. Jahrhundert geschenkt. Sie waren groß und leuchtend gelb und saßen sehr aufrecht, türkisfarben gefleckt, mit glitzernden Juwelenaugen, einander gegenüber auf zwei Podesten im ersten Vorzimmer in der Voßstraße – wo sie während vieler Jahre schön, fremd und unheimlich aus dem Halbdunkel hervorschimmerten. Sie waren Raritäten und galten für äußerst wertvoll. Sarah hatte nichts geschenkt bekommen, aber die beiden Katzen hatte sie auf den ersten Blick in ihr Herz geschlossen, und als sie nach der Abreise des Brautpaars das Haus verließ und an ihnen vorüberging, kam sie sich irgendwie getäuscht vor und war sehr verstimmt.

5. Kapitel

Julius und Melanie blieben in Spanien. Sie machten keine Pläne; über die Zukunft wurde nicht gesprochen. Julius mietete wieder ein weißgetünchtes Haus, ließ Garten und Patio so, wie sie waren, und füllte die kühlen, kahlen Gewölberäume nach und nach mit Gegenständen – düsteren, reichverzierten Möbeln, großen Spiegeln, erlesenen Plastiken, die von Fuhrleuten mühsam über die gleißenden Straßen aus Granada herangeschafft wurden: geschnitztes

Faltenwerk in Zinnober und vergoldete, mit weißem Staub bedeckte Schnörkel schwankten über ausladenden Ochsenhörnern; Packkisten in Harfenform aus Sevilla und Packkisten, groß wie Findlinge mit der Aufschrift »Zerbrechlich«, schoben sich auf den Rücken einer unsichtbaren Ameisenkette von Packeseln die Magnolienallee hinauf. Melanie stand am Fenster und beobachtete das Schauspiel durch die geschlossene Jalousie.

»Oh, Jules, was ist das? Woher kommt es?«

»Hoffentlich lassen sie nichts fallen.«

»Können wir es gleich auspacken? Wo stellen wir die Sachen auf?«

Julius war beim Auspacken gern allein.

Er stellte Personal ein, vor allem Männer; er sorgte dafür, daß regelmäßig Obst und Geflügel ins Haus kamen; er ermunterte einen Apotheker in Ronda, allwöchentlich einen Klumpen Butter für Melanies Zofe herzustellen, deren Klagen vor allem um das Öl kreisten. Die Butter, ein weichliches Etwas von ungewisser Farbe, das in einem riesigen, gutverschlossenen Kessel schwamm, wurde eines Morgens wie ein Tabernakel den Weg zum Haus hinaufgebracht, gefolgt von ihrem Erzeuger, seinem jugendlichen Gehilfen und einer Menge Schaulustiger.

Melanie hatte gegen ein müßiges Leben anscheinend nichts einzuwenden. Auch von ihrer Zofe, die von den niederen Dienstboten für eine Dame und von den höheren für die alte Amme der Herrin gehalten wurde, erwartete niemand, daß sie arbeitete. Marie jedoch ignorierte dieses Vorurteil, das ihr tief zuwider war, und machte sich in Korsett und steif gestärkten Kleidern mit zusammengepreßten Lippen an die Erledigung von hundert Aufgaben, die ihr niemand aufgetragen hatte. Julius sah sie als einen Teil seiner neuen Last und fragte sich, ob es nicht Mittel und Wege gab, sich ihrer zu entledigen, wurde auch keineswegs ungehalten, als sein Kammerdiener andeutete, solche Mittel gebe es, dachte allerdings nur an gedungene Mörder und gab sich dann doch lieber ernsthaft Mühe, Marie nach ihren Vorstellungen zu verköstigen. Schließlich fand die langsame Post auch zu ihnen, und nun erreichten ihn wieder Kataloge, Händlerangebote und Fachblätter, aber auch die Schuhe aus Paris, der Sherry aus dem Süden und die Hemden aus Madrid. Seine Affen fehlten ihm, aber er wußte, daß sie in ihrer neuen Umgebung gut aufgehoben waren. Er hatte neuerdings ein Krallenäffchen, ein paar zahme Fasanenhähne und ein ganzes Rudel kränkelnder Tiere. Der Gärtner besaß eine Angoraziege mit zwei weißen Jungen und der Fuhrmann einen Stall voller Esel. Sie alle wurden nicht richtig versorgt. Julius lief herum, bestach die Bauern, debattierte mit den Maultiertreibern, kaufte ihnen Kaninchen aus ihren Käfigen ab, tränkte das Vieh, wedelte den Pferden die Fliegen aus dem Gesicht, versorgte vom Zaumzeug wund gescheuerte Stellen – die Tiere seien das einzige, was einen an diesem Land verzweifeln lassen könnte, sagte er zu Melanie, und er sagte es oft. Melanie hörte ihm zu, weil sie es gern hatte, wenn er mit ihr sprach; sie hatte gelernt, manche Tiere mit Vergnügen zu betrachten, die Goldfasane am Brunnen streichelte sie oft, und meinte ebenfalls, daß das alles sehr schrecklich sei, aber wirkliche Angst machten ihr die Bettler. Sie war viel allein.

Julius kam und ging. Er verbrachte eine Nacht in Sevilla, ein, zwei Tage in Algeciras, blieb zu Besuch auf irgendeinem Landgut, hatte etwas in Cádiz zu erledigen, und sah sie überrascht an, wenn sie ihn fragte, wohin er fahre und wann er zurückkomme. Es war der gleiche Blick, den er ihr am frühen Vormittag zuwarf, wenn sie sich, beide mit erlesenem Geschmack gekleidet, in der *sala* unter Licht- und Schattenstreifen trafen und sie es nie versäumte, ihn zu fragen, wie er denn geschlafen habe.

Er war nicht unfreundlich.

Melanie, die für jedes Zeichen empfänglich war und so sensibel darauf reagierte wie der Wilde auf das Wetter, war nicht imstande, ihm zu helfen. Sie war bereit, sich formen zu lassen; der kleinste Wink hätte genügt. In Geschmacksfragen brachte er ihr das eine oder andere bei. Mit ihr war leicht auszukommen; *wie* leicht, das konnte er, da es ihm an Vergleichsmöglichkeiten fehlte, nicht ermessen; sie war auch sehr hübsch; und das erkannte er nun gelegentlich wieder, wenn er in der Abenddämmerung die Straße nach Granada heraufkam. Wenn er nach kurzer Begrüßung, nach einem Bad, nach dem ersten Glas blasser, leichter *manzanilla,* das er – mit wenig Eis – allein trank, wieder herunterkam, um die Zeit, wenn die Hitze des Tages noch aus der Erde und den Wänden quillt, während über die Haut und durch die Adern schon ein Vorgefühl von Kühle streicht, dann fand er sie in der offenen Loggia, in Musselin und Spitzen, die Schultern entblößt, das Haar hochgesteckt, die kleinen Füße in spitzen Schuhen auf der Chaiselongue, und trat zu ihr wie ein Mann, der im Theater seine Loge betritt – während des zweiten Akts, kurz bevor die neue Sopranistin ihre Arie beginnt.

Manchmal erschien auch Marie auf der Terrasse, wo sie gegessen hatten, trat zwischen den Büschen in den Garten. »Fräulein Melanie – Frau Baronin, wollte ich sagen –, ich habe Ihnen einen Schal gebracht.« Und Julius erhob sich, zog die Uhren hervor, und erklärte, vielleicht sei es noch nicht zu spät für den »Zirkel« …

Selbstverständlich ging sie nie aus. Vielleicht war der Gang ihres gemeinsamen Lebens tatsächlich durch die Wahl des Ortes festgelegt, die Julius getroffen hatte. Südspanien war in den neunziger Jahren des 19. Jahrhunderts kein Land für Frauen, und schon gar nicht für reisende Frauen. Julius nahm sie nirgendwohin mit. Die Fliegen, der Staub, die

Hitze – man könne nirgendwohin, es sei unpassend (ein Wort, das er seit einiger Zeit benutzte), es würde ihr nicht gefallen …

Heiß war es wirklich. Julius heftete mittags ein Seidentuch hinten an seinen Hut, öffnete und schloß die Fenster nach einem bestimmten System, verglich mehrere Thermometer; sagte, die Hitze sei der Grund, warum man keinen Hund halten könne. Sie gewöhnte sich daran. Es war ganz anders als die Wintersonne an der Riviera, die sie so geliebt hatte, aber es gefiel ihr: sie war nicht glücklich, aber sie fühlte sich gut und gesund.

Sie hatte die Ausflüge, die hübschen Kleider, die Blicke der Leute nicht vergessen – das Bild vom Süden und vom Leben, das ihr vorschwebte; hier nun öffnete sich eine andere Seite ihres Wesens dem sengenden Licht, der staubtrockenen, knisternden Wüstenluft und erfüllte die Ruhe der Siesta, die langen, gleichmäßig trägen Stunden im Halbdunkel des geräumigen Hauses. Abends jedoch wurde sie unruhig.

Julius kannte anscheinend niemanden, behauptete es zumindest – obwohl er andauernd Leuten über den Weg lief, die in Villen wohnten, oder einem Mann begegnete, den er früher gekannt hatte – vor ewigen Zeiten, Liebling … in Madrid wahrscheinlich … ja, ja, als ich noch den Posten hatte; und er bekam Einladungen – zur Jagd, zum Essen, zum Bleiben. Melanie wurde nie einbezogen. Sofern seine Gastgeber wußten, daß er mit einer Frau zusammenlebte, nahmen sie seine Zurückhaltung für das, was sie zu bedeuten schien, und fragten nicht weiter, sondern glaubten, er sei nicht mit ihr verheiratet – eine Ansicht, die auch von ihrem eigenen Personal erörtert wurde. Melanie störte sich nicht an den Einladungen, die nur ihm galten; ihre Mutter war ebenfalls nie ausgegangen, aber ihren Anteil in Form von Berichten und Geschichten hätte sie doch gern gehabt.

»Jules – Pedro sagt, er erinnert sich an die Zeit, als du schon einmal hier warst.«

»Pedro?«

»Er hat dich oft reiten sehen.«

»Das ging ihn gar nichts an.«

»Er sagt, du hättest großartig ausgesehen, und das Pferd sei grau gewesen.«

»Hast du etwa mit dem Personal gesprochen?«

»Nein – doch – nicht wirklich.«

»Das ist sehr unklug.«

»Ja, Jules.«

»Du kennst dieses Land nicht.«

»Nein, Jules.«

»So etwas geht hier nicht.« In den letzten Wochen hatte sich bei Julius etwas gezeigt, das sie vorher nie an ihm bemerkt hatte, Gereiztheit; und er konnte sie nicht meistern.

»Es war doch nur, weil Pedro ein bißchen Französisch spricht«, sagte Melanie.

Auch vieles andere machte sie ratlos. Oft war sie in dieser Zeit verwirrt: vieles war ihr vertraut – aber es blieb ein Rest, an den ihre Erfahrungen nicht heranreichten. Die Atmosphäre, in der sie bisher gelebt hatte, war eine Mischung aus Egoismus und materieller Geborgenheit gewesen. Zärtlich, großherzig oder munter konnte man ihre Angehörigen nicht nennen – oft waren sie mürrisch und nörgelten herum –, aber sie besaßen die brummige Zufriedenheit von Leuten, die ihren Platz im Leben haben, und alle liebten das Beisammensein. Melanie war immer umhegt worden; und in einem behüteten Leben zählt die Aufmerksamkeit der Hüter mehr als alles andere. Was ihnen selbstverständlich schien, das war und blieb auch selbstverständlich, und dadurch bekamen sie etwas Behäbiges. Doch nun konnte sich ihre Tochter keinen Reim auf Julius' düstere Launenhaftigkeit machen. In Andalusien, während sie reglos ausgestreckt auf dem Sofa in ihrem Zimmer lag und Marie hereinkam, um ihr die Augen zu baden, stellte sie sich eines Tages die ungewohnte Frage – Warum?

Der Hochsommer hielt sich auch den September über, obwohl es schon früh dunkel wurde. Eines Abends kam Julius in den Salon und sah Melanie, von hinten beleuchtet, auf dem Balkon stehen.

Von unten, irgendwo zwischen den dunklen Bäumen, drang plötzlich ein Klagen, ein wirbelndes Klirren herauf, und doch war es eine Stimme.

»Jules – hör doch …!«

»Die Fenster …«, sagte Julius.

Sie hörte ihn nicht.

»Moskitos«, sagte Julius. »Die Fenster offen, wenn es am gefährlichsten ist. Wie oft habe ich das den Leuten schon gesagt!«

Die Stimme von unten schnitt durch den Abend, durch die Luft, durch die Nerven –

Sie rief ihn zu sich. »Komm doch mal! Sag mir – diese Musik –?«

»Zigeuner.« Julius, der mit Lully, Couperin und ein bißchen Haydn aufgewachsen war, dem das neuzeitliche Klavier *vorlaut* erschien, obwohl er Orgelmusik mochte, trat einen Schritt nach vorn und schloß die Fenster.

»Nein«, rief Melanie. »Nein.«

»Ausländern gefällt so was immer«, sagte er.

»Jules –«

»Liebling?«

»Man könnte dazu tanzen.«

»Das tun sie auch«, sagte er. »Sehr pittoresk. Prachtvolle Menschen. Aber du *mußt* jetzt hereinkommen.«

»Jules.«

»Ja?«

»Jules?«

»So unvernünftig«, sagte er. »Malaria. Nachher sitzen sie im ganzen Haus. Haben denn alle den Verstand verloren? Also, ich muß jetzt noch mal weg.«

»Weg?«

»Du achtest bitte darauf, daß alles zu ist, bevor du nach oben gehst, ja?«

»Jules, geh nicht weg.«

»Ich muß«, sagte Jules.

»Geh nicht –«

»Tut mir leid ...«

»Jules, bitte, geh nicht –«

»Ach, Liebling.« Er nahm Hut und Handschuhe.

»Jules!« Sie drehte sich plötzlich um und kam auf ihn zu, sah ihm fest in die Augen.

Er wandte sich ab. Sie legte eine Hand auf seine Jacke.

Er machte sich los.

»Jules!«

Er hielt inne und sah sie verwirrt an. Dann sagte er: »Liebling – soll ich nach deinem Mädchen läuten?«

Da ging sie auf ihn los, wutentbrannt. Ihre rechte Hand wurde zur Klaue und holte aus.

Julius stand reglos da. Dann zog er ein Taschentuch hervor, wischte sich über die Wange, wandte sich wieder ab und verließ das Haus. Seinen Hut hielt er noch in der Hand.

Melanie blieb zurück und überließ sich wütenden Tränen, aus denen bald erschrockene Selbstvorwürfe wurden. Sie wartete auf Julius, aber als sie seine Schritte hörte, hatte sie sich wieder so weit im Zaum, daß sie sich ihm nicht gleich in die Arme warf. Sie ließ sich gar nicht blicken, sondern bot ihm erst am nächsten Mittag eine maßvolle Entschuldigung an, die er mit steifer Liebenswürdigkeit entgegennahm. Julius war erschüttert, hatte einen miserablen Abend hinter sich, hegte aber keinen Groll gegen Melanie; so waren Frauen nun mal, sie litten gelegentlich unter unbegreiflichen Anfällen – und in gewisser Weise begann Melanie ihn an Tzara zu erinnern und an eine der Stuten seines Vaters.

Nie wieder kam es zwischen ihnen zu einem ähnlichen Vorfall. Julius verbrachte eine angenehme Herbst- und Winterzeit in einem Haus, das er liebte, immer auf der Suche nach neuen Anschaffungen.

Als Melanie schwanger wurde, war sie sich zunächst nicht sicher, und später sagte sie ihm nichts davon. Sie erwähnte es auch nicht in den Briefen, mit denen sie ihre Angehörigen in Schach hielt. Schließlich sprach ihr Mädchen mit Julius und schrieb an Frau Edu. Als Julius es schließlich glauben mußte, sah er darin eine neue List des Schicksals. *»Voilà«*, sagte er, *»tout s'écroule.* Ich habe es gewußt.«

»Gewußt?«

»Die Götter –«

Er fuhr sofort nach Granada, um einen Arzt zu holen, verließ dessen Praxis jedoch wieder Hals über Kopf, als er sah, wie schmutzig sie war, wurde an einen englischen Doktor verwiesen, geriet an einen alten, zitternden Mann, der nicht ganz bei Trost war, verlor die Nerven und kam allein zurück. Ein Brief aus der Voßstraße kreuzte sich mit seinem und drängte zur Heimkehr.

Melanie sah keinen Grund für einen Umzug, wollte bleiben.

Er sagte ihr, das sei Irrsinn; Bilder von schmutzigen Ställen gingen ihm durch den Kopf.

»Würdest du denn mitkommen?«

»Selbstverständlich. Ich bringe dich zu deiner Mutter nach Berlin.«

»Nein«, sagte Melanie. »Nein ... Wenn wir hier nicht bleiben können, dann könnten wir nach Frankreich gehen. In dein Haus?«

Julius sagte, es sei zu klein. Außerdem stehe es zum Verkauf. Die Riviera sei ganz unpassend; was sie bräuchten, sei *un endroit sérieux*.

»Paris?« fragte Melanie.

Nicht Paris, sagte Julius. Etwas auf dem Land. Ein Haus, wo man seine Sachen unterbringen könne.

Die Idee nahm Gestalt an. Zwischen den Schreiben seiner Händler fand sich das Photo eines Hauses in der Sologne. Es hatte eine Backsteinfassade, 16. Jahrhundert, aber nicht im Chambord-Stil, der ihm so mißfiel. Es hatte auch einen Wassergraben, und es war zu vermieten. Julius erledigte das telegraphisch.

Die Merz mischten sich nicht weiter ein. Flora, ihrer älteren Tochter, war es den Winter über nicht gutgegangen, die Ärzte wollten sie zur Kur ins Ausland schicken, und alle waren nervös.

Bis Madrid hatten Julius und Melanie eine gräßliche Fahrt, von dort bis San Sebastián wurde es besser. Julius kümmerte sich liebevoll um die Kissen und das Mineralwasser, obwohl ihn selbst hundert kleine Ängste plagten. In Bordeaux stieß das französische Hausmädchen zu ihnen, das er engagiert hatte. Marie wurde in gegenseitigem Einvernehmen mit einem Dampfer zurück nach Deutschland geschickt; Julius lebte auf und lud Melanie zum Abendessen ein – in eines, wie er sagte, der beiden besten Restaurants der Welt. Das andere war in Brüssel. Er sagte, er müsse sie unbedingt noch einmal einladen, in der Wildsaison, und Melanie lohnte es ihm, indem sie nur für die Gegenwart lebte.

Am nächsten Morgen fuhren sie weiter nach Tours, wo sie sich die Zeit für einen Besuch bei einem Spezialisten nahmen, der Melanie erklärte, alles sei in bester Ordnung. Dann ging es nach Beaugency, wo sie die Loire überquerten und einen Wagen nach Romarontin nahmen. Kleine Rudel brauner Kaninchen schreckten auf, wenn sie vorüberfuhren. Die Sologne liegt nur wenige Kilometer östlich von den großen Flußtälern der Touraine. Aber es könnten genausogut ein paar hundert sein. Nichts erinnert hier an die weiten Ausblicke über die sanft wogende Landschaft zwischen den Flüssen Indre und Cher. Eine flache, stille Landschaft mit stehenden Gewässern und weichem Nadelboden, eine versteckte Provinz, in die sich selten ein Besucher verirrt, zahllose flache Tümpel zwischen Gestrüpp, von Wald umschlossen, eine Wasserlandschaft ohne Ausblicke, die unzähligen harmlosen kleinen Wildtieren Unterschlupf bietet. Die wenigen Bewohner bauen Spargel an und ziehen Eierkürbisse; und auf so mancher Lichtung steht eine verfallende *gentilhommière* und spiegelt sich in einem trüben Wassergraben; doch vor allem hört man in diesen Wäldern die Geräusche von Frosch, Ente und Hase.

»Hier?« fragte Melanie.

Und so erreichten sie an einem späten Nachmittag, über Veilleins, Mur-de-Sologne, le Lude, Chartraine, les Touches, la Dauphinerie, la Ferté-Boisrenard und la Ferté-la Malzone, l'Etang de Vol à Voile und l'Etang du Grand Corbois, nachdem sie Crouy, Cicogne, les Anges, Bréaux und Lanthénay passiert hatten, schließlich das Château de la Souve. Es war März, und die Kälte überraschte sie. Mehr als die Fassade hatte man ihnen nicht versprochen; Gänse watschelten unerschütterlich neben dem Haus herum; auf der Zufahrt wuchs Gras, und auf dem Rasen standen Disteln, das Haus hatte lange leer gestanden, und drinnen war es feucht.

Julius nahm den Zustand seiner Frau ernst, und sie lebte zurückgezogen und gab auf sich acht. Er fing an, Änderungen am Haus vorzunehmen, und war wieder viel unterwegs. Auf einen langen, feuchten Frühling folgte übergangslos brütende Sommerhitze. In Spanien war unter Melanies Fenstern noch lärmendes Leben gewesen; hier herrschte Stille, und Kiefern versperrten ihr die Sicht. Melanie überließ sich dem Warten.

Sie hatten sich alle ein wenig im Datum geirrt, aber eines Abends im September brachte sie mit Hilfe eines ausgezeichneten Arztes, der aus Blois gekommen war, ihr Kind zur Welt. Bis zuletzt hatte man ihr kaum etwas angesehen, und als Julius zurückkehrte, war alles vorüber. Sie erholte sich rasch und machte nicht viel Aufhebens von der Rolle, die sie in dieser Angelegenheit spielte. Das Kind, das sie mitten in Frankreich bekommen hatten, war ein Mädchen. Sie nannten es Henrietta – nach seiner Großmutter, nicht nach der Dame mit dem anmutigen Profil und den vielen Sprachen, an die die Merz nie dachten und von der Julius noch nie gehört hatte. Als Clara sich in einem Brief erbot, die Patenschaft zu übernehmen, wurden ihr Name und der von Melanie hinzugefügt. Henrietta Clara Melanie war ein häßliches kleines Etwas, untergewichtig, mit einem schrumpeligen Gesicht und spärlichem schwarzen Haar; Julius hatte sich auf nichts eingestellt und trotzdem einen Jungen erwartet. Die Mutter betrachtete es manchmal mit Bestürzung und meistens mit verhaltener Zuneigung, während Julius von einem leidenschaftlichen Interesse erfaßt wurde. War ein derart hilfloses Geschöpf tatsächlich zum Leben bestimmt? Er ließ dem Kindermädchen und der Amme keine Ruhe und hätte es ganz natürlich gefunden, wenn sie ihn das Körbchen in seinem Zimmer hätten aufstellen lassen. Melanie fiel in die eher apathische Stimmung ihrer Mädchenjahre zurück.

In diesem Augenblick hätte die Außenwelt sich regen und herbeidrängen können: die Verwandten zur Taufe, die Nachbarn, neugierig auf ein jungverheiratetes Paar, das sich in ihrer Gegend angesiedelt hatte (es ging das Gerücht, sie hätten la Souve gekauft), und mit der Abgeschiedenheit der Zeit in Spanien und dieser letzten Monate wäre es zu Ende gewesen.

Melanies Schwester Flora war nun wirklich sehr krank. Man hatte sie in die Schweiz gebracht. Ihr Mann hatte geschrieben, man müsse das Schlimmste befürchten. Aber die alten Merz wollten es nicht wahrhaben und hielten es deshalb auch nicht für nötig, ihre Angst zu unterdrücken. Sie waren sehr ängstlich und tief unglücklich.

»Wie lange das dauert!«, sagte Großpapa.

Sarah, die ihre Schwägerin im Sommer und einige Wochen zuvor noch einmal besucht hatte, blickte auf.

»Wenn ich doch bloß mit Arthur und Jetta zu ihr fahren könnte!«, sagte Emil.

»Du könntest. – Friedrich, willst *du* nicht mit deinen Eltern hinfahren?«

»Papa meint, es würde für Mama zuviel.«

»Eine weite Reise«, sagte Großmama.

»Verstehe nicht, wozu das gut sein soll«, erklärte ihr Mann.

»Also, ich weiß nicht –«, sagte Edu.

»Papa«, sagte Sarah, »du weißt doch, daß Floras Zustand sehr ernst ist, nicht wahr?«

»Zu ernst für Besuche.«

»Max schreibt, es gebe wenig Hoffnung«, sagte Markwald.

»Wenig Hoffnung…«, sagte die alte Dame, und Tränen liefen ihr über die runzligen Wangen. »Wenig Hoffnung, bis es der armen Flora endlich bessergeht.«

»Weißt du«, sagte Clara zu ihrem Bruder, »ich hatte die Koffer schon herausgeholt. Aber Gustavus will nichts davon wissen. Und im Grunde verstehe ich ihn. Was können wir für ein Kind in diesem Alter schon tun? Auf die Wirksamkeit des Sakraments hat unsere Anwesenheit jedenfalls keinen Einfluß. Ich denke immer, es kommt nicht wirklich darauf an, wie ganz kleine Kinder aufwachsen und wer bei ihnen ist... Weißt du noch? Wir waren immer bei der Amme, bis wir mit dem Sprechen so weit waren, daß wir Beten lernen konnten. Aber Gustavus – man sollte meinen, ihm sei es wichtig, das Kind zu sehen.«

»Ein Mädchen?« fragte Graf Bernin.

»Trotzdem –«, sagte Clara. »Nachdem ich für ihn eine solche Enttäuschung gewesen bin. Auch *bevor* die Nachricht kam, schien er sich nicht wirklich zu freuen. Ich verstehe ihn nicht. – Nein, Gustavus, ich verstehe dich wirklich nicht.«

Gustavus saß über einem Stoß Druckfahnen und blickte nicht auf. Er war mit dem badischen Heroldsamt in Verbindung getreten und bekam von dort viel Arbeit, die er unentgeltlich erledigte.

»Ich hoffe bloß, daß Jules begreift –«, begann Graf Bernin, ohne seinen Satz zu beenden.

»Hör mal, Gustavus, was hast du eigentlich mit der Geburtsanzeige gemacht?« fragte Clara. »Wo ist sie? Ich möchte sie Johannes schicken. Jules denkt bestimmt nicht daran. Sieh mal, sie ist schon ganz fleckig.«

»Wozu denn *das,* um Himmels willen?« fragte ihr Bruder.

»Sein Bursche – er bekommt gern Post. Vielleicht bekomme ich die Flecken mit Brotkrumen heraus.«

»Mir gefällt das nicht«, sagte Graf Bernin, als sie die Tür hinter sich geschlossen hatte.

Gustavus brummte vor sich hin.

»Du solltest das nicht zulassen«, sagte Graf Bernin.

»Geht mich nichts an«, sagte Gustavus.

»Ich hätte nichts dagegen, mal bei Jules und Melanie vorbeizuschauen«, sagte Edu. »Ich vermute doch, da läuft jetzt wieder alles in gewohnten Bahnen, oder?«

»Also *ich* würde lieber nicht fahren.«

»Warum denn nicht? Klingt doch ganz lustig, eine kleine Stippvisite.«

»Lustig?«

»Ich meine Paris. Hätte nichts dagegen, mit dem alten Jules mal eine Tour durch Paris zu machen.«

»Sie wohnen nicht in Paris.«

»Aber Jules ist doch andauernd dort. Er ist Mitglied im Jockey Club, wußtest du das? Ich habe immer gedacht, Ausländer kämen da gar nicht rein.«

In der Sologne begann der Herbst in jenem Jahr früh. Zuerst hatte Melanie die Stille nicht gefallen, jetzt konnte sie das Rauschen des Windes nicht ertragen. Sie hatte geglaubt, sie würden fortziehen, sobald die Zeit des Wartens auf das Kind vorüber wäre, aber Jules machte keinerlei Anstalten. Wenn er daheim war, gab er sich jetzt ungezwungen, war freundlich, rücksichtsvoll, manchmal fast gesprächig. Wie sich herausstellte, mußten im ganzen Haus Feuer unterhalten werden, und manche dieser Feuer qualmten ständig. Das ärgerte ihn, denn es brachte sein Asthma wieder zum Vorschein und nahm viel von seiner Zeit in Anspruch. Sie aßen in dem viel zu großen Speisesaal, und er dachte sich eine Methode gegen die Zugluft aus, doch die Zugluft wechselte anscheinend immer wieder die Richtung. Sie kleideten sich beide noch immer sorgfältig. Ein Kasten aus Korbgeflecht traf ein. Die Aufschrift lautete »Bitte tränken«, und adressiert war er an Henrietta Clara Melanie von Felden. Darin lag auf einer Schicht aus verfilztem Stroh und zerkrümelten Hundekuchen ein junger Foxterrier. In einem beigefügten Umschlag steckte eine Karte: *Für Henrietta von ihrem Onkel Johannes,* dazu ein Brief. Julius war außer sich. »Was soll das heißen?« schrie er. An den Schläfen schwollen ihm zwei Adern; er stand da und bebte. Melanie wußte wenig und fragte noch weniger. Sie sah ihn an und sah, wie groß er war. »Der Brief«, sagte sie. »Du hast den Brief nicht gelesen.«

Er sah keinen Brief. »Was soll denn das?« rief er. So hatte sie ihn noch nie erlebt. Er lief hinaus; kam zurück. Sie hielt den Brief noch in der Hand.

Er entriß ihn ihr, starrte auf das linierte Blatt. Melanie trat zu ihm. »Von einem Soldaten«, sagte sie. Er las die Worte, sie waren an ihn gerichtet. Aus tiefstem Respekt und tiefster Rührung gestattete sich der Absender, diesen schönen jungen Hund im Namen des Rittmeisters der jungen Dame zu schicken ... in dem Gefühl, daß der Rittmeister selbst den Wunsch und ... wenn er könnte ... Jules zerknüllte das Blatt und schleuderte es von sich –

»Welcher Rittmeister?« fragte Melanie.

Später sagte sie: »Man könnte ihn zurückschicken.«

»Zurückschicken!« Seine Hand fuhr durch die Luft. »Einen *Hund?* In einer *Kiste?*«

Man brachte ihn in den Stall – der erste Auftrag, den Melanie einem Arbeiter des Hofguts je erteilt hatte. Julius verreiste. Ein paar Tage nach seiner Rückkehr sagte er: »Man muß sich bedanken für – für dieses Geschenk.«

»Ja.«

»Du mußt das machen.«

»Ja. Und wie?«

»In der dritten Person.«

»Ich zeige es dir dann.«

»Nein, nein, nein«, sagte Julius.

Der Hund gewöhnte sich bald an seine neue Umgebung und hieß von nun an »Henriettas Hund«. Aber niemand dachte mehr an Johannes' Burschen. Melanie hustete den ganzen Oktober, und ihre Zofe glaubte, sie habe erhöhte Temperatur. Im November bekam sie eine Bronchitis; zu Weihnachten war sie wieder auf den Beinen. Julius sagte ihr, sie müsse essen. Der Winter war mild, aber feucht. Sie räumten das Erdgeschoß; Julius ließ sich sein Essen in dem Zimmer servieren, wo er seine Kataloge las, und Melanie bekam ein Tablett. Sobald ihr Fenster aufklappte, glitten die Wildgänse herbei und tauchten ruhig und gelassen nach jedem Bissen, den sie ihnen zuwarf. Im Januar kam die Nachricht, Flora sei gestorben. Julius brachte es nicht über sich, Melanie Bescheid zu sagen. Er schloß sich mit dem Telegramm in seinem Zimmer ein; überlegte, ob er Clara herbitten solle oder den Curé oder Nelly de la Turbie. Schließlich bat er Melanies Mädchen – das neue französische –, ihr die Nachricht zu überbringen. Sie scheint eine ziemlich vernünftige Frau gewesen zu sein; sie mochte ihre Herrin zwar nicht besonders, aber sie tat ihr Bestes.

»Eh bien non, elle ne m'a pas semblée trop bouleversée«, berichtete sie.

Melanie weinte an diesem Tag und jedem Tag der Woche ein bißchen um die arme Flora und begann manchmal ganz plötzlich von ihr zu sprechen, wenn ihr ein Erlebnis aus vergangenen gemeinsamen Tagen in den Sinn kam.

Julius fragte, ob sie nicht meine, daß ihre Eltern sie, Melanie, jetzt gern bei sich hätten. Melanie antwortete, Flora habe die letzten vier Jahre ja auch nicht zu Hause gewohnt, und den Eltern sei es bestimmt lieber, so weiterzuleben wie bisher.

Zu ihrer Zofe sagte sie eines Abends: *»Je crains que ma sœur n'était pas très heureuse avec son mari.«*

Dann trat die Bronchitis wieder auf, aber diesmal wurde eine Rippenfellentzündung daraus. Julius sagte, wie recht er gehabt habe, was den Winter im Norden anging. Die Krankheit zog sich hin, und dem Arzt aus dem Ort gefiel das alles überhaupt nicht – weder der Zustand seiner Patientin noch die Umgebung, in der sie lebte. Julius fragte ihn, ob es ansteckend sei, und fügte hinzu, er denke an das Kind. Der Arzt wurde ziemlich ungehalten und sagte, in diesem Haus brauche man auf eine Ansteckung nicht lange zu warten... Julius hatte ihn vorher kaum wahrgenommen, jetzt faßte er eine Abneigung gegen ihn. Ein Bauer, sagte er. Und als dieser Bauer ihm sagte, ein Umzug wäre das beste für Melanie, da tat er dies als Einmischung und völlig verrückte Idee ab. Tatsächlich erholte sich Melanie auch in La Souve und stand wieder auf. Doch wirklich gut ging es ihr nicht. Der Arzt entdeckte nun Anzeichen von Tuberkulose und riet, unverzüglich in den Süden zu reisen. Julius glaubte ihm sofort, bekam es mit der Angst zu tun, machte sich sogar den Glauben an die vorgeschlagene Medizin zu eigen. Melanie mußte jetzt Lebertran einnehmen, und im März waren sie reisefertig. Sie waren zu sieben. Melanie, Julius und das Baby, außerdem das Kindermädchen, Melanies Zofe, eine Frau aus dem Dorf, die sich während der Rippenfellentzündung um Melanie gekümmert hatte, und eine Küchenhilfe aus la Souve, die zum Mädchen für alles befördert wurde. Julius war noch nie mit so vielen Frauen in einer Kutsche gefahren. Es machte ihn völlig fertig.

Das Haus im Süden war inzwischen verkauft, und sie quartierten sich im Hotel des Anglais in Nizza ein. Anfangs schien es Melanie trotz der Reise gar nicht schlecht zu gehen; dabei war es zu ihrer beider Verwunderung überhaupt nicht warm. Am Ende der Woche bekam sie einen der für ihre Krankheit typischen Hustenanfälle und brach zusammen. Es geschah im Salon ihrer eigenen Suite, aber ein Kellner war gerade zugegen: Als Julius von einem Bummel an der Uferpromenade zurückkehrte, berichtete ihm der Hoteldirektor, was geschehen war – in allen Einzelheiten. Damals zog es viele Schwindsüchtige an die Riviera, und in den Hotels wie unter den Gästen herrschte eine fast hysterische Wachsamkeit; selbst eine einfache Erkältung in einer Pension zwischen San Remo und Cap Ferrat auszukurieren konnte schwierig werden – *Il y a des malades!* und das Haus leerte sich noch vor dem Abendzug. Julius wurde mitgeteilt, seine Frau müsse das Hotel binnen zwei Stunden verlassen, und zwar auf den eigenen Füßen.

Er wandte sich an den Doktor, den ihm der Arzt in der Sologne empfohlen hatte, und der bestätigte, Melanie solle auf jeden Fall in ein Sanatorium gebracht werden. Er schlug Mentone vor. Aber ausgerechnet nach Mentone war vor nicht mal einem Jahr schon Flora geschickt worden. Der Doktor sagte, auch in Grasse gebe es ein Haus. Sie entschieden sich für Grasse.

Sehr früh am nächsten Morgen verließ Melanie das Hotel – in einem Krankenwagen. Das Sanatorium war angenehm, und sie galt dort als einer der leichteren Fälle. Bald war sie wieder auf den Beinen; zumindest für ein paar Stunden am Tag. Julius hatte sich mit dem Kind in einem nahe gelegenen Hotel einquartiert und verbrachte die Zeit, die man ihnen gewährte, bei seiner Frau. An zwei oder drei Nachmittagen konnten sie eine kurze Ausfahrt mit der Kutsche machen. Sie müssen dabei ziemlich nah an seinem alten Haus vorbeigekommen sein. Das Wetter blieb miserabel. Melanies Zustand verschlechterte sich; sie kam wieder zu Kräften; mußte erneut das Bett hüten; stand wieder auf – und plötzlich ging es ihr viel besser. Sie war so kräftig wie lange nicht, und Julius konnte sie zum Tee einladen.

An dem Abend, bevor sie Nizza verließen, hatte er an Sarah geschrieben – einen Brief, in dem er alles sagte, was er wußte. Sarah und Edu rieten dringend, einen bestimmten Spezialisten zu konsultieren, den sie ihm nannten; die alten Merz solle er vorläufig im Dunkeln lassen – und keine Ausgaben scheuen.

Im April besserte sich das Wetter. Einige Tage lang war es fast heiß, aber windig, und der Mistral wirbelte den Staub durch die Straßen. Ihre Temperatur stieg; eines Morgens beim Anziehen bekam sie wieder einen Anfall wie in Nizza. Die Ärzte erklärten Julius, es sei galoppierende Schwindsucht, und die Aussicht, sie aufzuhalten, sei gering. Es traf ihn trotz allem unvorbereitet. Edu telegraphierte, er möge alles in seiner Macht Stehende tun. Das bedeutete nun: die Schweiz. Die französischen Ärzte zweifelten; Julius zögerte; Berlin drängte. Es wurde heiß. Schließlich beschloß man, Melanie in einem privaten Eisenbahnwagen nach Davos zu bringen. Die Merz schickten einen Kurier, der Henrietta und ihr Kindermädchen nach Berlin holte.

Die Fahrt in die Schweiz dauerte eine Nacht und einen Tag. Julius fuhr selbstverständlich mit. Er tat, wie man so sagt, alles, was in seiner Macht stand. Er saß bei ihr, und zuerst redeten sie wenig und von nichts Besonderem. Er erkundigte sich, ob sie bequem liege, und bis zuletzt sprach sie in höflichen kleinen Sätzen mit ihm. Bei den praktischen Dingen konnte er nichts für sie tun und wurde auf ihren Wunsch nach draußen gebeten, wenn man ihr Nahrung einzuflößen versuchte; deshalb versuchte er sie zu zerstreuen, und vielleicht hat er damals mit seinen Geschichten aus der früheren Zeit in Landen angefangen. Melanies Zustand besserte sich in Davos nicht mehr; Veränderungen traten nicht ein; sie hütete jetzt ständig das Bett, meistens apathisch, bisweilen kaum bei Bewußtsein; dann folgten Phasen, in denen sie phantasierte und Jules in Schulmädchenfranzösisch etwas von Südfrankreich vorstammelte. Im Juni starb sie.

Die Merz besaßen in Berlin eine Familiengruft. Wieder reiste Julius im privaten Eisenbahnwagen. In einem Schlafwagenabteil voller Blumen stand der Sarg; in einem anderen nahm Julius seine Mahlzeiten ein, in einem dritten schlief er. Es muß eine einsame Reise gewesen sein. Bei der Ankunft am nächsten Morgen gab es eine Verzögerung, während der Wagen auf ein Nebengleis rangiert wurde. Als Julius ausstieg, aufrecht, in Schwarz, den Zylinder in der Hand, und von Edu und Friedrich empfangen wurde, sah er aus wie ein gebrochener Mann.

Der Sarg mußte durch ein Fenster herausgehoben werden. Sie folgten ihm bis zu einer Totenhalle in einem Außenbezirk. Nachher sagte Edu: »Wir haben gedacht, du wohnst am besten bei uns draußen – ich meine – du verstehst – bis alles vorüber ist.«

»Wir glauben, für unsere Eltern wäre es so am besten«, sagte Friedrich.

Julius neigte den Kopf.

»Dein Bruder und deine Schwägerin kommen morgen an.«

»Ja«, sagte Julius.

Sarah erwartete ihn. »Oh, Jules, da bist du ja! Komm herein. Das arme Mädchen. Es ist so traurig. Lieber Jules.«

Er sagte nichts.

»Friedrich kommt nach dem Mittagessen wieder her. Haben sie es dir gesagt? – Übermorgen. Ein paar Dinge müssen wir noch besprechen.«

»Ja«, sagte er.

»Weißt du: die alten Herrschaften werden nicht hingehen.«

Er verneigte sich.

»Es werden furchtbar viele Leute kommen –«

»Wirklich?«

Er stand mitten in ihrem Salon. Sarah faßte ihn am Arm. »Ich bringe dich nach oben«, sagte sie.

Julius sagte: »Ist Henrietta –?«

»Ach, das Baby«, sagte Sarah.

»Meine Tochter.«

Sarah sah ihn an. »Soviel ich weiß, ist sie in den besten Händen.«

»Ich muß sie sehen«, sagte Julius.

»Lieber Jules – ich würde noch ein, zwei Tage warten. Meine Schwiegereltern – ich weiß nicht, wie ich es erklären soll – sie meinen – alle meinen – Es war zuviel für sie.«

»Ich werde sie holen lassen.«

»Ich glaube nicht, daß ihre Großeltern sie gern fortlassen würden.«

»Ihre Großeltern –«

»Du wirst sehen, sie haben sie sehr in ihr Herz geschlossen«, sagte Sarah.

Friedrich sagte: »Hast du mit ihm schon über die Beerdigung gesprochen?«

»Es ging nicht«, sagte Sarah. »Und außerdem – wozu? Morgen kommt doch Baronin Felden.«

»Besser, wir regeln das vorher«, sagte Friedrich. »Sie kann doch nicht – ich meine, in diesem Augenblick ...«

»Diese Frau ist zu allem fähig«, sagte Sarah. »Für sie sind alle Augenblicke gleich. Nein. Nicht noch einmal so ein Drama wie vor zwei Jahren. Ich möchte das nicht. Wegen deiner Eltern. Und auch seinetwegen.«

»An der Börse sagen sie –«

»Oh, Friedrich – *bitte!* Sag uns lieber, wie Jeanne darüber denkt.«

»Ich habe sie nicht danach gefragt.«

»Aber was hat sie gesagt?«

»Sie hat gesagt, an Melanies Stelle – also, wenn sie ... sie würde auf einem katholischen Begräbnis bestehen. Sie hätte aber nichts dagegen, wenn ein Rabbi dabei wäre, mir zuliebe; und sie glaubt, das ließe sich einrichten.«

»Alles schön und gut – für Jeanne«, sagte Edu.

»Ich frage mich, ob Conrad Bernin in Berlin ist«, sagte Sarah. »Ich weiß nicht – irgendwo habe ich gelesen, er sei in der Wilhelmstraße. Ich glaube, ich fahre zu ihm und rede mit ihm.«

Zwei Tage später, an einem Nachmittag im sommerlichen Berlin, wurde Melanie beerdigt. Sie bekam zwei Trauergottesdienste, und ihrem Sarg folgten mehr Leute, als sie im Leben je gekannt hatte. Über Julius' Auftreten als Hauptleidtragender – er ging allein – wurde viel gesprochen.

Der Kaiser wollte tun, was er konnte, und schickte Julius eine Einladung zu einem Morgenempfang im nächsten Monat.

In der Voßstraße war über den Termin der Beerdigung nicht laut gesprochen worden, aber Gottlieb und einige Dienstmädchen hatten sich dennoch davongeschlichen, und Emil ebenfalls. Ihn hörte man schluchzen. Auch Jeanne folgte der Trauerprozession (in einem geschlossenen Wagen, in dem Freunde sie mitnahmen). Nachher sagte Sarah zu ihr: »Aber, Liebe, warum hast du mir denn nichts gesagt?« Zu Edu hingegen sagte sie: »Jeanne ist so taktvoll.«

Nachdem die alten Herrschaften an diesem Abend zu Bett gegangen waren, ließ sich Markwald alles erzählen. »Neben Flora haben sie einen Platz frei gelassen«, sagte er. »Haben sie auch für den Baron einen freigehalten?«

»Der Ärmste. Ich glaube, da war noch ein Platz, aber unbezeichnet.«

»Über die Plazierung von Herrn Baron ist noch nicht entschieden«, sagte Gottlieb.

In dieser Woche fiel Sarah die Rolle der Gastgeberin nicht leicht.

»Ich habe ihn in den Club eingeladen«, sagte Edu, »aber anscheinend will er nicht. Zum Kuckuck, man bekommt das Gefühl, man müßte genauso zu Hause bleiben. Und er ist immer hier.«

»Edu –«

»Was ist denn?«

»Das frage ich *dich.*«

Edu und Sarah machten einen Höflichkeitsbesuch bei den Felden. Clara fragte Gustavus, wann er zu einem Gegenbesuch mitkommen würde.

»Müssen wir uns denn immer noch mit diesen Merz abgeben?« erwiderte Gustavus.

»Ich muß dazu doch nicht etwa ins Schloß?« fragte Julius. »Es soll so häßlich sein. Außerdem sind wir dann gar nicht mehr hier.«

»Du mußt«, sagten Edu und Sarah.

»Mein Vater konnte den Kaiser nicht leiden. Obwohl er ihn gar nicht kannte.«

»Es ist nicht mehr der gleiche.«

»Der neue wäre Jules' Vater wahrscheinlich noch weniger lieb gewesen.«

»Stimmt es, daß du den Roten Adlerorden bekommen sollst?« fragte Edu.

»Hoffentlich nicht«, sagte Julius.

»Du wirst ihn kaum ablehnen können.«

»Wißt ihr, ich habe darüber nachgedacht. Vielleicht könnte mein Bruder Gustavus ihn an meiner Stelle nehmen. Er hat solche Sachen schon immer gemocht. Meint ihr, ich sollte es vorschlagen?«

»Kann man denn einen Orden weitergeben?« fragte Edu.

»Warum sprichst du nicht mal mit Bernin?«

»Ja«, sagte Julius, »vielleicht hat er etwas gehört.«

»Jules – was ist eigentlich mit diesen Diamanten?«

»Welchen Diamanten?«

»Melanies Diamanten.«

Jules zuckte bei diesem Namen kaum merklich zusammen. »Ach, du meinst die Broschen und diese Sachen«, sagte er.

»Vielleicht möchten sie sie für ihre Enkeltochter aufheben. Bis jetzt hat noch niemand etwas gesagt, aber findest du nicht, man sollte sie in einem Safe deponieren? Wo sind sie eigentlich?«

»Das Mädchen wird es wissen«, sagte Julius.

»Und dann wollte ich dich noch wegen des Rings fragen. Würdest du ihn nicht gern behalten? Den Ring, den du ihr geschenkt hast. Den Topas.«

»Den Ring von meinem Vater. Ja.«

»Jules, habt ihr dieses Haus eigentlich gekauft?«

»Welches Haus?«

»Dein Haus. Das in Frankreich.«

»Nein, nein, das war das falsche.«

»Dann könntest du doch jetzt eines kaufen, oder? Du weißt doch, Edu und ich, wir wollten immer, daß ihr ein Haus habt.«

»Aber es ist immer so gewesen, als hätten wir eines – vor allem in Spanien – ich habe viel umbauen lassen.«

»War es gepachtet?«

»Gemietet.«

»Zu welchen Bedingungen?«

»Darum haben sich meine Leute gekümmert. Pedro. Er war beim Notar, wegen all der Stempel.«

»Jules, verzeih mir die Frage, aber: Hast du das Geld für ein Haus?«

»Geld für ein Haus? Ich glaube kaum. Weißt du, ich wollte schon mit dir darüber sprechen, anscheinend sind allerlei Schulden aufgelaufen.«

»Schulden?« Sarah bemerkte sofort, daß ihre Stimme zu schrill geklungen hatte.

»Du weißt schon – Rechnungen für irgendwelche Sachen.«

Graf Bernin hielt Jules' Idee für vernünftig. Eine schöne Geste – dieselbe Familie, der ältere Bruder, und Gustavus hatte ja tatsächlich Verdienste. So leitete er den Vorschlag an die richtigen Stellen weiter. Seine Majestät stimmte zu. Der Chef der Ordenskommission war zufällig ein General; er schlug unter Felden nach und sah, daß der Anwärter bei den Badischen Leibdragonern diente – zwar noch ein bißchen jung, wahrscheinlich eine geheime Mission, aber so, wie die Roten Adler heutzutage unter die Leute gebracht wurden ... So kam es, daß Johannes eines Tages der Rote Adlerorden zweiter Klasse verliehen wurde. Gustavus wartete; glaubte, man habe ihn vergessen; aber Graf Bernin, der sich auf seine Umsicht in Kleinigkeiten sonst soviel zugute hielt, lehnte es ausnahmsweise einmal ab, etwas zu unternehmen.

Clara sagte, Sarah sei eine freundliche, einfache Frau und, so schien es ihr, Jules sehr zugetan – und eines Tages stieg sie allein in den Pferde-Omnibus. Sarah war zu Hause.

Sie läutete nach Tee, aber Clara sagte, wenn es nicht zuviel Umstände machte, hätte sie lieber ein Täßchen schwarzen Kaffee, bloß ein Täßchen, um diese Tageszeit fühle sie sich immer so schlapp.

»Es gibt ja soviel Armut in dieser Stadt.«

Die Fenster standen weit offen und ließen den langen norddeutschen Nachmittag herein. Aus dem Garten wehte Lindenduft ins Haus. Sarah warf einen Blick auf ihren Pissarro – ein Schubkarren, ein blaues Kleid, schwerelos, im weichen Gras unter schimmernden Obstbäumen. »Haben

Sie eine Vorstellung davon, was Jules jetzt tun wird?« fragte sie.

Er werde wohl wieder heiraten müssen, sagte Clara. Eine Frau seiner Konfession.

Sarah gab zu bedenken, dieses wunderbare Projekt werde sich wohl kaum während der nächsten Wochen in die Wege leiten lassen.

»Sicher nicht«, räumte Clara ein.

»Und was gedenkt er zu tun, bis diese Frau – seiner Konfession – Gestalt angenommen hat?«

»Tun?«

Sarah lehnte sich zurück.

»Ach, ich verstehe«, sagte Clara. »Selbstverständlich habe ich ihm angeboten, das Kind solange zu nehmen, mein Patenkind. Selbstverständlich. Es würde nicht einfach sein, in meinem Alter. Ich bin neunundvierzig. Und über meine Zeit kann ich nicht verfügen. Aber stellen Sie sich vor, er will davon nichts wissen. Er schien überrascht. Er sagt, er werde sich selbst kümmern. Er hängt schon sehr an dem Kind. Sein Vater war genauso.«

»Und wo soll diese Familienidylle ihren Platz finden?«

»Wo? In Frankreich, nehme ich an. Oder in Spanien. Ja, wahrscheinlich in Spanien. Ich vermute, sie werden uns ziemlich bald verlassen.«

»Baronin«, sagte Sarah, »Ihr Schwager wird von nun an keineswegs mehr wohlhabend sein.«

»Jules? Das habe ich mir gedacht. Mit dem Besitz der Felden war es nie weit her. Aber sie sind auch nicht besonders versessen aufs Geld.«

»Aber zum Leben braucht man es trotzdem.«

Da verzog Clara den Mund zu jener Schnute, die Gustavus in seinem Leben schon oft verdrossen hatte.

Sarah fing noch einmal an. »Ich glaube, Sie machen sich keine rechte Vorstellung davon, wie die Dinge liegen. Als

Jules meine Schwägerin heiratete, wurde vereinbart, daß ihre Eltern den beiden jährlich einen bestimmten Betrag auszahlen, und zwar in Form einer Zuwendung an die Tochter. Eine gesonderte Regelung für Jules wurde damals nicht getroffen.«

»Ich fürchte, von diesen Dingen verstehe ich nichts«, sagte Clara. »Wenn es etwas gibt, was Ihr Gatte mit meinem besprechen will –«

Ärger stieg in Sarah hoch. Sie wollte aufstehen; doch dann besann sie sich. Auch im Sitzen waren beide Frauen groß; und beide hätten jetzt genauso gern gestanden. »Ich sehe, es ist zwecklos«, sagte sie. »Was sollen die beiden denn Ihrer Meinung nach miteinander besprechen?« Und dann in einem sanfteren Ton: »Ich wollte nur helfen ...«

Claras schmale Hände fuhren hoch. Die plötzliche Geste dieses steifen Körpers hatte etwas Übertriebenes. »Verzeihen Sie – selbstverständlich muß man reden. Bloß, daß ich von solchen Abmachungen nichts verstehe. Was wollten Sie mir denn sagen?«

»Ich weiß es nicht mehr«, sagte Sarah.

»Jules wird jetzt also weniger Geld haben als zu Lebzeiten seiner Frau? Das ist klar.«

»Ich habe nie daran gedacht, daß sie sterben könnte«, sagte Sarah.

»*Wirklich nicht?*«

Wieder überkam sie Ungeduld. »Bleiben wir beim Thema«, sagte sie, und dann: »*Weniger* Geld? Möglicherweise überhaupt nichts.«

»Er hat ja immer noch sein eigenes.«

»Das ist längst weg.«

»Aber nicht doch. Wieso denn?«

»Es war ohnehin nicht sehr viel, und er hat zuviel ausgegeben.«

»Zuviel ausgegeben«, sagte Clara. »So was kommt vor.«

»Ich glaube, Sie sind die leichtsinnigste Frau, die mir je begegnet ist«, sagte Sarah.

»Soll das heißen, Jules wird demnächst Not leiden?«

»Das haben *Sie* gesagt!« Sarah dachte an Frankfurt; an ihren Vater: wie er jedem von ihnen in seinem Arbeitszimmer genau erklärt hatte, woran er war. Fragen – Antworten. Sie warf noch einmal einen Blick auf ihren Pissarro. Ihr Vater hätte ihn *nicht* gekauft. Sie hatte sich in Frankfurt nie wohl gefühlt.

»Gefällt Ihnen das Bild?« fragte sie.

Clara hielt ihr Lorgnon in die Richtung der Wand. »Was stellt es dar?« fragte sie.

»Einen Bauernhof in der Normandie, würde ich sagen.«

»Ich verstehe nicht, wozu so was gut sein soll«, sagte Clara. »Heißt es nicht im Irrtum verharren, wenn man Bilder von etwas malt, das selbst schon eine Täuschung ist?«

»Wie bitte? *So* sehen Sie das? Ist das alles? Täuschung. Vielleicht haben Sie recht; aber für mich kann ein Bauernhof gerade dadurch Wirklichkeit werden.«

Clara sah noch einmal hin. »Sind Sie sicher? Das kann ich mir gar nicht vorstellen – so ein *harmloses* Bild ... Wir könnten ihn einladen, bei uns auf Sigmundshofen zu wohnen, aber das Haus wird demnächst geschlossen. Es ist so riesengroß. Und da mein Bruder ja nun wieder einen Posten im Kabinett übernimmt – er will nicht, daß ich darüber spreche, aber warum eigentlich nicht? wenn es doch wahr ist –, ziehen wir alle nach Berlin. Aber warum sollten wir nicht ein paar Räume für Jules und das Kind offen lassen? Der Hausmeister wäre da. Das Hofgut ist vermietet, aber wir bekommen offenbar Eier von dort – ich fürchte nur, *Geld* wird keines für ihn dasein. Meines wird von vielen Seiten stark beansprucht – und Gustavus hat anscheinend auch nie welches; mein Bruder ist sehr großzügig gewesen, aber ich glaube, ich kann nicht noch einmal zu ihm gehen ... Trotzdem, ich denke, Jules wird zurechtkommen. Es gibt den Katechismussaal und die Schule, die ich auf unserem Grund und Boden gebaut habe, das wird später sehr praktisch sein. Jedes Jahr zu den Landtagswahlen würden wir herunterkommen, und vielleicht könnte Jules meinem Bruder ein wenig zur Hand gehen – in der Fastenzeit öffnen wir nämlich das Haus, dann hält der Sankt-Eustachius-Verein dort seine Exerzitien ab.«

»Hat Jules schon mal bei Ihnen gewohnt?« fragte Sarah.

»Wir haben ihn eingeladen; aber mir scheint, er ist nie gekommen.«

Am nächsten Tag nahm Sarah ihn mit in die Voßstraße. Auf dem Weg nach drinnen blieb sie plötzlich stehen. »Sieh doch! Wie schön! Deine Katzen.«

Er schien bestürzt, betrachtete die gelben Geschöpfe auf ihren Podesten und sagte: »Ich hatte sie ganz vergessen.«

»Ich freue mich jedesmal über sie. Ich muß zusehen, daß ich sie später mal erbe.«

»Lieber nicht«, sagte er.

»Übrigens, ich muß dir noch etwas sagen. Es soll nicht darüber gesprochen werden – über nichts von all dem, was passiert ist. Ich finde es entsetzlich. Aber bitte, laß es.«

»Selbstverständlich«, sagte Julius.

Sie aßen gemeinsam zu Mittag. Nachher ging Jules hinauf ins Kinderzimmer.

Abends sagte Sarah zu ihm: »Es macht dir wirklich Freude, mit dem Kind zusammenzusein, nicht wahr?«

»Aber – *ja.*«

»Sie werden sie nie und nimmer weglassen. Verstehst du, sie haben Angst.«

»Sie ist mein Kind; ich könnte sie einfach mitnehmen.«

»Ja, vielleicht. Aber ich sehe da große Schwierigkeiten auf dich zukommen. In ihren Augen bedeutet Ausland soviel wie Krankheit – Das Kind ist deutscher Staatsbürger. Sie könnten einiges unternehmen. Vielleicht waren diese Häuser wirklich nicht gesund –«

»Was soll ich denn machen?« fragte Julius.

»Wie traurig du aussiehst!«, sagte Sarah.

Er stand vor ihr. Sie erhob sich. »Ich würde erst einmal abwarten«, sagte sie und trat ans Fenster. »Mittwoch fahren sie alle nach Bad Kreuznach – wie jedes Jahr, zur Kur. Warum fährst du nicht mit?« Sie zog die Vorhänge zu. »Es ist nicht übel dort ... Sie haben eine ganze Etage gemietet ... Und vielleicht fangen sie langsam an, sich an dich zu gewöhnen.«

6. Kapitel

Morgen, übermorgen, überübermorgen ... Das Leben ist nie so schlecht und nie so gut, wie man glaubt – die traurige, treffende Redensart der Franzosen rückt die Dinge zurecht: *La vie, voyez-vous, ça n'est jamais si bon ni si mauvais qu'on le croit.* Nie so schlecht, nie so gut ... Und wann? Im Augenblick der Katastrophe, am Abgrund der Angst? Wenn die schlimme Nachricht eintrifft und die Falle zuschnappt oder der Verlust plötzlich schmerzt? Auf dem Tiefpunkt, in der Eintönigkeit, in der Bitternis? In den Augenblicken der Erneuerung? In der Verklärung der Liebe, im Arbeitsrausch, im Augenblick der Gnade einer neuen Einsicht, im Jetzt, das man sich ewig wünscht? Oder später, wenn sich die Türen eine nach der anderen schließen und das Bedauern sich wie eine stählerne Spirale ins Herz bohrt? Nie so gut, nie so schlecht – sondern ein grau verhangener, erträglicher Halbschlaf, flankiert von kleinen Vorräten an diesem und jenem, der uns nach Heimsuchungen und Schrecknissen einhüllt, ein Dösen durch die Jahre, bisweilen nicht unangenehm, ein gleichmäßiger Gang ohne Umkehr – Leben, Lebensläufe, Summe des Lebens? Ist das tröstlich? Ist es die ganze Wahrheit? Ist es unausweichlich?

Die Jahre, nachdem die beiden Schwestern ihres Mannes gestorben waren, können für Sarah nicht glücklich gewesen sein – Edus Spielleidenschaft, Edus wachsende Schulden, Edus unveränderlicher Charakter: dieses unablässige Kreisen, das sie schließlich nötigte, sich nur noch auf sich selbst zu verlassen, auch wenn es häßlich aussah; sie wurde älter; die Zeit verging; alles, was geschah oder nicht geschah, ließ sich deuten als ein letzter Pinselstrich an einem Bild, das fertig war; und so, wie wir sie kennen, wird sich Sarah über die Grenzen, in denen sich ihr Leben abspielte, keine Illusionen gemacht haben. Ihre Kinder wuchsen heran. Zu steifen, nüchternen, verschlossenen Mädchen – ganz anders als die Mädchen ihrer eigenen Jugend, seltsam lieblos gegen die eigenen Eltern und ihre eigene Zeit. Solange sie noch klein gewesen waren, hatte sich Sarah auf die Zukunft gefreut, in der sie so alt sein würden, daß sie sie wirklich lieben könnte; bis dahin hatte sie dafür gesorgt, daß sie alles bekamen, was ihr nötig erschien, hatte sie mit fast teilnahmsvoller Sorge beaufsichtigt, hatte beobachtet, wie sich ihr Aussehen entwickelte, so wie man den Geschäftsgang einer Firma verfolgt. Sie hegte ein tiefes Mitgefühl für andere Frauen, und ihre Töchter sollten alles haben – einen geraden Rücken, gesunde Zähne, Interessen –, was sie für ihr Leben brauchten; nun jedoch stellte sich heraus, daß die Mädchen sie nicht lieben konnten. Was sie Edu angetan hatte, das hatte sie vor allem für ihre Töchter getan; aber vielleicht mißbilligten ihre Töchter diese Handlungsweise, vielleicht ergriffen sie Partei für ihren Vater, Sarah wußte es nicht. Wie sprachen sie miteinander darüber? Sprachen sie überhaupt miteinander? Verstanden sie sich? Die jungen Wesen hatten etwas Hartes, Selbstgefälliges, das Sarah verwirrte und beunruhigte. Dabei ahnte sie nicht, daß andere sagten, sie hätten es von ihr. Sie gestand sich auch eine andere Enttäuschung ein – ihre Töchter hatten keinen interessanten Verstand. Doch am meisten Kummer machte ihr, daß sie bei beiden Anzeichen von dem erkannte, woraus ihre eigene Unzufriedenheit erwuchs.

Über all dies sprach sie nie. Wenige Menschen konnten in ihrer Gesellschaft ungezwungen sein; niemand lachte *mit* ihr, wenn sie einen Witz machte. Für die wenigen bedeutenden Leute, die bei ihr verkehrten, und die Maler, die gelegentlich zum Essen kamen und deren Ateliers sie besuchte, war Sarah zu reich, zu unbeschäftigt, zu unnachgiebig, als daß sie in ihr etwas anderes als eine Gastgeberin oder eine Gönnerin hätten sehen können. Sie brachte die Kunst dieser Leute zum Blühen, so wie Midas alles, was er berührte, in Gold verwandelte. Aber die vertrautesten Gespräche führte sie mit der Geliebten ihres Schwagers, und die erfrischendsten mit ihren Anwälten.

Doch über all diesen Schwierigkeiten ließ Sarah die Verbindung zu Julius nie abreißen. Wenn sie sich beide in Berlin aufhielten, war er ihr ständiger Begleiter. Wenn ihr, wie es bisweilen geschah, seine Eigenarten plötzlich wieder zu Bewußtsein kamen, ärgerte sie sich jedesmal, und es überkam sie jene Ungeduld, mit der man einem schönen, gutgepflegten Hund begegnet, der wieder mal den immer gleichen alten Knochen in den Salon geschleppt hat. Meistens jedoch wirkte die Anwesenheit von Julius beruhigend auf sie; sie ließ sich gern von ihm in die Auktionssäle begleiten; er war für sie nun zu einem erfreulichen Familienzuwachs geworden, und sie konnte sich wohl sagen, daß sie seinem Leben mehr Stetigkeit und eine nicht ganz unerträgliche Richtung gegeben hatte. Er hatte eine Wohnung in Paris, wurde von Kunsthändlern genauso umworben wie sie selbst, mietete sich im Februar ein Haus, wo es ihn gerade hinzog – Marokko, Korsika, Spanien; und schien, soweit sie sehen konnte, einer Reihe umgänglicher Frauen zugetan. Hatten die alten Merz die Zuwendung für Melanie nicht Jahr für Jahr, Quartal für Quartal weiter auf sein Konto überwiesen, ohne auch nur ein Wort darüber zu verlieren? Hatten sie nicht sogar ein- oder zweimal einige Schulden, die sich angesammelt hatten, bezahlt? Er verbrachte weniger Zeit in Deutschland als Sarah. Zu Weihnachten kam er in die Voßstraße, und im Sommer folgte er ihnen *en villégiature;* im übrigen kam und ging er so oft oder so selten, wie er kommen zu müssen oder kommen zu dürfen glaubte – um seine Tochter zu besuchen, dieses häßliche, verwöhnte, unwissende, in Muffs und Hermelin gewickelte kleine Mädchen, dem er sich anscheinend mit der gleichen übertriebenen Hingabe widmete, wie dies Emil, Gottlieb, Marie, Großmama und Großpapa taten.

Manchmal sprach Julius mit Sarah in ziemlich wehmütigem Ton über eine neue Heirat. Er betrachtete sich immer noch als tragisch verwitwet, und die Ehe erschien ihm wie ein Hafen der Freiheit und der Sicherheit. Er hatte sich in den Kopf gesetzt, daß er nur eine Mutter vorweisen müsse, um sein Kind mit ins Ausland nehmen und dort mit ihm leben zu können; und es kam eine Zeit, in der ein solches Projekt tatsächlich Gestalt annahm. Er erzählte Sarah, er habe beschlossen, eine Französin in seinem Alter zu heiraten, die selbst ein Kind habe. Madame Dupont war ihr Name, jedenfalls glaubte Sarah, Julius so verstanden zu haben; er ließ auch durchblicken, daß er sie schon seit einiger Zeit kenne, und fügte hinzu, mit ihr würde das Leben *confortable* werden. Sarah bezog diese Bemerkung aufs Geld.

Doch die alten Merz machten das Vorhandensein des anderen Kindes zu ihren Gunsten geltend. Julius sagte zu Sarah, ihm erscheine dies sehr befremdlich, weil sich Madame Dupont – hieß sie wirklich Dupont? –, für die das Leben einige seiner Verheißungen inzwischen verloren hatte, doch gerade freue, auf diese Weise ein Zuhause für ihr eigenes Mädchen zu finden.

Dies wiederum hatte Sarah mit ihrem Sinn für Hausbesitz überrascht.

»Aber wie kann es sein, daß sie danach *sucht*, Jules? Hast du mir nicht erzählt, sie habe ein *hôtel* in der Avenue du Bois? Und ein Haus in Cannes?«

»Ja, weißt du«, sagte Julius, »bis jetzt wäre es *unpraktisch* gewesen, das Kind bei sich zu haben.«

»Ach so, eine Klosterschule«, sagte Sarah. »Clara Felden hat mir mal erklärt, wie das geht.«

»*En nourrice* –«, sagte Julius.

»Diese Katholiken!« sagte Sarah und dachte nicht weiter darüber nach.

Die Aufregung, die in der Voßstraße wegen dieser Stiefschwester ausbrach, machte den Plänen von Julius ein rasches Ende. Aber später kam er oft darauf zurück und war ziemlich traurig, wenn er Sarah erklärte, wie komfortabel das Leben für sie alle hätte sein können. Großpapa bewies Gespür für eine entgangene gute Partie und erhöhte den Betrag, der regelmäßig auf Julius' Bankkonto einging.

»Stell dir vor«, sagte Edu zu seiner Frau, »es ist jetzt soviel, wie es vor Melanies zweiter Taufe sein sollte, und dabei ist er nun allein.«

»Reichlich Stoff zum Nachdenken«, sagte Sarah.

Als Julius und Sarah fünfzig wurden, veranstaltete die Voßstraße ein gemeinsames Fest für beide. Die Idee stammte angeblich von Gottlieb.

Die beiden Geburtstage lagen nur wenige Monate auseinander. Sarah hatte geglaubt, Jules sei ein oder zwei Jahre älter als sie – eine Ansicht, die nicht von allen geteilt wurde. Julius hatte über die Frage des Alters nie nachgedacht, aber wenn man ihn gefragt hätte, so hätte er Sarah ohne weiteres zehn Jahre mehr gegeben. Richtig gezählt hatte nur die Voßstraße.

»Vielleicht muß man sich die Eumeniden so ähnlich wie die Merz vorstellen«, sagte Sarah.

Julius sah sie mißmutig an. »Muß das sein?« fragte er. »Müssen wir wirklich?«

»Dieses denkwürdige Alter erreichen? Aber ja. Und wir haben es erreicht.«

»Ich nicht«, sagte Julius. »Erst im Juli.«

»Es steht schon in der *Kreuzzeitung*«, sagte Edu.

»Dieses Fest –«, sagte Julius.

»Lieber Jules, es wird dir schwerfallen, an deiner Überzeugung festzuhalten«, sagte Sarah.

Als sie die Treppe hinaufgingen, begrüßte sie von überallher groß und rund die Zahl 50. Mit Luftschlangen geschmückt, von Grünzeug umrankt, das ganz leblos aussah, aber dennoch glänzte und ungeheuer haltbar wirkte, in Zuckerguß, in Marzipan, aus elektrischen Kerzen und aus kandierten Früchten geformt; eine Fünf und eine Null aus Silberpapier geschnitten und mit Draht in das Geweih eines Neunzehnenders montiert, den Max auf seinem Gut in Schlesien zwar nicht selbst geschossen, aber von dort geschickt hatte – eine Trophäe, die auf dem Teppich des Vorzimmers am Fuß eines Altars voller Gaben lehnte: Aufmerksamkeiten für die Merz aus dem Kreis der Verwandten und Bekannten – Geflügel im Federkleid, Hasen im Fell, Rebhühner an einer Schnur, ein Dutzend Paare von diesem und ein Dutzend Paare von jenem, Langusten, die ermattet in trübem Wasser zwischen Seetang herumtasteten, westfälische Schinken, schlangenlange Räucheraale, große, glänzende Klumpen von entbeintem Gänsefleisch, in die eigene, unversehrte Haut gefüllt, Fünf-Pfund-Dosen Kaviar in silbernen Kühlern, Straßburger Gänseleberpastete in Terrinen so groß wie Hutschachteln, säulendicker Gewächshausspargel, fünfzig Kiebitzeier in einem Nest aus Bronzezweigen. Das türmte sich hoch und höher, Lage auf Lage, und obenauf ein Zinnenkranz aus den buschigen Häuptern etlicher schwerer Ananas; Körbe über Schachteln und Schachteln über Kisten, manche von ihnen mit Seide gefüttert. Portwein und Havannas, arabischer Mokka, Feigen aus Smyrna, Trauben in Watte, Fruchtgeleekonfekt, glasierte Maroni, Sachertorte und Karlsbader Pflaumen. Die eigentlichen Geschenke waren im Ballsaal aufgebaut, und durch die Salons, die zum Speisezimmer führten, erstreckte sich ein Büffet, das die Verheißungen des Vorzimmers an die Schwelle der Genießbarkeit herangerückt, bisweilen sogar über diese hinausgehoben hatte. Suprêmes und Fondants, Velours und Claires, Masques und Glaces, en Bellevue, en Chartreuse, en Savarin, en Bouquetière, Surélevés und Richelieus, Figaros und Maintenons, Niagaras, Metternichs und Miroités – en Grenadin, en Favorite, en Chambertin, en Financière, en Chassé, en Croisé, en Frappé, en Triple-Eau, en Glissade, en Diadème, en Saint-Alliance, en Belvedère, en Ballonné, en Demi-Deuil und Demidoff: Gramonts, Chimays, Souvaroffs, Albufera und Tivoli.

»Da haben Sie ja ein ganzes Stück Frankreich, Baron«, sagte ein Gast.

»Mit Zwischenhalt im Orient«, fügte Sarah hinzu.

»Pardon – ich verstehe nicht.«

Henrietta, als Hermes verkleidet, sagte zu Ehren der Jubilare ein Gedicht auf; Großpapa hielt eine Ansprache, die mit *nel mezzo del cammin* begann und in einem sicheren Hafen endete. Beide hatten ihre Texte auswendig gelernt und kamen kaum je ins Stocken. Verfaßt hatte sie der Poeta jubilatus, ein schriftstellernder Herr in weit vorgerücktem Alter, der sich schon immer, soweit die Anwesenden zurückdenken konnten, in gewissen Berliner Kreisen solchen und ähnlichen Aufgaben gewidmet hatte. Er war kein Berufsschreiber, das heißt, er ließ nichts drucken (obwohl seine *vers de circonstances* gelegentlich Eingang in die Gesellschaftsspalten der Zeitungen fanden), und seinen Lohn bekam er so wie gewisse bedeutsame Ratgeber – indem ihm der Herr des Hauses an der Tür einen Umschlag mit dem Honorar zusteckte. Gegen Abend erschien ein anderes bekanntes Gesicht, das bald unter einem schwarzen Tuch verschwand und von dort mit großem Aufwand Geschenke, Speisen und Büffet ablichtete.

Gegen Ende dieses Jahres zahlte Sarah die Schulden ihres Mannes zum letzten Mal. Im gleichen Winter wurde ihre jüngste Tochter dabei erwischt, wie sie in einem öffentlichen Lokal mit einem jungen Mann, einem Trainer von der nahe gelegenen Trabrennbahn, Tee trank. Das Mädchen, noch keine fünfzehn Jahre alt, war sich der Ungeheuerlichkeit ihres Betragens bewußt und geradezu erleichtert, als man sie während der Ferien ins Internat zurückschickte, aber Sarah, die den Mann kennenlernen wollte – einen vornehm wirkenden Herrn, der allerdings wegen Faulheit und Wettschulden entlassen worden war –, hatte nachher das Gefühl, sie sei einem Geist begegnet.

Nachdem sie ihre Vorkehrungen getroffen hatte, begann sie auf das zu warten, was eines Tages kommen mußte. Sie ahnte, wie die Sache ablaufen und daß ihre Handlungsweise auf wenig Verständnis stoßen würde, und war von ihrer Richtigkeit und Notwendigkeit dennoch überzeugt, allerdings auch ein wenig besorgt darüber, wie fasziniert sie selbst dem, was da auf sie zukam, entgegensah. Monate, ein

Jahr und noch ein Jahr vergingen in der Erwartung dramatischer Ereignisse, und nicht immer bewahrte sie währenddessen die Ruhe. Ein paarmal glaubte sie, nun sei es soweit; oft hoffte sie es sogar; aber als dann Edu eines Morgens im Mai aus dem Club heimkehrte und dort die riesigen Schulden hinterlassen hatte, als er in ihr Zimmer trat, um es ihr zu sagen, da merkte sie, daß sie sicher gewesen war, in diesem Sommer werde es nicht geschehen. Der Gedanke war verlockend: daß noch Zeit war, nichts geschehen zu lassen – das Scheckheft herausziehen, die Zahl hinschreiben, Edu hinausschicken, ihm nachblicken –, und nachher säße sie wieder in ihrem hellen Zimmer, umgeben von ihren Bildern, vor sich das Tablett, und der Tee wäre noch fast so heiß wie vorher ... Statt dessen sagte sie: »Würdest du jetzt bitte gehen, ich möchte mich anziehen; in einer halben Stunde bin ich soweit, und wir können darüber sprechen.«

Fast alles lief dann so ab, wie sie es sich vorgestellt hatte. Aber die lange Probenzeit ersparte ihr nicht die Aufregungen des eigentlichen Auftritts, eine nach der anderen, und auch nicht dieses schale Gefühl, den Eindruck von *déjà-couru,* und minderte die Demütigung nicht im geringsten. Manches überraschte sie auch; wie umständlich alles war und wie hoch es sich türmte – die Besprechungen, das Reden, der Papierkrieg, das Warten, das Warten auf Gerichtstermine; und wie lang es sich hinzog. Die Zähigkeit der Hoffnung verblüffte sie ebenfalls; sie hatte geglaubt, sie sei mit Edu innerlich fertig – aber als Edu keine Spur von Haltung, Verstand oder Besserung zeigte, wurde sie doch wieder traurig.

Als alles vorüber war, fuhren sie ins Ausland – auch das hatte sie vorausgesehen. Aber über diesen Punkt hatte sie nicht hinausgedacht und erschrak über die Leere, die sie plötzlich umgab. Edu saß trübsinnig und streitsüchtig in der Villa herum; als er abgereist war, überlegte sie, wie sie ihr Leben neu ordnen und ihm die nötigen, neuen Bezugspunkte geben könne. Zweierlei kam ihr zu Hilfe – die Verhandlungen, die sie gerade hinter sich gebracht hatte, hatten ihr Interesse für die Welt der Finanzen angeregt; das 20. Jahrhundert war angebrochen, und die Preise für Impressionisten stiegen. Sarah war noch immer sehr reich; jedes Jahr bekam sie ihren Teil an den Gewinnen der Kastell-Anilin; sie verfügte über ausgezeichnete Informationsquellen; sie vertraute auf das eigene Geschick. Sie verließ den Süden und ging nach Paris – ohne Erwartungen, aber mit zwei Vorsätzen: im Laufe des Winters wollte sie eine bestimmte Summe an der Börse gewinnen und einen Monet kaufen – eine große Gartenszene, für die sich auch das Musée du Luxembourg interessierte.

Späte Liebe hat mit der ersten Liebe eines gemeinsam: sie kommt wieder ungewollt. Tatsächlich verdiente Sarah an der Pariser Börse viel Geld; den Monet bekam sie nicht, sondern kaufte einen anderen, und dazu einen Seurat, aber diese Erwerbungen fielen kaum ins Gewicht, sofern sie sich mit ihnen etwas hatte verschaffen wollen, das sie beschäftigte, ablenkte, erfüllte; doch beschäftigt, abgelenkt, erfüllt – das war sie in diesem Winter, beflügelt von neuen Entdeckungen, zum Lachen aufgelegt, noch einmal und ungewollt von einem Zauber erfüllt. Und sie war noch etwas – sie war glücklich.

»Kennst du jemanden, der einem helfen kann, ein Telefon zu bekommen?«
»Ein Telefon?«
»Ein *Telefon!*«

»Ein sehr unangenehmer Apparat, nach allem, was ich höre«, sagte Julius.

»Offenbar bist du keine große Hilfe.«

»Eine Freundin von mir hat eines. Jemand hat es ihr einbauen lassen – als Überraschung. Sie benutzt es, um Austern zu bestellen, wenn es für ein *petit bleu* zu spät ist. Aber das *petit bleu* ist schneller.«

»Sonderbare Hauswirtschaft. Deine Freundin ist nicht zufällig bereit, es wieder abzumontieren und mir zu schenken? Wir sollten unsere verschlafene Botschaft einschalten. Du mußt mit ihnen sprechen.«

»Ich?«

»Als Schwager des Außenministers.«

»Ach, der arme Conrad. So sehe ich ihn gar nicht.«

»Das solltest du aber. Normalerweise soll es nämlich drei Wochen dauern. Ich will es aber jetzt.«

»Das Telefon?«

»Jawohl, Jules.«

»Wozu eigentlich?«

»Zum Reden. Damit man morgens mit seinen Freunden reden kann.«

»Sarah?« sagte Julius. »Du erwartest doch nicht von mir, daß ich mich mit dir am Telefon unterhalte?«

»Nein«, sagte Sarah, »von dir nicht.«

Ein paar Tage später sagte sie: »Ich habe eines. Neben dem Bett. Himmlisch. Außer, wenn sie die Verbindung trennen. Ich weiß gar nicht, wie ich jemals ohne ausgekommen bin.«

»Ohne diese Erfindung ...?«

»Unter anderem.«

»Ich wollte mich verabschieden«, sagte Julius.

»Wohin fährst du?«

»Nach Berlin natürlich.«
»Warst du nicht erst neulich dort?«
»Nicht seit Neujahr.«
»Ich habe dich kaum gesehen.«
»Nein«, sagte Julius.
»Wann kommst du zurück?«
»Im Februar, hoffe ich.«
»Ach, ja!« sagte Sarah.
»Verstehst du – letztes Mal, als Henrietta eine Erkältung hatte, bin ich gar nicht gefahren. Und jetzt ist auch Edu noch weg.«
»Edu geht es auf Korfu sehr gut«, sagte sie rasch.
»Sicher«, sagte Julius.
»Könntest du in Berlin einige Dinge für mich erledigen?«
»Fährst *du* denn nicht?«
»Du weißt doch, Jules, ich habe das Haus geschlossen.«
»Du könntest in der Voßstraße wohnen. Ich wohne auch dort.«
»Ich will hier nicht weg«, sagte Sarah.

Die meisten Männer standen. Das Gespräch kam nicht in Gang. Normalerweise ging es bei Sarahs Diners von Anfang an munter zu, aber diesmal stockte etwas. Und Cocktails gab es damals noch nicht. Julius zog seine Uhr hervor und gestattete sich als vertrauter Freund die Frage: »Sarah, auf wen warten wir eigentlich?«
»Du kennst sie nicht. Sie kommt oft zu spät.«
»Ein Fehler«, sagte Julius.
Sarah lächelte abwesend.
Da kam der Diener herein und sagte etwas zu ihr. »Durchaus nicht«, sagte sie, »das macht überhaupt nichts.«
Ein Raunen ging zwischen den Gästen um. Die meisten von ihnen waren Franzosen.
Julius zog seine Uhr noch einmal hervor.

»*Wie spät* ist es denn nun?« fragte Sarah.

An der Tür entstand Unruhe, Geraschel, ein Pelz wurde abgestreift, und nun betrat den hell erleuchteten Raum eine junge Frau in der Schönheit ihrer frühen Jahre. In einem Kleid von nachtdunklem Violett, das Gesicht ein klares Oval, verschleiert, erfüllt von einer strahlenden, unerreichbaren Heiterkeit, und sie hatte Schnee im Haar.

»Caroline –«, sagte Sarah und erhob sich.

»Liebling – grauenhaft.« Ihr Blick, wie ihre Stimme, war rasch und herzlich und blieb doch in sich gekehrt; dieser Blick nahm nichts wahr. »Wie kannst du mir je verzeihen? Dieser endlose Brahms – du weißt ja, das hört und hört nicht auf. Und dann sind natürlich keine Droschken da, ein Schneesturm –« Mit leichter, zerstreuter Munterkeit wandte sie sich der Gesellschaft zu.

Man umringte sie, und schon war sie der Mittelpunkt eines allgemeinen Gezwitschers. »Und wie hat Ihnen der Debussy gefallen?« – »Glauben Sie, wir werden uns bald alle daran gewöhnt haben?« – »Ich muß gestehen, mir tut er in den Ohren weh.« – *»Ne préfériez-vous donc pas une vraie mélodie?«* – *»Cependant le Naturalisme –«* – *»Une salle de concert n'est pourtant pas un bord de mer!«* – *»Peut-être Madame est Wagnérienne?«* – »Haben Sie das Ballett gesehen?« – »An welchem Abend gehen Sie in die Oper?« – »Laufen Sie Schlittschuh?«

Das Diner wurde zweimal angesagt.

Julius schob sich neben sie. »Ich glaube, ich soll Sie zu Tisch führen«, sagte er. – »Sie sollte an *meinem* Tisch sitzen«, wollte Sarah sagen, doch Julius hatte sie schon fortgezogen.

Von ihrem Tisch, zwischen den Unterhaltungen ihrer Nachbarn hindurch, blickte Sarah immer wieder dorthin, wo sie in einer Runde eng beieinandersaßen. Sie sah diesen Hals und die Schultern, die schimmerten wie Früchte oder

Marmor – das glänzende, kastanienbraune Haar, ein wenig feucht und trotzdem federleicht über dem schmalen Saphircollier; das ruhige, entzückte Gesicht. Julius plauderte unablässig und aß nichts. Sie war in Schweigen versunken, nur manchmal perlten ein paar Wörter, ein kurzer Einwurf an die Oberfläche. Einmal nahm sie ein Stückchen Trüffel von Julius' Teller und aß es.

»Diners«, sagte Julius zu ihr, »sind so unnütz. Ich meine, die großen. Die vielen Leute, die da zusammen essen. Und die Gesichter nachher – den Frauen steht das nicht.«

»Wie Lord Byron.«

»Meinen Sie den Dichter?« fragte Julius unbekümmert, wie jemand, der eine sehr vage Vermutung äußert.

Sie lächelte ihn an und hatte sich nun ganz nach außen gewandt. »Ja, den Dichter.«

Als hinter ihr eine Stimme ansagte: Mouton 64, sammelte sie sich wie jemand, der beim Klang der Nationalhymne einen Moment respektvoll innehält.

»Sie mögen Bordeaux wirklich?« fragte Julius.

»Sehr sogar.«

»Das ist ungewöhnlich.«

»Für mein unterprivilegiertes Geschlecht? Allerdings. Mein Vater hat es mir beigebracht. Er liebte ihn, der Gute. Ich war sein einziges Kind, und Papa war es wohl lieber, wenn *ich* seinen Bordeaux trank und nicht sein Vetter.«

»Warum? Was war mit dem Vetter?«

»Ihm würde eines Tages unser Haus gehören.«

»Eine Hypothek?« fragte Julius.

»Die Erbfolge.«

»Und deshalb trinken Sie den Bordeaux mit Ihrem Vater. Gut so.«

»Jetzt nicht mehr. Jetzt bin ich – verzeihen Sie das Wort, es klingt so sehr nach Andersens Märchen, daß man es bei Tisch kaum benutzen kann; eigentlich kann man es überhaupt nicht benutzen; aber was soll man sonst sagen? – ich bin ein Waisenkind.«

»Sie haben weder Vater noch Mutter? Und keine Brüder und Schwestern?«

»Das klingt schon anders. Viel besser. Aber auch viel schlimmer. Es kommt nicht oft vor, daß man in meinem Alter niemanden mehr hat; nein, ich fürchte, in meinem Alter muß es *Waisenkind* heißen.«

»Waisenkind?« sagte Julius. »Das muß eigentlich ganz angenehm sein. Oder?«

»Nicht für die, die gestorben sind. In Indien, an einer von diesen Krankheiten, bei denen alles so unglaublich schnell geht, vor vier Jahren. Nein, sie haben dort nicht regiert; das haben wir in meinem Zweig der Familie hinter uns. Sie waren auf Reisen.«

»Und jetzt hat der Vetter den Bordeaux?« fragte Julius.

»Der Vetter hat den Bordeaux.«

Etwas später sagte sie: »Sie sind genau so, wie Sarah Sie mir beschrieben hat. Ich habe schon soviel von Ihnen gehört. Wir reden oft über Sie.«

»Tatsächlich? Von *Ihnen* hat sie mir noch nie erzählt.«

»Sie kennt mich ja auch erst seit kurzem.«

Später, als sie einen Augenblick ungestört waren, sagte sie zu Sarah: »Dein Jules ist wirklich ein Schatz. Und *so* witzig. Außerdem sieht er ungeheuer gut aus. Er will mich zum Reiten mitnehmen. Francis reitet ja überhaupt nicht mehr. Ach, Sarah ...«

»Ja?«

»Und dann wollte ich dir noch sagen – wegen heute abend, es tut mir so leid. Es war unverzeihlich. Aber du weißt ja –«

»Meine Liebe – heute nachmittag gab es *keinen* Brahms, sondern Schumann. Ich weiß es, denn ich war da.«

»Keinen Brahms? Aber das ist ja herrlich!« Sie strahlte Sarah an. »Dann kannst du ja sagen, du hättest mich gesehen, Liebling!«

»Bitte, ich bitte dich, sei vorsichtig. Ich flehe dich an.«

»Vielleicht. Ein bißchen. *Dir* zuliebe – ein kleines Opfer für die Götter.«

»Und dieses Kleid? Muß man annehmen, daß du dich in der Droschke umgezogen hast?«

Wieder wandte sich ihr Blick nach innen, als würde er dort einer Erinnerung begegnen.

»Und ist es klug, so viel davon zu sprechen, daß du allein in Droschken herumfährst?«

»*Nicht* allein.«

»Ich bin entsetzt.«

»Und ich bin glücklich.« Ihr Gesicht straffte sich; sie sah Sarah in die Augen und streifte ihre Hand ganz leicht mit der ihren. »Sarah – ich bin so glücklich. Die Welt ...«

»Aber das macht dich nicht unsichtbar. Und auch nicht unverletzlich.«

»Aber ja doch«, sagte Caroline, »ja, ja.«

Julius zog Sarah fast mit Gewalt beiseite. »Sarah, Sarah, weißt du schon? Sie kennt Robert!«

»Wen?«

»In Hamburg. Sie mußte auf ein Schiff warten. Sein Name stand am Gitterzaun. Sie hat ihm eine Mandarine gekauft, aber er wollte ihren Ring. Das sieht ihm gar nicht ähnlich; sie muß ihm gefallen haben. Wer ist sie?«

»Eine Miss Trafford«, sagte Sarah widerstrebend.

»Miss?« fragte Julius.

»Ja, ja.«

»Ein schwerer Fehler. Es sei denn, sie arbeitet wirklich beim Zirkus. Aber diesen Eindruck macht sie nicht.«

»Ach, Jules! Sie ist Engländerin.«

»Also eine echte Miss.«

»Ja.«

»Miss für unverheiratet? *Unverheiratet?*«

»Ja.«

»Diesen Eindruck macht sie allerdings auch nicht. Hast du gerade gesagt, sie sei nicht verheiratet?«

»Nicht verheiratet. Aber, lieber Jules – nicht für dich. Nicht für dich.«

»Das werde ich sie morgen fragen«, sagte Julius.

VIERTER TEIL
EIN FREIER MENSCH

1. Kapitel

»Warum?« fragte ich. »Warum, Mami? Warum?«

»Fragst du nur so?« sagte meine Mutter und hielt ihr Buch aufgeschlagen. »Oder meinst du es ernst? Du weißt doch, eine Antwort kann lang werden. Und vielleicht langweile ich dich. Ich möchte aber niemanden langweilen.«

Es heißt, wir erfinden unsere Erinnerungen immer wieder neu, und oft bauen wir sie um. Haben wir *dies* damals wirklich gehört? *Erinnern* wir uns daran, daß wir jenes gesagt haben? Oder erinnern wir uns daran, daß uns jemand erzählt hat, wir hätten es gesagt? Geschah alles dies zur gleichen Zeit, oder ist diese Szene mit ihren klaren Umrissen, dieser Bernsteinaugenblick eine Collage, ein Palimpsest, eine stereographische Aufnahme, in die viele andere Augenblicke eingegangen sind? Ich sehe die Linde, ich sehe meine Mutter in ihrem langen Kleid am Teetisch, neben ihr der Sonnenschirm – oder ist das die Dame mit dem bändergeschmückten Hut zwischen den Sträuchern auf dem Bild im ersten Stock? – Ich sehe das Grammophon mit dem Schalltrichter, es steht bereit, auf Befehl seiner Herrin die Stimme zu erheben und *Vesti la Giubba* zu intonieren. Ich sehe den hufeisenförmig angelegten Park jenseits des Rasens, höre den Klang ihrer Stimme, spüre in mir die

Stimmung des Nachmittags, der immer lang, immer heiß war; rieche den Flieder...

»Warum – alles?«

»Jetzt *hast* du mich unterbrochen. Noch bevor ich angefangen habe. Und ich wollte doch antworten. Was willst du denn hören? Etwas über die Methode des Aristoteles? Über das kopernikanische System? Nichts über die Erschaffung der Welt, das ist klar; ich weiß schon, über Theologie redest du nur mit den Einheimischen. Wissensdurst ist etwas sehr Gutes – er vergeht so bald –, aber du mußt dir genauer überlegen, was du wissen willst, Spätzchen. Nichts ist fataler als weite Felder. Verstehst du – da willst du mit jemandem über den Fruchtwechsel sprechen, und er sagt dir, Atlantis ist aber viel aufregender. Dabei stimmt das gar nicht. Ich wünsche mir, daß dein Verstand – falls du je einen haben solltest – nüchtern ist und wählerisch.«

»Ja, Mami.«

»Hast du diesen Wunsch schon selbst gehabt? Gibt es Gründe, die dich hoffen lassen, daß er in Erfüllung geht? Oder bist du bloß einverstanden?«

»Einverstanden.«

»Ich glaube, ich langweile dich schon. Geh spielen.«

Ich wollte nicht spielen. Ich hatte den ganzen Nachmittag gespielt, den Tennisball gegen die Wand der Remise geschlagen. »Ich möchte bei dir bleiben.«

»Wie die jungen Männer früher! Aber schmeichelhaft ist es nur, wenn man sich selbst Mühe gibt und nett zu jemandem sein will. Mädchen können natürlich nie sicher sein, daß sie willkommen sind – jedenfalls bekam man das immer zu hören. Also schlag es dir lieber aus dem Kopf. Mache ich dir angst?«

»Manchmal.«

»Jetzt nicht?«

»Nein.«

»Erklär mir das.«

»Ich mag es, wenn du so redest. Nicht zu mir.«

Meine Mutter sah mich plötzlich aufmerksam an.

»Hm ...«, sagte sie.

»Ich höre dir gern zu.«

»Das hat dein Papa auch immer gesagt. Verstehst du denn, was ich sage?«

»Ich mag die Wörter.«

»So was nennt man einen Zirkelschluß, Spätzchen; *petitio principii.* Reden besteht aus Wörtern. *La poésie s'écrit avec des mots.*«

Ich jauchzte.

»Da lachst du. Vielleicht kommt man ja auch mit Lachen zu einer Bildung.«

»Nicht weil es komisch ist. Weil es so schön klingt.«

Meine Mutter sah mich freundlich an.

»Sind das Erdbeeren?«

»Das solltest du aber nicht mehr machen – auch in deinem Alter«, sagte meine Mutter. »Wie alt bist du? (Nein, sag es nicht, ich will von Alter nichts hören ...) Verstehst du, warum?«

»Weil wir wissen, daß es Erdbeeren sind?«

»Wie fändest du es, wenn du Freunde zum Tee eingeladen hast und sie würden so reden: Ist das ein Butterbrot? Ist das dein Becher? Ist das ein Stuhl?«

Ich überlegte. »Ich glaube, es würde mir gefallen. Nanny sagt so was. Papa auch.«

»Wirklich?«

»Keine Fragen. Papa sagt: ›Diese Frucht ist gar nicht so übel. Dieser Stuhl ist gar nicht so unbequem.‹«

»Sprich weiter«, sagte meine Mutter.

Aber ich war schon woanders. »Nanny sagt, im Park macht man Bekanntschaften, wenn man zu den Leuten guten Tag sagt.«

»Im Park?« fragte meine Mutter alarmiert.

»Nicht in unserem. In dem von Nannys voriger Stelle. Da sind ganz viele Kinder und andere Nannys. Weißt du das?«

»Oh, ja – und ganz viele Erwachsene.«

»Nannys sind doch auch Erwachsene. Ich fände es gut, wenn Kinder zum Tee zu mir kämen und solche Sachen sagten. Da würde ich sie kennenlernen, es wäre Unterhaltung.«

»Wenn du eine Gastgeberin von dieser Sorte werden willst, dann ohne mich. Hoffentlich finde ich immer eine Ausrede, damit ich nicht zum Essen zu dir kommen muß. Na, bis dahin bin ich wahrscheinlich sowieso längst tot – oder lebe im Orient.«

»Doch nicht *tot*«, sagte ich.

»Was für eine konventionelle Reaktion, Liebling. Das kommt daher, daß man immer an seinen eigenen Tod denkt. Deshalb trauen sich die Leute so selten, ihn sich gegenseitig zu wünschen; ich bin sicher, selbst hier wünscht mir niemand wirklich den Tod.«

»Nein«, sagte ich.

»Wie bitte?« sagte meine Mutter. »Höre ich da ein leichtes Zögern? Erzähl mal.«

Ich schwieg, und sie sah mich gespannt an; erschrocken begriff ich, daß sie, genau wie ich, das Gefühl hatte, auf dünnem Eis zu stehen.

Ich tat unbekümmert, aber meine Hand machte alles noch schlimmer; sie fuhr mir an die Stirn und befühlte die Narbe über meiner Augenbraue. Auch heute tue ich das manchmal, obwohl die Narbe als Narbe kaum noch erkennbar ist und niemand mehr die Bedeutung dieser Geste versteht. Ich sah, daß meine Mutter es sah, und wurde rot.

Ich bin mir sicher, sie hat ihr Leben lang keinen einzigen Augenblick Verlegenheit verspürt; was sie damals bewegte, muß Bestürzung gewesen sein, Besorgnis ... Sie räumte vor sich auf dem Tisch eine Stelle frei, und sah mich an. »Hör zu, Liebling«, sagte sie, »du weißt doch, was das war. Es war Mutwille. Niemand wollte deinen Tod, niemand wollte uns umbringen ... Einige Leute glaubten, sie müßten wütend auf uns sein, und verloren die Geduld – vielleicht hatten sie recht, vielleicht haben sie alles ein bißchen durcheinandergebracht, wir lassen das mal dahingestellt, eines Tages wirst du alles erfahren, und dann kannst du dir selbst ein Bild machen. Aber es *ist* erschreckend, wenn Leute wütend werden – egal, ob man sie kennt oder nicht. Diese Leute haben gar nicht an dich gedacht ... *Du* warst auch schon mal mutwillig, du hast ein Huhn gejagt ...«

»Nie«, sagte ich. »Mit einem Stein nach einem *Vogel* werfen?«

»Sehr erfreulich«, sagte meine Mutter mit jener plötzlichen Erbitterung in der Stimme, die ich so fürchtete. Es war die Stimme, die mir manchmal im Haus begegnete. »Sehr löblich. Aber darum ging es nicht. Ich habe das Huhn – den Vogel – nur erwähnt, um dir das Wesen des Zorns begreiflich zu machen und was man im Zorn alles tun kann, aber du – wie ein Papagei lenkst du ab und klammerst dich ans Besondere – *Ich habe nie einen Vogel gejagt.*« Sie richtete sich auf, und es war, als spräche sie zu den Bäumen: »Mit nichts kann man sich so gut an der Wirklichkeit vorbeimogeln wie mit diesem Trick: man versteift sich auf die kleine, wahre, belanglose, buchstäbliche Einzelheit und verpaßt alles andere. Du kannst lügen; wenn es sein muß, *lüge* – solange du nicht vergißt, daß du lügst; das ist ehrlicher und weniger dumm als dieser pedantische Schwindel mit dem Allgemeinen und dem Besonderen.« Nun fiel sie erst richtig über mich her: »Und wir wollen diese alberne Geschichte doch um Himmels willen nicht schlimmer machen, als sie war – das war nicht die Flucht nach Varennes. Mein Großvater, also dein Urgroßvater, hatte es mit den Maschinenstürmern zu tun. Falls du mal was Richtiges lernst, wirst du hören, was das heißt.« Dann besann sie sich plötzlich eines anderen und sagte: »Ach, mein armer, kleiner Papagei, mein Hühnchen, mein Vögelchen, du mußt noch so viel lernen ... Und jetzt habe ich dir wirklich angst gemacht.«

Ich war ihr dankbar dafür – und bin es noch immer –, wie überlegt sie das Gespräch mit mir angefangen hatte; aber ihre Worte trafen nicht das, was wirklich verstörend war. Ich hätte sie gern beruhigt, hätte ihr gern gesagt, daß sie etwas falsch verstanden hatte, daß das, was sie um meinetwillen beunruhigte, mich überhaupt nicht beunruhigte. Ich wußte, daß nicht viel passiert war – ein Ausflug, der Stein, der die Scheibe der geschlossenen Kutsche durchschlagen hatte, belanglos im Vergleich zu dem, womit es Indianer jeden Tag zu tun hatten. Und ich hatte überhaupt keine Angst gehabt. Aufgeregt war ich gewesen, fasziniert von dem vielen Blut, das ich vergießen konnte. Wie viele Stiche, Nanny? Ich dachte nie daran – oder jedenfalls nicht so, wie es meine Mutter anscheinend tat; aber ihr das zu sagen – das nötige Verständnis, die Methode, die Freiheit, ihr so etwas zu sagen –, das alles überstieg meine Kräfte, als ginge es um unerreichbare Zauberkünste. Ihr zu sagen, daß es nicht das war, sondern – was? Etwas an den wohlgesetzten Wörtern? an den Gesprächen, die plötzlich verstummten, an den Blicken des Personals? Papa. Nannys übertriebene Munterkeit; ihre abweisende, mißtrauische Art, ihr Mitleid? Die fast außersinnliche Wahrnehmung einer Verstörung bei den Erwachsenen, diese ganze wolkige, nicht mitteilbare Ahnung davon, daß etwas nicht stimmte ...?

»Spätzchen«, sagte meine Mutter, »komm, setz dich zu mir. Wir wollen über etwas anderes sprechen. Du wolltest mich doch etwas fragen. Was war es? Du wolltest mich ...

nach *allem* fragen.« (Bei ihr konnte man nie wissen, sagten die Dienstmädchen: »Wochenlang merkt sie nichts, und dann heißt es plötzlich: ›Lina, das ist jetzt schon das fünfte Teil aus diesem Service, das du in diesem Monat fallen läßt, willst du das Dutzend noch vollmachen?‹«) »Was ist dieses *alles,* Spätzchen? Was wolltest du wissen?«

Alles. Der Garten, die Ställe, das Haus, die Dienstboten, die Tiere, die ich kannte, meine Eltern, das andere Haus, meine Spiele, das Pony und Fanny. Wenn Nanny sehr böse war, sagte sie: *Wenn ich reden könnte* – aber meistens sagte sie zu mir, ich hätte es gut und sollte froh sein; und aus den Büchern, die sie mir vorlas, wußte ich, daß es stimmte. Meine Besitztümer und die Welt, in der ich lebte, waren so, wie sie sein sollten; mein Alltag entsprach unverkennbar dem meiner Altersgenossen in der Literatur; meine Familie war vollzählig, wie es sich gehörte. Es gab jedoch gewisse Abweichungen … Zum Beispiel der Umstand, auf dem Nanny ewig herumritt: daß wir in Deutschland lebten. Meine Mutter, das spürte ich, entsprach dem Bild einer literarischen Mami nicht ganz (Jugendlichkeit und Schönheit verstanden sich von selbst), und sie war oft weg. Papa paßte überhaupt nicht ins Bild. Dieser große, traurige, immer perfekt gekleidete Herr, der nie streng und nie lustig war, sondern immer ernst und höflich das Wort an einen richtete und mir auf seiner ausgestreckten Hand bisweilen ein Bonbon anbot – er gehörte für mich in eine ganz andere Geschichte. Er war der verwunschene Prinz, den der Zauberer in einen Hasen oder einen Storch verwandelt hatte – nur war die Verwandlung so vor sich gegangen, daß niemand erkennen konnte, daß er jetzt ein Storch war – und deshalb würde ihn auch die Person nicht finden können, die ausziehen sollte, um ihn zu erlösen. Aber vielleicht waren Eltern kein ernsthaftes Problem. Henrietta dagegen war eines. Sie war zu alt. Es war schon schlimm genug, keinen Bruder zu haben, der zur Schule ging, aber eine praktisch erwachsene Schwester und nur diese eine – das war schlimmer als ein richtiger Erwachsener. Sie spielte mit mir wie mit einer Puppe und wollte mich zurechtmachen. *Mademoiselle, regardez comme le bleu va bien à ses yeux. Je voudrais tant la coiffer; avec des boucles elle sera ravissante. Tiens, je vais te faire un collier.* Und wenn ich knurrte und ihr die Zähne zeigte, sagte sie: »*Tu ne devrais pas faire des grimaces, cela abîme les traits.*« Es war Zeitverschwendung. Aber am allerschlimmsten war Fanny. So ein Miststück wie sie ist bestimmt noch keinem Kind in irgendeinem Buch zugemutet worden. Dabei war das Drama um mein Reittier eigentlich völlig überflüssig. Das Pony war ein Engel, aber es war groß und stark, und wie unsere Pferde durfte es damals unser Grundstück nicht verlassen. Das gehörte zu den Dingen, nach denen man nicht fragte. Es gab eine Koppel, und man konnte im Park reiten, der allerdings furchtbar verwildert war, oder über den Rasen traben. Aber die Pferde waren mit Hafer vollgestopft, und sie waren schlau – eines hatte sogar meine Mutter abgeworfen –, und ohne böse Absicht versuchte auch das Pony oft auszubrechen. Papa war darüber sehr besorgt, und deshalb durfte ich nur selten reiten. Um mich zu trösten, kaufte er Fanny. Fanny galt als ungefährlich, brav und klein. Papa liebte Fanny und vertraute ihr, und Fanny verehrte ihn über alles. Sie fraß ihm aus der Jackentasche, nahm eine brennende Zigarre aus seiner Hand ins Maul und stieß ein paar Rauchwolken aus. Am liebsten hatte sie es, wenn er festlich gekleidet war, und er tippte immer an seinen Hut, um sie zu begrüßen; aber mehr als alles andere liebte sie seinen Zylinder, und manchmal setzte er ihn auf, um ihr eine Freude zu machen. Sie hatte auch eine Vorliebe für Blasmusik, deshalb wurde ihr zuliebe um die Teezeit unter der Linde das Grammophon in

Gang gesetzt. Aber Fanny war an diesem Tag nicht aufgetaucht; sie konnte meine Mutter nicht leiden, war allerdings so klug, ihre Feindseligkeit nicht offen zu zeigen; die Beziehung zwischen beiden war kühl – zwei zauberhafte Wesen, die miteinander nichts anfangen konnten. Ich hatte Fanny aus ganzem Herzen lieben wollen, doch Fanny verabscheute mich mehr als irgend jemanden sonst.

Sie bot einen entzückenden Anblick – eine ägyptische Eselstute von edlem Geblüt, klein, grau, nicht mehr jung, mit wohlgeformten Gliedern und einer schönen Zeichnung. Papa hatte sie einem Wanderzirkus abgekauft, und gern erzählte er die Szene, wie die ganze Truppe, von den Clowns bis zum Zirkusdirektor, feierlich von ihr Abschied genommen hatte, indem sie sich aufstellten und ihr der Reihe nach einen Kuß gaben. Jetzt gehörte sie mir. Jeden Tag wurden wir für lange Stunden in den Park geschickt. Niemand außer mir wußte, daß man auf Fanny gar nicht reiten konnte. Es war ihr Geheimnis. (Später kam heraus, daß sie in ihrem Vorleben gerade damit Karriere gemacht hatte. Ihre Aufgabe war es gewesen, Leute aus dem Publikum abzuwerfen, die sich durch ein Preisgeld zu einer Runde in der Manege auf ihrem Rücken verlocken ließen, und sie *hatte* sie abgeworfen – Männer, die mit den Füßen fast den Boden berührten, Jockeys, Sonntagsreiter, Kavallerieoffiziere und alle anderen auch.) Wir verließen also den Hof, Fanny mit einem netten, kleinen Sattel, ich obenauf, und trotteten los. Sobald wir außer Sichtweite des Hauses waren, warf sie mich ab. Sie kippte einfach zur Seite, und schon lag ich im Gras. Als ich es noch einmal versuchte, wälzte sie mich ab. Es tat weh. Aber ich gab nicht auf – ich wollte wirklich reiten. Es wurde ihr lästig. Eines Tages kippte sie nicht zur Seite, sondern stürmte mit unerwartetem Tempo in den Obstgarten, dorthin, wo die neuen Apfelbäume noch klein waren, und galoppierte nun mit mir, die ich mich geduckt an ihre Mähne klammerte, unter den über uns hinwegstreifenden Ästen herum. Seither ließ ich sie in Ruhe. Sobald sie ein Zeichen gab, stieg ich ab, lockerte den Sattelgurt und das Zaumzeug und blieb mir selbst überlassen, bis es Zeit wurde, gemeinsam heimzukehren. Fanny schien dieses Arrangement zu gefallen, aber ich wußte, daß sie mich verachtete. Um mir zu zeigen, wo ich hingehörte, jagte sie mich manchmal einen Gartenweg entlang, packte mich hinten am Kleid und schüttelte mich kräftig durch. Wenn ihr danach war, ging sie auf die Suche nach Papa und kam deshalb oft ins Haus. Aber die Böden waren zu glatt für sie. Deshalb wurden vier Überschuhe aus Filz für sie angefertigt, die immer draußen vor der Tür standen. Fanny, die ihren Wünschen Geltung zu verschaffen wußte, hielt einen Diener an und ließ sie sich von ihm überziehen. Ich konnte mich nie an den Anblick gewöhnen, wenn Fanny in einem der oberen Stockwerke plötzlich um die Ecke bog.

Ich hatte in Fannys Leben noch eine zweite Funktion; meine Mutter und mein Vater hielten es für richtig, daß ich sie ganz allein pflegte. Fanny ließ die erforderlichen Prozeduren mit der nervösen Ungeduld einer Madame de Deffand über sich ergehen, der eine langweilige Nichte das Haar kämmt. Nur eines gefiel ihr wirklich. Unser Haus lag in einem ruhigen, trockenen Tal ohne natürliche Gewässer. Nanny sprach oft von der Küste und meine Mutter vom Meer, und richtig wohl fühlte ich mich nur im kalten Wasser meiner Badewanne. Ich war mir sicher, daß Fanny genauso empfand, also wusch ich sie mit einem Schwamm und preßte ihn aus, so daß ihr das angenehme kühle Wasser über die Nüstern und den Hintern lief. Beim ersten Mal erstarrte sie wütend, und die zuckenden Hufe wollten schon zu einem Tritt ausholen. Doch dann entspannte sie sich, angenehm überrascht, und seither hob sie Schwanz und Schnauze meinem Schwamm immer vertrauensvoll entgegen.

Vielleicht wäre ich nicht so sehr unter Fannys Fuchtel geraten, wenn ich andere Gesellschaft gehabt hätte. Aber wir bekamen nie Besuch. »Zu uns kommen keine Gäste«, sagten die Hausangestellten. Leibhaftige Kinder hatte ich noch nie gesehen. Alle Leute, die ich kannte, waren so erwachsen wie mein Esel. Es gab die Großmutter, bei der ich mich immer sehr wohl gefühlt hatte – ich erinnerte mich an gemütliche, schläfrige Tage, an denen wir in einem warmen Zimmer zusammengesessen und leckere Sachen gegessen hatten –, aber das war lange her. Inzwischen war ich ihr über den Kopf gewachsen, und außerdem sagte mir Nanny, sie sei gar nicht meine richtige Großmama. Die Hausmädchen hatte ich sehr gern, und manchmal spielten sie mit mir. Aber ihre Stimmung schwankte oft. Alle kamen aus dem Dorf – einem Ort, der mir ungeheuer verlockend erschien. Sie wurden bei uns ausgebildet, und am ehesten waren sie bereit, mir ihre Zeit zu schenken, wenn sie noch neu waren. Ich sehnte mich nach den Geschichten, die sie von zu Hause erzählten – wie viele Junge waren in dem Wurf gewesen? hatte sich der Vater inzwischen entschieden, ob er Futterroggen säen wollte? wuchsen die Weißen Rüben in diesem Jahr wieder so gut? –, und meistens erzählten sie mir von ihren Liebsten. Auch nahmen sie es auf sich, mich über meine Religion aufzuklären (ich hatte gar nicht gewußt, daß ich eine habe). Und auch hier gab es, wie ich herausfand, einige schlimme Unzulänglichkeiten. Das Vaterunser konnte ich zwar aufsagen, aber mit einem so falschen und bösen Schluß, daß sie erschraken und ein Wort von der Sorte murmelten, die Mami immer benutzte – Ketzerei. Ich besaß keinen Rosenkranz; ich hatte nie vom Magnificat gehört. Wir aßen freitags Fleisch. (Wer daran schuld war, lag auf der Hand.) Bald konnte ich mir nicht mehr verhehlen, daß alle meine Angehörigen und besonders meine Mutter aus diesem oder jenem Grund im Stande der Todsünde lebten. Es gab keinen Zweifel, wohin sie damit letztlich kommen würden. Also wurde die Frage erörtert, ob es mir erlaubt sei, das Freitagsfleisch zu essen. Fasten, sagten sie, sei nur ein Gebot der Kirche, und Gehorsam habe Vorrang. Aber wäre es nicht besser, wenn ich mich meinen Eltern eröffnete und sie bat, mich von diesem Gehorsam zu entbinden? Vielleicht würde es ihnen zu Herzen gehen – vielleicht. Aber seit wann, so fragte ein anderer, ist denn Bekennertum Pflicht, da es doch bekanntlich eine Gnade sei? Sie kämen gleich hinter den Märtyrern. Märtyrer und Bekenner – Alle meinten, es sei bestimmt vorteilhaft, wenn ich ihrem Rat folgte. Allein schon die Vergebung der Sündenstrafen! Mindestens tausend Jahre Fegefeuer weniger. Schließlich einigte man sich darauf, daß ich vollkommen *en règle* lebte, wenn ich aß, was ich vorgesetzt bekam, aber keine zweite Portion erbat. Meine eigene Lösung bestand darin, den Freitagsspeck verschwinden zu lassen und den Hunden zu geben. Mein ganzes Sinnen und Trachten richtete sich darauf, Meßdiener zu werden. Die Vorübungen dazu füllten einen guten Teil der Zeit, die ich mit Fanny verbringen sollte. Doch dann erfuhr ich, eine solche Zukunft stehe mir nicht offen, weil ich ein Mädchen sei; andererseits hatten Jungfrauen in den Katakomben bei der Messe gedient, und heutzutage brauchte man nur einen Dispens von einem Kardinal. Jemand schlug vor, ich solle meinen Vater bitten, einem Kardinal zu schreiben, oder noch besser: ich solle meine Patentante bitten, mit dem Erzbischof zu sprechen.

»*Ihr* würde er es nicht abschlagen.«

»Auch *jetzt* nicht –?«

Ihre Augen hatten zu leuchten begonnen, doch gerade in solchen Augenblicken machte der Hausdiener, ein freundlicher Franzose, unseren Versammlungen durch sein plötzliches Auftauchen oft ein Ende. Ich fand es schade und wußte doch, daß er recht hatte. Dafür lud er mich dann in den Anrichteraum ein, wo er mir ein Spiel namens *Pigeon vole* beibrachte. Er erzählte mir viele wunderbare Geschichten, und ich hatte nichts dagegen, daß er ein Auge auf mich hatte. Diesem freundlichen Mann verdanke ich eine erste Ahnung von Beschwingtheit und tiefer Freude, von Licht und Ebenmaß und das Gefühl von einem unverlierbaren Gewinn – die Umrisse jener dauerhaften Liebe, die ich seit damals immer für sein Land empfunden habe.

Meiner Patentante, die zugleich auch meine Tante Clara war, stellte man keine Fragen – man unterzog sich vielmehr ihren Befragungen. Und was fragte sie einen nicht alles! – ich wußte die Antworten, die sie zufriedengestellt hätten, aber sie aussprechen – das war unmöglich. Sie glaubte einem immer. Sie kam nicht oft zu Besuch, doch wenn sie kam, dann war sie überall.

Vorher gingen Henrietta und Mademoiselle im Haus herum und räumten Sachen wie Fannys Grammophon beiseite; Papa blieb oft oben auf seinem Zimmer, und meine Mutter war während dieser Besuche freundlich zu ihm. Tante Clara machte mir keine angst, sie machte mich nur verlegen; und obwohl sie sich sonst nicht viel um mich kümmerte, bestand sie immer auf einem Gespräch unter vier Augen. Ich wußte, daß meine Mutter sie davon abzubringen versuchte.

»Mit meinem *Patenkind* –?«

Nanny war die einzige, die bei diesen Besuchen blieb, wie sie war. Wenn sie der Meinung war, es sei genug, kam sie herein und holte mich heraus. Die Bewunderung des ganzen Hauses gehörte ihr.

»Das wäre ja noch schöner, wenn ich in meinem Alter nicht wüßte, wie man mit alten Damen umgeht. Ob papistisch oder anglikanisch – die bellen vielleicht, aber sie beißen nicht.«

In meinen Augen waren damit weder Tante Clara noch ihre Kräfte zutreffend beschrieben – aber das Ergebnis gab Nanny recht. Die pragmatische Methode, wie meine Mutter gesagt hätte.

Sehr willkommen war mir dagegen, wenn jene andere hochgewachsene Dame bei uns war, die Freundin meiner Mutter in den wunderbaren Kleidern, die sie manchmal, aber nicht immer trug (ich konnte Kleider gelassen und ohne Neid bewundern – Federn, Juwelen, Seide –, ohne dabei an Sachen für mich zu denken); wenn sie uns besuchte, war auch meine Mutter anders, und die Nachmittage wurden kurzweiliger. Gern sah ich zu, wie die beiden unter den Bäumen oder oben im Salon meiner Mutter saßen, in dem Zimmer mit den Balkontüren, wo das Bild hing, das wie ein zweiter Garten war, betrachtete sie und hörte manchmal, was sie sprachen –

»Ich hätte Lust, mal wieder Griechisch zu treiben – ich lese gerade den *Faust.* Du hast ihn natürlich nie gelesen. Mir ist noch kein Deutscher begegnet, der ihn gelesen hat. Aber vielleicht sind die Leute, die ich hier kenne, nicht ganz repräsentativ.«

»Im Grunde meines Herzens muß ich großzügig sein. Wenn ich es dir doch überhaupt nicht verüble, daß du auf eine derart unverzeihliche Weise recht behalten hast –«

»Wenn einem der Ball vor die Füße rollt – hätte meine Mutter gesagt. Sie hat tatsächlich so geredet, weißt du. Und gerade, als es mir auf die Nerven zu gehen begann, starb sie – aber der Ball war *da!* – Die Ärmste, auch sie hatte recht. Und *ihr* hätte ich es verübelt. – Aber ja, mein Süßer, hier hast du Sahne.«

Die prachtvolle Dame machte ein ungeduldiges Gesicht.

»Sarah – das ist dein einziger wirklicher Fehler«, sagte meine Mutter und streichelte ihren King-Charles-Spaniel.

»Ach, du hast die Kleine gemeint? Ist sie denn auch hier? Die ganze Zeit? Lauf, Spätzchen; geh und lern was.«

Ich konnte nur wenig lernen. Mehrere Leute hatten versucht, mir Lesen beizubringen, aber die Unterschiede in ihrer Aussprache hatten mich verwirrt. Denn ich selbst hatte keine Sprache. Oder zu viele Sprachen, die ich mir sehr schnell aneignete und genauso schnell wieder vergaß. Meine Mutter sprach mit mir englisch, Nanny natürlich ebenfalls. Nanny sprach sogar mit dem Personal englisch, das ihre Wünsche anscheinend auf die gleiche Weise mitbekam wie ich diejenigen von Fanny. Mit Papa sprach meine Mutter meistens französisch oder spanisch; er sprach mit mir französisch, wenn ich es gerade verstand, und wenn nicht, dann in seinem südlichen Deutsch. Dieses Deutsch klang anders als jenes, das meine Schwester manchmal verwendete und das in dem anderen Haus immer gesprochen wurde, aber auch anders als die Mundart der Dienstmädchen, die wieder eine Sprache für sich war. Mademoiselle kam aus Neuchâtel und sollte sich um mein Französisch kümmern, und der Dorfpfarrer hatte mit mir Latein angefangen; aber ohne den Rückhalt von Büchern blieben meine Sprachfertigkeiten unstet, ein Kommen und Gehen wie Ebbe und Flut. Und um die Verwirrung noch zu steigern, hatte ich einen italienischen Vornamen. Ich hieß Francesca.

»Mami – sie ist mir eingefallen.«

»Wer – *sie?*«

»Die Frage.«

»Laß hören.«

»Mami«, fragte ich, »warum bist du hier?«

Jules hatte Caroline Trafford am Morgen nach ihrer ersten Begegnung einen Heiratsantrag gemacht. Er wurde abgewiesen, blieb noch eine halbe Stunde und ging dann in bester Laune seiner Wege.

Diese Stimmung hielt sich den ganzen Winter und das folgende Frühjahr über; sie brachte ihn auch durch den Juli und den August, während Miss Trafford in Irland weilte und er in einem deutschen Kurort Dienst tat. Im herbstlichen Paris blühte sie dann wieder auf. Im Leben der Männer scheint es Zeiten zu geben, in denen sie gegen alle Vernunft und ganz gewiß gegen die eigene Vernunft, fast gegen den eigenen Willen, mit ihrem Dasein zufrieden und versöhnt sind.

Jules glaubte, er sei in Miss Trafford verliebt, und hatte versucht, Sarah zu erklären, daß er ohne sie nicht mehr leben könne; dabei war er doch abgewiesen worden, und zwar auf eine Weise, die keinen Zweifel daran ließ, daß sie ihn nicht einmal ernsthaft in Erwägung zog. Er jedoch war nicht nur froh und munter, abends und tagsüber ständig unterwegs, seufzend, das Leben genießend oder sich darüber beklagend – er war auch ganz unbesorgt: zum ersten Mal, seit er erwachsen war, versuchte er nicht ständig, sein Schicksal zu ergründen, sondern vergaß es.

Zu Sarah, die mit klarerem Bewußtsein auf der gleichen Welle trieb, sagte Caroline eines Tages: »Die *Archives nationales* waren übrigens keine Ausrede – ich habe wirklich sehr viel Zeit. Ein älterer Mann mit einem Schatz von Wissen – Aber, Sarah, so lebhaft! Viel lebhafter als ich. Immer gut aufgelegt, immer ganz da … nie langweilig. Und so gerecht. Es ist ein Wunder, wie er das alles bei sich hat, und so unangestrengt. Nichts ist ihm zu kompliziert und nichts zu unbedeutend. Er wendet sich ihm zu, nein, das tut er gar nicht – er ist da – er *lebt* die Aufmerksamkeit, mit seiner Toleranz, seiner guten Laune, der ungeheuren Gelehrsamkeit, die er wie einen Blumenstrauß, den er gerade am Weg gepflückt hat, vor sich hält, mit seiner unbestechlichen Menschlichkeit und natürlich mit der Stärke seines Gefühls. Was immer er berührt – es wird mehr. Ein Ganzes. Und jedesmal, weißt du, ist es, als wäre es das erste Mal. Ein Mann, der sein Leben lang versucht hat, Menschen, ihr Handeln, die Welt zu verstehen, und der sich noch immer packen läßt! Neben ihm wirken andere Historiker nicht nur wie aus Gußeisen, sondern geradezu verknittert.

Und wie er arbeitet! Wir haben ja keine Ahnung, du und ich – Er findet, das muß sein, man muß wieder herausgeben, was man einnimmt. Also geht er dorthin, jeden Tag. Auch wenn nur sechs neue Zeilen dabei herauskommen. Und ich warte. Nein, das ist kein Warten; ich liebe diese Zeit. Ich liebe den Raum – soviel Platz. Den Augenblick auskosten ... In einer Straße – stillstehen. Wie im Schlaf durch die Tuilerien wandeln ...«

»Caroline«, sagte Sarah, »du solltest dich nicht so zurückziehen. Du triffst dich mit niemandem außer mit ihm und mir. Und mit Jules.«

»Jawohl, *und mit Jules.*« Bei diesen Worten trafen sich ihre Blicke. »Er beschützt mich beim Schlafwandeln. Ich bin ihm so dankbar. Weißt du, daß die Leute anfangen, über ihn und mich zu reden? Ist das der Lohn der Unschuld?«

»Vielleicht solltest du dich gelegentlich mal mit deinen Landsleuten treffen«, sagte Sarah.

»Francis ist mein Landsmann. In dem einzig zulässigen Sinne.«

»Du solltest die treffen, die es im engeren Sinne sind – und du solltest sie in der Öffentlichkeit treffen.«

»Du selbst hast mir doch gesagt, ich soll vorsichtig sein. Vielleicht reden diese Leute gar nicht über Jules. Letztes Mal in London habe ich ein paar ziemlich eigenartige Blicke aufgeschnappt; du weißt schon, die Miene, die sich nicht traut, ihre Frage zu stellen. Nichts Greifbares. Andeutungen. – Mich überrascht bloß, daß ich darauf achte. Die Leute haben immer über mich gesprochen; ich kann nicht behaupten, ich hätte ihnen keinen Anlaß geboten, oder? Aber lassen wir das.«

»Caroline«, sagte Sarah, »überleg es dir doch noch mal, ob du nicht bei mir wohnen willst, wenn du hier bist. Bitte, sag nicht gleich nein.«

»Liebling, ich bin dir wirklich dankbar. Aber nein ... So, wie es jetzt ist, ist es besser. Ich tauge nicht als Gast, sowenig wie du – also machen wir uns nichts vor. Wir wohnen nicht gern unter fremden Dächern, auch nicht unter denen unserer besten Freunde. Und im übrigen muß ich dir sagen – von den Frauen aus meiner Familie ist die Hälfte allein gestorben, in verstaubten Villen in der Brenta.«

»So weit ist es mit dir noch nicht.«

»Bestimmt nicht«, sagte Caroline.

»Und bis dahin –«

»Das Hôtel du Rhin ist eine Festung. Du brauchst dir nur die Amerikaner anzusehen, die dort wohnen – diese Jugend, diese demonstrative Schutzlosigkeit, so viel unverhüllte Tugend. Das mindeste, was man tun kann, ist an sie glauben. Nein, Sarah, bitte sag nichts. Denk an meinen Trumpf, denk an Brown. Vielleicht bin ich ganz allein auf der Welt, ohne Heim und Herd – trotzdem bin ich wie mit Ketten an eines jener heiligen Wesen gefesselt, die treue Dienerin, die man nicht an die Luft setzen kann. Mir bietet Brown den Schutz, den die Amerikanerinnen hinter ihren Gesichtern suchen.«

»Ich habe mir überlegt, ein Haus zu mieten«, sagte Sarah. »Ich bin diese abscheuliche Wohnung leid. Ich würde mich gern da niederlassen, wo du bist.«

»Bitte nicht!«

Sie hatte das sehr rasch gesagt, mit jugendlicher Direktheit. Sarah, an die überlegte, keine Gelegenheit zu einem Witz auslassende Redeweise ihrer Freundin gewöhnt, war überrascht.

»Bleiben wir da, wo wir sind. Keine Pläne.«

»Aber meine Liebe, warum denn?«

»Weil – na ja, weil«, sie war wieder sie selbst, »anscheinend habe ich das mit Jules gemeinsam – weil ich abergläubisch bin.«

Sarah, unruhig, nicht gewohnt, daß aus ihren Projekten nichts wurde, kaufte sich ein Auto.

»Hattest du nicht schon eins?« fragte Caroline.

»Dieses ist schneller.«

»Ich verstehe. Für die Pferde muß es beängstigend sein.«

»Für welche Pferde?«

»Auf der Straße.«

Sarah antwortete mit einem Achselzucken. Es trat eine Stille ein, in der Caroline über einige Aspekte im Leben ihrer Freundin nachdachte. Schließlich sagte sie: »Ich muß allerdings zugeben, daß auch wir Kohlengruben besitzen. *Eine* Grube.«

Diese Bemerkung sollte offenbar eine *amende honorable* sein, aber Sarah hatte ausnahmsweise einmal nicht aufgepaßt.

»Ich wollte damit sagen, daß auch wir, ich meine, wir – meine Familie – ich – auf Kosten ... na ja, also nicht bloß auf Kosten der Pferde, Gewinn aus dem schlagen, was man den Fortschritt nennen könnte.«

»Ja und?« fragte Sarah gleichgültig. Wieder entstand eine Stille, die sie schließlich selbst durchbrach. »Das sind doch Sentimentalitäten ...«

»Überhaupt nicht!«

»Liebes Kind!«

Caroline nahm das hin. Sie sah sich selbst als junge Frau, die im Ausland lebte, reformerische Thesen vertrat, ihr Geld ausgab und sich im übrigen um wenig kümmerte. Sie konnte aber auch auf eine Vergangenheit blicken. Und als Abkömmling liberaler Menschenfreunde sagte sie mit jener Gelassenheit, mit der man gewisse Überzeugungen bekundet: »Sarah, das sind *keine* Sentimentalitäten.«

Sarah wartete ab; fast geduldig.

Aber Caroline fand die Kraft nicht, ihre Verstimmung abzustreifen. Sie war noch so jung, daß ihr vieles zum ersten Mal widerfuhr. Sie war erschrocken über Sarahs Gefühllosigkeit, bestürzt über ihren eigenen Widerwillen, gelähmt von dem Gefühl, den Boden unter den Füßen zu verlieren, von der Ahnung einer tiefen Einsamkeit, und alles das traf sie unvorbereitet. Ihr kam ein rettender Gedanke. Eigentlich waren sie erst für sieben Uhr verabredet – jetzt mußten sie sich eben sofort treffen. Sie wußte, wo sie ihn finden würde, und war entschlossen. »Ich muß jetzt gehen«, sagte sie.

Sarah sagte nicht unfreundlich: »Was wirfst du mir vor? Ich habe diese Welt nicht geschaffen.«

»Du nimmst alles zu leicht«, sagte Caroline.

Wieder trat eine Pause ein.

Sarah machte ihr ein Ende. »Das ist doch Heuchelei, meine Liebe. Lippenbekenntnisse, typisch für –«, sie brach ab.

»Für das perfide Albion?«

Da erkannten sie fast gleichzeitig, was sie angerichtet hatten, wie sie zugelassen hatten, daß sich Schlagwörter und Gemeinplätze zwischen ihnen breitmachten; sie starrten beide auf den Teppich, als müßten dort Scherben von zerschlagenem Geschirr liegen. Caroline wußte, daß es an ihr war, etwas zu sagen, und spürte, wie die Sekunden vergingen. Dann hörte sie Sarah.

»Oje – demnächst werden wir uns noch über Kanonenboote und den Flottenstreit unterhalten.« Sie sagte das ziemlich tapfer.

Caroline erhob sich. »Ist es nicht sonderbar und erschreckend, wie wir gebaut sind«, sagte sie niedergeschlagen. »Aber jetzt muß ich wirklich gehen; ich bin schon zu spät – was dich ja kaum wundern wird.« Es war ihr Signal für die Rückkehr zum gewohnten Umgangston, und Sarah ging darauf ein.

»Würdest du mir eine Droschke bestellen?«

»Du kannst das Auto nehmen«, sagte Sarah. »Es steht vor der Tür. Ich sage dem Fahrer Bescheid.«

»Oh, ja, bitte«, sagte Caroline.

Dieses Auto machte sich, wie es schien, bald unentbehrlich. Wenn Caroline später an diese Phase ihres Lebens zurückdachte, sah sie immer Sarahs Auto vor sich. Sarahs Auto (einen anderen Namen hatte es nicht), das sie selbst mit Tempo irgendwohin brachte; Sarahs Auto, das Caroline abholte; Sarahs Auto, das vor allen Türen wartete. Es löste und es erzeugte viele Probleme – an zwei verschiedenen Orten gleichzeitig sein, oder jedenfalls beinah; aber nachher ließ es sich nicht bewegen, sie an einen dritten zu befördern. Und es drückte ihren Tagen seinen Rhythmus auf. Das Auto, so teilte Sarah am Telefon mit, könnte ein bißchen Bewegung vertragen oder gerade nicht vertragen; sie fing an, ihre Maler am Unterlauf der Seine heimzusuchen, und manchmal kamen sie dabei bis Giverny. Es muß in einem dieser herrlichen, langen Oktober gewesen sein, die man damals in Paris genießen konnte.

»Da ist Jules.«

Das Auto hatte auf sich warten lassen, und so traf er sie vor Sarahs Haustür. Er winkte ihnen mit dem Hut.

»Das bedeutet ja wohl, wir sollen ihn einladen …«

Jules hatte nichts dagegen. »Wir müssen ein Picknick mitnehmen«, sagte er.

»Oh, ein Picknick!« sagte Caroline.

»Sehr gut. Ich sage drinnen Bescheid, sie sollen etwas fertigmachen.«

»Laß *mich* das machen, darf ich?«

»Wenn es nicht den ganzen Morgen dauert.«

»Geht er wirklich in deine Küche? Kann er das auch?«

»Ja, großartig«, sagte Sarah.

»Ach, wenn Francis doch auch etwas davon mitbekäme. Der Ärmste ist so ungeheuer scharf auf gute Sachen.«

»Gute Sachen gibt es in dieser Stadt doch reichlich, auch ohne unser Zutun.«

»Ja, aber diese Männer sorgen dafür, daß sie auch gut bleiben.«

Jules kam zurück. Er machte ein nachdenkliches Gesicht.

»*Mon Ténébreux,* enthüllen Sie uns das Geheimnis ihres Korbes?«

»Sie haben das Huhn vorgeschnitten!« sagte er.

»Wir wollen es ja auch nicht als Ganzes verspeisen«, sagte Sarah.

»Es ist nicht dasselbe«, sagte Caroline.

»Wirklich nicht«, sagte Jules.

»Können wir jetzt losfahren?« fragte Sarah.

»Würde es dir etwas ausmachen, wenn wir noch mal kurz in der Avenue Victor Hugo anhalten?«

»Ja.«

»Soll das heißen: ja, einverstanden?«

»Nein.«

»Sarah – warum so ungnädig? Ärger in der Familie? Dabei habt ihr beide doch so wenig Verwandtschaft.«

Sarah gab keine Antwort.

»Warst du früher netter zu ihm? Ihr kennt euch doch schon so lange, oder?«

»Ach, Jules, hol dir ruhig, was dein Herz begehrt«, sagte Sarah in spöttischem Ton.

Während er in dem Laden war, sagte Caroline: »Ich wüßte zu gern, was dir gerade durch den Kopf geht.«

»Jules ist wunderbar, aber ein solcher Langweiler – ist dir klar, daß er fast dreißig Jahre älter ist als du? Man kann sich nicht mit ihm unterhalten.«

»Ach, ich fange einfach an – und niemand bremst mich.«

»Er hätte auch dich gebremst – in vierzehn Jahren.«

»Das hört sich lang an.« Caroline lächelte Sarah kurz zu, wie sie es im Lauf ihrer Unterhaltungen manchmal tat.

»Es *war* lang«, sagte Sarah, und dabei wurde ihr plötzlich leicht ums Herz.

Sie fuhren durch den Bois; aber die Bäume fielen ihnen erst hinter der Porte de Saint-Cloud auf. In Saint-Germain-en-Laye machte Sarah selbst den Vorschlag, anzuhalten und die Obstgärten anzusehen. Danach waren sie drei Ausflügler an einem schönen Tag, denen das Hinsehen Freude macht. Jules sagte, es sei ein Ile-de-France-Wetter, in der Normandie seien die Wolken und überhaupt der ganze Himmel anders, und Sarah bestätigte es. Da wollte Caroline diesen Wechsel mit eigenen Augen sehen, und sie sagten ihr, er komme erst jenseits der Ebene von Mantes, und eigentlich, so fügte Sarah hinzu, müsse sie sich sogar bis zu der Anhöhe fünf Kilometer vor Vernon gedulden.

Der Wagen wollte es anders. Während der Fahrer sich um ihn kümmerte, fanden sie einen Bauernhof, halb Café, halb Weinladen und Getreidehandel, wo sie unter einer Pergola im Garten ihre Mahlzeit einnehmen konnten.

»Jetzt können wir von ihrem Brot kosten«, sagte Jules.

Er holte selbst einen Laib. Caroline nahm ihn in die Hand.

»Es ist warm«, sagte sie. Sie brach ein Stück ab und bot es Sarah an.

»Erzähl mir nicht, du hättest diese Wurst in *meinem* Haus gefunden«, sagte Sarah. »So was gibt es bei mir gar nicht.«

»So was kaufen sie für sich selbst«, sagte Jules.

»Französische Dienstboten sind höhere Wesen«, sagte Caroline.

»Soll ich Ihnen welche besorgen?«

Sarah saß für sich, wie hinter einem Schleier aus Zeit; sie sah, wie Jules einschenkte und austeilte und wie selbstvergessen, wie unbefangen und selbstverständlich Caroline alles entgegennahm; sie wünschte sich, alle Frauen könnten so sein wie Caroline, aber sie wünschte es sich mit Freundlichkeit im Herzen und fühlte sich fast bereichert durch die bedeutungslose Eindringlichkeit der Szene.

Der Besitzer des Hofes hatte auch eine Gärtnerei und lud sie zu einem Rundgang ein.

»Der reinste Sisley«, sagte Sarah. »Man begreift, woher sie das alles haben.«

Vor dem Schuppen stand eine große Kiste mit frisch ausgehobener Gartenerde. Jules warf einen Blick hinein.

»Fühlen Sie mal«, sagte der Besitzer.

Jules streifte einen Handschuh ab. Caroline, die keine Handschuhe trug (sie war in solchen Dingen etwas nachlässig), hatte ihre Hand schon in die Kiste getaucht.

»Wunderbar«, sagte Jules.

»Lehmig«, sagte Caroline, »sehen Sie mal, wie er krümelt ... richtig lebendig.« Sie nahm noch eine Handvoll. »Sarah, sieh mal – Wo *bist* du denn?«

Sarah stand etwas abseits und hatte die Hände zusammengelegt.

Caroline nahm diese Gestalt in sich auf. Wie man ein Photo aufnimmt; damals sah sie dieses Bild nur in einem jähen Nacheinander von Erstaunen, Vorwurf und Mitleid. Und als sie Jahre später noch einmal über diesen Tag sprachen, sagte Sarah, sie könne sich sehr gut daran erinnern, aber nicht an eine Kiste mit Gartenerde; der Wagen sei nicht kaputtgegangen, und bis in die Nähe von Vernon seien sie nie gekommen, sondern hätten, wie es geplant gewesen war, bei einem Gasthof am Rand des Waldes von Fontainebleau gepicknickt.

Caroline war wieder fort. Jules wußte, sie war nach Venedig gefahren.

»Tut man das? Um diese Jahreszeit?« fragte er.

»Anscheinend«, sagte Sarah.

»Hättest du nicht auch Lust? Ich könnte mich anschließen. Ist das keine gute Idee?«

»Nein.«

»Vielleicht hast du recht, *vielleicht*«, sagte er.

Sarah sagte nichts.

Aber er zögerte; und an der Tür sagte er: »Ich habe den Eindruck, der Liebhaber von Miss von Trafford muß verheiratet sein.«

Sarah machte sich ein Vergnügen daraus, diese Szene in einem Brief zu schildern. Aber sie schickte ihn nicht ab. Ihre Briefe an Caroline zerriß sie oft; aber das ging niemanden etwas an.

Als Caroline das nächste Mal aus London zurückkam, sagte sie mit verbissener Unbeschwertheit zu Sarah: »Sie wissen jetzt Bescheid, das ist klar. Die Häuser, in die wir zusammen eingeladen wurden, und auch die, wo wir nicht eingeladen waren ... Dabei habe ich ihn gar nicht getroffen. Na ja – kaum. Ich vermute, Venedig war ein Fehler – selbst im November. Geradezu gemeingefährlich, wie die Leute heute in der Welt herumreisen. Natürlich sind wir dann ziemlich bald nach Ravenna gefahren – diese *Kälte* –, aber man vergißt immer, daß man auch so viele Italiener kennt.

Irgend jemand muß es ausposaunt haben.« Sie hatte wie auswendig gelernt zu den Wänden gesprochen. Jetzt sah sie Sarah an. Sarah ließ sich nichts anmerken. Caroline holte tief Luft und sprach weiter: »Oh, schräg angesehen hat mich noch niemand. Aber man hörte es ticken – sie warten, wohin die Katze springt. Und wohin sie springt, das weiß ich jetzt, Sarah.«

Wieder verfehlten sich ihre Blicke. »Könnte ich vielleicht ein Glas Wasser haben? Bloß ein bißchen Wasser. Es ist nichts, ich werde mich nicht – Jules würde sagen: *me trouver mal.*«

Sarah holte ihr selbst ein Glas und hielt es ihr ziemlich unbeholfen hin.

Caroline trank. »Es geht schon besser«, sagte sie. »So was Dummes.« Dann in entschiedenerem Ton: »Ich will darüber nicht sprechen. Jetzt ja. Aber nicht noch einmal. Sarah, du hast es immer gesehen, nicht wahr? *Ich hatte keine Ahnung.*«

»Caroline –«

»Ich hätte nie gedacht, daß es in dem Augenblick, wo es herauskommt, auch zu Ende sein könnte.« Diesmal hielt sie Sarahs Blick stand, als wollte sie sie auffordern, Einspruch zu erheben. »Seltsam, nicht wahr?« fuhr sie fort. »Ich – die immer von sich meint, sie wüßte alles. Ich hätte nie gedacht, daß es uns etwas ausmachen könnte, wie die Leute reden oder was sie wissen. Und was heißt in solchen Fällen schon *wissen?* Alles ist Schein. Du liebe Güte – nichts ist eindeutig, außer wenn man sich ganz dumm anstellt oder leichtsinnig ist oder Pech hat. Man gibt es einfach nicht zu. Wenn man die richtige Miene aufsetzt, kommt man mit allem durch. Und dabei hilft es einem, daß alle es so ungeheuerlich finden, wenn ein Mädchen mit einem Mann ins Bett geht – ja, Darling, darauf läuft es letztlich hinaus. Die Leute können es nicht glauben. Außer, wenn man sie darauf stößt. Richtig zu leiden haben deshalb nur die armen Dinger, die immer tapfer ihre Lanzen für die freie Liebe brechen, aber die haben es darauf angelegt, die wollen es nicht anders. Oh, ich sage nicht, daß der äußere Eindruck nicht auch gegen einen sprechen kann, in bestimmten Kreisen; manchmal gerät man in kritische Situationen – manche Leute sind geradezu versessen darauf, ihre Vermutungen anzustellen. Bei denen kommt es dann eben wieder auf die richtige Miene an. Vielleicht könnte man sagen, man läßt ein paar Federn. Aber *ruiniert?* – Nein.«

»Eine klare Argumentation«, sagte Sarah.

»Das war es doch, weshalb du Angst um mich hattest, oder?«

Sarah ließ die Worte auf sich wirken. »Zum Teil. Ich hätte vielleicht noch mehr sagen sollen.«

»Kannst du?«

Sarah überlegte, mit ihrer eigenen Klarheit.

»Es gibt immer so viel zwischen zwei Menschen«, sagte Caroline.

»Woran denkst du?« fragte Sarah.

»Ich hatte das Gefühl, du magst ihn nicht.«

»Ich kannte ihn doch gar nicht.«

»Ja – aber du hättest ihn bewundern können! Statt dessen warst du ziemlich zurückhaltend, weißt du. Und du mußt verstanden haben, wie er wirklich ist, da du ja gesehen hast, daß er weder seine Frau noch mich dem aussetzen wollte, was jetzt auf uns zukommt, oder?«

»Ich habe nur gesehen, daß solche Situationen nicht haltbar sind.«

»Und weil er nicht gleichzeitig mich *und* sie schützen kann, wird er das einzige tun, was ihm übrigbleibt. Die Situation bereinigen. Einfach, nicht? Eine einfache Rechenaufgabe.«

Sarah sah sie bekümmert an.

»Aber nicht sofort«, sagte Caroline. »*Noch nicht.* Er weiß gar nicht, was los ist, Gott sei Dank. Sagt man nicht immer, daß diejenigen, die es am meisten angeht, als letzte davon erfahren? Ich werde alles tun, um es hinauszuzögern, einen Ort finden, wo er geschützt ist. Vielleicht fahren wir nach Irland … Unser letzter Gastgeber dort hat mich für meine Mutter gehalten. Was war ich für eine Närrin! Weil er immer Geliebte gehabt hat, weil er in alldem genauso ist wie ich, *offen* – Einmal, am Anfang, als wir es geschafft hatten, ein Treffen zu vereinbaren, da war ich an diesem Freitagnachmittag als erste in dem Gasthof, mit Hund und ohne Gepäck, und er kam ins Zimmer – mit einem Buch und einem Korb Aprikosen … Ich dachte – oh, ich weiß nicht, was ich dachte. Daß er es so nehmen würde wie ich, daß es ihm nichts ausmachen würde. Aber jetzt sehe ich, er kann nicht … Er kann es nicht ertragen, daß ich den Klatsch abbekomme, und er kann es nicht ertragen, daß sie davon hört. Er hat sie sehr gern, weißt du. Sie ist sehr nett. Ja, eigentlich kenne ich sie. Ich habe sie gesehen. Lange vorher, vor vielen Jahren – als ich die ersten Schritte auf dem Parkett machte. Jetzt ist sie fünfundvierzig. Ich bin froh, daß ich sie gesehen habe. Das macht es jetzt irgendwie einfacher – kein unbekanntes Gesicht. Ich glaube nicht, daß sie sich an mich erinnert. Für sie ist es auch besser, wenn kein Gesicht und kein Name sie belastet. Er hat ihr immer klar gesagt, woran sie mit ihm ist.«

»Das glaube ich«, sagte Sarah.

»Wir haben darüber gesprochen. Selbstverständlich. Daß wir nie heiraten oder zusammen weggehen können. Er *kann* sie nicht verlassen. Wenn sie beide jünger wären … Aber daß ein Mann in seinem Alter eine Frau in ihrem verläßt – es wäre barbarisch, undenkbar.«

»Und *du,* fühlst du auch so – wirklich?«

Caroline blickte auf. »Ja.«

»Da hat sie eine seltsame Fürsprecherin.«
»Ich weiß, Sarah. Das gehört auch dazu.«
Eine Stille trat ein.
»Ich habe mich oft gefragt ...«
»Was?«
»Die Fragen, die man sich so stellt. Wie ist das mit Fünfundvierzig? Wie ist man da? Was will man? Was fühlt man? Ich habe mich nie getraut, dich zu fragen. Ich frage dich auch heute nicht ... Heute zählt nicht.«
»Caroline«, sagte Sarah, »warst du nie eifersüchtig.«
»Ich habe mir vorgestellt, sie sei tot.«
»Hast du es dir gewünscht?«
»Ich habe es mir verboten. Ich will das nicht. Es hätte alles zerstört. In einer solchen Welt könnte man nicht leben. Es hätte auch das zerstört, was mich mit ihm verbindet. Hätte ich es nicht geschafft, mich davon fernzuhalten, dann würde ich jetzt verrückt werden.«
»Es zerstört einen selbst«, sagte Sarah.
Aber Caroline dachte an etwas anderes. »Ich hatte in alldem nie eine Wahl. Ich würde es heute wieder genauso machen. Die Krone des Lebens schlägt man nicht aus.«
»Ach, Liebe«, sagte Sarah, »du bist noch sehr jung.«
»Das«, erwiderte Caroline und gab sich einen Ruck, »ist vielleicht das Schlimmste an der ganzen Sache. Wenn es doch bloß nicht so früh gekommen wäre.« Sie schlug die Hände vors Gesicht.
Sarah zögerte, aber dann fragte sie doch: »Was willst du jetzt tun?«
Caroline nahm die Hände von ihrem Gesicht, dem schönen Gesicht, auf dem sich in diesem Augenblick der Ergebung alles geglättet hatte. »Ich weiß es nicht.«
Da spürte Sarah deutlich, geradezu körperlich, ein Verlangen, das gestillt werden konnte. Und ihr fiel ein, was sie sagen mußte. Wenn der Augenblick da ist, wann immer

dies sein wird, werde ich dich von hier fortbringen. In den Orient, rund um die Welt, nach China... Wir gehen für zwei Jahre weg, vielleicht auch für drei oder mehr. So lange, bis du die Kraft gefunden hast, in dein Land und zu dem Leben zurückzukehren, das du dort führen mußt und das du noch vor dir hast.

Ich kann das. Ich überlasse meine Töchter fremden Leuten und meinen Mann seinem Zeitvertreib. Sie brauchen mich nicht.

Ich werde es so machen, daß du wie betäubt sein wirst; überwältigt von der Bewegung, von Menschen, Eindrücken, raschen Veränderungen und Erschöpfungen. Es wird eine Reise mit großem Aufwand, der dich binden und halten wird.

Ich werde dafür sorgen, daß die Stimmen, die du hörst, holländisch sprechen oder französisch, oder daß es die Stimmen von Asiaten sind. Ich werde dafür sorgen, daß Männer da sind, deren Bewunderung du ohne Nachdenken in dich aufnehmen kannst und die dich an nichts erinnern werden.

Wenn du dir Gefahren wünschst, wirst du sie bekommen; wenn du Dinge tun willst, die Frauen selten tun, werde ich das für dich einrichten. Wenn du Kunst willst, große Kunst, nicht bloß geschmackvolles Kunsthandwerk, sondern Kunst, die uns verstummen läßt und die noch leben wird, wenn wir längst tot sind, dann werde ich dich lehren, sie zu sehen. Ich kann Menschen Befehle geben, und du tust es durch deine Gegenwart. Alles, was in Ländern wie diesen für eine Frau wie dich getan werden kann, wird geschehen. Und für dich wird es nur Staub und Asche und eine große Leere sein.

Es wird dich nicht interessieren; es wird dich nicht erfreuen. Du wirst sehr unglücklich sein. Aber die Zeit wird vergehen. Ich werde sie für dich abtragen. Ich werde sie für dich vertreiben. Und deine Jugend, deine Neugier, deine Art, das Leben in vollen Zügen zu nehmen, werden wieder zum Vorschein kommen. Du wirst die Unbeschwertheit wiederfinden. Und eines Tages wirst du zu all dem zurückkehren wollen, was dir noch immer gehört. Und du wirst unversehrt sein.

Zuversicht und Kraft erfüllten sie – und große Liebe für die junge Frau vor ihr. Überlaß alles mir. Ich werde dir den Weg zeigen. Ich werde dich von hier fortbringen. Die Worte waren in ihr, und sie wußte, Caroline würde nach dem greifen, was ihr angeboten wurde – bereitwillig, wie sich ein Kind aus einem verwüsteten Zimmer nach oben führen läßt, wo es sicher ist. Doch Sarah zögerte, weil ihr plötzlich einfiel, wie armselig, wie hilflos, wie konventionell und dürftig ihr Plan Caroline erscheinen mußte – zögerte, weil ihr plötzlich ihre eigene Freude zu Bewußtsein kam.

Dann begann Caroline wieder zu sprechen, und der Augenblick war vorüber.

»Es ist doch wirklich ein Problem, oder?« sagte sie in ihrem Mir-kann-keiner-Tonfall, wie Sarah ihn mal genannt hatte. »Denn, rein praktisch, lebe ich ja weiter. Ich gehöre nicht zu der Sorte, die daran stirbt. Nicht wie die Hunde, die auf dem Grab ihres Herrn verhungern. In diesem Fall wäre es natürlich die Haustür. Außerdem jaulen sie, und auch das käme schlecht an. Was macht man mit einem Leben, wenn noch so viel davon übrig ist? Das werden lange zwanzig Jahre werden. Nicht, daß ich vorhätte, mit fünfundvierzig zu sterben – so alt, wie sie jetzt ist –, aber *en ce cas-là ce ne sont que les premiers vingt ans qui coûtent.*«

»Ich dachte –«, sagte Sarah.

»Aber eines steht fest, ich gehe nicht nach England zurück. Ich könnte es nicht ertragen. Nein ... Zum Glück hält mich da auch nichts mehr – nicht mal ein Haus. In England will ich nie wieder leben.«

»Nie –?«

»Ich brauche nicht einmal zurückzukehren, um mich dort mit erhobenem Haupt zu zeigen – ich habe es nie sinken lassen. Einen Skandal wird es nicht geben. Wenn ich wollte, könnte ich noch immer den übernächsten Premierminister heiraten. Aber ich will nicht; Francis hat mich von der Politik abgebracht. Als Frau eines Politikers tauge ich nicht mehr. Oh, Sarah, wozu tauge ich *überhaupt* noch? Wir haben alles gelesen … Mit wem könnte ich es jetzt noch aushalten? Mit den netten jungen Männern, die früher immer um einen herum waren, jedenfalls nicht. Bloß niemand Junges! Und eine Imitation könnte ich auch nicht ertragen. Einen Schriftsteller mit Ambitionen, der nach nichts aussieht – irgend so ein muffiger Professor. Und keiner, der ehrwürdig daherkommt oder plump oder schick oder schlau oder unfreundlich. Und daß mir ein Mann Vorträge hält, kann ich auch nicht ertragen. Was bleibt einem da? Die Jagd vermutlich. Das einzige, was ich liebe und er nicht leiden kann. Er wird mir *so* fehlen.« Sie hielt inne. »Mir ist etwas eingefallen. Etwas ziemlich Schreckliches. Ich glaube, ich sage es besser nicht, am Ende fühle ich mich noch daran gebunden. Doch, ich sollte es sagen. Vielleicht hältst du mich ja für verrückt. Aber das wäre hilfreich. Und ich weiß ja, du willst mir helfen.«

»Was denn?« fragte Sarah.

»Es ist nur – ich darf ihn jetzt nicht nach Irland lotsen, um Zeit zu gewinnen. Ich glaube, was zwischen ihm und mir ist, darf nicht beschädigt werden; wenn ich jetzt anfangen würde, Intrigen zu spinnen, dann ginge etwas verloren – ich kann es nicht erklären, vielleicht könnte man sagen: das Gefühl für das, was richtig ist zwischen uns. Also darf ich jetzt nicht lügen – ich sehe, wie viele Lügen dann noch folgen würden. O Gott, am Ende bekomme ich noch das Gefühl, ich *müßte* ihm alles sagen, was ich weiß.

Ist das nicht furchtbar? Das ist doch Unsinn, oder? Würdest *du* das tun? Sarah, würdest du ihm alles sagen?«

»Ja«, sagte Sarah. »Um meiner selbst willen.«

»Ich habe befürchtet, daß du es so sehen würdest. Danke, Sarah, du verstehst wirklich alles.«

Sarah wandte sich ab.

Caroline sagte: »Ich wollte dich noch etwas fragen. Ich hätte so gern, daß er deine Bilder mal sieht. Vor allem den Monet, das Wunder. Ginge das? Bald?«

»Bring ihn einfach mit – irgendwann in dieser Woche, um die Teezeit. Ich werde nicht dasein.«

»Sarah«, sagte Caroline noch einmal, »du verstehst wirklich alles.«

Ein paar Wochen später teilte Caroline Sarah am Telefon mit, sie habe beschlossen, Jules zu heiraten.

2. Kapitel

Hast du ein Vorurteil gegen die Taufe?« fragte Jules.

»Sonderlich ausgeprägt kann es nicht sein«, antwortete Caroline. »Ich erinnere mich an den Wirbel, den Papas Freunde darum machten. Aber das war in den neunziger Jahren.«

»Und du selbst hast kein Vorurteil?«

»Hm – nein. Solange es nicht um die armen Heiden geht. Es ist bestimmt praktischer. Und wie siehst du das? Ich habe es gern, wenn du Ansichten hast, Jules.«

»Du hättest also nichts dagegen?«

»Redest du um irgend etwas herum, *mon cher?* Was ist denn? Ich hoffe, du denkst doch nicht etwa an unsere

Kinder? Wo ich mich noch gar nicht entschieden habe, ob wir welche haben werden oder nicht. Doch, eigentlich habe ich mich entschieden. Du bist Henrietta ein so wunderbarer Vater, das läßt sich kaum wiederholen.«

»Henrietta wird älter«, sagte Jules.

»Man merkt es kaum«, sagte Caroline.

»Trotzdem«, sagte Jules.

»Also hast du doch von unseren Kindern gesprochen!«

»Nein, nein«, sagte Jules, »ich habe von der Taufe gesprochen.«

»Von wessen Taufe?«

»Ich wollte nur wissen, ob du dieses Vorurteil hast. Aber ich habe mir schon gedacht, daß du davon frei bist. Bei manchen Leuten ist es sehr stark.«

»Was ist stark?«

»Das Vorurteil.«

»Welches Vorurteil?«

»Das gegen die Taufe.«

»Oh, Jules, komm zur Sache.«

»Es ist nur – weil es immer so war. Wir hatten immer die gleiche. Da würde es dir doch vielleicht nichts ausmachen, dich taufen zu lassen?«

»Ich mich taufen lassen?«

»Der Mann möchte die gleiche Religion wie seine Frau haben, verstehst du?«

»Ja, natürlich. Aber, lieber Jules, bist du denn ein Wiedertäufer?«

»Oh, nein. Soviel ich weiß, nicht. Mit den Theorien kennt sich Clara aus.«

»Eine seltsame Sekte für die Schwester eines deutschen Außenministers. Bei uns genießt sie nicht soviel Ansehen.«

»Ich glaube, der Vater von Conrad hatte deswegen einige Schwierigkeiten. Mit Bismarck? Meinst du, es könnte Bismarck gewesen sein?«

»Jules – ich kann mir gar nicht vorstellen, wie das ist, wenn du zum Taufbecken gehst.«

»Ich wurde getauft, als ich eine Woche alt war.«

»Ich auch«, sagte Caroline.

»Soll das heißen, du *bist* –?«

»Du liebe Güte, ja«, sagte Caroline.

»Also *bist* du katholisch.«

»Meine Mama hätte gesagt: ja. Sie war anglikanisch. Die apostolische Nachfolge war ihr ungeheuer wichtig.«

»Ich glaube, das haben wir bei uns nicht«, sagte Jules.

»Wer wir?«

»Hat Sarah es dir denn nicht gesagt?«

»Vielleicht meinte sie, das Licht, in das du damit gerätst, sei nicht schlecht genug. Worum geht es denn?«

»Wir sind immer katholisch gewesen.«

»Oh, Darling! Gute, brave Katholiken? Warum bin ich bloß nicht darauf gekommen? Ich dachte, ihr wärt hier alle Lutheraner. Du weißt schon, ›Elizabeth und ihr deutscher Garten‹. Was für Neuigkeiten … Das wird ja immer schöner – nicht nur Ausländer, sondern auch katholisch! Was hätte wohl meine arme Mutter dazu gesagt? Und jetzt willst du, daß ich deiner Kirche beitrete. Ich weiß, das ist immer *de rigueur.* In den Schoß der römischen Kirche aufgenommen werden … Klingt eigentlich ganz gut. Ist es das, was du von mir erwartest?«

»Ja«, sagte Jules und sah aus, als sei ihm ein Stein vom Herzen gefallen.

»Ich habe nichts dagegen«, sagte Caroline. »Mein Vater war Agnostiker, wenn dir das etwas sagt. Ich freue mich schon auf meinen Katechismusunterricht. Aber ich will einen Jesuiten … Sarah findet bestimmt den allerbesten für mich Nein – Sarah ist im Augenblick keine Hilfe. Wir werden uns an Clara halten; deine Schwägerin ist unsere Frau. O Gott, das bedeutet ja wohl, daß wir in der Westminster

Cathedral heiraten – und nicht im Brompton Oratory, nicht wahr? – na, das ist mal was anderes ...«

»Es geht nicht –«, sagte Jules, »es geht nicht darum, daß ich finde –«, er löste sich von der Fensterbank, an der er gelehnt hatte. *»Ce n'est pas que vous ne soyez pas parfaite, Caroline.«* Er nahm ihre Hand und küßte sie. *»Vous êtes parfaite.«*

Er holte tief Luft. »Weißt du, ich glaube, mir wäre es ganz egal, was du bist. Es ist nur wegen Clara. Sie kann in diesen Dingen schwierig werden.«

»Wann werde ich sie bloß endlich kennenlernen! Hast du Angst vor ihr, Schatz?«

»Nein. Aber man tut, was sie will – wenn sie es wirklich will.«

»Wie bei mir?«

»Anders«, sagte er, und ein Lächeln erschien auf seinem Gesicht.

»Wie bei Sarah?«

»Nein. Vor Sarah hat man Angst, aber man tut nicht immer, was sie will.«

»Du machst Fortschritte, Darling«, sagte Caroline. »Obwohl deine theologischen Kenntnisse eine Enttäuschung sind. Ich dachte immer, außer den Trappisten seien alle Mitglieder deiner Kirche perfekte Kasuisten. Hast du wirklich geglaubt, man müsse getauft werden?«

»Es ist nötig«, sagte Jules.

»Nein, mein Dummerchen, das ist es nicht. Die christliche Taufe hält ewig, die geht nicht mehr ab – und sie taugt für alle Fraktionen. Wenn man wechselt, wird man aufgenommen, nicht neu getauft.«

»Ich fürchte, du irrst dich«, sagte er höflich. »Ich weiß, wovon ich rede. Ich habe es erlebt.«

»Wann?«

»Als – mit Henriettas Mutter.«

»Meine Vorgängerin! Oh, Jules. *Hat* sie sich…? Ja, natürlich. Ich verstehe. Wie hast du sie dazu gebracht? Wie hast du es ihr nahegebracht? Ach, ich fände es gut, wenn wir sie bei ihrem Namen nennen. Du solltest mir von ihr erzählen, wirklich. Bitte. Wie war sie? Wie standest du zu ihr? Sprich!«

Jules schwieg.

»Warum kannst du nicht über sie sprechen? Was ist los? Jules! Bitte.«

Es kostete ihn eine ungeheure Anstrengung. Schließlich sagte er: »Weil – weil sie tot ist.«

»Aber das ist doch kein Grund. Du weißt es, und eines Tages werde ich es dir klarmachen. *Nous devons changer tout cela.* Laß uns gleich anfangen. Wie hast du mit ihr gesprochen?«

Jules sah sie verwirrt an.

»Na ja, locker? Habt ihr gescherzt? Hast du ihr von dir erzählt?«

»Wir haben uns unterhalten.«

»In welcher Sprache.«

»Auf französisch.«

»War ihr Französisch gut?«

»Sehr gut.«

»So gut wie meines?«

Jules überlegte. »Melanies Aussprache war besser.«

»Bravo. Bravo, Jules. *Aber – war sie das wirklich?* Ich meine, die Aussprache? Was stimmt denn mit meiner nicht?«

»Sie ist weniger französisch. Aber sie gefällt mir sehr. Ich habe dir gesagt, du bist perfekt.«

»Ach, Schatz, überhaupt nicht. Überhaupt nicht. Trotzdem, weißt du, auch wenn es komisch klingt: ich werde mir Mühe geben.«

»Es wird dich freuen, zu hören – es könnte ein ernstes Hindernis geben.«

Sarah seufzte.

»Das Geld.«

»Ach ja.«

»Mehr hast du darüber nicht zu sagen?«

»Was nützt es, daß ich überhaupt etwas sage?« entgegnete Sarah.

»Die Sache ist ziemlich ernst.«

»Wieso?«

»Anscheinend ist er von seinen Schwiegereltern völlig abhängig. Von deinen Schwiegereltern.«

Sarah zupfte an ihren Blumen.

»Aber *seine* Schwiegereltern werden sie nun bald nicht mehr sein.«

Sarah sagte nichts.

»Bitte, mach doch nicht so ein Gesicht, als wärst du der Medusa begegnet«, sagte Caroline. »Wem gehört das Floß, auf dem er sitzt? Hast du eine Vorstellung davon, was Jules tun will?«

»Hat *er* eine?«

»Nicht, daß ich wüßte. Wahrscheinlich sollte ich mit ihm darüber sprechen. Aber ich mag nicht.«

»Absurd ist das alles!«

»Überhaupt nicht«, sagte Caroline.

»Du willst es bloß nicht wahrhaben.«

»Sarah, bitte!«

»Was willst du denn tun?«

»Das ist es ja gerade.«

»Du hast doch Geld«, sagte Sarah.

»Na ja, sicher. Nicht das, was *du* Geld nennen würdest. Aber es reicht.«

»Na, also«, sagte Sarah.

»Ich bin mir sicher, daran denkt Jules überhaupt nicht!«

»Daran denken ist nicht das einzige, was man mit Geld tun kann.«

»Wenn er mich heiratet, ist er gewissermaßen ruiniert.«

»Ruiniert?«

»Er verliert seine Unabhängigkeit.«

»Jules und die Unabhängigkeit...«

»Seine relative Unabhängigkeit. Sie ist mir wichtig.«

»Du überraschst mich«, sagte Sarah.

»Muß ich es wirklich erklären? Wenn man einen Mann heiratet, weil man den anderen nicht bekommen kann, dann ist es einem nicht egal, oder? – wenn dieser Mann obendrein auch keinen Pfennig Geld hat. Verstehst du? Oh, Sarah, was ist denn jetzt schon wieder?«

»Nichts. Irgendwie fühlte ich mich an etwas erinnert. Anscheinend erinnert mich alles an irgendwas.«

»Du nimmst es dir viel zu sehr zu Herzen«, sagte Caroline.

»Du weißt nicht –«

»Mehr will ich gar nicht wissen«, sagte Caroline rasch.

»Ich habe nach Berlin geschrieben.«

»Tatsächlich?«

»Einen *Brief*«, sagte Jules.

»Was du nicht sagst!« sagte Sarah.

»Ich dachte, ich sollte.«

»Sehr wahrscheinlich.«

»Wegen der neuen Ausgaben.«

»Wie bitte?«

»Caroline.«

»Wieso?«

»Ich werde Geld brauchen für Caroline.«

»Jules, was hast du ihnen denn geschrieben?«

»Ich dachte, es wäre gut, wenn ich ihnen wegen meiner Zuwendung schreibe.«

Sarah sagte fast demütig: »Sag jetzt nicht, ich soll dir helfen. Bitte mich nicht, irgend etwas zu unternehmen.«

»Ich glaube, das ist gar nicht nötig«, sagte Jules. »Ich habe sie einfach gebeten, meine Zuwendung freundlicherweise zu erhöhen, ich würde demnächst heiraten.«

3. Kapitel

Sie heirateten kurz nach Ostern, und zwar in Berlin. Ein Mädchen, das mit den Kindern von Carolines Tante befreundet war, bekam vierzehn Tage vor dem festgesetzten Datum in deren Londoner Haus die Masern. Caroline nannte es Vorsehung. »Verschieben will ich nicht, und in unserem alten Haus heiraten, wie sie es jetzt vorschlagen, will ich auch nicht. Was für eine Erleichterung! Du ahnst nicht, wie mir davor grauste. In Berlin wird es anders; ich freue mich auf Berlin. Allein der Gedanke, daß ich endlich all die wunderbaren Merz kennenlerne. Sarah – ich fürchte, du mußt mich in deinem Haus heiraten lassen. Es geht nicht anders. Weißt du noch, wie du mich gedrängt hast, bei dir zu wohnen? Jetzt bitte ich dich tatsächlich um Zuflucht unter deinem Dach.«

»An *dieses* habe ich nie gedacht.«

Doch Sarah kehrte nach Berlin zurück, ließ auch Edu kommen und öffnete ihr Haus wieder.

Jeanne besuchte sie schon in der ersten Stunde.

»Du hast mir so gefehlt!«

Sarah stutzte.

»Das waren achtzehn lange Monate. Ich habe dich beneidet. Willst du denn jetzt bleiben – wo du wieder hier bist?«

»Ja ...«, sagte Sarah. »Wahrscheinlich.«

»Du wirst sehen, es hat sich manches verändert.«

»Es kam mir vor, als wären ungeheuer viele Uniformen auf der Straße.«

»Mir ist es nicht aufgefallen. Aber man sagt, es würden immer mehr.«

»Wie geht es Friedrich?« fragte Sarah.

»Wie immer.«

»Edu kommt morgen an.« Sarah musterte ihre alte Freundin. Jeanne hatte immer einen erfreulichen Anblick geboten; jetzt sah sie fast aus wie alle anderen. Eine ältere Dame, vornehm.

»Wer hätte das gedacht –«, sagte Jeanne, »als du weggingst, daß du zurückkommen würdest, um hier eine Hochzeit zu feiern.«

»Ich muß sehen, daß ich die Geschenke aus dem Zoll bekomme. Ich muß mir Listen machen. Wo sind bloß die Adressen? Wo ist mein Papier? Anscheinend kenne ich mich in meinem eigenen Haus nicht mehr aus.«

»Du kannst auf mich zählen«, sagte Jeanne. »Aber erst möchte ich alles hören. Wie ist sie? Ist sie hübsch? Ist sie richtig verliebt in Jules? Wie bekommt *ihm* das ganze? Hast du das alles eingefädelt? Sie haben sich doch bei dir kennengelernt, oder?«

»Zufällig«, sagte Sarah.

»Das genügte ja wohl«, sagte Jeanne. »Unser Jules ist ein Gewohnheitstier. In der Voßstraße sagen sie immer die ›Engländerin‹; sie wissen nicht, worauf sie sich einstellen sollen. Gottlieb und Henrietta sind bereit, sie zu vergöttern. Emil sagt, sie sei eine ziemlich *bekannte* Schauspielerin. Es hat ihn zehn Jahre jünger gemacht. Markwald rechnet fest mit einer Gouvernante. Und alle sind natürlich in großer Aufregung wegen des Kindes, sie werden alles für sie tun, solange sie ihnen Henrietta nicht wegnimmt.«

»Ganz wehrlos sind sie ja nicht«, sagte Sarah.

»Friedrich sagt, Jules habe sich in diesem Jahr sehr verändert. Sarah, wo soll es denn stattfinden?«

»In der Kathedrale.«

»Oh, *ja* …«, sagte Jeanne. »Eine große Hochzeit.«

»Ihr Onkel kommt herüber, als Brautführer; und ich weiß nicht, wer sonst noch. Jules hat Bernin gebeten, ihm zur Seite zu stehen.«

»Weiß Jules eigentlich, was er dir da antut? Weißt *du* es? Entschuldige die Frage, Sarah, aber ist das klug? Eine solche Festlichkeit? So kurz nachher?«

»Wie bitte?« fragte Sarah. »Ach so, ich verstehe; ich soll nicht vergessen dürfen. Das Haus eines Bankrotteurs, dessen Schulden nicht beglichen sind. Aber zufälligerweise ist das hier mein Haus. Es hat Edu nie gehört.«

»Es gibt soviel böses Blut in dieser Stadt«, sagte Jeanne.

»Das gab es schon immer«, sagte Sarah. »Ich weiß nicht, worüber sie sich beschweren könnten; niemandem ist ein wirklicher Schaden entstanden. Edu ist nicht der einzige, an den ich zu denken habe. Ich habe nicht vor, mich für den Rest meines Lebens in einem Mauseloch zu verkriechen. Und ich habe auch keine Lust, an *alles* zu denken.«

Jeanne sah sie gelassen an.

»Ich *werde* allerdings darüber nachdenken müssen, ob ich Henrietta einlade oder nicht und was ich ihr zum Anziehen besorge.«

»Sie überlassen alles dir«, sagte Jeanne. »Ist sie auch so unbeholfen? Hör mal, du hast mir noch immer nichts erzählt. Stimmt es, daß sie ziemlich flott ist? Stimmt es, daß sie mit Jules allein in Italien war? Ich weiß nicht mal, ob sie dreißig oder siebzehn ist. Die Voßstraße glaubt beides.«

»Wenn du lieber auf die Voßstraße hörst.«

»Natürlich nicht. Das kann ich auch gar nicht. Du weißt doch, ich höre nur, was Friedrich mir erzählt.«

Sarah wurde sanfter: »Sie wird dir gefallen«, sagte sie.

Eine Woche später kam Caroline an. Jules und Clara holten sie ab. »Ich freue mich sehr, Sie kennenzulernen«, sagte Clara in einem Ton, der sich um Bahnhof und Bahnsteig nicht scherte. Das Mittagessen nahm Caroline mit den Felden und Graf Bernin in der Wilhelmstraße ein. Clara entschuldigte sich dafür, daß man nicht unter sich sei – sie sei nur die Haushälterin ihres Bruders. Die übrigen Gäste, drei oder vier Herren, von denen Caroline einen aus London kannte, hatten anscheinend nichts miteinander zu tun. Sie saß zwischen Bernin und einem alten Herrn, der ihr ständig Komplimente auf englisch machte. Bernin war außerordentlich liebenswürdig, begrüßte sie ungezwungen, schien genau zu wissen, wer sie war, und stellte ihr keine einzige Frage zu England. Es hätte überall auf der Welt sein können, nur nicht in einem Privathaus. Caroline sah, wie Bernin mit leichter Hand am Tisch Regie führte, wie Clara auf gar nichts achtete und mit ihrer Abwesenheit doch ein Teil des Ganzen war; sie sah Jules und Gustavus, die am anderen Ende des Tisches nebeneinandersaßen, und erkannte jene Ähnlichkeit, die immer so beunruhigend wirkt. Das Essen war von geradezu demonstrativer Schlichtheit – oder einfach nur knauserig. Caroline, für die solche Anlässe nichts Neues waren, achtete bald nicht mehr auf die Rolle, die sie darin spielte, oder den Eindruck, den sie machte, und war nun ebenfalls abwesend; der Antrieb, zuzugreifen, Verbindung aufzunehmen, sich mitzuteilen, war erlahmt; sie nahm die Szene, die sie vor sich sah, den Raum, die Menschen und ihr Dasein nicht urteilend oder analysierend wahr, nicht mit Thackeray oder Trollope im Kopf, sondern als geballten, direkten Eindruck von etwas, das aus mehreren Schichten bestand – Glätte über mühsam arrangierter Gewissenhaftigkeit, eine Ordnung, die eine chaotische Unruhe zugleich verdeckte und erzeugte, und dahinter nichts. Dieser Eindruck stellte sich ohne Worte oder Gedanken ein, kompakt wie eine Kanonenkugel und äußerst unangenehm. Sie sah zu Jules hinüber, auch er stand außerhalb: Reglosigkeit ging von ihm aus, nicht Ruhe, die Reglosigkeit eines Schlafenden, der jedoch wie in die Enge getrieben wirkt. Es war im Nu vorüber. Clara wandte sich ihr zu, und die tiefe Abneigung, die Caroline dabei überkam, holte sie zurück, doch das Unbehagen blieb. Nach dem Essen zeigte ihr Bernin seine Amtsräume. Dort bat er sie, Frau Merz mitzuteilen, er werde einen Sekretär zu ihr schicken, mit dem sie die Einzelheiten der Sitzordnung bei der Festlichkeit und beim Traugottesdienst klären könne. Auch fürchte er, es könnten sich noch einige kleinere Abänderungen bei der Musik als notwendig erweisen.

»Sie kennen die St.-Hedwigs-Kathedrale natürlich nicht, oder? Es ist nicht Chartres, aber Sie werden sehen – ziemlich groß. Ich rate Ihnen, sich den Raum einmal anzusehen. Morgen früh? Um elf?« Er machte sich eine Notiz. »Jemand wird Sie in der Hauptsakristei erwarten; Osteingang.« Dann kam er auf ihren Onkel zu sprechen.

Irgend etwas veranlaßte sie zu sagen: »Nur angeheiratet, wissen Sie. Er ist mit der Schwester meiner Mutter verheiratet.«

»Aber er kommt doch?«

»Ja sicher«, sagte sie.

»Ich lese alle seine Reden.«

»Ich habe ihn *einmal* sprechen hören.«

»Ich frage mich, ob ihm bewußt ist, daß er und ich im Grunde genommen der gleichen Partei angehören.«

»Sie haben hier so viele …«

»Das Zentrum ist die wirkliche liberale Partei.«

»Ich dachte, es gibt eine Liberale Partei.«

»Es gibt eine Partei, die so heißt.«

»Wir hätten bei uns gar nicht genug Platz«, sagte sie. »Die Abgeordneten müßten zwischen den Bankreihen stehen.«

»Im Reichstag ist es bequemer«, sagte Graf Bernin. »Glauben Sie, es besteht eine Chance, daß Jules wieder zu uns kommt?«

»Zu Ihnen?«

»Ins Auswärtige Amt.«

»Fanden Sie ihn denn so tüchtig?«

»Das ist lange her. Damals hatte ich nichts mit ihm zu tun.« Dann weiter: »Ihnen ist doch klar, daß Sie jedem Mann zu einer glänzenden Karriere verhelfen könnten?«

»Ich bin mir nicht sicher, daß mir Karrieren wichtig sind«, sagte sie, »auch wenn das hier kaum der richtige Ort für ein solches Geständnis ist.«

»Es gibt die Karrieren, und es gibt den Dienst«, sagte Graf Bernin. »Hier ist Platz für beides. Einmal wäre Jules fast zurückgekommen. Er wußte damals nicht so recht, was er tun sollte; wir besorgten ihm eine Stelle als Sekretär in Paris, eigentlich genau nach seinem Geschmack, sollte man meinen; er schien auch sehr erfreut, doch dann lehnte er ab. Wissen Sie, warum? Ihm war klargeworden, daß er nun in Frankreich Deutschland zu repräsentieren haben würde, und er sagte, das könne er nicht. Nicht Deutschland – nicht in Frankreich. Er hegt seltsame Vorstellungen von Deutschland.«

»Ich fürchte, da ist er nicht der einzige.«

»Ich glaube, Jules haßt Deutschland geradezu. Er fragte, ob man ihm kein anderes Land zur Vertretung geben könnte. Als ginge es um eine Handelsagentur.«

»Wirklich?«

»Er ist ein eigensinniger Kerl. Ich bestreite nicht, daß seine Vorstellungen manches für sich haben. Man tut seine Arbeit dort, wohin es einen verschlägt, man gibt sein Bestes für die Firma, aber die Firma ist selbst nur Teil des wirtschaftlichen Ganzen. Ich habe die Firmen gewechselt. Angefangen habe ich wie mein Vater, als Vertreter jenes Erdenwinkels, aus dem ich stamme – Baden; später war es dann Deutschland. Aber egal, ob Deutschland, Frankreich oder Montenegro – der wahre Staatsmann ist ein Diener, dem das Wohlergehen des großen Ganzen anvertraut ist.«

»Haben sich diese Vorstellungen in der internationalen Politik je bewährt?«

»Es gibt diese Hefe. An vielen Orten. Leute in den verschiedensten Stellungen. Wir alle sind aufgerufen, einem höheren Zweck zu dienen.«

»Abschaffung der Armeen und der Flotten?«

»Das wäre schon mal ein Aspekt.«

»Soziale Gerechtigkeit?«

»Den Armen zu helfen ist stets die Pflicht des reichen Mannes«, sagte Graf Bernin.

»Und wenn es keine Armen mehr gibt?«

»Spannen Sie da nicht den Wagen *vor* das Pferd?«

»Sie haben mir noch gar nicht gesagt, auf welches Pferd Sie eigentlich setzen.«

»Einheit im Geiste, ohne die es andere Einigkeit nicht geben kann. Neubegründung unseres Glaubens. Des alten Glaubens, zu dem *Sie* soeben zurückgekehrt sind. Ich halte das für ein gutes Omen.«

»Graf Bernin«, sagte Caroline, »das ist doch nicht Ihr Ernst!«

Er lächelte. »Ich sagte Neubegründung. Es gibt Zeiten, da kann man nur vorwärts gehen. Ich erwarte nicht, daß das englische Volk als Ganzes zur Römischen Kirche zurückkehrt. Aber die Römische Kirche könnte die Kirche von England aufnehmen. Es gibt nichts, was die Idee einer universalen, einigen katholischen Kirche, einer Dreieinigkeit des römischen, des griechischen und des anglikanischen Zweiges von vornherein ausschlösse, alle eins, alle gleichberechtigt, jeder ein Ganzes. Mit *gewissen* Einschränkungen. Vom anglikanischen Zweig wird man erwarten dürfen, daß er seine Liturgie ein wenig anpaßt. Auf der anderen Seite muß man nicht unbedingt eine Trennung von Staat und Kirche ins Auge fassen –«

»Die römische Kirche ohne Papisterei?«

»Ohne das, was man in Ihrem Land darunter versteht.«

»Und was wird aus dem Papst?«

»Das müßte sich zeigen. Aber Sie wissen ja – der Pontifex maximus wird nicht durch Geburt, sondern durch Wahl bestimmt.«

»Sagen Sie – entspricht das alles der herrschenden Lehrmeinung?«

»Es ist nicht an uns, dies festzustellen. Darüber müßte gegebenenfalls ein Konzil befinden.«

»Reden Sie so auch mit Kardinälen? Sie haben mich schockiert.«

»Ich hoffe doch nicht. Lassen Sie sich bitte nicht aus der Fassung bringen«, sagte Graf Bernin. »Alle großen Träume haben etwas Schockierendes. Für kleine Leute. Aber zu denen zähle ich Sie nicht.«

Gustavus trat ein und führte Caroline in einen anderen Raum, in dem sie plötzlich Clara allein gegenüberstand, die zu ihr sagte: »Werden Sie sich von mir helfen lassen?«

Später machte Jules mit ihr einen Besuch in der Voßstraße.

»Wie hübsch sie ist!«, sagte Großmama.

»Erinnert mich an Fräulein zu der Hasenheyde«, sagte ihr Gemahl.

»Bitte, darf ich Ihre Brautjungfer sein?« fragte Henrietta.

»Oh, zu dieser Brautjungfer kann ich Ihnen nur gratulieren«, sagte Großmama.

»Ich glaube, da dürfen Sie sich vor allem selbst gratulieren, gnädige Frau.«

»Sie tragen so schönen Schmuck, meine Liebe. Ich muß Ihnen noch etwas dazuschenken.«

»Tante Sarah hat gesagt, ich soll Sie fragen.«

»Viel zu gut für Jules«, sagte Markwald zu Emil.

»Viel zu nett.«

»Darf ich Ihnen etwas von der Stadt zeigen?« sagte Friedrich.

»Darum kümmere ich mich schon, mein Junge«, sagte sein Vater.

»Ich bekomme ein neues Kleid«, sagte Henrietta.

»Haben Sie schon entschieden, wo Sie nach den Flitterwochen wohnen werden?« fragte Friedrich.

»Haben Sie denn kein Haus?« fragte Markwald.

»Keine Sorge, an einem Zuhause wird es Ihnen nie mehr fehlen«, sagte Emil.

»Das ist Papas Ring«, sagte Henrietta. »Ich weiß, wie der Stein heißt. Hat er ihn Ihnen geschenkt?«

»Eine alte Gewohnheit«, murmelte Emil.

»Ich hoffe doch, Sie bekommen bei Sarah auch genug zu essen«, sagte Großmama.

Mit Gustavus besuchte sie das Schloß und mit Friedrich Merz das Gericht und das Panoptikum. Sarah schlug vor: »Willst du dir nicht die Bildergalerie im Museum ansehen? Sie ist wirklich erstklassig.«

»Ich glaube nicht«, sagte Caroline.

Sie lud Henrietta in eine Konditorei ein. Clara kam vorbei, um noch einmal mit ihr zu sprechen. Sarah hatte das Gefühl, sie müsse Jeanne wenigstens mal zum Tee einladen.

Henrietta fragte: »Werden Sie jetzt meine Mama sein?«, und Caroline antwortete: »Glaubst du nicht, daß es dafür ein bißchen spät ist?«

Zu Clara, die ihr einen zweiten Besuch machte, sagte sie: »Warum fragen Sie überhaupt? Ich glaube nicht, daß Sie auch nur das geringste Interesse an mir haben.«

»Ich interessiere mich für jede Christenseele«, erwiderte Clara. Bevor sie ging, nahm sie Carolines Hand: »Wir hoffen so sehr, daß Sie Ihr erstes Kind in Sigmundshofen zur Welt bringen werden.«

Nachdem Jeanne zum Tee dagewesen war, sagte sie zu Sarah: »Du mußt mir meine Neugier und das Geplapper von neulich verzeihen. Ich hatte ja keine Ahnung.«

Zu Caroline sagte Sarah: »Sie hat dir nicht gefallen, oder?«

»Wieso?«

»Falls doch, hast du es dir jedenfalls nicht anmerken lassen. Aber sie ist eine brave Frau.«

»Was habe ich hier mit braven Leuten zu schaffen?« fragte Caroline.

Friedrich machte mit ihr einen Spaziergang Unter den Linden und sagte: »Wenn Sie mich fragen, war es ein großer Fehler von Sarah – daß sie ihre Töchter im Ausland aufwachsen läßt und von den Großeltern fernhält. Aus den Augen, aus dem Sinn, verstehen Sie? Kein Wunder, daß sie sich jetzt nur für die Tochter von Jules interessieren. Schade, daß sie nicht besonders gut aussieht. Aber bei einer Erbin fällt es vielleicht nicht so ins Gewicht.«

»Sie sieht doch sehr gut aus«, sagte Caroline.

»Ihre junge Stiefmama kann sich soviel Wohlwollen leisten«, entgegnete Friedrich.

»Jules und Edu hören sich heute abend die Melba an«, erklärte Sarah. »Ich dachte, du hast keine Lust mitzugehen. Soll ich noch jemanden einladen, oder wollen wir unter uns bleiben?«

»Wie du willst«, sagte Caroline.

Später unterbrach sie die Stille mit einer Frage: »Was halten eigentlich die Deutschen von Bernin?«

»Er hat keine Anhänger. Alle mißtrauen ihm.«

»Eine gute Voraussetzung für ein solches Amt.«

»Er gilt als Einzelgänger, alle sehen in ihm das jeweils kleinere Übel. Die Sozialisten haben ihn bei einigen ihrer

Reformen benutzt, aber sein Durchsetzungsvermögen geht ihnen gegen den Strich, und eigentlich würden sie ihn gern absägen; für die Konservativen im Herrenclub ist er eine Art utopischer Radikaler, den sie vorschieben, wenn sie ihre Weltoffenheit demonstrieren wollen. Seiner eigenen Partei ist er furchtbar lästig, und der Kaiser frißt ihm natürlich aus der Hand.«

»In England glaubt man, er werde der nächste Kanzler«, sagte Caroline.

»Schon möglich. Es sei denn, ihm kommt irgend etwas in die Quere. Meine Familie hält ihn für eine Gefahr. Was die Finanzen angeht, wäre er eine Katastrophe. Er würde einfach alles ausgeben, was er in die Hände bekommt. An Kapitalbildung hat er kein Interesse, außerdem ist er viel zu selbstherrlich.«

»Katholisches Sendungsbewußtsein ...«

»Ach, das ist mehr ein Steckenpferd von ihm«, sagte Sarah.

»Zu Jules' Familien – wußtest du, daß er auch einen Bruder hat, der verrückt ist?«

»Darüber wollte ich schon lange mit dir sprechen«, sagte Sarah. »In einem Heim wäre er viel besser aufgehoben. Wer hat es dir gesagt?«

»Clara. Diese Frau kann nicht plaudern. Aber das ist doch ein Witz, oder? Einen Schwager zu haben, der verrückt ist und als deutscher Offizier frei herumläuft.«

»Ein typischer Fall von Bernin-Irrsinn«, sagte Sarah.

Am dritten Tag nach ihrer Ankunft versuchte Caroline, allein in der Stadt spazierenzugehen. Es war ein Aprilnachmittag, die Dämmerung hatte eingesetzt, die Straßenlaternen wurden angezündet, und die Geschäfte hatten noch geöffnet. Unverschleiert ging sie eine Zeitlang mit raschen Schritten die Straße entlang, so schwungvoll wie die Gedanken, die ihr durch den Kopf gingen, und ohne darauf zu achten, wohin ihr Weg sie führte. Da glaubte sie, um sich her eine wachsende Aufdringlichkeit zu spüren, Geflüster streifte sie, Blicke, Schritte, die sich dem Rhythmus der ihren anpaßten.

»Gnädiges Fräulein –«

»Du schönes Kind, wohin –?«

Ein weißer Uniformrock leuchtete auf, ein betreßter Ärmel streifte ihr Kleid. An einer Ecke lachten zwei Frauen ohne Hut. Neben ihr stieß eine Säbelspitze klirrend auf das Pflaster.

Sie schob sich vorwärts, wie man sich im Traum durch einen Urwald schiebt.

Ein Junge pfiff ihr ins Gesicht; einige junge Männer versuchten, sich ihr in den Weg zu stellen; ein Monokel blitzte auf. Als die Blicke immer dreister wurden, verlangsamte sie ihren Schritt. Sofort drangen sie noch frecher auf sie ein.

»Gnädigste gestatten! Gnädigste –«

Sie sah sich um. Sie wußte nicht, wo sie war. Sie versuchte, eine Droschke anzuhalten. Aber es war keine Droschke. Sie sah eine Frau, die ein mit Lauchstangen und Kohlköpfen prall gefülltes Netz bei sich hatte, und sprach sie an. Sie suchte nach deutschen Wörtern: »Ich bin verloren.«

Die Frau öffnete den Mund langsam und begann laut zu lachen.

Caroline wandte sich ab.

Als dann endlich eine Droschke auftauchte, versuchte ein Mann, zusammen mit ihr einzusteigen. Über ihnen leuchtete eine Straßenlaterne, und sie konnte sein Gesicht erkennen: ein Jünglingsgesicht, teigig, ein blonder Schnurrbart über einem viel zu hohen Kragen. Die Panik ließ nach, sie fand Halt in ihrer Wut. *»I've never seen such manners«*, sagte sie. Der Mann wich zurück. Sie zog die Tür zu. Sie versuchte, den Namen von Sarahs Vorort auszusprechen. Zuerst schien der Kutscher sie nicht zu verstehen, dann weigerte er sich, die Fahrt zu machen. Sie standen noch immer unter der Laterne.

»Voßstraße neun«, sagte sie.

»Frau Geheimrat ruhen«, sagte Gottlieb, »aber der Herr Baron ist eben gekommen.«

Das Haus war sehr warm und von einer undurchdringlichen Stille erfüllt, in der die Gaslampen leise zischten.

»Bitte keine Umstände, Sie brauchen mich nicht zu melden«, sagte sie. »Ich wollte Sie nur bitten, mir den Chauffeur von Frau Edu kommen zu lassen. Ich warte hier.« Sie setzte sich.

»In zwanzig Minuten steht er vor der Tür«, sagte Gottlieb. »Wie wäre es bis dahin mit einer kleinen Erfrischung?«

»Ich könnte einen Cognac vertragen«, sagte sie.

»Aber mit *Vergnügen*.«

»Ich glaube, Sie sind der freundlichste Mensch in dieser Stadt«, sagte Caroline.

Bei Sarah traf sie Jeanne. Beide packten Geschenke aus.

»Es war lieb von Ihnen, mir eine Einladung zu schicken.«

»Aber ich bitte Sie!« sagte Caroline.

»Ich bin sicher, Sie werden hinreißend aussehen. Wer hat Ihr Kleid gemacht?«

Sarah hielt den Kopf gesenkt.

»Es ist noch nicht fertig«, sagte Caroline.

»Fertig werden sie nie«, sagte Jeanne.

Der nächste Tag war ein Sonntag, und sie aß mit Jules zu Mittag. »Können wir um Himmels willen nicht irgendwas finden, wo es ruhig ist?«

»Es gibt da ein Lokal. Wenn du nichts gegen ein Séparée hast.«

»Überhaupt nicht.«

Durch eine kleine Tür, die auf die Straße ging, traten sie ein. Es war ein winziger Raum mit nachgemachtem französischem Mobiliar. Austern, Schwarzbrot, Butter und Chablis standen schon auf dem Tisch.

»Wo sind die Kellner?« fragte Caroline.

»Sie kommen nur, wenn man läutet.«

Sie setzte sich auf die Polsterbank.

»Edus Lieblingsrestaurant«, sagte Jules.

Sie legte ihre Serviette beiseite.

»Soll ich das Fenster ein bißchen öffnen?« fragte er.

»Ja bitte.«

»Ich gehe eigentlich lieber zu Borchard; aber dort gibt es keine *cabinets particuliers.*«

»Jules«, sagte Caroline, »ich kann nicht mehr.«

Sie spürte, daß er erstarrte – wie ein Hund plötzlich, mitten im Lauf, erstarrt.

Einen Augenblick lang war es still, dann sagte er: »Ich habe es immer gewußt – es war zu schön, um wahr zu sein.«

Sie sah ihn an. »So habe ich es nicht gemeint, ich will dich doch nicht verlassen. Machen andere Frauen das so? Ich meinte nicht dich.«

Er wartete.

»Ich meinte – dieses ganze Drum und Dran. Diesen Hochzeitstrubel – die Hedwigs-Kathedrale. Vor diesen Altar will ich nicht treten. Und das *werde* ich auch nicht«, fügte sie noch entschiedener hinzu. »Ich bin zu vielem fähig. Aber manches kann ich einfach nicht. Und ich weiß ganz genau, wo für mich Schluß ist.«

Jules fragte sie ruhig und freundlich: »Ist es wegen der vorigen Bindung?«

Wieder sah sie ihn kurz an und ließ einen Augenblick Stille eintreten. »Jules, du bist ein ganz ungewöhnlicher

Mann. *Ja.* Zum Teil auch deshalb. Ich weiß nicht. Aber eine Abneigung gegen Altäre hatte ich schon immer.«

Er sagte ernst: »Man fühlt sich nie wohl bei solchen Zeremonien.«

»Jules.« Sie sah ihm in die Augen. »Ich möchte dich um etwas bitten. Sag nicht gleich nein. Bitte, geh mit mir von hier fort, jetzt, bald, sofort – vor diesem gräßlichen Datum.«

Jules hörte aufmerksam zu.

»Laß uns den Zug nach Spanien nehmen und verschwinden. Bring mich von hier weg, bevor ich den Verstand verliere.«

»Aber wie denn?« sagte Jules. Und dann: »Ja – ich könnte, ich *kann.*« Er sprach jetzt mit mehr Nachdruck, als würde er etwas aufsagen: »Ich kann dich von hier wegbringen. Und ich werde dich wegbringen. Morgen?«

»Du bist wunderbar«, sagte sie. »Du gibst mir soviel Selbstvertrauen. Ich kenne dich besser, als mir bisher überhaupt klar war. Und Jules – ich werde dir das nie vergessen – *du* kannst auch auf mich zählen.«

»Ich möchte nur mit dir zusammensein«, sagte er.

Er schenkte ihr Wein ein, und sie trank. Sie aß auch von dem Brot.

»Und nachdem das nun geklärt ist, können wir gleich noch ein bißchen nachdenken. Vielleicht sollten wir trotzdem heiraten, meinst du nicht? Es wäre doch ziemlich töricht und überflüssig, wenn ich in diesem Augenblick mit dir weglaufen würde.«

»Wie du willst«, sagte Jules. »Unverheiratet hält länger.«

»Gib mir bitte etwas Brot. Wie bei der armen Jeanne? – Und bei dir? War es da auch so? Ich habe immer gehört, du seist so flatterhaft.«

»Länger als zwanzig Jahre«, sagte er. »Mit Unterbrechungen natürlich.«

»Und nie ans Heiraten gedacht?«

»Am Anfang wäre es unpassend gewesen. Und als es möglich war, gab es Hindernisse. Es wäre sehr komfortabel gewesen. Aber jetzt bin ich froh.«

»Sarah sagt, du hättest beinahe mal eine französische Witwe geheiratet.«

»Keine *Witwe*«, sagte Jules.

»Oh, Liebling, Sarah muß ich es selbst sagen. Und allen anderen mußt du es erklären – oder versuchen, es zu erklären. Ich überlasse alles dir. Wahrscheinlich also ein kurzer Auftritt beim Standesamt? So etwas muß es doch geben. Wir haben noch drei Tage. Du kannst dich hier wenigstens verständlich machen.«

»Und Clara?«

»Sie wird sich damit abfinden müssen. *Ich* muß meinem Onkel telegraphieren. Er sollte mir dankbar dafür sein, daß ihm Bernin erspart bleibt. Der liebe Onkel John ist und bleibt ein kleiner Junge; nun habe ich sogar das Gefühl, ich würde auch über *seine* Karriere wachen.«

»Clara wird sich nicht damit abfinden, wenn wir uns für verheiratet halten, ohne es zu sein.«

»Ja, natürlich! Die Zivilehe zählt nicht in eurer – in unserer Kirche. Oje. Ich glaube, das können wir ihr nicht antun ... Sobald wir in Spanien sind, müssen wir irgendeinen Dorfpfarrer auftreiben und ihr dann eine Postkarte schicken oder die Urkunde.«

»Zweimal heiraten ...«

»Darling.«

Er stand auf und läutete.

»Ja, bestell uns was zu essen«, sagte sie.

»Die Austern sind warm geworden«, sagte Jules.

»Meine habe ich gegessen.«

Im Beisein von Clara und Gottlieb wurden sie von einem Priester im Vorzimmer der Voßstraße getraut. Die Merz hatte man überredet, nicht zu erscheinen. Sie schickten einen Korb mit Geschenken an den Zug.

Es war noch ein Problem aufgetaucht: Caroline hatte ihre treue Brown um die Zeit ihrer Verlobung in den Ruhestand entlassen, und plötzlich weigerte sich die neue Frau zu reisen. »Ich werde in Kleidern schlafen müssen«, sagte Caroline zu Sarah. Und Sarah sagte: »Es wird nicht einfach sein, noch jemanden zu finden.« Schließlich bot Großmama an, ihre eigene Zofe Marie auszuleihen, und Marie erklärte, sie habe nichts dagegen, Spanien wiederzusehen, bevor sie sterbe.

Als alles vorüber war, sagte Caroline: »Irgendwas stimmt nicht mit diesem Raum. Wo sind eigentlich Jules' Katzen?«

»Ich hatte darum gebeten, diese Götzenbilder zu entfernen«, sagte Clara.

Caroline reichte dem Priester und Gottlieb die Hand. Clara gab ihr einen Kuß und verließ dann zusammen mit dem Priester das Haus. Jules zog seine Uhr hervor.

»Geh noch mal hinauf zu Henrietta«, sagte Caroline.

In der Droschke sah jeder aus seinem Fenster.

»In Rom wirft man eine Münze in diesen Brunnen«, sagte Jules.

»Mir ist kalt.«

Auf halbem Wege zum Bahnhof sagte Jules: »Sarah hat mich gebeten, dir etwas auszurichten. Es geht um das Geschenk für dich. Sie schenkt dir eines von ihren Bildern.«

Caroline wartete ab.

»Das große, weißt du. Die beiden Frauen auf der Bank.«

Sie wurde bleich.

»Ich soll dir sagen: da sie nicht wußte, wohin du gehen würdest, hat sie es in Paris für dich hinterlegt – im Tresor einer Bank, auf deinen Namen.«

»Aber das hätte sie nicht tun dürfen. *Nein* –«

»Das Bild gefällt dir, nicht wahr?« sagte Jules.

Sie schloß die Augen. »Wie muß das sein, wenn man so etwas schenken kann … Es macht einem angst.«

»Jetzt gehört es dir.«

Caroline kamen die Tränen. »Sarah hat mir ihren Monet geschenkt – den schönen Monet –« Sie schluchzte laut – eher wie ein Junge, der wegen einer toten Ratte in Tränen ausbricht, als wie eine Dame, die an einem Vormittag durch die Stadt fährt. »Ich war gemein zu Sarah – so gemein. Und jetzt kann ich es ihr nicht mal mehr sagen. Ich habe mich wie ein Ungeheuer benommen – ach, Jules.« Sie nahm das Taschentuch, das er ihr anbot. »Clara hat recht. Sie sagt, ich sei eigensinnig.«

4. Kapitel

Nach sechs Monaten in Spanien kaufte Jules für Caroline ein Pferd.

»Meinst du, es wird ihr gefallen? Es soll eine Überraschung werden.«

»Es ist bestimmt ein schönes Tier.«

»Aber es wird jetzt kühler, nicht wahr? – Ob ich es in den Patio bringen lassen soll?«

»Frau Baronin ruht. Frau Baronin sagte, sie möchte nicht gestört werden.«

»Selbstverständlich nicht«, sagte Jules.

Marie wandte sich zum Gehen.

»Sind die englischen Bücher heute gekommen?«

»Nein, Herr Baron.«

»Glaubst du, sie sind verlorengegangen?«

»Es würde mich nicht überraschen, Herr Baron.«

»Was sollen wir bloß machen?« fragte Jules.

»Wenn Sie noch Wünsche haben, Herr Baron ...«

»Schick bitte Pedro zu mir.«

»Pedro ist in den Ort gegangen, die Briefe von Frau Baronin besorgen.«

»Ach, ja. Und wenn wir jemanden nach Gibraltar schikken würden?«

»Nach Gibraltar, Herr Baron?«

»In Gibraltar muß es englische Bücher geben.«

»Davon weiß ich nichts, Herr Baron.«

Die Hügelkuppen in der Ferne schimmerten um diese Tageszeit wie Elfenbein. Caroline stand in ihrem Zimmer.

Tu réclamais le Soir; il descend; le voici.

»Und nun«, sagte sie. »Und nun ... – Ach, du bist es.« Sie drehte sich nicht um. »Wie spät ist es?«

»Es geht auf halb sechs zu, gnädige Frau.«

»Das kann nicht sein; die Sonne ist schon untergegangen.«

»Na ja, die Tage werden jetzt kürzer.«

»Aber wir essen anscheinend immer noch so spät wie im Sommer«, sagte Caroline.

»Der Herr Baron ist schon seit längerem zurück.«

»Ich glaube, ich bade jetzt. Wie ist das Wasser?«

»Der Herr Baron hat heute die zweite Zisterne füllen lassen.«

»Nein; es ist zu früh. Ich warte noch ein bißchen. Ich läute dann.«

»Sehr wohl, gnädige Frau.«

»Marie – hast du manchmal Kopfschmerzen?«

»Nein, nie, gnädige Frau.«

»Ich glaube, ich habe welche.«

»Gnädige Frau sollten sich etwas hinlegen.«

»Ich bin gerade aufgestanden.«

»Ja, bitte?«

»Ich bin's, gnädige Frau. Der Herr Baron ist in der Ost-Loggia und läßt fragen, ob Frau Baronin vor dem Abendessen auf eine Dominopartie und ein Glas Wein zu ihm kommen mag.«

»Ja, gut; ich komme gleich hinunter. Was kramst du da herum?«

»Ich lege die Sachen für Frau Baronin heraus.«

»Oh, ich ziehe mich nicht mehr um.«

Der Wagen stand in der Zufahrt. Jules war seit einer halben Stunde fertig. »Wir kommen zu spät«, sagte er.

»Jedenfalls zum Feuerwerk«, sagte Pedro.

»Feuerwerk gibt es jetzt drei Tage lang«, sagte der Kutscher.

»Zur Prozession«, sagte Jules. »Sie ist immer so schön.«

Pedro eilte zum Haus hinüber.

»Frau Baronin kommt nicht. Frau Baronin hat es sich anders überlegt.«

»Sie kommt nicht zur Fiesta?« fragte Jules. »Vielleicht war es in letzter Zeit wirklich zu anstrengend.« Er wandte sich dem Haus zu.

»Ja, bitte?«

»Die Pferde werden unruhig.«

»Warum?«

»Die Pferde vor dem Wagen, Herr Baron.«

»Ach so, sag den Leuten, sie können ausspannen. Ich fahre nicht.«

»Ja, bitte?«

»Ich bin's, Marie. Ich habe Ihnen eine Tasse Kakao gemacht, Herr Baron. Pedro hat mir gezeigt, wie Herr Baron ihn mag.«

»Wir sind nach Alcantarra eingeladen. Zur Jagd.«

»Schon wieder.«

»Kommst du mit?«

»Um mit vierzig Frauen und ebenso vielen Sahnetörtchen hinter geschlossenen Jalousien in einem Salon zu sitzen?«

»Du könntest dich mehr zu den Männern halten.«

»Zu den *Männern.* Ja, die Männer sind wahrscheinlich ganz in Ordnung. Solange man nicht mit ihnen reden muß.«

»Also, kommst du nun?«

»Nein, Jules.«

Im Spätherbst fragte Jules Caroline, ob sie vielleicht eine Zeitlang nach Madrid gehen wolle. Caroline antwortete: Wozu?

»Oder anderswohin?«

»Ich wußte gar nicht, daß wir weggehen. Du hast hier alles so schön eingerichtet.« Er sagte nichts. »Oder etwa nicht?«

»Ich dachte, du würdest vielleicht gern anderswohin wollen«, sagte Jules.

»Ach, ich.«

»Bei Robert und Tzara war es so.«

»Robert und Tzara?«

»Wenn wir zu lange in Paris geblieben sind.«

»Und dann hast du sie aufs Land gebracht?«

»Ja«, sagte Jules.

»Wie selbstlos.«

Er schwieg.

»Aber *sehr* viel netter als ich können sie doch eigentlich nicht gewesen sein.«

»Sie konnten nichts dafür.«

»Oh, ich hasse das Geduldigsein. Ich wollte, ich wäre ein Mann.«

»Oh, bitte nicht«, sagte er. »Warum denn das?«

»Dann würde ich ausreißen und zur See fahren.«

»In einer winzigen Kabine, im Bauch eines Schiffes? Und nie allein irgendwohin gehen können? Das würde dir nicht gefallen. Ich kannte mal jemanden, der wollte auch auf ein Schiff.« Er warf ihr einen Blick zu, als suchte er nach Halt. »Er wollte ausreißen.«

Als Jules ein kleiner Junge gewesen war, hatte eine bestimmte Zirkusnummer seine Phantasie immer besonders beschäftigt – der Salto mortale. Jetzt hatte er das Gefühl, sich wieder in seinen Träumen von vor vierzig Jahren zu bewegen, die Sekunde der Angst vor dem unausweichlichen Sprung – durch die glitzernde Kuppel ins Sägemehl, in die Sicherheit, ins Licht. »Er war mein Bruder«, sagte er. »Weißt du, daß ich einen Bruder hatte?«

»Ja, natürlich«, sagte Caroline.

»Vielleicht«, sagte Jules, »ist Sterben gar nicht so schlimm?«

»Auch der Tod ist nicht umsonst«, sagte sie. »Was soll ich in Madrid?«

»In Madrid?«

»Was soll ich in Madrid?«

Er sah sie hilflos an.

»Wozu dann der Vorschlag?«

»Es ist eine Stadt«, sagte er.

»In diesem Land wundert mich gar nichts mehr!«

Im Januar ließ Caroline den Umzug über sich ergehen. Nichts daran gefiel ihr. Es war bitterkalt; ein schneidender Wind aus der Guadarrama fegte über die Plätze; und wenn die Schönheit von Mauern und Steinen sie schon nicht berührt hatte, so steigerte die Häßlichkeit der Stadt nur ihre Beklommenheit. Die Wandbehänge in der Etage, die Jules gemietet hatte, waren angeschimmelt. Es zog aus hundert

Ritzen. Und andere seltsame Unannehmlichkeiten kamen hinzu. Wieder verbrachte sie ihre Tage nach dem Prinzip des geringsten Widerstandes. Allerdings bedeutete Passivität hier: Bälle, Ausfahrten, Theater, Händler, Straßen, und ständig wurden sie von Besuchern belagert. Caroline fröstelte, langweilte sich und fühlte sich oft nicht wohl, aber sie hatte keinen Augenblick für sich und kam – was in dieser Stadt gar nicht so einfach war – überall ein bißchen zu spät. Eines Morgens erwachte sie, sah aus dem Fenster, lachte über einen Streit auf der Straße, verlangte nach ihrem Pferd, erfuhr, daß der Sattel verschwunden sei, und sagte sich, daß Trübsal blasen eine Angewohnheit und wie alle Angewohnheiten abstellbar sei. Um die Teestunde war sie wieder zurück.

In der *sala,* hieß es, säßen Doña Nieve und ihre Töchter.

»Habe ich richtig gehört, Pedro? Sieben?«

»Fünf, Euer Exzellenz.«

»Sie können doch nicht den ganzen Abend weiter warten wollen, oder? Halte dich mit den Erfrischungen ein bißchen zurück.« Sie ging auf die Suche nach Jules.

»Du siehst wunderbar aus«, sagte er.

»Wie denn das? In diesen Fetzen?«

»Es sind nicht die Kleider«, sagte Jules.

»Ach, Darling. Wie wahr. Ich glaube, ich werde Doña Nieve doch begrüßen. Ich werde sie um Rat fragen. Das wird sie besänftigen.«

»Ich würde es nicht tun.«

»Sie besänftigen?«

»Zu ihrer Schneiderin gehen!«

»Ich finde, sie sieht immer ganz hinreißend aus.«

»Es geht«, sagte Jules.

»Zu wem *soll* ich denn gehen?«

»Ich sag es dir demnächst. Ich werde mich erkundigen.«

»Bei wem?«

»Bei jemand, den du nicht kennst.«
»Gut angezogen?«
»Oh, ja«, sagte Jules.

Sie setzte sich und lachte. »Dazu fällt mir ein Witz ein – allerdings auf meine Kosten. Ich bin ja so begriffsstutzig. Aber ich würde ihn gern jemandem erzählen.«

»Mir?« fragte Jules.

»Dir nicht.«

»Geh heute abend lieber nicht mit auf den Ball – es gefällt dir ja doch nicht.«

»Aber jemand muß dich begleiten.«

»Unsinn, *mon cher;* du vergißt Doña Nieve und ihre sieben Zwerge.«

»Und wer bringt dich nach Hause?«

»Du wirst sehen, ich komme skandalös spät. Ach, Mendoza oder sonstwer.«

»Das wäre ungehörig.«

»Also wirklich, Jules ...«

»Du kennst dieses Land nicht.«

»Ich kenne es inzwischen ganz gut.«

»Man muß vorsichtig sein«, sagte er. »In unserer Lage.«

»Was meinst du denn damit?« fragte Caroline.

»Mendoza *ist* doch dein Liebhaber?«

»Wenn du mich so fragst.«

»Verzeih mir.«

»Keine Ursache. Oh, Darling.« Sie streckte ihm eine Hand entgegen. »Ich bin ja so froh, daß du es immer noch schaffst, mich zu überraschen. Ja, das tust du. Du mußt in absolut unviktorianischen Verhältnissen aufgewachsen sein.«

»Und was ist mit Zuñega de Valdafuentes?«

»Heißt er so? Ich habe ihn immer nur Zuzu nennen hören. Ja.«

»Alle die –«, sagte Jules.

»Oh, nein, nein. Nicht alle.«

»Also nicht alle. Und Mr. Symington?«

»Mit Mr. Symington unterhalte ich mich. Mr. Symington habe ich sehr gern.«

»So wie mich.«

»Dich habe ich *sehr, sehr* gern, Jules. Viel lieber als Mr. Symington.«

»Aha.«

»Mein Lieber«, sagte sie, »ich glaube, ich muß es aussprechen, obwohl dieser Augenblick dafür eigentlich fast zu passend ist: wenn du Schluß machen willst, und ich wüßte nicht, was du sonst wollen könntest, dann hast du natürlich freie Hand. Ich bin mit allem einverstanden, so wie es dir am ehesten erträglich erscheint – Trennung, Scheidung; es versteht sich, daß alles meine Schuld war.«

»Keine Schuld.«

»Du bist großzügig.«

»Das Leben ist schwierig«, sagte er.

»Es ist das, was wir daraus machen.«

»Du kennst die Gefahren nicht«, sagte Jules.

»Ach, Gefahren ...«

»Du hast vor nichts Angst.«

Sie sah ihn aufmerksam an. »Und du?«

»Gründe dafür gibt es immer.«

Sie dachte darüber nach. »Weißt du – ich will versuchen, dir Glück zu bringen. Wenn ich dich schon nicht richtig glücklich machen kann, dann kann ich wenigstens *das* versuchen.«

»Du willst mich also nicht verlassen?«

»Ich hatte nur an dich gedacht.«

»An mich?«

»Diesmal ja.«

»Aber nicht doch!«

»Wenn das so ist«, sagte Caroline, »wenn das so ist, dann sage ich dir, was wir machen: wir werden noch einen Sommer in Andalusien bleiben und zusehen, daß wir im nächsten Winter nach Nordafrika gehen. Und dann immer so weiter, bis nach Persien.«

An einem Abend im Frühling (Jules war schon in den Süden gefahren, um das Haus in Ordnung zu bringen) kam Caroline nach Hause und traf dort Mr. Symington, der in der ausgeräumten Galerie saß und im Zwielicht mit der Zeitung raschelte.

»Oh, Symie«, sagte sie, »hat sich denn jemand um dich gekümmert?«

»Seit Stunden. Es ist doch immer sehr lehrreich, die hiesigen Zeitungen zu lesen. Weißt du, wer in der Stadt ist? Sie nennen ihn *El Illustre Sabio Inglés,* zwei Spalten, sieh mal –«, er reichte ihr *El Madrileño.* »In der Botschaft wußte kein Mensch etwas.«

»Er ist hier?« fragte sie.

»Sieh mal, die Franzosen geben einen Empfang für ihn – typisch.«

»In Madrid?«

»Madrid ist nicht Somaliland.«

Was dann geschah, hat Caroline einmal selbst erzählt.

Wir trafen uns. Sofort. Ich weiß nicht, wie. Symie muß ich jedenfalls losgeworden sein ... Und ihm muß ich eine Nachricht geschickt haben ... Ich kann mich nicht erinnern. Ich, die ich nicht abwarten und mit Ungewißheit so schlecht umgehen kann – bestand plötzlich selbst nur noch aus Ungewißheit. Ich hing in der Luft.

Dann war er da.

Es geschah etwas Außerordentliches – das man immer nur aus den Erzählungen anderer kennt. Es war, als wären wir nie getrennt gewesen, nicht einen Tag. Kein Herumtasten, kein Zaudern, keine Hintergedanken, und nichts hatte sich verschoben. – Da war er, da war ich, da waren wir; und *alles war richtig.* Alles glitt an seinen Platz und fügte sich, wie wenn plötzlich das Licht angeht … Ein Augenblick, in dem alles richtig – vollkommen richtig war; und eine ungeheure, ungeheure Erleichterung. Man atmete wieder und wußte: was auch geschehen würde, es konnte einem nichts anhaben. Er war da – genau wie früher – einfach so, ein Wunder.

Und natürlich machte er alles richtig. Die Kutsche, mit der er gekommen war, wartete vor der Tür, er wohnte in einem Haus, das ihm jemand überlassen hatte, und noch am selben Abend waren wir auf dem Land. Während dieser ersten Stunden ließen wir keinen Augenblick voneinander ab. Es konnte nicht anders sein, es hatte etwas von der wunderbaren Schwerelosigkeit, die Schlittschuhläufer umgibt und Vögel …

Dann geschah noch etwas. Auch das kam unerwartet und war ebenso unbestreitbar. Es war, als würden wir zum zweiten Mal binnen achtundvierzig Stunden vor ein Gebilde gestellt, dem wir selbst irgendwann in der Vergangenheit Gestalt verliehen hatten. Eine Auseinandersetzung – Der nächste Tag war anders. Es *war* Zeit zwischen uns vergangen; wir *waren* getrennt gewesen. Wir überlegten, beobachteten, warteten. Wir spürten die Vergangenheit und mußten die Zukunft einbeziehen. Es war nicht mehr das gleiche: oder vielmehr – es war vorüber. Es war noch immer das Beste, was geschehen konnte, aber es war geschehen. Ich war in einen offenen Garten getreten; so tritt man nirgendwo zweimal ein.

Ich wußte jetzt mehr über mich, über das, was man braucht, über das Leben in der Zeit. Ich erkannte das starke Gefälle zwischen uns – bei ihm der freiwillige, vornehme

Verzicht auf jeglichen Besitzanspruch – und sah, daß ich es dazu nicht bringen würde. So kultiviert war ich nicht mehr. Ich wußte, später würde zwischen der gegenseitigen Bewunderung und dem Halt, den wir einander gaben, eine Kluft aufreißen. Ich verstand, wenn es jetzt nicht zu Ende war, dann mußte es sich ändern, und ich wußte auch, worin diese Veränderung bestehen mußte.

Während einer Woche sahen wir uns jeden Tag, den ganzen Tag. Wir sprachen nicht darüber. Auch das hatte ich gelernt. Wir gingen sanft miteinander um; wie Geister. Ich dachte oft an Jules – an seine fast naive Anhänglichkeit; ich spürte für ihn mehr als Dankbarkeit und war sehr betrübt. Denn es war klar, wenn es mit Francis zu Ende ging, dann auch mit Jules.

Am Ende der Woche reiste sie ab. Sie verließ Madrid mit dem Zug. Er blieb ein paar Tage länger. Sie war traurig, als sie wegging, fühlte sich stumpf, leer und fröstelte; sie war allein. Aber sie war auch frei. Und diese Aufgeräumtheit hielt sie aufrecht, das ruhige, trotzige Gefühl, noch am Leben zu sein – leer geräumt für ein neues Dasein. Sie wußte genau, was bevorstand und was sie zu tun hatte. Sie blickte zurück auf die Entscheidungen, die sie in den vergangenen Jahren getroffen hatte, auf die Sackgasse, in die sie sich verrannt hatte, und es war nicht schmeichelhaft. Sie sah, wie sie Jules benutzt hatte und wohin sie damit gekommen wären; und sie erschrak darüber, wie knapp sie dem entgangen waren. Sie betrachtete das alles kühl, wunderte sich selbst darüber, wie sehr sie die Wirklichkeit mißachtet hatte, wie töricht, eigensinnig, kindisch, absurd das alles jetzt wirkte, aber schon mischte sich Ungeduld in ihre Betrachtung; sie verstand es nicht mehr und wandte sich ab.

Carolines spanische Freunde hatten dafür gesorgt, daß sie und ihr Mädchen zwei Abteile in einem Extrawagen bekamen, der an den Zug nach Süden gekoppelt wurde. Deshalb verlief die lange, langsame Fahrt ereignislos, und sie blieb für sich. In der ersten Nacht ging sie nicht zu Bett, sondern saß bei gelöschtem Licht am offenen Fenster, saß da – und sah hinaus, sah hinaus und trank die Nachtluft in vollen Zügen. Die Nacht war milchig, von jähen Lichtern durchzuckt; die Landschaft nur ein Umriß. Der Zug tauchte in Flecken von Dunkelheit und tauchte wieder daraus hervor, stürmte in spitzem Winkel auf Mauern zu, die wie Kulissen mit Relief und Schatten ganz dicht heranrückten, flog über eine offene Fläche: das Gekästel eines Rangierbahnhofs. Hin und wieder tauchten zwei Stangen, ein Mast, die verwischte Spur eines Eisenträgers auf, standen einzeln da, verfestigten sich zu einem leuchtenden Gebilde, das wuchs, heranglitt und vorüber war. Auch durch sie war es hindurchgegangen. Sie und die Nacht waren das Medium, und auch die Bewegung und diese Gebilde – diese Signale – dieses Dauerhafte – waren ein Teil davon. Quecksilbrige Gleisbänder glitten neben ihr dahin, verzweigten sich, flossen vorwärts, liefen weiter, wurden von Dunkelheit aufgesogen. Der Zug schoß an einem leeren, hell erleuchteten Bahnsteig vorüber, sie wußte, daß ihr Vater und ihre Mutter tot waren, und einen Augenblick lang trat ihr vor Augen, was das heißt, Nicht-Sein. Sie starben in der Fremde, viel zu früh: und jetzt erst erreichte es sie – jetzt erst begriff sie diesen Verlust und ihren eigenen, und weinte nun aus neuem Kummer über den Tod ihrer Eltern. Als sie geweint hatte, war sie ruhig; und während sich die Nacht dahinschleppte, überkam sie Heiterkeit, und das Gefühl, Abstand zu gewinnen, der Zukunft entgegenzueilen, beflügelte sie. Es kam ein Punkt, an dem es ihr schien, das Ziel der Reise läge schon hinter ihr, an dem sie sich fragte, was sie hier eigentlich tat, an dem ihr dieser Ausflug in den Süden (das Große Aufräumen hatte sie es genannt) wie eine leere Hülse, eine Wiederholung erschien. Wenn es nur nicht zu lange dauerte – Sie stellte sich vor, sie sei wieder in England. Das leere Schiff... Und plötzlich regte sich ein freudiges Verlangen nach nichts als Rückkehr. Der Westen! Zuerst Paris, ein Vorgeschmack und selbst schon Erfüllung, ein Verweilen – und dann, dann würde sie die Straßen Londons sehen, sie riechen, in ihnen herumlaufen. Sie sah einen alten Mann, der sich über eine Weiche gebeugt hatte und hämmerte, jetzt richtete er sich auf, hatte sie gesehen. Sie lächelte ihm zu, spürte, wie das Lächeln, das er nicht mehr sehen konnte, sie doch mit ihm verband. Sie nahm ihr Portemonnaie, das neben ihr auf dem Sitz gelegen hatte, und schüttete es zum Fenster hinaus; die goldenen Sovereigns, vom Fahrtwind zerstreut, fielen unhörbar auf die Gleise, heller als der Schotter, und verschwanden... Der alte Mann war schon außer Sicht. Jemand wird sie finden, dachte sie. Und dann wünschte sie sich etwas.

Jules war nicht am Bahnhof. Aber da anscheinend niemand mit Sicherheit sagen konnte, ob der Zug sieben Stunden zu spät oder einen Tag zu früh angekommen war, überraschte sie das nicht weiter. Sie überließ es Marie, einige Schachteln aufzutreiben, die unterwegs verschwunden waren, und nahm eine Mietdroschke. Pedro öffnete ihr. Sie wanderte durch das Haus, von Zimmer zu Zimmer, und betrachtete alles mit beflissenem Interesse. So wie man in Pompeji eine Villa besichtigt. Sie war noch in ihren Reisekleidern, als Jules hereinkam.

»Eben habe ich gedacht: was für ein schönes Haus das ist«, sagte sie.

Er küßte ihr die Hand.

»Und wie warm es schon ist. Laß dich ansehen.«

»Ich fürchte«, sagte er, »ich habe ziemlich viel gespielt, als du nicht da warst.«

»Eine lästige Angewohnheit bei Männern. Hast du sehr viel verloren?«

»Woher weißt du?« fragte Jules. »Na ja – Aber zuerst mußt du etwas essen.«

»Oh, ja, zuerst essen«, sagte Caroline.

Da brachte man ihr das Telegramm.

Sie wurde rot.

»Es kam gestern«, sagte Jules. »Ich habe für dich quittiert.«

Sie war vor allem wütend. »Wie schmutzig es aussieht!«, sagte sie und betrachtete die Stempel und durchgestrichenen Adressen auf dem Umschlag.

Da erst erkannte sie, daß es an die Deutsche Botschaft in Madrid adressiert und von dort weitergeleitet worden war. Sie riß es auf. Wie sich zeigte, war es in Englisch abgefaßt; manche Wörter hingen aneinander, und die meisten waren falsch geschrieben, aber es dauerte nicht lange, da hatte sie den Sinn der Mitteilung erfaßt.

JULES BRUDER ERSCHOSSEN UNFALL RATE DRINGEND SOFORTIGE RÜCKKEHR – SARAH

Carolines Extrawagen (und Marie) waren noch am Bahnhof, und dem Bahnhofsvorsteher erschien es ganz selbstverständlich, daß sie wieder einstiegen. Jules legte sich nach der Abfahrt sofort hin. Caroline saß ihm gegenüber, mit einem Roman von Edith Wharton, den sie aus ihrer Reisetasche gezogen hatte. Gegen Abend erschien Pedro, der irgendwo in dem endlosen Gedärm des Zuges untergebracht war, und servierte ihnen Sherry und ein paar Sandwiches, und nun begann Jules zu sprechen. Vorher hatte er nur zwei Dinge gesagt.

»Der arme Gustavus!«

Und dann:

»Du kommst doch mit?«

Danach hatte er alles Caroline und Pedro überlassen – auch, seine eigenen Sachen zu packen. Jetzt redete er pausenlos. Caroline, die in solchen Dingen wenig Erfahrung hatte, fragte sich besorgt, ob er vielleicht krank sei.

»Mein Vater – du hättest ihn bestimmt gemocht. Er hätte dich auch gemocht –«

»Im Winter war es längst nicht so kalt, wie man jetzt immer sagt. In unseren Zimmern wurde zwar Feuer gemacht, ehe wir zur Jagd aufstanden – aber mehr zum Spaß –«

»Dem Bär hat es gefallen, als Jean mit ihm tanzte. Meistens mögen sie es nicht –«

»Der arme Gustavus. Ich glaube, er hat kein sehr glückliches Leben gehabt –«

»Jetzt ist keiner mehr übrig. Nur ich und Jean. Caroline – jetzt muß ich ihn besuchen. Glaubst du, er will mich sehen?« Und wieder sagte er: »Du kommst doch mit?«

Dann sagte er: »Ich war einmal dort – nachdem – als das mit Gabriel passiert war.«

»Jules«, sagte Caroline, »du darfst dich nicht so quälen.«

Er lehnte sich zurück.

»Das ist doch alles schon *so* lange her, oder?«

»Eigentlich nicht«, sagte er.

Und dann: »Wir hatten alles, was wir brauchten – wenn man in die Vorhalle kam, roch man das Bienenwachs –«

»Als ich zurückkam, hatte ich einen Maki dabei –«

»Sie hatten ja alle keine Ahnung, wie es in dieser Anstalt zuging. Ich wußte es. Er hat es mir erzählt.«

»Jules.«

»Ich glaube, Gustavus war es immer egal. Als er dann zurückgeschickt wurde – Er wurde tatsächlich zurückgeschickt.«

»Jules!«

»Was ist denn?«

»Dein Asthma – sei vorsichtig!«

»Wie wird es sein, wenn man ihn jetzt besucht? Was meinst du?«

»Lieber«, sagte sie, »du vergißt, daß ich fast gar nichts weiß. Du hast mir nie davon erzählt.«

»Wie es dort zuging – Und die Männer, die dann zu uns kamen – Papa hatte keine Ahnung – Du bist genau wie Gabriel damals. Ich werde dir alles erzählen.«

Caroline saß ihm gegenüber, wie betäubt, ausgelaugt.

»Du ahnst nicht, wie er aussah – du ahnst es nicht –«

Einmal kam Pedro an die Tür, und sie glitt hinaus. Sie hatte nach Madrid telegraphiert, nun gab es dort einen Halt; ein Beamter kam in den Zug und teilte ihr mit, sie würden an den Schnellzug nach San Sebastián gekoppelt. An der Grenze müßten sie dann umsteigen und noch einmal in Bayonne, von dort gehe es dann auf direktem Weg weiter – Angoulême – Poitiers – Paris – Epernay – Nancy – Straßburg. »So Gott will, werden Sie übermorgen in Deutschland sein.«

Vor Mitternacht erschien Pedro noch einmal und brachte eine Arznei, die er bei einer mitreisenden Dame ausgeliehen hatte. Baldrian, sagte Caroline, sie kannte den Geruch. Gemeinsam zählten sie ein paar Tropfen ab. Jules wollte ihre Hand nicht mehr loslassen.

»Auch wenn er sich verändert hat, wird es das beste sein, ihn zu besuchen, oder? Wir fahren zu ihm. Bald – sobald wir können – Papa wollte nie jemanden an die Bäume lassen – sie hätten dir so gut gefallen – und das Wachs, das Wachs zum Polieren, Wachs von unseren eigenen Bienen –«

Als er endlich eingeschlafen war, ließ Caroline ihn allein und schlich hinüber in das Abteil, das sie sich nun mit Marie teilte. Sie zog sich aus, ohne Licht zu machen, legte sich in ihre Koje und schlief sofort ein. Ein paar Stunden später fuhr sie aus dem Schlaf hoch. Es dämmerte noch nicht. Der Zug stand still. Zwei Gedanken schossen ihr durch den Kopf: Wie seltsam das Telegramm formuliert gewesen war. Und daß sie wahrscheinlich ein Kind bekommen würde.

5. Kapitel

Es war wieder Morgen, als sie zwei Tage später die deutsche Grenze überquerten. Bei einem Halt hörte Caroline, wie jemand unter den zugezogenen Wagenfenstern auf dem Bahnsteig hin- und herlief und etwas rief. Ohne zu wissen, warum, fühlte sie sich gestört. Als sich der Zug wieder in Bewegung setzte, wurde ihr klar, was es gewesen war.

Fel-den……, Fel-den……

Sie stand auf und zog sich an. Wenig später wurde ihr ein ganzer Stoß Telegramme gebracht. Sie waren alle für Jules bestimmt; aber Jules, so hoffte sie, schlief noch, deshalb legte sie die Telegramme zur Seite.

Als der Zug in den ersten großen Bahnhof einfuhr, war sie bei ihm. Er war gerade aufgewacht, und Pedro machte sich an einem Spirituskocher zu schaffen; es regnete, und Jules sagte, es regne. Wieder glaubte sie, seinen Namen zu hören. Sie erwarteten nicht, irgendwelchen Bekannten zu begegnen, bevor sie nach Berlin kamen. Sie beugte sich aus dem Fenster. Ein paar Männer traten heran und fragten nach Baron Felden. Wer sind Sie? wollte sie fragen und begriff, daß es Reporter waren. »Mein Mann fühlt sich nicht wohl.« Sie versuchte, ihnen mit dem Körper die Sicht nach drinnen zu versperren. »Was wollen Sie?« Aber Caroline sprach nur wenig Deutsch, und ihre Sätze fanden keine Beachtung. Schon bildete sich eine Menschentraube unter dem Fenster. »Da ist er«, sagte einer.

»Was ist denn?« rief Jules auf französisch vom Bett aus.

»Bitte, gehen Sie weg«, sagte Caroline. »Ich komme nach draußen und rede mit Ihnen.«

»Ist das die französische oder die jüdische Dame?«

Caroline hatte verstanden. Sorgfältig auf Hauptwörter und Grammatik achtend, erklärte sie: »Ich bin die englische Frau.«

»*Sie* hat die Hochzeit ausfallen lassen –«

Pedro kam und wollte das Fenster hochschieben; Caroline hinderte ihn daran.

»Was wollen Sie?« fragte sie nach unten.

Doch nun war einer der Männer schon im Gang. Hinter Caroline öffnete sich die Tür, und er trat ein. »Sie und ihresgleichen glauben wohl, Sie können hier immer noch machen, was Sie wollen –«

»Guten Tag«, sagte Jules. Er trug einen Morgenmantel und hielt ein kleines Silbertablett mit einer Tasse Chinatee vor sich. Das Abteil roch nach *Cuir de Russie* und frischer Luft.

»Doña Carolina, soll ich ihn rauswerfen?« fragte Pedro.

Der Mann hatte eine brennende Zigarre im Mund behalten. »Verzeihen Sie die Störung.«

»Muß das sein, daß Sie so mit uns reden?« sagte Caroline.

»Jedenfalls sind die Schergen des Großherzogs noch nicht aufgetaucht, um Sie zu beschützen, wie ich sehe.«

»Est-ce la Révolution?« fragte Jules. *»Cela tombe bien.«*

»Ihr Freund – Seine Königliche Hoheit, der Großherzog von Baden; Sie sind hier in Karlsruhe, falls Ihnen das entgangen sein sollte.«

»Seine Hoheit schickt Sie?« fragte Jules.

In diesem Augenblick entstand neue Unruhe im Korridor. In der Tür erschienen zwei weitere Männer. Der Schlafwagenschaffner war nirgendwo zu sehen, aber Marie stellte sich ihnen in den Weg.

»Schämen Sie sich«, sagte sie.

»Hat die etwa auch einen Posten bei den Leibdragonern?«

»Wir vertreten hier das deutsche Volk«, sagte der Mann mit der Zigarre zu Jules.

Da ging Caroline auf sie los, diesmal in englisch: »*Gentlemen* –«. Ihr Wortschwall hätte vielleicht Eindruck gemacht, wenn nicht alle Männer gleichzeitig angefangen hätten, auf Jules einzureden. Jules fiel in Ohnmacht. So erfuhr sie erst später von Marie, was er schon in jenem Augenblick gehört hatte: Rittmeister Johannes von Felden war von einem Soldaten seines eigenen Regiments erschossen worden.

Ich habe nicht vor, den Felden-Skandal hier in allen Einzelheiten darzustellen. Selbst wenn ich wollte, wäre ich dieser Aufgabe kaum gewachsen. Seine erste Phase war vorüber, als ich geboren wurde, und die zweite erlebte ich, ohne etwas davon mitzubekommen. Mein Wissen über die Institutionen, das Regierungssystem und das Meinungsklima im kaiserlichen Deutschland ist bruchstückhaft, instinktiv und ohne Zweifel in vielen Punkten ungenau und nicht besonders originell; außerdem ist es ein retrospektives Wissen und hat sich mir so unauslöschlich eingeprägt, daß nachträgliche Korrekturen ihm fast nichts anhaben können. Es ist auch ein unheimliches Wissen – wie man es vielleicht von einem Haus erlangen würde, in dem man nur mit einer Kerze in der Hand herumgeht. Die Bernin-Papiere sind nie veröffentlicht worden, und heute glaubt man, sie seien vernichtet worden. Zeitungsartikel aus jener Zeit wird man wahrscheinlich noch finden. Ich habe sie nicht angesehen. Ich glaube auch nicht, daß ich es je tun werde. Was ich erfuhr, das stammt, wie alles in dieser Geschichte, aus zweiter und dritter Hand – es kam als Stückwerk und in Rätseln, nach und nach oder schlagartig, durch Hörensagen oder als Klatsch, durch *Erzählen,* durch Berichte, die denen, die sie mir gaben, alles bedeuteten, und indem ich zwei und zwei zusammenzählte. In Spanien bin ich nie gewesen; das Paris vor dem ersten großen Krieg, das Paris, in dem meine Mutter als junge Frau die Seine überquerte, um Sarah zu treffen, in dem sie mit Jules durch die Tuilerien spazierte, kenne ich nur aus Worten und Bildern; ich bin auch nie nach Deutschland zurückgekehrt. Bis auf einen sind die Menschen jener Zeit noch während meiner Kindheit aus meinem Leben verschwunden: ich habe sie nicht wiedergesehen. Heute sind sie alle tot. Ihre Häuser stehen nicht mehr. Ihre wenigen Nachkommen müssen über drei Erdteile verstreut leben. Wenn ich es mir vornähme – es würde mir schwerfallen, sie zu finden. Diese Geschichte ist zu Ende. Reglos liegt sie in einer Vergangenheit, an der sich nichts mehr ändern läßt; unberührbar, abgeschlossen, wie in einem versiegelten Glasbehälter. Für mich ist sie nie neu gewesen. Jede zweite Hand hatte eine erste berührt; jedes Bruchstück hat ein anderes aufgewirbelt – jener Satz war der Schlüssel zu einem nie vergessenen Blick, dieses Geflunker strafte jenes ältere Lügen; diese Andeutung erhellte Worte, die ich irgendwann zufällig mit angehört hatte; jene Erzählung ließ die Stimmung eines ganzen Winters auferstehen. Welche Erinnerungen gehören ihnen? Welche mir? Ich weiß von keiner Zeit, in der ich nicht schon von den Erlebnissen anderer geprägt gewesen wäre. In gewissem Sinne ist das hier meine eigene Geschichte.

Bemerkenswert machte den Felden-Skandal vor allem die außerordentliche Bösartigkeit der von ihm entfachten Emotionen. Öffentliche Skandale, jedenfalls solche, die sich in einigermaßen gefestigten Zeiten abspielen, in denen viele bereit sein mögen, der bestehenden Gesellschaftsordnung einen Stoß zu versetzen, aber nur wenige sie wirklich niederreißen wollen, laufen nach einem bestimmten Schema ab. Irgend etwas, ein Amtsvergehen, ein Verbrechen oder eine grobe Ungerechtigkeit, wird durch Zufall bekannt oder absichtlich öffentlich gemacht und löst ein Echo aus. Das Regime, das jenes Vergehen geduldet oder begangen oder ihm sonstwie Vorschub geleistet hat, versucht die zutage geförderten Tatsachen zu bestreiten oder zu beschönigen. Wenn aber diese Tatsachen zu sehr von dem abweichen, was der normale Bürger von denen, die ihn regieren, erwartet, wenn sie hinreichend verwerflich, anrüchig oder sensationell sind oder so dargestellt werden, oder auch wenn der normale Bürger nur sehr arm und gedrückt oder abgestumpft ist, dann gerät der Skandal wirklich an die Öffentlichkeit, und der Stein kommt ins Rollen. Entscheidend ist nun, wer aus welchen Motiven die Stimme erhebt – aber solche Motive sind meist ein Gemisch aus vielen Motiven. Manchen Ankläger treibt die Zugehörigkeit zu einer Partei oder ein Prinzip, anderen geht es um die Moral oder die eigene Karriere, oder sie denken an Freunde und Feinde, den meisten wird ein bißchen von alledem durch den Kopf gehen; aber fast jeder wird glauben, das große Ganze gehe ihm über alles und er handele in Erfüllung seiner staatsbürgerlichen Pflicht. Auch die Amtsinhaber werden sich von Parteitreue oder gegenseitiger Loyalität und dem Glauben an die Nützlichkeit ihres Wirkens für ihr Land und für sie selbst leiten lassen. Es wird ein gewisses Maß an Ehrlichkeit und ein gewisses Maß an Wahrhaftigkeit und oft ein beträchtliches Maß an gutem Willen ins Spiel kommen, aber von allem auch – und in sehr hohem Maße – das Gegenteil. Und wenn sich schließlich Geschrei und Getümmel gelegt haben, wenn Köpfe gerollt, wenn Tinte und Druckerschwärze geflossen sind, wenn sich im Zorn oder in gespieltem Zorn Stimmen erhoben haben, wenn viele sich in ihrer Selbstgerechtigkeit bestätigt sehen und einige es mit der

Angst zu tun bekommen haben, wenn der Streitfall geklärt ist und der Untersuchungsausschuß seinen Bericht abgeliefert hat, wenn jede Seite so weit gegangen ist, wie sie sich zu gehen getraute, und dabei reichlich Zeit verflossen ist, dann wird wahrscheinlich auch der Gerechtigkeit ein wenig Genüge getan und ein wenig Schuld abgetragen worden sein: der Unschuldige wird wieder in sein Amt eingesetzt, und seine Kritiker werden aus ihren Ämtern entfernt; eine Verfahrensweise gerät in Mißkredit, und irgendein Bezirk wird der letzte sein, in dem die Dinge noch einmal in dieser Weise geregelt werden; aber die Bezirksverwaltung weiß so gut wie andere auch, daß sie nicht die erste war, die so verfuhr; den Unschuldigen hat man im Zuge seiner Entlastung durch den Schmutz gezogen, und manchen Leuten ist seine Unschuld nur lästig, manche sind von ihr durchaus nicht überzeugt, und manche sprechen im privaten Kreis schon wieder zugunsten derer, die es getroffen hat, denn sie wissen, der Tag wird kommen, an dem es nicht mal mehr in der Öffentlichkeit nötig sein wird, zu ihren Gunsten zu sprechen; und wie viele von denen, die so laut und munter gegen die Übeltäter aufgetreten sind, waren eigentlich auch gegen deren Tat? Eine Rechnung ist aufgemacht; es werden Zinsen anfallen; und alles in allem ist es in diesem Land nun ein bißchen schäbiger als vorher.

Dennoch tritt bei Erschütterungen dieser Art auch mancher großmütige Zug in Erscheinung. Ein leises Bitten um Duldsamkeit, Treue zwischen Freunden, die sich bewährt, der Wunsch, daß andere es besser haben sollen; neben das Geschrei über Teufel und Sündenböcke tritt der Ruf nach einem Helden. Während des Felden-Skandals ist anscheinend fast wahllos jeder auf jeden losgegangen. Gewiß, das Beweismaterial war knapp, und niemand hatte viel, worauf er sich stützen konnte; aber es kam noch etwas hinzu: die Vorkommnisse, die diesen Aufschrei gegen die bestehende

Ordnung auslösten – Folgen einer dreißig Jahre zuvor in einem entlegenen Winkel des Landes vorgefallenen Unregelmäßigkeit –, waren nicht typisch für das Land. Sie werfen vielleicht ein seltsames, aber gewiß kein bezeichnendes Licht auf die wilhelminische Epoche, und eigentlich müssen sich die Leute damals gefragt haben, wie so etwas in diesem Land überhaupt geschehen konnte. Trotzdem brach das Geheul los, und wie es scheint, hat man niemanden je irgendwo lachen hören.

Der Oberst, in dessen Regiment Johannes diente, war in den Ruhestand getreten. (Er gehörte nicht zu denen, die man zu Generälen macht.) Sein Nachfolger war ein neuer Besen aus dem Norden. Er ging seine Listen durch und stellte fest, daß zu seinen Untergebenen ein Rittmeister gehörte, der für ein Gestüt zuständig war und sich noch nicht zum Rapport gemeldet hatte. Er erkundigte sich und erfuhr, daß der Rittmeister noch nie zum Rapport erschienen war. Der Oberst fragte weiter, aber weitere Antworten bekam er anscheinend nicht. »Das war schon immer so.« – »Wir haben den Rittmeister hier nie gesehen.« – »Der Major weiß Bescheid.« Doch leider hatte der Major gerade einen langen Urlaub genommen; seine Gesundheit war angeschlagen, und er verbrachte den Winter mit seiner Frau auf Madeira. Der Oberst, dem auf seinem neuen Posten so manches mißfiel, erklärte im Kasino, er werde den Rittmeister kommen lassen.

»Das würde ich an Ihrer Stelle nicht tun, Herr Oberst.«

»Wie bitte?«

»Er wird nicht kommen.«

»*Rittmeister* von Felden wird nicht kommen?«

»Wenn Sie es genau wissen wollen, Herr Oberst, er soll nicht ganz richtig im Kopf sein.«

»Der *Rittmeister?*«

»So heißt es.«

»Unerhört!«

»Vielleicht liegt es daran, daß er langsam alt wird. Er ist länger da draußen, als irgend jemand hier seinen Dienst tut. Er muß furchtbar alt sein.«

»Ein *Rittmeister?* Nein, nein, da muß ein Irrtum vorliegen. Um die Pensionierung kommt er nicht herum.«

»Der Großherzog soll sich besonders für ihn interessiert haben. Seine Mutter ebenfalls.«

»Welcher Großherzog?«

»Unser Großherzog, Herr Oberst.«

»Ach, natürlich.«

Ein junger Subalterner redete dazwischen: »Vielleicht ist er der Mann mit der eisernen Maske.«

»Ich werde ihn sofort kommen lassen«, sagte der Oberst.

»Ich würde dem Major schreiben, Herr Oberst. Wirklich!«

»Ins Ausland? Wegen einer Sache, die sich zwanzig Kilometer von hier abspielt?«

So bestellte der Oberst den Rittmeister zu sich; und als Johannes nicht kam, bestellte er ihn noch einmal, und diesmal schickte er zwei seiner Leute, einen Secondeleutnant, der ebenfalls aus dem Norden kam, und einen Feldwebel. Der eine hieß von Putnitz, der andere Schaale. Johannes' Bursche, schon durch die erste Aufforderung des Obersten alarmiert, versuchte, Johannes eine Uniform anzuziehen. Johannes bekam es anscheinend mit der Angst zu tun und wehrte sich – er wälzte sich auf dem Boden herum und versuchte, den Rock abzustreifen. Sofort half ihm der Bursche beim Ausziehen und schaffte es auch, ihn zu beruhigen. Dann begab er sich zu den Abgesandten des Obersten und bat sie, den Rittmeister nicht heute besuchen zu wollen, der Rittmeister sei nicht wohlauf. Der Leutnant musterte den Burschen, der in Reithosen und einer gestreiften Jacke vor ihm stand, und erklärte, sein Befehl laute, mit dem Rittmeister zu *sprechen.* Dann betraten der Leutnant und der Feldwebel Johannes' Zimmer. Der Leutnant schlug vor dem ranghöheren Offizier die Hacken zusammen und meldete sich in einem Ton, von dem man hätte annehmen können, Johannes habe ihn längst vergessen. Doch Johannes fletschte die Zähne und sprang ihm an die Gurgel. Was dann geschah, ist nie ganz geklärt worden. Der Angriff muß mit großer Wut und sehr plötzlich erfolgt sein, und von Putnitz stieß einen Schrei aus. Der Feldwebel behauptete später immer, es sei ausdrücklich ein Hilferuf gewesen. Von Putnitz bestritt dies in seinen Aussagen, gab allerdings einmal zu, er sei sich nicht sicher. Der Feldwebel zog eine Pistole und gab zwei Schüsse ab. Als der Bursche ins Zimmer stürzte, lag Johannes im Sterben. Der Leutnant blutete aus einer Wunde und redete in seiner Bestürzung wirres Zeug; der Feldwebel stand da und starrte auf die Waffe in seiner Hand.

Der Oberst befand sich in einer schwierigen Lage. Anfangs erkannte er dies nicht. Er stellte Leutnant von Putnitz unter Arrest, legte den Feldwebel in Ketten und wollte eine Kriegsgerichtsverhandlung ansetzen. Zumindest einen von beiden hätte er wohl am nächsten Tag kurzerhand erschießen lassen, wenn nicht Johannes' Bursche, der »treue Georg«, wie man ihn bald nannte, den Kopf verloren hätte. Zwei Stunden nach der Tat erschien er auf einem Fahrrad in seinem Heimatdorf, außer sich vor Kummer und Entsetzen, und stolperte mit dem Ruf: »Sie haben meinen Rittmeister ermordet!« in die Küche seiner Eltern. Dann fuhr er weiter nach Sigmundshofen, wo die Dame wohnte, die er kannte, die den Rittmeister einmal besucht und ihm immer wie eine Schwester geschrieben hatte. Das Haus war geschlossen, aber Clara hielt sich zufällig dort auf, um wie jedes Jahr im Frühjahr eine Woche frische Luft zu schöpfen. Sie war nun sechzig, und mit ihrer Gesundheit stand es nicht zum besten; auf sich selbst hatte sie nie Rücksicht genommen, und ihr Körper brachte die Kraft nicht mehr auf, die sie ständig verausgabte. Was sie nun hören mußte, bestürzte sie. »Es muß Gottes Wille gewesen sein«, sagte sie. Und dann: »Ein Strafgericht.« – Sie fragte: »War ein Priester bei ihm? – Wie ein Kind aus dem Leben gerissen … Oh, weh …« Der Bursche weinte, und als er Claras Verwirrung sah, weinte er noch lauter. Clara erkannte nicht, daß auch er Trost brauchte. Sie bat ihn, er möge ihr eine Stunde geben, sich zu sammeln; wenig später tauchte der Bursche mit seiner Geschichte im Wirtshaus des Dorfes auf.

Inzwischen hatte der Oberst einen Haftbefehl wegen Fahnenflucht gegen ihn erlassen. Und als er mit Clara und einem jungen Priester aus Sigmundshofen-Dorf, den Clara zum Mitkommen genötigt hatte, in der Garnisonsstadt aus dem Zug stieg, wurde er auf dem Bahnsteig festgenommen. Clara versuchte, dies zu verhindern, und fügte dann ein Wort über die Verhaftung des Burschen den langen Depeschen hinzu, die sie ihrem Mann, ihrem Bruder und Jules telegraphisch übermittelte. Die Nachricht für Jules ging irgendwo in Spanien verloren. Auf Fahnenflucht stand die Todesstrafe, die in Friedenszeiten in eine Haftstrafe umgewandelt werden konnte oder auch nicht. Später erklärte der Oberst, der Haftbefehl sei eine bloße Routinesache gewesen.

Als dem Obersten gemeldet wurde, im Haus des toten Rittmeisters sei eine Verwandte erschienen, behagte ihm das überhaupt nicht.

»Sie ist die Schwester des Außenministers«, erklärte ihm sein Adjutant.

»Tatsächlich? Na, so was! Sicherlich auch das eine Unregelmäßigkeit.« Dann besann er sich eines Besseren, erkannte, daß angesichts dreier Beschuldigter Felden als toter

Kamerad und Opfer anzusehen sei, und beschloß, der Dame sein Beileid zu bekunden. Aber ehe er noch dazu kam, ließ sich schon Clara bei ihm melden.

Sie schnitt ihm das Wort ab. »Ein Fall von allergröbster Fahrlässigkeit«, sagte sie. »Wie konnten Sie zulassen, daß er Soldaten zu Gesicht bekommt?«

»Aber gnädige Frau –«, sagte der Oberst.

»Auch uns trifft Schuld. Es war ein Fehler, ihn hierzulassen. Wir hätten Ihnen nicht vertrauen dürfen.«

Was er von Clara erfuhr, erschütterte den Obersten tief. War dies die gleiche Armee, in die er sich in Stettin und Schwerin und Lüneburg immer so wohlgemut eingereiht hatte? Er war verstört und wollte nichts mehr hören, aber Clara war nicht zu bremsen. Als sie ihn schließlich verließ, war er so erregt, daß er gegen seinen eigenen Grundsatz für den Umgang mit Regimentsangelegenheiten verstieß und auf der Stelle einen Bericht – eine lange Reihe quälender Fragen – an seine Brigade schrieb. (Zu seinem Glück, wie sich später herausstellte – denn dieser Bericht rettete ihm zwar nicht die Karriere, ersparte ihm aber die unehrenhafte Entlassung.) Noch am gleichen Abend erfuhr er, aus der Stadt seien Reporter gekommen. Er ließ sie verjagen. Die Reporter beschafften sich ein Fahrzeug und machten sich auf den Weg zum Haus des Rittmeisters. So hatten alle drei, der »treue Georg«, Clara und der Oberst, Anteil daran, daß die Geschichte am nächsten Morgen in der Zeitung stand.

Zuerst wirkte sie wie eine kurzlebige Sensation zum Frühstück. In den ersten Tagen lief sie unter dem Stichwort »der Rittmeister-Mord«; dieses Etikett mußte man zwar bald fallenlassen, aber irgendwie prägte es die öffentliche Wahrnehmung so nachhaltig, daß sich keine der späteren Benennungen wirklich durchsetzte.

Bevor die Woche zu Ende ging, nahm die Geschichte dann eine Wendung ins Grundsätzliche – als nämlich die neue sozialistische Tageszeitung *Fortschritt* den ersten einer Reihe von Leitartikeln aus der Feder des fähigsten und forschesten Publizisten seiner Zeit abdruckte, der unter dem Pseudonym Quintus Narden schrieb. Narden war kein junger Mann mehr. Jahrelang war er der Wortführer unter den Kritikern des Heeres gewesen – er hatte fast ein Monopol auf die Armee, diese ausufernde Zusammenrottung säbelrasselnder Schmarotzer, diesen Staat im Staate, diesen Tummelplatz einer anmaßenden, müßiggängerischen Adelskaste, dieses unablässig wachsende Ungetüm ... Der Artikel hatte die Überschrift »Eine Familie«. Er wolle darin den Versuch unternehmen, schrieb Narden, die Laufbahnen dreier Brüder zu skizzieren. Dreier Barone. Dreier lebenslustiger Männer, aufgewachsen im Schoß des Luxus, obgleich sie nur über wenig Vermögen verfügten. Wie gelang es ihnen da, Vorsorge zu treffen? Ergriffen sie etwa einen Beruf? Ließen sie sich dazu herbei, ein Gewerbe zu erlernen? Zogen sie es überhaupt in Erwägung, zu arbeiten? – Es waren *andere,* die Vorsorge für sie trafen. Aber wer? Ihre adeligen Standesgenossen, ihre Frauen – das deutsche Volk. Und wo? Im Staatsdienst; in der Hochfinanz; und – so unglaublich manchem Leser dies erscheinen möge – im Reichsheer. So wolle er, Narden, denn zunächst den Ältesten der drei näher beleuchten. Sein Weg war ein einfacher. Mit zwanzig Jahren heiratete er die einzige Tochter eines unserer wohlhabendsten Staatsmänner und lebte fortan im Hause von deren Vater, nachdem sein eigenes Patrimonium, ein paar vernachlässigte, überschuldete Hektar Land, veräußert worden war. Er würde noch immer dort wohnen, hätte er diese Bleibe nicht kürzlich mit derjenigen vertauscht, die sein Schwager, der Graf, – *zeitweilig* – in der Reichshauptstadt bezogen habe, als er dort nämlich ein Ministeramt in der Regierung übernahm. Als Gegenleistung für eine fast vierzig Jahre währende Gastfreundschaft habe sich der Baron zunächst seinem Schwiegervater, sodann seinem Schwager gelegentlich mit kleineren Schreibarbeiten nützlich gemacht, die – wer weiß? – ob ihres Charakters vielleicht einem treupflichtigen, ausgebildeten Beamten nicht hätten anvertraut werden können. – Der zweite Bruder habe höher hinausgewollt. Alles andere, nur kein Nesthocker, habe er sich – übrigens ohne erkennbare Qualifikationen – vom Schwiegervater seines Bruders (ebenjenem bereits erwähnten Staatsmann und Vater des derzeitigen Ministers) in das diplomatische Corps befördern lassen. Während einiger Jahre habe er diesem mit seiner anerkanntermaßen gewinnenden Erscheinung zur Zierde gereicht und dann ebenso leichtfertig wie unbekümmert den Dienst quittiert, allerdings nicht ohne sich vorher eine noch viel angenehmere Sinekure in Gestalt eines Ehebündnisses mit unserem israelitischen Geldadel zu sichern. Weder das grundsätzlich Unpassende dieser Verbindung (unpassend nach den Maßstäben seiner eigenen Kaste) noch der deutliche Altersunterschied gegenüber seiner zwanzig Jahre jüngeren, bereits kränkelnden Braut, noch das offenkundige Widerstreben der Schwiegereltern hätten den kühnen Baron von seinem Vorhaben abzubringen vermocht. Wieder habe er sich auf Reisen begeben und seine junge Frau mit sich genommen. Diese sei denn auch bald gestorben. Durch nichts mehr belastet, aber reich begütert, habe sich der Baron, wie stets mit Geringschätzung auf sein Vaterland herabblickend, in der französischen Hauptstadt niedergelassen und dort ein Leben geführt, dessen Einzelheiten auf diesen Seiten keine ziemliche Lektüre abgäben, habe es bei alledem jedoch nicht versäumt, den einstigen Schwiegereltern auch weiterhin seine beflissene und zweifellos einträgliche Aufwartung zu machen. Selbst Vaterpflichten nicht gewachsen, sei es ihm sogar gelungen, den einzigen Sproß aus seiner kurzen Verbindung mit ihrem unglücklichen Kind den alten Leuten aufzubürden – Ausweis einer Großzügigkeit auf deren Seite, die um so erstaunlicher sei, als sich bekanntlich gerade dieses jüdische Haus geweigert habe, für die Schulden eigener Sprößlinge aufzukommen. Andererseits vielleicht auch wieder nicht so verwunderlich, wenn man an die Beschützerinnenrolle denke, die eine andere, ebenfalls jüdische, ebenfalls sehr wohlhabende, ebenfalls durch eine Ehe mit besagter Famile verbundene Dame dem Baron gegenüber gespielt habe – indem sie während mehr Jahren, als man schicklicherweise nachzählen dürfe, als dessen feste Freundin und Gönnerin aufgetreten sei, und dies in einer Einmütigkeit, die eine Trübung erst erfahren habe, als der Baron kürzlich ein zweites Ehewagnis eingegangen sei.

Die derzeitige Gemahlin sei, soweit ihm bekannt, eine englische Dame, die über beste Beziehungen zu einflußreichen Kreisen und natürlich über ein beträchtliches Vermögen verfüge. Ohne Zweifel habe der Baron, der seine Gunst nicht leichtfertig verschenke, wieder eine gute Wahl getroffen. Sehr zweifelhaft sei es indessen, ob auch die praktisch denkenden und eher knauserigen Bürger Albions diesem Kuckuck mit der gleichen Freundlichkeit begegnen würden, die die biederen, gutmütigen Deutschen ihm erwiesen.

An dieser Stelle hielt Quintus Narden inne, um sich bei seinen Lesern dafür zu entschuldigen, daß er ihre Geduld mit einer derart banalen Geschichte strapaziert habe. Nun jedoch müsse er auf den dritten Bruder zu sprechen kommen. Über diesen jüngsten, der sich weder besonderer Fertigkeiten noch einer besonderen Bildung rühmen könne und offenbar auch nicht über die Durchsetzungskraft seiner älteren Brüder verfüge, sei wenig mehr bekannt, als daß man im Heer einen Posten für ihn gefunden habe. Daran sei nichts Ungewöhnliches, so wie es in Anbetracht seiner

Beziehungen auch nicht überraschen könne, daß er seine Laufbahn im Reichsheer ohne weiteres als Offizier in einem Eliteregiment der Kavallerie begonnen habe. So weit, so normal. Im Laufe der Jahre jedoch habe dieses Wunderkind den Verstand verloren, sei verrückt, schwachsinnig, unzurechnungsfähig geworden. Auch dies sei nicht besonders bemerkenswert – möglicherweise hätten die Langeweile, die Leere, die Zerstreuung, die Ziellosigkeit und der Leichtsinn seines Daseins die wenigen Fähigkeiten zermürbt, die dieser wenig begabte junge Mann einst besessen haben mochte. (Kein seltener Fall übrigens, wie sich bei genauerer Überprüfung der Truppen Seiner Majestät wohl herausstellen könnte.) Und hier, so schrieb er, müsse er erneut innehalten – denn nun komme ihn der Zweifel an, ob es seiner Feder gelingen werde, derart karge und zugleich drastische Tatsachen einsichtig zu machen. Der Zustand des Offiziers habe sich nicht gebessert. Er müsse, wie sich inzwischen erwiesen habe, schon seit zwanzig Jahren geisteskrank gewesen sein. Und wo habe er diese Jahre verbracht? Etwa in der Obhut eines seiner Brüder oder eines ferneren Verwandten? In einem privaten Heim? In einer Anstalt? Gewissermaßen ja. Der Offizier habe sie nämlich im Heer verbracht. Zwanzig Jahre, bis ein gewaltsamer Tod ihn dahinraffte, habe er seinem Regiment angehört; habe seinen Sold bezogen; habe des Kaisers Uniform getragen; und sei mit fortschreitendem Alter bis zum Rittmeister befördert worden. Nie habe der Verfasser dieser Zeilen eine hohe Meinung von der Fähigkeit des Militärs gehegt, Fälle von Geistesschwäche in den eigenen Reihen aufzudecken – aber zwei Jahrzehnte! Narden brach ab und erklärte, so sehr schwirre ihm der Kopf, daß er den Versuch jetzt nicht wagen könne, den vorliegenden Tatsachen eine einleuchtende Erklärung zu geben; er werde sich jedoch hoffentlich bis zum Montag hinreichend erholt haben, um dann unter der Überschrift UNENTDECKT ODER VERTUSCHT? einige besonders irritierende Aspekte des Falles zu erörtern.

Dieser Artikel mußte Aufsehen erregen. »Was sollen wir denn jetzt schon wieder verbrochen haben?« fragten die Leute im Kriegsministerium.

»Besser, wir gehen der Sache nach.«

»Wir können uns doch nicht von diesem Quintus Narden sagen lassen, wer als Offizier in Frage kommt und wer nicht.«

»Besser, wir gehen der Sache nach.«

Das Ergebnis war verblüffend. Ein Offizier namens Felden war während der vergangenen dreißig Jahre tatsächlich in den Listen des Heeres geführt worden; aber niemand hatte je von ihm gehört, ausgenommen einige Leute vor Ort, die aber nicht an verantwortlicher Stelle saßen. Unterlagen waren nicht vorhanden. Einen Rapport hatte es nie gegeben. Alle Kommandeure des Regiments, in dem der Rittmeister diente, waren tot (außer dem vorletzten, den man aber noch nicht erreicht hatte). Der Kriegsminister sprach mit dem Chef des Generalstabs und entschied, die Verhandlung gegen Leutnant von Putnitz und Feldwebel Schaale vor dem Kriegsgericht solle vertagt werden.

»Das Regiment fragt telegraphisch an, ob der Rittmeister mit allen militärischen Ehren beigesetzt werden soll.«

»Selbstverständlich. Nein. Vielleicht nicht. Schreiben Sie ihnen, sie sollen warten – ja, warten.«

»Ist nicht unser Bier«, sagten die führenden Leute der Regierungsparteien untereinander. »Sollen sich die Generäle darüber den Kopf zerbrechen.«

»Da bin ich mir gar nicht so sicher; immerhin haben *wir* über das Budget abzustimmen.«

»Unangenehm für Bernin – der Kerl, den es getroffen hat, soll der Mann seiner Schwester sein oder sein Schwager oder so ähnlich.«

»Haben Sie etwa dieses Drecksblatt gelesen?«

»Nur überflogen.«

»Bernin ist ein gewiefter Bursche.«

»Wenn man das gleiche doch von der Regierung sagen könnte!«

»Daß es ausgerechnet jetzt passieren muß, bevor der Haushalt durch ist.«

»Ist denn das die Möglichkeit?« fragte man in den Clubs.

»Dieser Knabe tickt nicht richtig … und keiner merkt was, all die Jahre.«

»Ein starkes Stück.«

»Ach was – bloß eine Ente von dieser Giftspritze!«

»Auf seine Weise ist Narden immer vorsichtig gewesen.«

»Also, wenn da irgendwas dran ist, dann kann ich nur sagen: Es sieht nicht gut aus.«

Auf hundertzwanzig Gewerkschaftsversammlungen im ganzen Land sagte der Vorsitzende: »*Genossen* –«

»Wer ist dieser Baron Blaubart eigentlich?«

»*Lauter* reiche Erbinnen.«

»Diese Gier!«

»Eine pro Familie ist in Ordnung – dafür ist der Zweitälteste zuständig.«

»Wie hat er das bloß geschafft?«

»*Unsere* Steuern.«

»Sehr richtig.«

»*Unsere* Ersparnisse.«

»Hört, hört!«

»Der Zehrpfennig des arbeitenden Mannes.«

»*Da* geht er hin!«

»Verrückt gewordene Prasser.«

»Hast du gelesen – die Juden haben auch ihre Finger im Spiel.«

»Sobald was faul ist im Staate Dänemark ...«

»Das Heer wagt es nicht, sich mit ihnen anzulegen, sonst bekommen sie keinen Stahl mehr.«

»Krupp ist doch kein Jude, Onkel!«

»Aber die Juden können ihm den Geldhahn zudrehen.«

»Natürlich.«

Am Sonntagabend nach dem Erscheinen des Leitartikels von Quintus Narden wurde aus einer Garnison bei Magdeburg gemeldet, eine aufgebrachte Menschenmenge habe sich Zutritt zum Offizierskasino verschafft und ein Individuum mit sich geschleppt, das die Rangabzeichen, den Brustpanzer und den Helmbusch eines Kavallerieoffiziers und um den Hals ein Schild mit der Aufschrift ICH AUCH getragen habe. Der Mob habe es ins Kartenspielzimmer des Kasinos begleitet und sei dann lärmend abgezogen. Das Individuum sei, wie sich herausstellte, der Sprache nicht mächtig gewesen, und später sei es von Leuten aus einer Nachbargemeinde abgeholt worden, die erklärten, es handele sich um ihren Dorftrottel.

Diese Art von Offiziersschelte fand bald überall großen Anklang und war in den ländlichen Teilen Deutschlands viele Jahre ein beliebter Sonntagabendspaß.

An ebendiesem Sonntag trafen Jules und Caroline in Berlin ein. Es war Abend, und der Bahnhof wirkte verlassen. Caroline hatte im stillen gehofft, daß niemand sie abholen werde. Aber Sarah war da. Sarah hatte sich auf den Weg in die Stadt gemacht, um ihre Freundin abzuholen.

Sie hatte einen Diener und ein Auto mitgebracht, und sie trug die längste Fuchsstola, die man je gesehen hatte, und einen riesigen Hut.

»Oh, *du* –«

»Wie geht es ihm?« fragte Sarah.

»Ich weiß nicht. Du wirst ja sehen. Er glaubt, er hat eine Erkältung.«

Sarah sagte: »In der Voßstraße hoffen sie, daß ihr beide bei ihnen wohnen werdet. Ihr werdet erwartet.«

»Oh, Sarah, was für eine schreckliche Vorstellung! Ist das dein Ernst?«

»Du weißt ja, du kannst jederzeit zu mir kommen, aber –«

»Ich dachte, wir nehmen ein Hotel.«

»Ich an deiner Stelle, würde zu den alten Herrschaften gehen«, sagte Sarah, »wirklich!«

Julius erschien, in seinen Mantel gehüllt. Er begrüßte Sarah. »Es ist kalt.«

»Jules«, sagte Caroline, und Sarah fiel auf, wie laut und zugleich schmeichelnd sie mit ihm sprach. »Sarah sagt, die Merz wollen, daß wir bei ihnen wohnen.«

»Ich wohne immer in der Voßstraße. Ich will doch Henrietta besuchen. Wo ist Henrietta? Warum ist sie nicht hier?«

»Es ist schon ziemlich spät«, sagte Sarah.

»Henrietta ist kein Kind mehr«, erwiderte Jules verdrießlich.

»Und es ist ziemlich kalt«, sagte Caroline.

»Es ist sogar *sehr* kalt«, sagte Jules.

»Also gut«, sagte Caroline. »Warum eigentlich nicht? Für ein paar Tage.«

Im Auto sprachen sie wenig. Jules zitterte demonstrativ.

»Lieb von dir, daß du den weiten Weg gekommen bist und uns abgeholt hast, wo du Bahnhöfe doch gar nicht magst. Ich hatte mit Gustavus gerechnet.«

»Ach, eine Kleinigkeit.« Sarah sagte nicht, daß Edu sie beschworen hatte, nicht zu fahren.

»Trägt man so was jetzt *wirklich?* Ich meine deinen Hut. Ich komme gar nicht davon los.«

»Man *fängt damit an*«, sagte Sarah.

»Wie mutig! Ich würde mich damit nicht auf die Straße trauen.«

»Das wird sich ändern«, sagte Sarah.

Etwas später sagte sie: »Ich hoffe, du hast mein Telegramm nicht aufdringlich gefunden.«

»Ich war gar nicht mehr in Madrid, als es kam«, sagte Caroline. »Wie lange das schon her ist!«

»Ich habe es nur geschickt, weil –«

»Es war das einzige, das wir bekommen haben«, sagte Caroline.

Sie kreuzten die Wilhelmstraße. »Clara ist nicht hier«, begann Sarah von neuem.

»Ach so?«

»Sie ist noch da unten. Allein. Sie warten, verstehst du?« Sie sah zu Jules hinüber.

»Worauf?« fragte Caroline.

»Daß sie ihn begraben können.«

Caroline hob den Kopf. »Wir dachten, das sei alles längst vorüber.«

»Nein«, sagte Sarah. »Es ist *noch längst nicht vorüber.*«

»Bitte, Caro, du mußt mich entschuldigen. Ich gehe sofort auf mein Zimmer«, sagte Jules. »Mir geht es nicht gut.« Er hustete. »Sie sollen mir das Essen nach oben bringen; Henrietta kann heraufkommen und mit mir essen. Und ich möchte, daß Pedro kommt, nicht Gottlieb. Sagst du ihnen das, bitte?«

Der Artikel von Quintus Narden am nächsten Morgen begann mit einer Entschuldigung. Man habe ihn auf einige sachliche Fehler aufmerksam gemacht, und er beeile sich, diese richtigzustellen.

(1) Baron Felden habe für seinen Schwager, den derzeitigen Außenminister keine Schreibarbeiten verrichtet, wie letzte Woche in dieser Zeitung irrtümlich mitgeteilt worden sei. In diesem Zusammenhang solle der Baron erklärt haben: »Ach, ich kümmere mich gelegentlich darum, wer beim Abendessen als erster den Speisesaal betritt, Conrad nimmt es mit der Rangordnung manchmal nicht so genau.« Unzutreffend sei auch, daß er nie eine nutzbringende Tätigkeit ausgeübt habe. Vielmehr habe Baron Felden einige Jahre ehrenamtlich für das Heroldsamt des Großherzogtums Baden gearbeitet und beziehe nun ein bescheidenes Salär aus seinen kenntnisreichen Beiträgen.

(2) Die gegenwärtigen Eheverhältnisse des Barons Julius von Felden seien nicht zutreffend dargestellt worden. Der Verfasser sei über die wirkliche Stellung der Gattin des Barons falsch unterrichtet gewesen; in der Zeit, als sie den Baron kennenlernte, habe sie vergleichsweise unauffällig in Paris gelebt. Ihr privates Vermögen sei bloß auskömmlich.

Der Baron und seine Gemahlin hielten sich zur Zeit in Deutschland auf.

(3) Daß Rittmeister von Felden seinen Verstand während des Militärdienstes verloren habe, treffe nicht zu. Inzwischen habe sich vielmehr herausgestellt, daß er schon bei seinem Eintritt ins Heer vor siebenundzwanzig Jahren vollkommen unzurechnungsfähig gewesen sei.

»Worum geht es überhaupt?« fragte Großmama Merz. Man saß beim zweiten Frühstück.

»Jules muß ihn wegen Verleumdung verklagen«, sagte Emil.

»Und auf Schadenersatz!« sagte Großpapa.

»Ein Prachtkerl von Schwiegersohn«, sagte Markwald.

»Wir werden nicht ungeschoren davonkommen, gnädiger Herr.«

»Hat wieder jemand zuviel Geld ausgegeben?« fragte Großmama.

»Es geht um Jules' Bruder, Mama.«

»Die Regimentstragödie, gnädige Frau.«

»Ach, dieser bedauernswerte junge Mann ... Erzählt es bloß nicht Jules.«

»Nein, bestimmt nicht!«

»Das wird Sarah schon besorgen«, sagte Großpapa auftrumpfend.

»Caroline sah gestern abend wirklich gut aus«, sagte Emil.

»Ich glaube nicht, daß etwas damit gewonnen ist, wenn man die Sache jetzt vor Gericht zerrt«, sagte Friedrich.

»Die Felden müßten beweisen, daß es sich um üble Nachrede handelt«, sagte Markwald.

»Markwald«, fragte Emil, »bist du Quintus Narden? Ich habe dich schon lange in Verdacht.«

»Cui bono?« fragte der Kanzler. »Kann mir das mal jemand sagen? *Cui bono?«*

»Vorsorge für einen jüngeren Sohn, Exzellenz? So heißt es jedenfalls.«

»Unsinn. Dieses Gerede können Sie den Sozialdemokraten überlassen.«

»Und Ihre Königliche Hoheit, die verstorbene Großherzogin von Baden?«

»Eine durch und durch rechtschaffene, gesetzestreue alte Dame. Nie hatten wir irgendwelche Schwierigkeiten mit ihr. Ich fürchte, irgend jemand ist hier zu weit gegangen, viel zu weit. Aber warum?«

Einigen Korrespondenten gelang es, einen für die Verbindung zur Öffentlichkeit verantwortlichen Stabsmajor in die Enge zu treiben. »Er hat sich doch bloß um die Pferde gekümmert«, erklärte dieser schließlich. Als diese Aussage wenig später gedruckt erschien, mißfiel sie der Kavallerie genauso wie der Infanterie.

»Caroline ...«

»Sarah, bitte – mir gegenüber brauchst du kein Blatt vor den Mund zu nehmen. Außerdem bist du darin so schlecht.«

»Dieser *widerliche* –«

»Im großen und ganzen stimmt alles, nicht wahr?«

»Wenn ich mir überlege, daß dieser Mann an meinem Tisch gegessen hat!«

»Ich habe es dir immer gesagt«, sagte Edu.

»Was hast du mir gesagt?« fragte Sarah.

»Und trotzdem, auf Jules paßt das doch alles gar nicht, oder? Daß es für Gustavus genausowenig gilt, kann ich allerdings nicht behaupten.«

»Deine langhaarigen Freunde«, sagte Edu.

»Aber gerade dieser war immer sehr *soigné*.«

»Ich verstehe das alles auch nicht besser, als dieser Narden es zu verstehen behauptet«, sagte Caroline später, als sie allein waren.

»Wirklich ein seltsames Durcheinander.«

»Es ist furchtbar.«

»Ja, wenn man jetzt darüber nachdenkt.«

»Ich muß dir etwas sagen. Ich glaube, Jules hat dreißig Jahre lang versucht, nicht daran zu denken; dann wollte er mit *mir* darüber sprechen. Und ich habe nicht aufgepaßt. Ich war zu beschäftigt, mit mir selbst – und jetzt ist es zu spät.«

»Zu spät – das kann man wohl sagen!«

»Oh, Sarah, wie konnte das alles bloß passieren?«

»Dir ist doch klar, wer schuld ist, oder?«
»Wir alle, Sarah.«
»Die Bernins.«
Caroline seufzte.
»Weißt du, warum der junge Bernin nie geheiratet hat?«
»Das habe ich mich schon oft gefragt.«
»Dabei glaube ich, daß er sich Söhne über alles gewünscht hat. Es heißt aber, er wollte sich seine Wahlchancen innerhalb der Kirche nicht verbauen. Falls – wohin man mit einem Kardinalshut eben kommen kann.«
»Wie bitte?«
»Es tut mir auch nicht wirklich leid, daß jetzt mal deutlich wird, wie Bernin wirklich ist.«
»Redet man denn über die Bernins?«
»Überall.«

Die Leitartikel im *Fortschritt* waren auch der Anlaß für eine der wenigen uneigennützigen Reaktionen in dieser Affäre. Im Laufe der folgenden Tage bekamen Julius und Gustavus mehrere hundert Briefe von Offizieren aller Dienstgrade, die sich unbekannterweise erboten, in ihrem Namen Quintus Narden zum Duell zu fordern. Die Briefe an Julius öffnete Caroline, und sie fragte sich, ob nicht Dankschreiben – gedruckte Karten? – angebracht seien; einige der an Gustavus gerichteten Briefe gelangten zu den Militärbehörden. Dort reagierte jemand prompt, und überall mußten die Befehlshaber ihre Herren Offiziere darauf hinweisen, daß Herr Narden nicht satisfaktionsfähig sei. (Als Narden davon erfuhr, gab er sich belustigt über seinen Status als Unberührbarer und überschüttete die dreihundert dünkelhaften Leutnants in seiner Kolumne mit so viel Hohn, daß darüber auch manches aufrechte Bürgerherz in Rage geriet.)

»Friedrich, was gibt's Neues.«

Friedrich Merz warf ein Bündel Zeitungen auf den Tisch. »Unruhen in Hamburg, Unruhen in Leipzig, in Kiel droht ein Streik der Hafenarbeiter. Sie fordern, daß der Prozeß gegen Feldwebel Schaale vor ein Zivilgericht kommt, aber das Heer will nicht nachgeben.«

»Das fällt ihnen immer schwer«, sagte Caroline.

»Ein Schwurgerichtsverfahren wegen Totschlag.«

»Schaale ist bei den Roten inzwischen ein Held«, sagte Edu.

»Unruhen in Bremen, Unruhen in Dresden, Pflastersteine gegen die Polizei in Stuttgart, Unruhen in Karlsruhe – nein, dort demonstrieren sie nicht für den Feldwebel; dort sind sie für den ›treuen Georg‹.«

»Das Heer *muß* nachgeben«, sagte Markwald.

»Ich dachte, Clara hätte den armen Kerl inzwischen freibekommen«, sagte Caroline.

»Verehrteste«, sagte Friedrich, »im Augenblick würde in ganz Deutschland für Clara Bernin-Felden niemand auch nur einen Finger rühren.«

»Er hat mir Foxy geschickt. Als ich noch ganz klein war. Der Bursche von meinem Onkel, der ›treue Georg‹. Er kam in einer Schachtel. Onkel Edu, du erinnerst dich doch an Foxy, oder?«

Edu, in dessen Haus das Tier sein ganzes Leben verbracht hatte, sagte: »Aber ja, Foxy ... Donnerwetter, in einer Schachtel? Wieso denn das? Der treue Georg? Und *warum?*«

»*Henrietta?*«

»Was machst denn du hier?«

»Wer hat dir das erzählt?«

»*Surtout pas devant* –«

»Ach, Emil – das Kind spricht besser Französisch als du«, sagte Sarah.

»Dein Onkel hat dir einen Hund geschickt?« fragte Caroline.

»Aber ich wußte es nicht. Und es war auch nicht mein Onkel selbst. Er konnte ja nicht, weißt du.« Ihrem Gesicht nach war Henrietta ganz und gar eine Merz, aber ihre Art zu sprechen war die von Jules und erinnerte auch manchmal an ihre Großmutter. Caroline sah das jetzt deutlich.

»Magst du Hunde?« fragte sie und hatte plötzlich das Gefühl, sie habe ihr Leben hinter sich.

»Eine Revolution, bloß damit das Militär sein Gesicht wahren kann – das geht doch nicht«, sagte Markwald.

Sarah sagte: »Wir können dich hier wirklich nicht gebrauchen.«

»Na schön«, sagte Henrietta, »dann gehe ich eben zu Gottlieb.«

»So denken alle vernünftigen Leute«, sagte Friedrich.

Caroline sagte zu Sarah: »Dieser Junge, Jules' Bruder ... er muß damals in ihrem Alter gewesen sein.«

»Sie werden nie nachgeben«, sagte Sarah, »und wenn sie eine Revolution niederschlagen müßten, wäre ihnen auch das egal.«

»Was würde dann aus *uns?*« fragte Friedrich.

»Ja, eben.«

»Die Regierung muß etwas unternehmen.«

»Die Regierung?« sagte Sarah. »Dieser Regierung gebe ich keine Woche mehr.«

»Würde der Feldwebel denn nicht auch von einem Kriegsgericht freigesprochen werden?« fragte Caroline.

»Die meisten Leute glauben nicht daran.«

»Nicht, wenn Putnitz bei seiner Aussage bleibt.«

»In dessen Haut möchte ich nicht stecken.«

»Die Leute würden ihn am liebsten in Stücke reißen.«

»Tatsächlich? Jemand, der noch unbeliebter ist als wir?« fragte Caroline.

»Er bestreitet, daß er um Hilfe gerufen habe.«
»In Berlin ist alles ruhig. Noch.«
»Berlin liest gerade die Abendzeitungen.«
»Kann man gegen *die* eigentlich nichts unternehmen?«
»Offenbar nicht.«

Quintus Narden hatte der Sensationspresse noch reichlich Stoff übriggelassen.

»Ich wußte ja gar nicht, daß Nelly so reich war«, sagte Jeanne zu Sarah. »Daß sie gut dastand, war mir klar – aber Immobilienbesitz an der Avenue du Bois de Boulogne ...«

»Wahrscheinlich alles gelogen.«

»›Eine der prominentesten Figuren der Halbwelt von vor dreißig Jahren.‹ Das stimmt.«

»Dreißig Jahre ist gemein«, sagte Sarah.

»Und ungerecht. Sie hat die Païva überlebt.«

»Na ja, *sie* muß ja nicht hier leben.«

»Meine alte Freundin war sehr erfolgreich.«

»Aber diese Leute haben natürlich mal wieder alles mißverstanden; ich bin mir sicher, daß Jules Madame de la T..... in den letzten fünfzehn Jahren nicht gesehen hat. Und von Heirat war nie die Rede. Weißt du noch, diese stille Witwe mit ihrem Kind, wegen der sich die alten Herrschaften so aufgeregt haben? Heute sage ich mir – hätte er doch *sie* geheiratet! Wie hieß sie noch gleich?«

»Ihren Namen habe ich nie gehört«, sagte Jeanne.

»Dupont! Die geheimnisvolle Madame Dupont.«

Jeanne konnte noch erröten. »Nelly de la Turbie heißt in Wirklichkeit Dupont. Damals legte man sich solche Phantasienamen zu, weißt du. Inzwischen ist das, glaube ich, aus der Mode gekommen – außer im Theater.«

»Dann hätte es sie also fast hierher verschlagen! Wie das Schicksal so spielt. Stell dir vor, sie wäre am Ende in der Voßstraße gelandet.«

»Die nicht«, sagte Jeanne. »Da wäre es wohl eher für Jules mit der Voßstraße zu Ende gewesen.«

»Ich sage ja – das Schicksal«, sagte Sarah. »Und was ist mit dem Kind?«

»Ach, das war vielleicht eine Sache! Damals glaubte sie, sie sei verliebt. Das Kind ist von diesem spanischen Grafen, nicht von Jules.«

Narden ging im *Fortschritt* auf das Privatleben der Felden nicht weiter ein. Aber einen Tag, nachdem die anderen Zeitungen Einzelheiten über Jules' Leben in Frankreich gebracht hatten, erwähnte er, das Auswärtige Amt habe dem Baron in dem und dem Jahr einen Sekretärsposten bei der Pariser Botschaft angeboten, sei jedoch auf Ablehnung gestoßen. Im öffentlichen Dienst, wo die Beförderungen mit der Langsamkeit eines Uhrwerkes vor sich gingen und Unterministerialdirektoren und Regierungsräte dienstbeflissen ihre Jahre absaßen, machte diese eine Enthüllung mehr böses Blut als alles, was ihr vorangegangen war. Den Beamtenseelen hatte Bernin nie gefallen, aber jetzt formierte sich die Opposition gegen den Grafen offen, einmütig, geradezu engagiert.

Julius und Gustavus hatten sich noch nicht gesehen. Julius war durch seine Erkältung und das Asthma ans Haus gefesselt, und solange Clara nicht da war, gab es für die Brüder anscheinend keine Möglichkeit oder keine Notwendigkeit für ein Treffen. Caroline machte sich Gedanken.

»Er kommt doch nie hierher«, sagte Sarah.

»Nie? Du lieber Himmel!«

»Und im Augenblick ist es ja auch nicht das reine Vergnügen, aus dem Haus zu gehen.«

»Soll das heißen, sie sitzen *beide* zu Hause herum?« fragte Caroline.

»Sehr wahrscheinlich. Männer tun sich damit viel schwerer.«

»Der arme Jules – er kommt sich vor wie ein Insekt, das sich in ein welkes Blatt verwandelt hat. Dabei ist alles so durchsichtig.«

»Er ist trotzdem sehr allein.«

»Ja, ganz allein, der Ärmste.«

»Da müssen sie durch – ich meine, ihr Treffen«, sagte Sarah.

»Ich weiß gar nicht, wie Jules und Gustavus zueinander stehen. In dieser Nacht im Zug war Jules fast von Sinnen... Wenn doch bloß endlich dieses Begräbnis stattfände!«

»Das wird einiges ändern.«

»Jules wird es helfen.«

»Er wird nicht hingehen«, sagte Sarah.

»Aber er muß.«

»Was wir jetzt tun oder nicht tun, ist völlig belanglos.«

»Sarah, sag mal, liegt es daran – ist Jules so, weil er so lange bei den Merz gewohnt hat?«

»Nein.«

»Eigentlich will ich es auch gar nicht so genau verstehen.«

»In Paris hast du alles sehr gut verstanden.«

»Reden wir nicht von Paris.«

»Dein Monet ist immer noch dort.«

»Ich kann es kaum glauben.«

»Bleib dort, zieh nicht um«, sagte Sarah leidenschaftlich.

»Ich bin nicht besonders gut ohne ... wenn ich allein bin«, sagte Caroline.

Sarah stand auf und trat an ein Fenster, wie sie es in ihren eigenen Häusern immer tat. Das Fenster ging auf den Hof, aber in der Voßstraße hatten alle Fenster die falsche Größe.

»Das ist doch nur eine Art Krise, oder?« fragte Caroline, und plötzlich klang ihre Stimme wieder sehr jung. »Sarah, das ist es doch?«

Sarah wandte sich ihr zu, ohne sie anzusehen. »Eine Krise? Es gibt keine Krisen. Es ist eine Kette, eine lange Kette. Aber ja doch, sie wird vorübergehen – diese Krise.«

»Die Frage war falsch gestellt«, sagte Caroline.

»Zwölf Herrschaften, die Herrn Geheimrat sprechen möchten.«

»Was wollen sie?«

»Es hieß, das würden sie Herrn Geheimrat gern selbst mitteilen.«

»Zwölf?« fragte Großmama.

»Eine Abordnung, gnädige Frau.«

»Ob sie schon zu Mittag gegessen haben?«

»Ja – wenn man es so nennen will, gnädige Frau.«

»Gottlieb, worum geht es?« fragte Friedrich.

»Der Israelitische Einzelhandelsverband von Groß-Berlin.«

»Warum sagst du das denn nicht gleich?«

»Es erschien mir unerheblich.«

»Ich werde mit ihnen reden«, sagte Friedrich.

»Schick sie weg«, sagte Markwald.

»Führ sie herein«, sagte Großpapa.

»Soweit ich verstanden habe, möchten sie Herrn Geheimrat allein sprechen.«

»Wir sitzen hier aber zusammen«, sagte Großpapa.

»Sie wollen doch nicht, daß wir aufstehen und hinausgehen?« sagte seine Frau.

»Vielleicht sollte *ich* hinausgehen«, sagte Caroline und tat dies auch.

»Ich glaube, Sie haben recht, Baronin«, sagte Fräulein von Reventlow und folgte ihr. Gottlieb hielt ihnen die Tür auf. Die Abordnung schob sich durch eine andere Tür herein. Alle hielten ihre Zylinder in der Hand und warfen respektvolle Blicke um sich.

»Herr Geheimrat! Frau Geheimrat! Meine Herren!«
»Morgen«, sagte Großpapa.
Der Anführer zog ein Papier aus der Rocktasche.
»Will er uns etwas vorlesen?« fragte Großmama.
»Eine Ansprache, gnädige Frau«, flüsterte Gottlieb.
Jemand aus der Gruppe korrigierte ihn: »Eine Petition.«
»Ich verstehe kein Wort –«
»Etwas lauter, bitte«, sagte Großpapa.
»An der Lautstärke liegt es nicht«, sagte Gottlieb.
»Wir *kompromittieren* –? Was kompromittieren wir?«
»Die Gemeinsamkeit, gnädige Frau.«
»Welche *Gemeinsamkeit?*«
»Der Interessen.«
»Ach so.«
»Was haben *wir* mit dem Strumpfwarenhandel zu schaffen?« sagte Emil flüsternd zu Markwald.
»Wir haben Pech angerührt, jetzt klebt es ...«
»Aufdringliche Esel.«
»Unterschlupf?« fragte Großmama.
»Eine Art Einladung, gnädige Frau.«
»Assim –? Assim –?«
»Assimilationisten.«
»Bestimmt so ein Halbedelstein. Wertlos. *Hineinziehen? Glaubensgenossen? Schiffbruch?*«
»Pst, gnädige Frau; wir sollen zuhören.«
»Warum setzen sie sich nicht?«
»Haben wir sie etwa dazu eingeladen?« murmelte Emil.
»Nichtjuden –? Wo?«
»Gnädige Frau ...«
»Ausmerzen?«
»Rausschmeißen«, half ihr Markwald weiter.
»Mit einem Wort«, schloß ein Mitglied der Abordnung, »sollen die Goi sich gegenseitig fressen.«
»Wo sind sie?« rief Großmama.

»Moritz Blumenthal!«

»Herr Geheimrat?«

»Ich habe Ihren Vater schon gekannt, da hatte er noch nicht mal einen Nachttopf zum Reinpinkeln.«

»Aber, Herr Geheimrat!«

»Sollte das vorhin eine Anspielung auf meinen Schwiegersohn sein?«

»Nun ja, Herr Geheimrat –«

»Geh nach Hause, mein Junge, und kümmere dich um deine eigenen Angelegenheiten. Das gleiche kannst du der Gemeinde von mir bestellen.«

»Papa –«

»Ich lasse soviel Verwandtschaft bei mir wohnen, wie es mir paßt«, sagte der alte Mann und blickte zufrieden um sich, »und wer mir nicht paßt, den schmeiße ich raus.«

»Ja, Herr Geheimrat, gewiß, Herr Geheimrat, nur – wir alle werden darunter zu leiden haben ...«

»Wie wahr«, murmelte Markwald.

»Merz & Merz unter den Märtyrern«, sagte Emil.

Nun wurden Fragen gestellt; wieder zeigte sich, daß Graf Bernin die Hand im Spiel hatte; das heikle Problem von Johannes' Beisetzung wurde mit einem unangekündigten Begräbnis in aller Stille auf Schloß Sigmundshofen gelöst. Außer Clara, Gustavus und dem Priester waren zwei Offiziere aus Johannes' Regiment, der treue Georg und einige ältere Leute aus Landen anwesend, die Johannes schon als Jungen gekannt hatten. Der Außenminister war durch den Staatsbesuch des bulgarischen Kronprinzen in Berlin verhindert. Der private Charakter der Zeremonie wurde dem Heer später als Schwäche angekreidet; dagegen ließ sich jedoch anführen, die Familie habe es so gewollt.

Drei Tage später floh Feldwebel Schaale aus der Haft.

Der Kaiser sagte eine Kreuzfahrt ab; im Reichstag wurde die langerwartete Anfrage eingebracht; und noch am selben Abend kam es zu großen Demonstrationen vor dem Kriegs- und dem Außenministerium. Mit dem Sturz der Regierung rechnete man für den nächsten Morgen.

»Und wenn ihm die Flucht doch aus eigener Kraft geglückt ist? So was kommt vor. Ich an seiner Stelle hätte es versucht, und bei diesem Obersten wundert mich gar nichts mehr.«

»Das Land ist in schlechten Händen«, sagte Markwald.

»Keine Autorität«, sagte Friedrich.

»Das würde ich nicht sagen«, sagte Caroline.

»Frauen sind geborene Anarchisten.«

Clara war wieder nach Berlin gekommen, und Caroline machte ihr an diesem Nachmittag einen Besuch. Es war gleich um die Ecke, aber sie benutzte den Landauer der Merz. Vor dem Eingang war ein Gedränge, und es gab ein paar spöttische Bemerkungen über ihre Kleider. Man führte sie in den gleichen Raum im Obergeschoß, wo Clara sie ein Jahr zuvor gefragt hatte, ob sie sich von ihr helfen lassen wolle. Caroline war Clara seit ihrer Hochzeit nicht mehr begegnet und hatte das Gefühl, nun sei sie es, die dieser erschöpft wirkenden, aber immer noch kerzengerade dastehenden Gestalt Beistand leisten könne. Auch Gustavus war anwesend.

Sie bat um Entschuldigung dafür, daß Julius nicht zum Begräbnis gekommen war, und fügte hinzu: »Ich wäre selbst gern gekommen.«

»Du hast ihn nicht gekannt. Es war nicht nötig.«

Gustavus sagte: »Setz dich doch, Clara.«

Clara überhörte ihn.

Auf einem kleinen, furchtbar unbequemen Stuhl kam Caroline, die sonst nie befangen war, der Verlegenheit näher denn je. Sie fühlte sich zu elegant, zu klein, zu jung.

»Anscheinend hat es viele Mißverständnisse gegeben. Mein Bruder muß das erklären. Die Leute würden sich anders aufführen, wenn man ihnen sagen würde, was wirklich geschehen ist.«

»Liebe Clara –«, sagte Gustavus.

Caroline sah ihn an, und ihr wurde bewußt, wie selten sie ihn gesehen hatte. Wieder wunderte sie sich über die Ähnlichkeit zwischen ihm und Jules – und über die Unterschiede. Gustavus war kräftiger als sein Bruder – er war nicht lebhafter, aber doch sehr präsent – und ganz ohne jene fremdartige Finesse, die bei Jules gelegentlich den Eindruck weckte, er sei nicht ganz anwesend. Beide Männer wirkten jünger, als sie waren; bei Jules war es das Aussehen, und Gustavus hatte sich die beflissene Jungenhaftigkeit des ewigen Adjutanten zugelegt. »Was ist denn wirklich geschehen?«

Clara erzählte es ihr. »Und nun will Conrad dazu nichts sagen. Er sagt, er habe nichts mit ihm zu tun gehabt, er sei gar nicht dagewesen. Und das stimmt natürlich. Conrad hatte damals einen Posten in Rom. Als er zurückkehrte, war Jean schon untergebracht. Unser Vater hat das eingefädelt. Und als Papa starb, waren alle sehr hilfsbereit, und es ging einfach weiter. Es lag wohl auch daran, daß Conrad soviel älter war und so früh von zu Hause wegging – ich glaube, er ist Jean nie begegnet.«

»Wie schrecklich unfair das alles ist«, sagte Caroline.

»Wie bitte?«

»Es ist so unfair.«

»*Unfair* – ein sonderbarer Ausdruck.«

»Dann ist also alles wahr?« fragte Caroline. »Jules hat mir manches erzählt, aber es klang so seltsam.«

»Jules hat nicht alles mitbekommen«, sagte Clara.

»Und sie haben ihn wirklich zurückgeschickt?«

»Wir alle haben es zu verhindern versucht; so gut wir konnten. Auch mein Vater. Als er schließlich erkannte, was es bedeuten würde, versuchte er, es rückgängig zu machen. Da war dieser brave Mann – ein Priester – er ist inzwischen gestorben. Papa kam zu spät. Heute weiß ich, daß es Jeans Vater so und nicht anders bestimmt war. Obwohl wir anderen unser Bestes taten, verstehst du, Caroline – es war unsere Pflicht.«

»Aber ins Heer? Warum denn ins Heer, Clara?«

»So haben wir das gar nicht gesehen. Papa ganz bestimmt nicht. Es war doch bloß ein Gehöft... Ein Regiment in unserer Gegend. Es kam uns weniger trist vor.«

Caroline sah Clara eindringlich an, mit einer Art von Scheu und aufkeimender Bewunderung. Zum ersten Mal, seit sie in diese Stadt gekommen war, hatte sie nicht das Gefühl, abseits zu stehen.

Clara sagte: »Vielleicht war zu Papas Zeiten alles ganz anders. Es ist furchtbar, daß unseretwegen jetzt ein solcher Skandal ausbricht. Conrad muß sprechen. Gustavus –«

Doch Gustavus hatte den Raum verlassen.

Die Regierung stürzte am nächsten Tag nicht. Bernin sagte nichts; der Kanzler indessen stand auf und sprach einige ruhige, entschiedene Worte. Er sprach von Mücken und Elefanten, er sprach von Propaganda, die sich selbst ihr wichtigster Zweck sei; er verhieß eine gründliche Untersuchung der ganzen Angelegenheit, äußerte allerdings Zweifel daran, daß sie dazu angetan sei, den politischen Alltag eines großen Reiches durcheinanderzubringen; er verbürgte sich dafür, daß der Gerechtigkeit genüge getan und ein gewisser Flüchtling aufgespürt werden würde; und er versprach, die Ordnung aufrechtzuerhalten.

Diese Rede hatte eine wunderbar beruhigende Wirkung. Vernünftige Leute spürten, daß sie sich zu schnell hatten fortreißen lassen.

»Vielleicht läuft es sich jetzt tot«, sagte Sarah.

Die Woche verging. Schaale wurde nicht gefunden. In den Städten war die Polizei allgegenwärtig, hielt sich aber zurück; das Volk wurde der Unruhen anscheinend langsam müde.

Da platzte Quintus Narden mit der Meldung heraus, dem Rittmeister Felden sei von Seiner Majestät ein Orden verliehen worden.

»*Mein* Roter Adler!« sagte Gustavus.

»Ein Operettenreich«, sagte Sarah. »Schade, daß man es sonst kaum merkt.«

In ganz Bayern tauchte an den Hauswänden ein Plakat auf, das behauptete, der Kaiser sei schon seit 1902 nicht mehr zurechnungsfähig, und in manchen Orten wurde der Kronprinz zum Regenten ausgerufen.

An diesem Tag trat Graf Bernin zurück.

6. Kapitel

Er hatte den Feldwebel im Außenministerium versteckt.«

»Hat man ihn dort gefunden?«

»Nein – das ist es ja gerade! Sie haben ihn nach Baden geschafft. In einem Schrankkoffer haben sie ihn hinausgeschmuggelt.«

»Nein, kein Schrankkoffer. Er ist einfach ganz frech durch den Haupteingang hinausspaziert, als Priester verkleidet. Dafür hat die Schwester gesorgt.«

»Ach was! Du begreifst aber auch gar nichts! Den Felden-Mord hat sich Bülow – schlau, wie er ist – zunutze gemacht, um Bernin loszuwerden. Das Kabinett ist ihm bei seinen Manövern in der Marineangelegenheit auf die Schliche gekommen.«

»Die Engländerin hat vermittelt. Baron Blaubart war die Tarnung. Er ist dafür bezahlt worden, daß er sie geheiratet hat.«

»Er hat den Bischöfen im englischen Oberhaus versprochen, dafür zu sorgen, daß unser Marinebudget gekürzt wird. Dafür sollten sich die Bischöfe dann an Rom verkaufen.«

»Ich habe gehört, die Zionisten stecken dahinter?«

»Oh, die auch!«

»Der Baron hat gekniffen; er hat gar nicht geheiratet. Hat sich lieber an Frau Shylock gehalten. In der Kathedrale hat er einen faulen Zauber aufgeführt; einer aus meiner Abteilung kennt einen, der dabei war – er sagt, vor lauter Weihrauch hätte man die eigene Hand nicht sehen können aber weit und breit keine Braut.«

»Ihre Schloßkapelle müssen sie jetzt wohl zumachen; er ist exkommuniziert worden, läßt sich aber nichts anmerken. Der Heilige Vater hat ihm eine Geheimbulle geschickt.«

»Er hat Deutschland verlassen. Zu Fuß.«

»Das wird ihm wenig nützen. Sie werden ihn einsperren, sobald er dort ist. Im Vatikan. Er kennt alle Geheimnisse der Kirche.«

»Wird er dann Mönch?«

»Nein, Staatsgefangener.«

»*Haben Sie gehört?* Graf Bernin soll wegen Hochverrat angeklagt werden.«

»Friedrich, was gibt es Neues?«

»Putnitz ist aus dem Dienst entlassen. Wegen Feigheit.«

»Was wird er tun?«

»Eine Kugel oder die Kolonien. Sieh mal, da ist er, im Straßenanzug. ›Exleutnant nimmt Stellung.‹ Das *9-Uhr-Abendblatt* hat ihn auf dem Bahnhof gestellt. ›Es war alles nur ein Versehen, erklärt von Putnitz.‹«

»Wenn Clara das lesen könnte!« sagte Caroline.

»Die Ärztevereinigung verlangt eine Überprüfung des Sanitätswesens im Heer. Es soll eine Kommission eingesetzt werden.«

»Magere Ausbeute heute. Sonst noch was?«

»Die Kurse steigen. Komischerweise.«

»Gar nicht komisch«, sagte Sarah. »Der Süden wird erst einmal keinen Muckser mehr machen – für die Industrie ist das ein Sieg. Mit all den katholischen Bauernparteien ist jetzt erst einmal Schluß.«

»Rechnest du etwa mit einer Hausse?«

»Bestimmt.«

»Sonst noch was?«

»Nur Gerüchte.«

»Die Vorlage über die Verkürzung der Wehrpflicht auf achtzehn Monate soll noch vor der Sommerpause auf die Tagesordnung.«

»Der alte Jesuit ist weg; und plötzlich stehen wir da und können uns nicht mehr wehren.«

»Armes Deutschland.«

Die Schwierigkeiten, mit denen die Regierung intern und nach außen zu kämpfen hatte, waren tatsächlich nicht weniger geworden. Zu viele Fragen waren unbeantwortet geblieben, und überall im Land gelangten maßgebliche Leute zu der Überzeugung, irgendwo sei etwas gründlich schiefgegangen. In den Ministerien wurden Anfragen von einer

Abteilung an die nächste weitergereicht, und jeder ärgerte sich über die Kollegen am anderen Ende des Flurs; die herrschende Kaste war uneins mit sich selbst, weil jeder das Gefühl hatte, die anderen hätten ihn im Stich gelassen, aber im Innersten gaben sie die Schuld dem Kaiser.

»Seine Majestät hatte bei der Wahl seiner Freunde schon immer eine unglückliche Hand.«

»Unter dem Alten wäre so was nicht passiert.«

Bei alledem brachte niemand viel Sympathie für die Felden auf; und den ganzen Sommer über traktierte die Sensationspresse sie ungestraft und nach Belieben. Sie waren Freiwild.

»Was tut sie eigentlich den lieben langen Tag?«

»Ach, weißt du, sie hat einen eigenen Salon, oben. Ich besuche sie dort. Oder sie kommt zu mir heraus. Sie will das so. Sie will unbedingt ausgehen, mindestens einmal am Tag. Sie macht Einkäufe, sie geht in den Zoo, sie reitet ein bißchen im Tiergarten. Sie spielt mit dem Gedanken, ihre Pferde kommen zu lassen. Und sie liest …«

»*Das* kenne ich. Zwei Romane am Tag. Das nächste Stadium sind dann Pralinen.«

»Sie liest meistens historische Bücher«, sagte Sarah.

»Sie sollten von hier weggehen!«

»Und wohin?«

»Deutschland verlassen«, sagte Jeanne.

»Ich glaube nicht, daß sie das tun würde – es käme ihr vor wie Weglaufen.«

»Du solltest ihr zuraten, Sarah.«

»Ich? Zu mir hat sie neulich gesagt, sie werde sich nicht nach England verdrücken, wie Edu damals.«

»Ich hätte sie mir anders vorgestellt, ich weiß nicht – mehr –«

»Mehr was?«

»Mondäner –? weiblicher –? verwöhnter –?«

»Ja, es ist überraschend. Aber Caroline ist wie ein englischer Gentleman.«

»Die zwei oder drei, die ich zu meiner Zeit kannte, tranken furchtbar viel. Aber das meinst du natürlich nicht.«

»Nein.«

»Es hat trotzdem keinen Sinn, daß sie bleibt, Sarah.«

»Es gefällt ihr hier genauso gut oder schlecht wie dir.«

»Ich habe mich daran gewöhnt.«

»Ich hasse es!« sagte Sarah. »Und zwar mit dem ganzen notorischen Mangel an Patriotismus meiner Rasse – wie sich Quintus Narden ausdrücken würde.«

»Mich nimmt er überhaupt nicht zur Kenntnis«, sagte Jeanne. »Ich schaffe es nur bis ins *9-Uhr-Abendblatt*. ›Die andere Konkubine aus dem Ausland‹. Mein armes graues Haar... Andererseits habe ich bei alledem gelernt, wie wenig einem ein richtiger Ehemann nützt.«

»Jules liest keine Zeitungen.«

»*Reizt* es ihn denn nicht?«

»Er kommt gar nicht auf die Idee.«

»So stelle *ich* mir einen Gentleman vor.«

»Er ißt neuerdings wieder unten, mit ihnen zusammen«, sagte Sarah. »Zumindest manchmal.«

»Und sie hat ja das Kind«, sagte Jeanne.

»Welches Kind?«

»Das von Jules.«

»Ich glaube, sie versucht, Henrietta ein bißchen Bildung beizubringen. Aber bei Henrietta führt das zu nichts.«

»Sie sollten das Mädchen aus allem heraushalten. Sarah – ist es eigentlich schlimm? Auf der Straße?«

»Berlin ist groß. Wirklich unangenehm ist es nur vor der Tür in der Voßstraße. Und wenn man bedenkt, daß es im Haus niemandem etwas ausmacht – außer ihr und mir und natürlich dem armen Friedrich ...«

»Ich fürchte, Friedrich benutzt die Hintertür«, sagte Jeanne und sah ihrer Freundin in die Augen.

»Du liebst ihn wirklich«, sagte Sarah.

»Er liebt mich.«

Sarah schwieg.

»Kannst du das verstehen?«

»Ja«, antwortete sie. »Nein. Doch. Hör mal, ich glaube, meine Tochter will diesen Geiger heiraten.«

»Und läßt du sie?«

»Entweder sie bekommt ihn, oder sie läuft weg. Ich bin mir sicher, das zweite wäre ihr noch lieber. Aber ihm nicht, soweit ich ihn durchschaue; er ist den ganzen Tag bei uns, und sie findet das ungeheuer mutig von ihm. Dabei habe ich zwei Männer von der Wach- und Schließgesellschaft vor der Tür stehen.«

»Ich hab's gelesen«, sagte Jeanne.

»Meine Leibwache. Die gleichen Leute, die wir in Kastell im Betrieb haben.«

»Das habe ich auch gelesen.«

»Allein für mich würde ich das nicht tun – bei der anderen Sache habe ich gar nichts unternommen –, aber ich lasse nicht zu, daß meine Gäste vor meiner eigenen Haustür angepöbelt werden.«

»Der Geiger?«

»An den dachte ich nun gerade nicht.«

Jeanne sagte: »Du hast sie wirklich gern.«

»Ich wollte, ich wäre ihr nie begegnet!« sagte Sarah.

Heimliche Hochzeit mit Fressgelage
Jüdische Aristokraten schlemmen, während Arbeitslosenzahlen hochschnellen

»Das *muß* doch eine Fälschung sein!« sagte Caroline. »Wo ich mir mit Clara gerade mal ein Brötchen geteilt habe. Und vor diesen lukullischen Aufbauten da, das bist *du* mit

Jules – nicht ich. Aber irgendwie kommt es mir bekannt vor – die Schinken und dieses Geweih habe ich schon mal gesehen.«

»Im Familienalbum«, sagte Sarah. »Der fünfzigste Geburtstag von Jules und mir. Unvergeßlich.«

»Ein toller Hintergrund. Aber das ist doch alles nicht echt – oder?«

»Was?«

»Die Eßwaren.«

»Durch und durch!« sagte Sarah.

»Frau Baronin, ich wollte Frau Geheimrat nicht stören – aber sollen wir ihnen etwas Suppe hinausreichen?«

»Ist das so üblich?«

»Die Mildtätigkeit haben wir immer gepflegt.«

»Ja, *dann.* Unbedingt.«

»Meine Liebe«, sagte Markwald. »Diese Leute schreien nach Wildbraten.«

»Ziemlich unrealistisch«, sagte Emil.

»Zumal momentan keine Jagdzeit ist«, sagte Gottlieb.

»Trotzdem – vielleicht etwas anderes als Suppe?« sagte Caroline.

»Denen geht es weder um Realismus noch ums Essen«, sagte eine Stimme von der Tür her.

»Frau Eduard«, meldete Gottlieb.

Sarah hatte einen Sonnenschirm bei sich. Sie wirkte kühl und zugleich aufgebracht. »Wer hat gesagt, Preußen sei ein Polizeistaat?«

»Glaubst du, die halten noch lange durch, Gottlieb?« fragte Markwald.

»Ich denke, um die Schlafenszeit darf man mit Rückzug rechnen.«

»Es war, als würde man durch einen bösen Breughel wandern«, sagte Sarah.

»Ihre Gebrechen sind in der Tat beeindruckend, gnädige Frau.«

»Nicht schlimmer als in Spanien«, sagte Caroline.

»Ich wußte gar nicht, daß es in der Stadt so viele gibt.«

»Keiner macht so was zum Spaß.«

»Wenn Sie mir gestatten, Marie zu zitieren«, sagte Gottlieb. »Marie sagt, sie seien der Chor aus ›Boris Godunow‹.«

»Heute morgen ist Edu an der Reihe.«

»Wer kümmert sich denn um Edu?«

»Wegen seiner Schulden.«

»Er ist ja nicht da und kann es nicht lesen.«

»Jedenfalls wird ihn nun kein Richter mehr entlasten, er wird sein Leben lang ein Bankrotteur bleiben. Vielleicht muß man es als Glück im Unglück betrachten.«

»Aber teuer erkauft, Liebling.«

Sarah sagte zu Caroline: »Jeanne würde sich freuen, wenn du sie mal besuchst.«

»Das ist sehr lieb von ihr.«

»Sie würde auch zu dir kommen, verstehst du – wenn sie nur könnte.«

»Sie und Gustavus –«

»Bitte, geh zu ihr«, sagte Sarah.

»Sie hat bestimmt nicht vergessen, daß ich sie nicht besucht habe, als ich das erste Mal hier war; aber jetzt würde ich ihr wohl kaum einen Gefallen tun, wenn ich zu ihr käme.«

»Bin ich verrückt? Sind sie verrückt? Sind die Felden allesamt verrückt?«

Sarah griff nach der Zeitung.

Affen als Begleiter von jüdischer Braut
Baron hält sie für standesgemäß

»Hier steht, die Schimpansen seien Teil einer süddeutschen Separatistenverschwörung mit dem Ziel, das eigene Land in Verruf zu bringen. Geht es um dieses arme Tier in Hamburg, dem ich in seinem Käfig mal guten Tag gesagt habe?«

»Caroline, du solltest von hier weggehen.«

»Mein Platz ist an der Seite meines Mannes, oder etwa nicht? Du solltest mal die Briefe sehen, die ich aus der Heimat bekomme. Alle wollen mir unbedingt schreiben. Über ihren Rittersporn und über den Haushaltsentwurf von Mr. Asquith und über Mrs. Patrick Campbell, aber nach mir fragt keiner – als wenn ich schon tot und begraben wäre.«

»Hast du dir schon mal überlegt, daß Jules wahrscheinlich gar nicht hier wäre, wenn du nicht wärst? Und wenn ich nicht das Telegramm geschickt hätte.«

»Sarah, ich kann jetzt keine Pläne machen.«

»Das ist ja etwas ganz Neues bei dir.«

»Allerdings.«

»Du mußt einen Entschluß fassen.«

»Ich habe gesagt, ich kann jetzt keine Pläne machen.«

Sarah erwiderte: »Liebe Caroline, mach es dir doch nicht noch schwerer, als es ohnehin ist.«

Caroline schwieg.

»Ich habe eine Idee«, sagte Sarah.

»Bitte, laß mich!«

»Wir können doch nicht den ganzen Sommer hierbleiben. Denkst du eigentlich nie daran, wie die Zeit vergeht? Wir haben bald August!«

»Warum *du* bleibst, verstehe ich wirklich nicht«, sagte Caroline.

Ohne den Tonfall zu verändern, sagte Sarah: »Erstens bin ich zufällig Mutter; und gerade jetzt könnte ich kaum weg von hier, ohne daß mir meine Tochter vorwerfen würde, ich wolle sie verschleppen.«

»Wie geht es ihr eigentlich mit ihrem –?«
»Nicht besonders gut.«
»Hör nicht auf sie. Niemand weiß, was gut für ihn ist.«
»Und ich? Weiß ich es?«
»Entschuldige, daß ich so gereizt bin«, sagte Caroline. »Jeder hat an seinen Problemen zu tragen.«
»Ja.«
»Und zuständig ist man immer selbst.«
»Caroline – ist da noch etwas anderes?«
»Aber nein«, sagte Caroline.

Pedro, der Diener, den sie aus Spanien mitgebracht hatten, war zum Problem geworden. Solange er mit Jules zu tun hatte, war er einigermaßen zufrieden, und sie unterhielten sich über Dinge, für die sie sich beide interessierten. Aber Pedro mußte auch zur Messe gehen, und er mußte seinen freien Tag haben, und er kannte sich in der Stadt und mit der Sprache nicht aus. Trotzdem war er in den Kneipen der Umgebung bald überall bekannt, und weil er sich sehr langweilte, kam er abends oft spät nach Hause und war nicht mehr klar im Kopf. Marie, die in Spanien kaum ein gutes Wort für ihn übrig gehabt hatte, war inzwischen in die Rolle des Schutzengels geschlüpft; sie sorgte dafür, daß sich der Reis, der für ihn gekocht wurde, nicht in Brei verwandelte und daß Gottlieb ihm seine tägliche Portion Wein zukommen ließ, und sie kümmerte sich um ihn. Wenn sie in munterer Stimmung war, nannte Pedro sie *Tia,* und ihr gefiel es.

An einem heißen Sonntagmorgen waren Gottlieb, Marie und der Schwarm der übrigen Hausangestellten früh aus dem Gottesdienst zurückgekehrt – nicht so Pedro. Gottlieb servierte das Mittagessen im Speisezimmer; aber als er sich setzen wollte, um selbst zu essen, hatte Marie schon ihre Haube aufgesetzt und ließ ihn nicht. Sie wußte anscheinend sehr genau, wo sie suchen mußten, doch Gottlieb, der Marie immer mit großem Respekt begegnete, wagte nicht, sie deswegen aufzuziehen. In der dritten *Spelunke,* wie sie diese Gaststätten nannte, fand er ihn (sie wartete natürlich draußen). Pedro stand schwankend auf zwei Tischen; man hatte ihm Weißbier mit Kartoffelschnaps zu trinken gegeben; einer aus dem Publikum, der ungefähr soviel Französisch verstand wie Pedro, spielte den Dolmetscher und den Conférencier.

»Was hat die erste Frau getan?«

»Die erste Frau hat ganzer Tag geweint.« Pedro ließ sich auf die Tischplatte sinken und spielte eine Dame, die sich jammernd auf einer Chaiselongue wälzt.

»Und die zweite Frau?«

»Sie auch ganzer Tag geweint.« (Dieser *Lügner,* sagte Caroline dazu.) Nun posierte Pedro als anmutige Dame, die mit schmachtender Miene am Fenster steht.

»Und jetzt sag den Leuten, warum diese armen Frauen so weinen.«

Pedro richtete sich auf. »Weil mein Herr ein ganzer großartiger Mann ist.«

Die alten Herrschaften und der ganze Haushalt bereiteten sich auf die alljährliche Abreise zur Kur vor; Sarah war zu einem ihrer üblichen Besuche gekommen, sie saß mit Caroline oben in deren Wohnzimmer.

»Ich hätte gern einen Hund hier«, sagte Caroline. »Hast du gesehen, der treue Georg hat den Dienst quittiert. Nach einunddreißig Jahren. ›Offiziersbursche erklärt, ohne seinen Rittmeister sei das Heer nicht mehr, was es mal war.‹ Hoffentlich bekommt er seine Pension.«

»Bestimmt«, sagte Sarah.

»Wir sollten etwas für ihn tun.«

»Clara hat sich sicher schon darum gekümmert.«

»Wir dürfen nicht alles Clara überlassen. Und jetzt noch das viele Geld.«

»Sprichst du von dem, was Jules und Gustavus geerbt haben?«

»Wie praktisch die Zeitungen doch sind. Wir brauchen uns gar nichts mehr zu erzählen.«

»Jules sollte sich mit seinen Anwälten beraten, Caroline.«

»*Ich* kann ihm das nicht sagen. Ich getraue mich nicht mal, seinen Bruder zu erwähnen.«

»Aber es muß etwas geschehen«, sagte Sarah.

»Meinst du, das wüßte ich nicht? Wir müssen dieses Geld ablehnen. Oder verschenken … Ob *ich* eine Vollmacht bekommen kann?«

»Ich fürchte, in so einer Angelegenheit nicht. Es sei denn … Jules ist doch geschäftsfähig?«

»Ja, sicher. Wenn er will.«

»Er hat meinen Schwiegervater um einen Vorschuß gebeten. Wußtest du das? Anscheinend hat er im Moment keinen Pfennig.«

»Wieso?«

»Er hat in Granada ein ganzes Jahreseinkommen verloren, kurz vor eurer Abreise.«

»Großer Gott«, sagte Caroline.

»Dabei reizt ihn das Spiel nicht mal besonders. Reine Gedankenlosigkeit.«

»Es geschah in der Zeit, als ich nicht da war.«

»Vielleicht fühlte er sich einsam«, sagte Sarah.

»Womit man sich nicht alles trösten kann –«

»Anscheinend sind die Madrider Rechnungen nicht bezahlt.«

»Ich habe gedacht, *ich* hätte sie bezahlt.«

»Manche Rechnungen kommen mit Verzögerung.«

»Aber jetzt dieses Geld … Nicht so viel, wie behauptet wird, aber doch eine ganze Menge.«

»Die Ersparnisse des Rittmeisters.«

»Sarah – weißt du, wie er gelebt hat? Clara hat es mir erzählt.«

»Er hatte ein eigenes Haus, nicht wahr?«

»Aber darin war nichts. Nichts – Sarah. Er hat nichts besessen, kaum Möbel. Vorhänge und ein paar Gerätschaften zum Kochen. Er hatte nichts, und er kaufte nichts. Er schlief am liebsten auf Stroh, auf frischem Stroh ... Und dann sein Essen. Anscheinend hat er sich hauptsächlich von Hafergrütze, Möhren und Milch ernährt. Der treue Georg sorgte dafür, daß er reichlich warme und bequeme Kleidung hatte. Aber sonst nichts ... überhaupt nichts ... Kannst du dir das vorstellen, Sarah? All die Jahre! Der treue Georg hat sich um alles gekümmert und darauf geachtet, daß ihn niemand betrog. Kein Wunder, daß er seinen Sold kaum angerührt hat.«

»Dazu noch das, was ihm sein Vater hinterlassen hat, ein Drittel des ganzen Besitzes. Genauso viel, wie Jules bekam.«

»Soviel ich weiß, hat Jules seinen Anteil früh ausgegeben.«

»Für ein hübsches Haus an der Straße nach Grasse, für Reisen, für Madame de la Turbie ...«

»Weißt du noch, wie ich im letzten Frühjahr hier war? Damals habe ich nie an Johannes gedacht. Ich hätte mit Jules hinfahren und ihn besuchen können. Vielleicht würde er dann noch leben. Ach, Sarah – ich komme gar nicht davon los. Und noch etwas – hast du je daran gedacht, daß man ihn hätte heilen können? Ich habe darüber etwas gelesen. Sarah, als er tot war, hat man in seinem Haus eine Einladung zu meiner Hochzeit gefunden.«

Sarah sagte nichts.

»Und jetzt kann ich mit Jules nicht mal über ihn sprechen. Ich kann mit Jules überhaupt kaum sprechen.«

»Ich kenne diese Verfinsterungen bei ihm. Es wird Zeit, daß er wieder auftaucht. Auch wegen dieser anderen Sache.«

»Das muß man doch einfach ignorieren!« sagte Caroline. Ohne daß sie ausgesprochen werden mußten, standen die Worte den beiden Frauen vor Augen.

JUNGE GATTIN DES BARONS STARB
AN GEBROCHENEM HERZEN
VERNACHLÄSSIGUNG ODER MEHR?
Feuchtes Haus – Französisches Hausmädchen
sagt aus

»Ihre Eltern haben es nicht gelesen, Gott sei Dank. Aber ihre Brüder. Und Emil und Markwald, das Personal. Vielleicht auch ihre Tochter –«

»Reines Gift«, sagte Caroline.

»Melanie war ein seltsames Mädchen. Wenn Jules wenigstens ein paar Worte dazu sagen würde.«

»Er ist neulich mit mir ausgegangen. Ich habe ihn gewissermaßen gezwungen. Er kann es nicht leiden, wenn ich ausgehe, aber da er nichts dagegen einwenden kann – das habe ich ausgenutzt.«

»Und wie war es?«

»Entsetzlich. Ich langweile sie ja inzwischen schon fast, aber *ihn* bekamen sie zum ersten Mal zu Gesicht. Er hat sich tapfer gehalten; keinmal gezuckt, bloß ein bißchen steifer als sonst. Ich stelle mir vor, so sehen Männer auf einem Schlachtfeld aus – ein Onkel von mir hat in Balaklava gekämpft. Jules hat kein Wort gesagt. Auch nachher nicht. Ich verstehe inzwischen, was Clara mit Vergeltung meint.«

»Wann hast du dich denn so ausführlich mit ihr unterhalten?«

»In den zwei Wochen, als sie hier war, habe ich sie dreimal getroffen«, sagte Caroline. »Aber ich fürchte, meine Ausflüge haben Jules eher geschadet.«

»Dann muß ihn jemand vertreten. Ich finde auch, man sollte mit dieser Erbschaft eine Geste verbinden. Aber es wird kompliziert – wie meistens, wenn kein Testament da ist. Soweit ich weiß, ist alles Geld angelegt, ohne Risiko, aber nicht schlecht. Außerdem gibt es noch die Zuwendung, die der alte Graf dem Rittmeister vermacht hat.«

»Dieses Geld geht ja wohl an die Bernins zurück«, sagte Caroline.

»Durchaus nicht«, sagte Sarah. »*Du* solltest mal mit einem Anwalt reden. Dieses Geld geht an die Felden. Treuhänderisch an Gustavus und Jules und später direkt an Claras Kinder, falls sie welche bekommen sollte, und an die von Jules. Also an Henrietta, wenn sie einundzwanzig wird.«

»Ich würde nicht zulassen, daß ein Kind von mir dieses Geld anrührt!« sagte Caroline.

»Und das Gesetz würde nicht zulassen, daß du es nicht zuläßt.«

»Soll das heißen, wenn ich Kinder bekäme, würden sie das Geld dieses armen Kerls erben, und ich könnte nichts dagegen tun?«

»Ganz recht – alle Kinder aus einer Ehe mit Jules. – Sonderbar«, fuhr Sarah fort, »daß die meisten Leute sich in diesen Dingen nicht auskennen. Anscheinend wissen sie genau Bescheid, was zu tun ist, wenn sie wegen Mordes angeklagt oder zu Unrecht verhaftet werden, aber wenn es um ihren Besitz geht … Da verschwimmt plötzlich alles.«

»Sarah, ich muß dich etwas fragen. Du kennt ihn schon so lange. Wird Jules – wird er – wird er wieder er selbst werden?«

»Er ist nie etwas anderes gewesen.« Sarah hatte ohne jedes Zögern geantwortet. Sie sprach nun in ihrem kältesten Tonfall, den Caroline so selten zu hören bekam. »Jules ist ein Fels. Aus Gummi, aber trotzdem ein Fels. Er hat sich in eine unerreichbare Empfindlichkeit gehüllt – und er *ist* unerreichbar. Jules hat noch nie mitbekommen, was andere Menschen empfinden. Er wird uns alle überleben.«

»Du bist so verbittert.«

»Heute morgen bin ich gegen alles, was Felden heißt.«

Caroline wandte sich ab. »Was wir euch angetan haben!« sagte sie.

»Du?« Sarah sah ihre Freundin mit einer Miene an, in der keine Hoffnung war. Und wie jemand, dem es plötzlich egal ist, wie andere über ihn denken, sagte sie: »Du kannst es ruhig wissen, du mußt es dich sowieso bei jedem Artikel gefragt haben, der es ausposaunt – ich war in Jules verliebt, und er begeisterte sich für das Fräulein Merz, also habe ich diese Ehe eingefädelt ... Um vor mir selbst bestehen zu können ... Weil ich großzügig erscheinen wollte – Es war nicht die ganz große Liebe, aber sie war groß genug, das Selbstgefühl durcheinanderzubringen. Ach, das ist alles schon so lange her, daß es kaum noch wahr ist. Jedenfalls habe *ich* diese Ehe eingefädelt – im Arrangieren bin ich auf meine Art genauso gut wie deine Clara.« Plötzlich verlor sie ihren Schwung. »Aber –«, sagte sie und betonte jedes einzelne Wort, »eure Ehe habe ich nicht arrangiert.«

»Nein ...«, sagte Caroline, »nein ...« und versuchte, einen Gedanken zu fassen. Der Klang der Stimme erschütterte sie mehr als das, was sie gehört und noch gar nicht recht verstanden hatte. Sie stammelte: »Es wird nie wieder so sein, wie es war ... für etwas bezahlen ist nicht das gleiche wie zurückkaufen ... laß uns versuchen, nicht noch mehr Traurigkeit hereinzulassen ... laß uns so sein, wie wir sind, vielleicht klüger geworden, aber nicht besser.«

Als Sarah zwei Tage später in die Voßstraße kam, führte man sie ins Herrenzimmer. »Haben Sie schon unsere Neuigkeit gehört?«

»Meine Eltern sind ja so froh.«

»Wir alle freuen uns.«
»Jules hat es uns gestern abend gesagt.«
»Er freut sich so sehr!«
»Sie hat es ihm erst gestern gesagt.«
»Henrietta bekommt ein Brüderchen, gnädige Frau.«
»Anfang nächsten Jahres.«
»Jules sagte: im Januar.«
»Oder im Februar.«
»Du mußt ihm gratulieren.«
»Und wo ist Caroline?« fragte Sarah.
»Oben.«
»Sie ist heute noch gar nicht unten gewesen.«
Sarah zögerte.
»Die Frau Baronin hat eben das Haus verlassen, gnädige Frau«, sagte Gottlieb. »Der Herr Baron hat sie in die Kutsche gesetzt. Er wollte mit ihr an die frische Luft.«

Caroline hatte sich nun doch entschlossen, Jeanne einen Besuch abzustatten. Vielleicht aus jener Stimmung, in der man an Neujahr gute Vorsätze faßt. Sie wußte es selbst nicht recht. Jedenfalls fuhr sie hin.

Jeanne hatte jetzt eine sehr hübsche Wohnung irgendwo in einem ruhigen Viertel.

Caroline betrachtete alles mit neuen Augen. »Was für ein reizendes Zimmer!« sagte sie.

»Man tut, was man kann«, sagte Jeanne. Sie sah nur ihre Besucherin. Mit ihrem Sinn für Schönheit und dafür, was Schönheit im Leben einer Frau bedeuten kann, war sie ergriffen.

»Sarahs Haus hat natürlich auch seinen Reiz.«

»Bei ihr ist alles *à l'anglaise*«, sagte Jeanne.

Caroline lachte.

(Jeanne hörte sich schon sagen: Sie ist nicht bloß schön – sie strahlt.)

»Aber ihre Bilder nicht.«

»Nein, die nicht«, sagte Jeanne. »Langsam fangen sie an, mir einzuleuchten.«

»Ich war schon bekehrt. Aber ich habe sie trotzdem nie richtig gesehen, bevor ich Sarah kennengelernt habe und sie es mir beibrachte.«

Jeanne läutete nach dem Tee.

»Was ich Sie fragen wollte«, sagte Caroline, »bleiben eigentlich alle Leute den Sommer über in Berlin oder bloß alle, die ich kenne?«

»Ich bin kein gutes Beispiel. Friedrich ist gern da, wo seine Eltern sind, und ich habe für das Landleben nicht viel übrig.«

»Warum?«

»Ich komme mir auf dem Land immer ziemlich verloren vor. Ich habe ein Häuschen, eine Villa in Travemünde – an der Küste, aber in diesen zehn Jahren bin ich vielleicht fünf- oder sechsmal dort gewesen und nie länger als drei Tage.«

»Dann lohnt es sich ja kaum.«

»Ich habe es nicht gekauft, um immer hinzufahren. Ich fand, es war eine vernünftige Idee – verstehen Sie, sicherer als die Bank.«

»Liegt es am Meer?« fragte Caroline.

»Ja, das Meer ist da. Aber keine Wildnis, man kann herumlaufen, ohne sich den Fuß zu verstauchen, die Wege sind sogar gepflastert. Der Ort ist im Kommen.« Und dann fügte sie noch hinzu: »Haben Sie Lust hinzufahren? Das Haus steht leer. Es hat einen kleinen Garten, und eigentlich ist es nicht schlecht. Sehen Sie es sich doch mal an, vielleicht gefällt es Ihnen. Es ist nicht weit, Sie könnten mit ihrem Mann im Wagen hinfahren. Und mir wäre es eine große Freude.«

»Was für ein liebenswürdiger Vorschlag!« sagte Caroline.

»Sagen Sie nicht gleich nein, überlegen Sie es sich. Es wäre eine Veränderung. Keine große, aber ...« Sie lächelte, und plötzlich fiel ihr ein, wozu es gut sein kann, daß man sechzig ist. »Darf ich Ihnen einen Rat geben?« sagte sie. »Ich würde mir wünschen, daß Sie dorthin zurückkehren, wo Sie zu Hause sind.«

»Und wo ist das?«

»Wollen Sie denn nicht nach Spanien zurück?«

»Aber nein!« sagte Caroline.

»Dann reisen Sie ... Ein Tapetenwechsel ... Hier sollten Sie nicht bleiben.« Sie sagte das sehr freundlich.

Caroline erwiderte: »Wissen Sie, ich bin schwanger.«

»Ach, meine Liebe!« Jeanne tat nicht so, als ließe diese Nachricht sie völlig ungerührt, aber sie blieb doch gefaßt. »Ja, das ist natürlich etwas anderes«, sagte sie herzlich. »Ich freue mich sehr, vor allem für Jules. Es wird ihm eine große Hilfe sein.«

»Anscheinend sieht er das auch so.«

»Und Sie?« fragte Jeanne.

Caroline gab keine Antwort.

»Sie sind noch so jung.«

»So jung nun auch nicht mehr; die meisten Freundinnen von mir haben schon Kinder.«

»Viele Frauen«, sagte Jeanne, »bekommen Kinder, bevor sie sie haben wollen; oder sie warten, bis es zu spät ist. So ist das nun mal ... Aber man kann nie wissen.«

Caroline sagte: »Der Zeitpunkt ist nicht günstig.«

»Nein, gewiß nicht. Aber es wird Ihnen helfen, über diese Sache hinwegzukommen.«

Wohlwollen lag in Jeannes Worten, Wohlwollen und Mitgefühl, aber kein Schmerz – nichts von dem Schmerz, den Caroline, wie sie wohl ahnte, mit jedem ihrer Worte Sarah zufügte. Ausnahmsweise glaubte sie einmal zu spüren, daß das, was sie zu sagen hatte, nicht zwischen Aufwallungen von

Gefühl und Verzweiflung versank oder nutzlos, wie ein Fremdkörper, abprallte, wie es ihr mit Jules oder Clara erging, daß es ihr vielmehr klar und unzweideutig zurückgereicht wurde – wie klingende Münzen, die man auf eine Theke gelegt hat, um ihren Wert prüfen zu lassen. Sie antwortete etwas, das sie gar nicht hatte sagen wollen: »Ich fürchte mich. Genau vor dem, was Sie angedeutet haben – davor, was es für ihn bedeuten kann. Sie wissen ja, Jules ist nicht der ideale Mann, einen Menschen großzuziehen.«

Jeanne sagte: »Ein Sohn wird ihn verändern.«

Laut und empört entgegnete Caroline: »Soll ich ihm etwa einen Ersatz für den verlorenen Bruder liefern?«

Jeanne verstand plötzlich vieles, wenn auch nicht alles. Sie erkannte, daß dieser Aufschrei aus tiefstem Herzen kam, und hielt sich zurück, wartete, bis die Worte der jungen Frau verklungen waren, und sagte dann: »Jules hat Henrietta als sein Kind sehr geliebt.«

»Solange sie ein Kind war.«

»Sie ist noch immer ein Kind.«

»In seinen Augen nicht. Und wenn man sieht, was sie aus ihr gemacht haben ...«

Jeanne sagte: »Die Umstände.«

»Ich weiß. Das Geld; Jules' seltsame Lage; die Zukunft des Mädchens.«

»Die ist ja nun anscheinend gesichert.«

»Hoffentlich. Nachdem sie vierzehn Jahre lang ohne Kindheit und ohne Eltern in einem stickigen Haus eingeschlossen war ... Sie sollte bei Jules leben.«

»Friedrich sagt, sie würden sie noch immer nicht weglassen.«

»Nicht weg von Berlin?«

»Nein. Und vom Ausland wollen sie schon gar nichts wissen.«

»Das habe ich mir gedacht«, sagte Caroline.

»Ach, wissen Sie, meine Liebe, bald werden Sie so viel über sich selbst nachzudenken zu haben – *cela change les idées*.«

»So nett hat mir das noch keiner gesagt«, erwiderte Caroline.

Jeanne sagte: »Sie hatten es nicht leicht in letzter Zeit.«

»Nein, leicht nicht.«

Die Ältere breitete die Arme aus. Dankbar und wie selbstverständlich überließ sich Caroline ihrer Umarmung.

An der Tür sagte sie: »Ich weiß jetzt, was wir tun werden. Ich habe eben einen Entschluß gefaßt.«

»Sie sollten nichts überstürzen.«

»Liebe Jeanne, Pläne muntern mich immer auf.«

7. Kapitel

Alles hat ein Ende, und als der Herbst begann und die Ferien vorüber waren und der Reichstag wieder zusammentrat, da wurde das Gesetz über die Verkürzung des Wehrdienstes abgelehnt, der Haushalt aber angenommen; der neue Außenminister erwies sich als farblos, die Lage in Marokko spitzte sich wieder zu, in Hannover geschah ein mysteriöses Verbrechen, der Kaiser und die Kaiserin kündigten einen Hofball an, und schließlich wurde auch noch ein nagelneues Schlachtschiff in Dienst gestellt. Putnitz betätigte sich nun landwirtschaftlich, der treue Georg ebenfalls; der Oberst, einige Majore und ein Brigadekommandeur hatten sich in den Ruhestand begeben; Feldwebel Schaale blieb unauffindbar; die Zeitungen und mit ihnen wohl oder übel auch das Publikum gaben ihr Interesse an den Felden und ihren Angelegenheiten auf; das Haus der Merz war wieder ein Haus wie alle anderen, die Besucher kamen und gingen, und die Passanten blieben nicht mehr davor stehen.

Caroline schrieb Briefe und beantwortete Briefe; sie fuhr hierhin und dorthin; sie reiste nach Süddeutschland, stellte fest, daß Gustavus sich auskannte, und fand schließlich, wonach sie gesucht hatte.

»Du bist also fest entschlossen?« fragte Sarah eine Woche später.

»Unbedingt.«

»Es wird dich binden.«

»Was bindet einen nicht? Da kann man sich auch ein Haus zulegen.«

»An der Grenze zum Elsaß? Die Welt ist größer.«

»Für mich nicht«, sagte Caroline.

Sarah versuchte es anders herum. »Und du willst dein ganzes Kapital dafür hergeben?«

»Nicht alles. Bloß ein paar Aktien. An mein Vermögen lassen sie mich sowieso nicht heran. Ich werde auf die Zinsen einen Kredit nehmen müssen.«

»Dann kannst du dich finanziell nicht mehr bewegen.«

Caroline zuckte die Achseln.

Sarah setzte noch einmal neu an: »Jules hat es ja noch gar nicht gesehen.«

»Das Haus muß ihm einfach gefallen. Mir gefällt es. Dir wird es auch gefallen.« Sie lächelte.

Doch einen Monat später war immer noch nichts unterschrieben; Caroline wurde in England erwartet, aber die Sache mit dem Haus war noch längst nicht geregelt. »Jetzt muß ich alles auf nachher verschieben«, sagte sie. »Ich hab's geahnt.«

»Beim ersten Haus ist es immer am schwierigsten«, sagte Sarah.

»Dabei können jetzt jeden Tag die armen Tiere aus Spanien kommen.«

»*Wer?*«

»Die Pferde. Ich hatte so sehr gehofft, daß alles fertig wäre, wenn sie kommen. Weißt du, was Gustavus zu mir gesagt hat, dieser Dummkopf? ›Du und Jules, ihr habt doch nicht etwa vor zu reiten?‹ Sarah, du kannst dir nicht vorstellen, wie es da unten ist, ihr Leben – die reine Trübsal. *Ein* Essen habe ich über mich ergehen lassen. Bernin tut, als sei nichts gewesen; aber er ist verzweifelt und langweilt sich unendlich. Es heißt, er wolle nach Südamerika. Ob er am Ende noch Kaiser von Brasilien wird, was meinst du? Clara kümmert sich um ihre Armen; Gustavus ist bisher jede Woche nach Karlsruhe gefahren und hat mitgeholfen, Stammbäume von anderen Familien anzufertigen. Aber man hat ihn gedrängt aufzuhören, und nun sitzt er herum und rührt sich nicht mehr. Dabei sind die Leute da unten alle sehr freundlich zu ihnen, wenn auch ein bißchen neugierig.«

»Deine zukünftigen Nachbarn!« sagte Sarah.

»Gar nicht, von den Bernin zu uns ist man Stunden und Stunden in einem Bummelzug unterwegs. Und da weder Gustavus noch Jules sich so ohne weiteres in einen Zug setzen …«

»Du wirst Clara auf dem Hals haben.«

»Clara ist meine Schwägerin – und sie hat selbst genug am Hals.«

»Caroline, sei doch nicht so bissig. Früher hat Edu das immer *mir* vorgeworfen.«

»Wahrscheinlich kommt es daher, daß ich Gustavus so viel widersprochen habe. Ich habe dir ja noch gar nicht alles erzählt. Er schlug vor – zugegeben, er zögerte selbst und druckste herum –, wir sollten den Jungen Landeney nennen. Das ist ein Titel, den sie führen. Wenigstens solange er minderjährig sei. Und wo wir schon mal dabei seien, sollte ich meinen Namen doch auch gleich ändern –

Baronin Landeney. Er sagte, damit würde ich es in mancher Hinsicht leichter haben.«

»Schade, daß er Edu so etwas nicht bieten kann«, sagte Sarah.

»Ich glaube, ich lasse die Pferde nicht nach Sigmundshofen gehen.«

Gegen Ende der Woche sagte sie: »Hast du jemals Anwälte erlebt, die so langsam sind wie meine?«

Sarah sagte: »Ich verstehe gar nicht, warum nicht mein Schwiegervater –«

»Das kommt nicht in Frage, hörst du?« sagte Caroline.

»Aber dann laß *mich* doch ...«

»Anscheinend reißen sich hier alle darum, Jules ein Haus zu kaufen. Aber diesmal bin ich an der Reihe.«

»Dann laß mich wenigstens ein bißchen für dich spekulieren. Gib mir ein paar tausend – ich verdoppele sie dir in einem Monat. Ich könnte auch ... – na ja, schon gut.«

Caroline sagte: »Ich bin dir wirklich dankbar. Sehr sogar. Aber die Antwort lautet: Nein.«

»Dabei bin ich so gut darin«, sagte Sarah.

Caroline war immerhin einverstanden, daß sie ihnen eine Wohnung suchte.

»Hier? Ja, doch – warum eigentlich nicht? Es hat wenig Zweck, jetzt etwas Besonderes zu suchen. Ich muß an Jules denken, er hat noch gar nicht verstanden, daß die Affäre vorüber ist. Niemand weiß, wie man es ihm beibringen kann. Darling, besorg uns etwas, schnell.«

Carolines Kind war kaum geboren, da wollte Jeanne schon zu ihr. »Aber Vorsicht, sie darf sich nicht aufregen«, sagte Jules. – »Sieh zu, daß sie nicht spricht«, sagte Sarah.

Caroline sagte mit schwacher Stimme: »Ist alles in Ordnung?«

»Ja«, sagte Jeanne pianissimo.

»Wirklich?«
»Schsch… wirklich!«
»Zehn Zehen und alles?«
»Ja, bestimmt.«
»Ist es ein Junge?«
»Nein. Oder doch.«
»Was denn nun?«
»Sie müssen sich ausruhen, meine Liebe«, sagte Jeanne.
»*Lebt* es überhaupt?«
»Aber ja.«
»GOTT IM HIMMEL, WAS IST ES DENN?«
»Ein Mädchen.«
»Glück gehabt, oder?« sagte Caroline.

Zehn Minuten später blinzelte sie und sagte: »Nun müssen wir es nicht Julius Augustus nennen.«

Nach einigen Wochen sagte sie: »Diese Wohnung war kein guter Griff, Sarah. Und sieh dir mal das an!« Das Sofa war übersät mit Kostenvoranschlägen. »Mit dem Dach wollen sie sich bis zum Frühjahr Zeit lassen. Schlimmer als die Handwerker in England. Solange sollten wir zu den Fleischtöpfen zurückkehren.«
»Hältst du es dort denn aus?«
»Es wird den alten Leuten gefallen, wenn wir ein bißchen länger bleiben. Und so, wie sie zu uns gehalten haben, ist es doch das mindeste, was man tun kann.«

Als ihr eigenes Haus fertig war, hatte sich Julius ein Automobil zugelegt und Caroline ein englisches Kindermädchen eingestellt.
»Nettes Spielzeug«, sagte Edu.
»Ich dachte eigentlich mehr ans Reisen«, sagte Julius.
»Dazu wird dir die Zeit fehlen, mein Lieber.«

An Zeit fehlte es in den folgenden Jahren nicht, und Julius konnte an seiner ursprünglichen Idee festhalten. Solange es existierte, hatte dieses Auto keine andere Funktion, als Julius samt seinem Diener zweimal im Jahr zwischen der Voßstraße und seinem Haus in Baden hin- und herzufahren. Während der übrigen Zeit kam Julius das Gefährt nicht nur nicht in den Sinn, sondern auch nicht unter die Augen, es stand dann auf seinen eleganten, hohen Rädern im Hof eines Mechanikers in Colmar.

Caroline und die beiden Kinder nahmen immer die Eisenbahn.

Etwa zu der Zeit, als Caroline über Henriettas Einführung in die Gesellschaft nachzudenken begann und ihr eigenes Kind fast drei war, tauchte Feldwebel Schaale plötzlich wieder auf und wurde erneut verhaftet. Seine Geschichte war einfach. Niemand hatte ihn verschwinden lassen. Aus Angst vor dem drohenden Prozeß war er aus dem Gefängnis ausgebrochen, das er als ehemaliger Aufseher gut kannte, und hatte sich in die Schweiz abgesetzt, wo er unter einem anderen Namen Arbeit gefunden und unerkannt gelebt hatte. Sein Heimweh hatte ihn zu einem Besuch jenseits der Grenze getrieben. Er wurde sofort, fast von heute auf morgen, vor ein Militärgericht gestellt. Noch einmal bestritt Putnitz, daß er um Hilfe gerufen habe (»Ich habe vor Schreck geschrien«). Die Aussage des treuen Georg war besonders unheilvoll (»Der Rittmeister hat nie auch nur einer Fliege etwas zuleide getan«). Nichts deutete darauf hin, daß von Johannes irgendeine Gefahr ausgegangen war, ein Arzt hatte ihn nie untersucht, Beweise für eine Geisteskrankheit gab es nicht. So wurde Schaale zum Tode verurteilt.

Sofort flammte neue Empörung auf. Die alte Geschichte wurde wieder lebendig, und eine Woche lang loderten die Emotionen hoch. Caroline war damals gerade in Berlin; einmal war sie mit ihrer kleinen Tochter und dem Kindermädchen unterwegs, in der Lennéstraße wurde ihr Coupé von einer Volksmenge erkannt, und es flogen ein paar Steine. Zwei Tage später wandelte der Kaiser das Urteil gegen Schaale in eine lebenslängliche Haftstrafe um.

Der Feldwebel wurde in eine Festung gebracht, und der Volkszorn legte sich.

Schaales Eltern, einige Anwälte und die Liga für Menschenrechte bemühten sich um eine Berufungsverhandlung. Von den Behörden mit Mißtrauen beobachtet, vom Volk und den eigenen Mitstreitern beargwöhnt, von ihren Ehemännern weder materiell noch moralisch unterstützt, schlossen sich Clara und Caroline ihnen an.

Von Anfang an sah es ziemlich hoffnungslos aus. Man ließ sie im ungewissen; Neues über den Fall war nicht zu erfahren. Für bedächtige Leute stellte sich die Sache so dar, daß hier ein Mann nervös geworden war und einen anderen erschossen hatte; es war ziemlich sicher, daß dieser andere verrückt gewesen war, und dennoch – auch wenn es sich nicht wirklich um einen Mord handelte, konnte die Gesellschaft eine solche Reaktion nicht einfach hinnehmen; der Mann, der geschossen hatte, war schließlich Soldat gewesen, er mußte wissen, was er tat, und im übrigen war Festungshaft nicht das gleiche wie Zuchthaus.

Sarah teilte diese Ansicht, sie gab Caroline aber trotzdem einen Scheck.

Nach zwei Jahren wurde die Berufung endgültig abgewiesen.

»Wir dürfen nicht aufgeben«, sagte Caroline zu Clara. »Der Mann sitzt noch immer im Gefängnis.«

»Es übersteigt unser Verständnis. Wir kennen den Grund nicht. Vielleicht bewahrt es ihn vor einer zu großen Versuchung. *Unsere* Aufgabe ist es, für seine Begnadigung zu wirken. Aber ob es uns gelingt, liegt nicht in unserer Hand.«

Nach und nach verloren die Befürworter einer Wiederaufnahme des Verfahrens den Mut. Die Eltern des Feldwebels weigerten sich, weitere Papiere zu unterzeichnen; die Anwälte zogen sich zurück. Zuletzt waren es nur noch ein Bischof – ein mildtätiger Mann, der Clara vertraute –, ein Sekretär der Liga, das Geld von Kastell-Anilin sowie Caroline und Clara, die die Sache weiterbetrieben – Caroline mit einem fast abergläubischen Eifer.

»Mir scheint, ich finanziere die ganze Liga für Menschenrechte«, sagte Sarah. »Soviel Geld hatten die bestimmt noch nie.«

»Gut so«, erwiderte Caroline.

»Das kommt mich ziemlich teuer«, sagte Sarah.

»Darling, geh an die Börse und spekulier ein bißchen«, sagte Caroline.

»Genausogut hätte ich Edus Schulden bezahlen können; vielleicht wäre das billiger geworden.«

»Eine Flucht ließe sich doch arrangieren, oder?« sagte Caroline.

»Davon halte ich nichts.«

»Es wäre auch nicht das, was wir wollen.«

»Eine Begnadigung«, sagte Jeanne.

»Ich will einen vollständigen Freispruch«, sagte Caroline.

Jeanne sagte: »Unsere einzige Hoffnung sind die Zeitungen. Könnte man sie nicht dazu bringen, die Sache noch mal aufzugreifen?«

»Es gibt aber nichts Neues zu berichten. Clara hat versucht, den Arzt in der Schweiz zu erreichen, bei dem Johannes eine Zeitlang gewohnt hat; er ist tot. Eine seiner Töchter kann sich an manches erinnern.«

»Das reicht nicht«, sagte Sarah.

»Man müßte die Zeitungen dazu bringen, etwas aufzustöbern«, sagte Jeanne.

»Und Quintus Narden wird unser Zola!«

»Ich würde zu ihm gehen, wenn etwas dabei herauskäme«, sagte Caroline.

»Ach, Caroline«, sagte Sarah, »der Felden-Skandal ist mausetot.«

»Das ist eine lange Geschichte, Spätzchen«, sagte meine Mutter. »Eines Tages vielleicht – einiges davon – Ich fürchte, ich komme dabei nicht besonders gut weg.«

FÜNFTER TEIL
AUFSCHUB

Gegen Ende unseres sechsten Winters in der Voßstraße starb Großpapa Merz. Er starb im Schlaf. Und genauso sanft und verstohlen sickerte am Morgen die Nachricht durch das Haus. Meine Mutter wurde gerufen. Das Haus war voller Frauen – Gouvernanten, die Gesellschafterin, Dienstmädchen, Nanny, Henrietta, Marie. Aber wie sich herausstellte, war meine Mutter die einzige erwachsene Frau, die zur Familie gehörte. Sie ging allein zu dem alten Mann und seiner Frau in das Schlafzimmer im Erdgeschoß, das keiner von uns je betreten hatte.

Später wurden wir alle nach unten gebeten. Aber vorher kam meine Mutter zu mir ins Kinderzimmer. Henrietta in einem engen schwarzen Kleid war bei ihr; sie sah verängstigt aus. Ich war schon im Mantel und hatte einen Hut aufgesetzt.

»Es ist so traurig, Spätzchen«, sagte meine Mutter und gab mir einen Kuß. »Alle sind traurig. Aber er hatte ein langes Leben, und es hat ihm gefallen.«

»Gehört es sich, daß man traurig ist?« fragte ich.

»Für manche Leute.«

»Aber wir beide«, sagte Nanny, »machen uns jetzt einen schönen Tag bei Frau Edu, gnädige Frau. Ich habe schon telefoniert.«

»Ihr Vater ist auch schon dort.«

»Im Garten ist es bestimmt schön!«

»Ich weiß gar nicht, wozu das nötig sein soll«, sagte meine Mutter. »Komm mit nach unten, wir besuchen die Großmama Merz, Spätzchen; sie hat extra nach dir gefragt.«

Ich wandte mich zu Nanny um: »Muß ich etwas Bestimmtes zu ihr sagen?«

»Vielleicht kümmern Sie sich um Henrietta«, sagte meine Mutter zu Nanny. »Sie sagt, sie habe Kopfschmerzen. Möchtest du hierbleiben?«

»Ja, bitte, Caro«, sagte Henrietta.

Großmama war in ihrem Wohnzimmer, saß in dem Sessel, in dem sie immer saß, und trug die gleichen Sachen wie immer. Die Hände lagen in ihrem Schoß, aber dicke, langsame, runde Tränen rollten ihr über das Gesicht, anscheinend, ohne daß sie es merkte, denn sie wischte sie nicht weg und tat nichts, um sie aufzuhalten, und dieses Schauspiel faszinierte mich. Ich setzte mich auf den Fußboden.

»Etwas Junges ist am besten«, sagte sie und streichelte mir die Wange, sah aber zu meiner Mutter hinüber.

Nach einer Weile sagte sie: »Wo sind denn die Herren?« Meine Mutter machte eine Handbewegung, ich solle läuten.

Gottlieb kam herein, mit verquollenen Augen, und seine Stimme war nicht wiederzuerkennen. »Die Herren frühstücken mit den Trauergästen, gnädige Frau.«

»Ach ja.«

Wieder etwas später sagte sie: »Rück deinen Stuhl ein bißchen näher, Caroline.«

Meine Mutter gehorchte.

»Du zappelst!« sagte meine Mutter zu mir.

»Ja.«

»Hast du kein Spielzeug mitgenommen?«

»Im Angesicht des Todes?« – aber das sagte ich nicht laut.

»Jetzt sitzen wir drei hier, und keiner von uns hat stricken gelernt«, sagte meine Mutter. »Ich habe es oft bedauert. Du auch?«

»Stricken ist furchtbar langweilig«, sagte Großmama.

»Du kannst es noch lernen, Spätzchen. Es ist noch nicht zu spät«, sagte meine Mutter.

»Doch, zu spät«, sagte ich.

»Wie wäre es mit einer Partie Dämon?« Meine Mutter hatte diese kürzere Patience vor einigen Jahren im Haus eingeführt.

»Nicht vor dem Mittagessen, liebe Caroline«, sagte Großmama.

Später konnte ich mich verdrücken. Das Herrenzimmer war voller Leute. Die meisten waren Männer, und viele weinten. Sie saßen um Friedrich herum, der in einem Sessel zusammengesunken war und bitterlich in ein Taschentuch weinte. Emil und Vetter Markwald saßen in der Nähe, und auch Markwald zuckte vor lauter Schluchzen. Gottlieb stand an der Tür und meldete neue Besucher.

»Herr Kommerzienrat Veilchenfeldt!«

»Herr Doktor Herzberg; Herr Prokurist Stern!«

»Herr Schiffahrts-Direktor Warburg!«

»Herr Rechtsanwalt Wolff!«

»Herr und Frau Schwabach; Herr Bankdirektor Reichenheim; Herr Sanitätsrat Goldschmitt!«

Die neu Angekommenen steuerten alle direkt auf den Sohn des Hauses zu, schüttelten ihm die Hand und sagten etwas. Ich schob mich näher heran und verstand. *»Mein Beileid – herzlichstes Beileid.«*

Ein Diener und der junge Elsässer meines Vaters, Plon, reichten auf Tabletts Kaffee, Portwein, Schnittchen und Gebäck herum.

Auch die Vorzimmer füllten sich langsam; ich ging hinaus und bezog Stellung in der Eingangshalle.

»Frau von der Waldemar!«

»Nein, nicht – sie wollen mich heute bestimmt nicht sehen, ich bin nur gekommen, um mich in dieses Buch einzutragen.«

Aber Gottlieb schob sie entschlossen vor sich her. Ich folgte der Dame; und sah, wie meine Mutter aus dem inneren Salon trat und mit ihr sprach.

Gegen Mittag erschien ein sehr alter Herr. Er trug einen pelzgefütterten Mantel mit Seidenaufschlägen. Er wurde direkt in Großmamas Zimmer geführt.

»Herr Handelskammerpräsident Simon!«

»Mein ergebenstes Beileid.«

Großmama sagte: »Einer mußte den Anfang machen.«

Ich blieb an diesem Tag mir selbst überlassen, und irgendwann fand ich mich in der Küche wieder. Auch die Köchin hatte geweint, aber sie sagte, eigentlich sei es ein Freudentag. Ich hatte meine Zweifel. Zweifel, die mich schon den ganzen Tag plagten.

»Du weißt doch, wo dein Opa jetzt ist?«

»Ja«, sagte ich und tat so, als würde ich mich nur für den Mehlkasten interessieren. Daß die Antwort auf die Frage nach meiner Auffassung lauten mußte: Im Fegefeuer! sagte ich nicht.

Als ich wieder im Herrenzimmer war, nahm mich einer der Erwachsenen bei den Schultern und sagte: »Was tust du kleines Mädchen denn hier – in einem blauen Kleid?«

Kühner geworden, sagte ich: »Im Angesicht des Todes?« – diesmal laut.

»Na, so was, du ungezogenes Kind –!«

Ich floh auf meinen Posten am Eingang.

Aber als ich Edu und Sarah die Stufen heraufkommen sah, versteckte ich mich hinter einem Vorhang. Sarah trug einen kurzen schwarzen Schleier; sie ging sehr gerade; Edu folgte ihr tief gebeugt. Gottlieb tat mit ausgestreckter Hand einen Schritt vorwärts, und Edu ergriff sie mit beiden Händen. »Innigstes Beileid«, sagte Gottlieb. Die beiden Männer brachen in Tränen aus. Sarah ging weiter.

Am Nachmittag begegnete ich meiner Mutter auf einem Flur. »Wie findest du das alles, Spätzchen?«

Ich überlegte. »Es gefällt mir«, sagte ich. »Ich finde es schön. Auch das Weinen. Alle sind heute so freundlich.«

Meine Mutter sah mich an und sagte: »Du hast gar nicht so unrecht.«

»Ist es immer so?«

»Überhaupt nicht. Und manchmal kommen gar keine Leute.«

»So wie wenn wir zu Hause geblieben wären und es nur aus der Post erfahren hätten? Ist es dann trauriger?«

»Anders.«

Meistens merkte ich, wenn meine Mutter genug von mir hatte, aber diesmal war ich zu ergriffen von allem. »Sarah hat nicht geweint. War sie böse auf jemanden?«

»Schon möglich«, sagte meine Mutter.

»Mami –«

Sie wartete.

»Henrietta sagt, ein Tod kommt selten allein.«

»So ein Quatsch! Liest sie neuerdings Statistiken?«

»Papa hat es ihr erzählt.«

Ich hatte gehofft, nach dem Tee könnte ich Plon mein Herz ausschütten. Aber Plon war dieser Tag zu Kopf gestiegen.

Ich sagte zu ihm: »Er ist ohne Sakramente gestorben.«

»Er brauchte sie nicht. Die machen hier alles anders.«

»Ich weiß«, flüsterte ich, »*Ketzer*.«

»Ach, so weit würde ich nicht gehen. Auch der Katechismus sagt einem nicht alles. Dafür hat er diesen Empfang, verstehst du?«

Es war um die Zeit, wenn wir normalerweise wieder ins Badische fuhren, aber diesmal verschob sich die Abreise um mehrere Wochen.

»Es wird sich einiges ändern«, sagte Sarah zu Caroline.

»Das habe ich mir gedacht. Obwohl man es sich in diesem Haus gar nicht vorstellen kann.«

»Ein Haus wird es bald nicht mehr geben«, sagte Sarah. »So ein Irrsinn!« Sie gestattete sich eine dramatische Geste. »Kennst du das Testament?«

»Es ließ sich kaum vermeiden«, sagte Caroline.

Das Testament von Großpapa Merz stammte aus der Zeit von Edus Bankrott. Abgesehen von einer langen Reihe späterer Zusätze waren seine Verfügungen klar und einfach. Zuwendungen und Renten für die Dienstboten, Zuwendungen und Renten für Emil und Markwald, symbolische Zuwendungen für Edus und Sarahs Kinder, eine große Summe für Friedrich und eine kaum geringere für Jules und eine Leibrente für beide; ein Nachtrag bestimmte hunderttausend Mark und einige Smaragde für Caroline; der Hauptteil des Vermögens ging auf Lebenszeit an die Frau des alten Herrn und danach an ihre Enkelin Henrietta. Julius' Tochter bekam auch den Schmuck. Sarah, Sarahs Töchter, Caroline und deren Tochter durften sich jede einen Ring aussuchen.

»Ihnen steht noch ein ziemlicher Schock bevor. Ich habe es seit Jahren kommen sehen. Weißt du, wie sie ihre Geschäfte geführt haben? Ich spreche nicht von diesem Haus – wir wissen alle, was das gekostet hat, wo die Dienstboten ja geradezu stolz waren auf die fürstlichen Rechnungen, die ständig eingingen. Weißt du, wieviel sie jedes Jahr für Butter ausgegeben haben?«

»Es kann nicht mehr gewesen sein, als wir für Francescas Kuh bezahlen. Aber ich bin gern bereit, in Tränen auszubrechen.«

»Hast du gesehen, wie viele Todesanzeigen von Wohltätigkeitsvereinen stammten? Edu und ich dachten, es sei ein Trick. Aber nein. Es war Gottlieb. Er hatte einen speziellen Fonds, den er nach eigenem Ermessen verteilte. Aber das meine ich gar nicht – das sind Kinkerlitzchen –, obwohl völlig absurd. Hast du eine Vorstellung davon, wieviel Geld jedes Jahr mit diesen Zuwendungen weggegangen ist? Das war kein Taschengeld. Friedrich steht prächtig da, und Jules hat ein Einkommen wie ein reicher Mann – ein relativ reicher Mann.«

»Über Geldangelegenheiten spricht er kaum«, sagte Caroline.

Sarah klärte sie auf.

»Er *hat* das genommen? *Jedes* Jahr?«

»Zum letzten Mal erhöht wurde es, als das Kind auf die Welt kam.«

»Aber unsere Nanny zahle *ich!* Und immer hat man den Eindruck, als wären wir ziemlich knapp bei Kasse – angeblich ist das Leben da unten, so wie wir es führen, spottbillig, aber das stimmt nicht.«

»Und dann natürlich Edu – ich wußte, daß sie ihn seit Jahren irgendwie unterstützen – ich bin mir auch im klaren darüber gewesen, daß Edu heimlich weiter gespielt hat, und zwar mit hohen Einsätzen. Rechne mal aus, was da zusammenkommt, hier tausend und in der nächsten Woche zweitausend, und hin und wieder noch fünf beim Vater geschnorrt.«

»Sarah, ich dachte immer, sie seien so ungeheuer reich«, sagte Caroline.

»Es ist so gekommen, wie es immer kommt, wenn Leute ihre Einnahmequellen nicht unter Kontrolle halten. Der alte Herr hat die letzten vierzig Jahre bei Merz & Merz nichts anderes getan, als sich höhere Dividenden zu genehmigen. Die Fabrik ist noch intakt, obwohl sie unter dem Wertverlust schwer gelitten hat ... Die Partner ließen ihn gewähren und sagten sich, er wird nicht ewig leben. Das Dumme war nur, daß er es fast so weit gebracht hat; jetzt bekommen sie seine Anteile zu einem Spottpreis. Die Banken haben genauso kalkuliert, und die Konten sind gewaltig überzogen.

Und was noch da ist, sieht auf dem Papier nach viel mehr aus, als es ist. Mein Schwiegervater hat ein paar ungeheuer dumme Investitionen gemacht und sie nachher vergessen. Außerdem hat er gelegentlich ein bißchen spekuliert. Friedrich hat ihn beraten. Und zwar schlecht. Friedrich bringt es nicht übers Herz, etwas, das er einmal gekauft hat, wieder abzustoßen – egal, ob es steigt oder fällt. Er ist nicht der Typ dafür, aber er versucht es immer wieder. Was ihm an Mumm fehlt, das hatte der alte Herr zuviel, und dabei hat keiner von beiden die geringste Ahnung. Und sie waren immer so *langsam;* wenn ich ihnen mal einen Tip gab, sind sie damit umgegangen, als wäre er für die Ewigkeit.«

»Sarah – waren denn alle Merz Spieler?«

»Alle. Außer Markwald.«

»Aber auch er hat sein Geld verloren.«

»Ja.«

»Woran liegt denn das bloß?«

»Mangel an passender Beschäftigung«, sagte Sarah.

»Und was heißt das jetzt?«

»Daß es so nicht weitergehen kann.«

»Ist denn nichts mehr da?« fragte Caroline.

»Die Aktien und einiges von dem anderen werden wir verkaufen müssen, um aus dem Minus herauszukommen und die Zuwendungen zu bezahlen ... und damit die alte Dame noch fünf, zehn, fünfzehn Jahre so leben kann wie bisher und alles andere so weitergeht ... Und dann müssen auch noch die Leibrenten finanziert werden. Aber das läßt sich nicht machen. Ach ja, *und auch Jeanne darf auf ihre alten Tage nicht in Not geraten.*

Natürlich werde auch ich ihr etwas vermachen. Aber bis dahin ... wenn alles seinen normalen Gang geht ... Außerdem ist es nicht das gleiche. Wenn es je dazu kommt, dann kann es nur ein Andenken von einer Freundin sein, keine Versorgung. Ich glaube, sie hat einige Ersparnisse; er auch – *wenn* er sie noch hat –, aber damit ist es nicht getan, sie hat etwas Besseres verdient. Also muß ich dafür sorgen, daß Friedrich sein Erbteil bekommt. Genauso wie die Dienstboten, und die beiden alten Knaben, aber das ist kein Problem.«

»Jules wird sein Teil nicht annehmen«, sagte Caroline.

»*Na ja* –«, sagte Sarah, »und wenn er die Hälfte nähme? Das würde schon helfen.«

»Er wird gar nichts nehmen.«

»Unsinn«, erwiderte Sarah. »Er durfte etwas erwarten. Und er könnte es sich gar nicht leisten, das abzulehnen.«

»Und was ich noch vergessen hatte – natürlich auch die Zuwendung für mich.«

»Ach, Caroline – ein Tropfen auf den heißen Stein. Außerdem sähe es nicht gut aus. Der alte Herr hat dich verehrt. Eines ließe sich tun: Wir müssen das Haus verkaufen. Die Stadt will es schon seit zehn Jahren haben; heutzutage kann es sich niemand mehr leisten, in einem solchen Haus zu wohnen.«

»Die arme alte Dame.«

»Sie braucht es gar nicht zu erfahren. Niemand wird etwas erfahren, außer dir, Friedrich und den Anwälten. Ich kaufe es.«

Caroline machte einen Schritt auf sie zu. Doch dann hielt sie inne und sagte nur: »Es wird also doch so weitergehen wie bisher.«

Sarah sagte: »Ich hätte nie gedacht, daß es eines Tages so weit kommen würde. Ich weiß noch, wie ich das erste Mal hier war. Ich hatte mich gerade mit Edu verlobt.«

Caroline schoß ein Gedanke durch den Kopf. »Als ich mich damals im Winter für Jules entschieden habe, hast du da schon an all das gedacht?«

Sarah sagte: »Ich wollte dich hier nicht sehen.«

»Wie du es gehaßt haben mußt – die ganze Zeit.«

»Das Haus – ja. Und du?«

»Ein Wartezimmer mehr«, sagte Caroline und fügte dann hinzu: »Henrietta wird also keine reiche Erbin sein?«

»Wohl kaum«, sagte Sarah.

In dieser Woche fuhr Nanny in die Ferien. »Wohin fährst du, Nanny?« fragte ich.

»Nach Hause«, sagte sie.

Sie hatte gefragt, ob sie mich mitnehmen dürfe. Meiner Mutter schien die Idee zu gefallen; dann zögerte sie; schließlich sagte sie nein. »Eines Tages nehme ich sie selber mit.« Nanny ärgerte sich.

Ich durfte sie jedoch zum Bahnhof begleiten. Als ich wieder zu Hause war, ging ich Marie aus dem Weg. Ich war aufgeregt und stürzte mich in ein Spiel, das ich Pferderennen nannte. Ich galoppierte im Vorzimmer herum – da gab es zuerst die lange Gerade, die Ecken mußten knapp genommen werden, und es war gut, wenn man dabei die Augen zumachte. Ich polterte in irgend etwas hinein, und bevor ich wußte, was los war, flog mir gelbes Porzellan um die Ohren. Ich hatte eine von Papas Katzen kaputtgemacht. Ich heulte.

Diener und Hausmädchen kamen herein; meine Mutter wurde gerufen. Ich saß noch immer zwischen den Scherben, als ich sie an der Tür hörte: »Soll ich jetzt jedesmal kommen, wenn das Kind etwas zerbrochen hat?« Sie kam herein und erbleichte. Sie stand ganz still da. »Mein Gott«, rief sie, »Sarahs Katzen! Das einzige, was ihr wirklich gefällt!«

Sie bückte sich, nahm zwei Bruchstücke und versuchte, sie zusammenzusetzen. Dann griff sie nach etwas anderem. Es war eine Zeitung, sehr alt und dünn und schmutzig. »Was ist denn das?«

»Es ist herausgefallen.«

»Woraus?«

»Aus der armen Katze. Als sie kaputtging.«

Wieder stand meine Mutter still. Dann drehte sie die Zeitung hin und her.

»Die war in der Katze?« fragte sie.

»Jawohl.«

Sie rief Gottlieb herbei. »Können wir die andere mal hochheben?« sagte sie. »Ich möchte etwas nachsehen.« Gottlieb rief Plon; zu zweit hoben sie die Katze, die ganz geblieben war, von ihrem Podest und drehten sie um.

»Wissen Sie, ob sie beide gleich waren? Rundherum geschlossen? Keine Löcher?«

»Sie waren genau gleich, gnädige Frau. Wir haben sie einmal im Jahr heruntergenommen, zum Saubermachen.«

Mein Mutter machte ein wütendes Gesicht. Sie hielt immer noch die Zeitung in der Hand.

»Was ist das?« fragte ich.

»Der *Staffordshire Clarion* vom 16. August 1879.«

»Ich hab es doch nicht absichtlich getan, Mami«, sagte ich, aber meine Mutter war hinausgegangen, ohne mich noch mal anzusehen.

Wenig später fuhren wir wieder nach Baden. Mein Onkel Gustavus, Clara und ihr Bruder kamen über Ostern zu uns. Meine Crocket-Party, sagte meine Mutter dazu. Der Ostersonntag war ein schöner, wenngleich windiger Tag, und die Erwachsenen tranken ihren Tee draußen unter der Linde. Ich war bei ihnen. Fanny kam uns besuchen. Mein Vater und Gustavus spielten Domino. Fanny fuhr mit dem

Maul an ihren Jacken entlang. »Sie will deine Brieftasche«, sagte mein Vater. »Sie zählt gern das Geld, das man bei sich hat. Es ist eines von ihren Kunststücken. Gib sie ihr nur.« Gustavus zog seine Brieftasche hervor und hielt sie Fanny hin. Sie war groß und dick, und das Leder hatte einen sanften Glanz. »Wie ich sehe, hast du deine immer noch«, sagte mein Vater. »Ich meine auch. Sie halten ewig.«

Fanny stülpte die Lippen vor und zog die Geldscheine einen nach dem anderen heraus, ohne sie naß zu machen.

Ich jauchzte.

»Wie sie ihren Auftritt genießt!«, sagte meine Mutter. »Clara, glaubst du, einem Esel bekommt so etwas?«

»Wir hatten eine Gans, die konnte das auch«, sagte Gustavus.

Fanny öffnete mit ihren Lippen ein anderes Fach in der Brieftasche. »He –«, sagte mein Onkel. Da preßte Fanny die Lippen zusammen und riß ihm die Brieftasche aus der Hand. »Du darfst anderen Leuten ihre Brieftaschen nicht wegnehmen«, sagte mein Vater. Aber Fanny schüttelte ihre Mähne und machte ein paar Sätze zur Seite.

»Ganz versessen auf Zuschauer«, sagte meine Mutter. »Geh und nimm sie ihr ab, Spätzchen.«

Ich erhob mich und baute mich mit entschlossener Miene vor ihr auf. »Fanny, bitte«, sagte ich. Sie sah mich aus ihren großen, hellen Augen an, nahm eine Ecke der Brieftasche zwischen die Zähne und schüttelte sie, so wie sie manchmal mich schüttelte: Geldscheine, Photographien, Zettel flatterten über den Rasen.

»Dieses dumme Tier!« rief mein Onkel.

»Lauf hinterher!« rief meine Mutter. Ich lief los. Ich war schneller als der Wind und hatte das meiste eingesammelt, bevor die anderen dazukamen. Tante Clara hob etwas auf, das vor ihren Füßen lag. Sie hielt es mit ausgestrecktem Arm vor sich und betrachtete es. »Das muß deine sein,

Conrad«, sagte sie, »deine Schrift.« Graf Bernin und mein Vater waren als einzige sitzen geblieben. Graf Bernin sah sich den Zettel an. »Nein«, sagte er, »das ist Papas Schrift.«

»Gib das her!«

Wir alle starrten Gustavus an.

»Darf ich es nicht sehen?« fragte Graf Bernin gelassen.

»Gib es her –«, wiederholte mein Onkel, und ich sehe ihn noch heute. Nie wieder habe ich jemanden so still stehen sehen.

Mein Vater erhob sich.

»Bitte bleib, Jules«, sagte Graf Bernin.

Dann sprach er. »Das hier ist ein Brief, den mein Vater an deinen Vater geschrieben hat, Gustavus. Wir alle haben davon gehört. Dein Vater soll ihn verbrannt haben. Ungeöffnet. Ungelesen. So hast du es ihm selbst und meiner Schwester damals gesagt. Würdest du uns das bitte erklären, Gustavus?«

Clara machte einen Schritt vorwärts. Bernin wandte sich an meine Mutter. »Caroline, wärst du so gut, uns das vorzulesen? Ich würde gern wissen, was du davon hältst; und was alle hier davon halten.«

Meine Mutter sah Clara an. Clara senkte den Kopf. Meine Mutter warf einen Blick auf das Blatt, holte Luft und las dann langsam in ihrem sehr englischen Tonfall die deutschen Worte.

Lieber Felden,

bitte schenken Sie dem, was ich hier schreibe, Ihre ganze Aufmerksamkeit.

Ihr Junge darf nicht zurückgeschickt werden. Pater Hauser sagt mir, es könnte sein, daß er sonst den Verstand verliert. Wie Sie sich vielleicht erinnern, hat Hauser, ehe er in das Seminar eintrat, jahrelang als Arzt praktiziert. Er hat mich überzeugt. Es geht um eine politische Sache, und Montclair und Konsorten haben Sie getäuscht. Die Sache ist sehr ernst; ich kann im Augenblick nicht herüberkommen, werde hier aufgehalten, aber heute abend hoffe ich in Landen zu sein, und werde mich dann um alles kümmern. Bis dahin sorgen Sie bitte dafür, daß Julius seinen Bruder im Auge behält.

In großer Eile, Ihr

B.

Clara war die erste, die etwas sagte. »Das hat unser Vater geschrieben, Conrad.« Ihre Lippen bebten.

»Ich habe nie davon gehört«, sagte Julius. Er zitterte.

»Du warst nicht da, Jules«, sagte Clara. »Von dem Brief haben wir erst erfahren, als du schon abgereist warst; in der Nacht, als Gabriel umkam. Es hieß, mein Vater habe deinen gewarnt, aber dein Vater habe sich geweigert, den Brief zu lesen, und habe ihn ungeöffnet ins Feuer geworfen. Aber später hat mir der alte Baron gesagt, er habe an diesem Tag keinen Brief gesehen. Ich hatte immer das Gefühl, daß mein Vater und Gustavus über diesen Brief etwas wußten, das sie nicht sagen wollten. Ich war mir nie sicher, daß es ihn überhaupt gegeben hat. Im Grunde meines Herzens glaubte ich, Gustavus habe meinen Vater in Schutz nehmen wollen, und ich wußte, daß ihm diese Lüge verziehen werden würde. Aber jetzt bin vielleicht *ich* diejenige, die Verzeihung nötig hat.«

Julius sagte: »Caroline ...?«

Sie sagte: »Hat Jules' Vater diesen Brief gelesen oder nicht?«

»Ja, Gustavus«, sagte Clara, »sag uns, was passiert ist. Jetzt können wir es anhören.«

Gustavus hatte sich wieder gesetzt. Er wirkte nicht mehr wie erstarrt. »Ach, ich erinnere mich kaum«, sagte er, »an diesem Tag ist so viel passiert. Ja, ich nehme an, Papa hat ihn gelesen und ist wütend geworden, und dann hat er den

Umschlag ins Feuer geworfen … Ja, so war es, jetzt fällt es mir wieder ein.«

Graf Bernin ließ ihn nicht aus den Augen.

»Er wollte seinen eigenen Vater in Schutz nehmen!« sagte Clara.

Caroline fragte: »Wie kam denn der Brief überhaupt zu Jules' Vater? Wer hat ihn gebracht? Wer war der Bote?«

»Gustavus war der Bote«, sagte Clara.

Julius sagte: »Ins Feuer? Das war im Juli. Im Juli wurde auf Landen nie Feuer gemacht.«

Es folgte eine lange Stille.

Dann sagte Clara: »Sag uns jetzt die Wahrheit.«

»Die Wahrheit!« sagte Graf Bernin. »Ich glaube, mein Vater hat sie immer gewußt.«

»Du hast den Brief überhaupt nicht abgegeben«, sagte Clara.

Niemand sah sie an. Julius hatte die Hände vor das Gesicht geschlagen.

Dann sagte Caroline: »Aber warum? Warum denn, um Himmels willen?«

Clara faßte sich. Es kostete sie Mühe, zu sprechen. »Mein Vater fürchtete, seine Karriere könnte Schaden nehmen; er hatte uns gesagt, wenn Jean nicht zurückgeschickt würde, könnte er Gustavus und mir die Erlaubnis zur Heirat nicht geben.« Nach einer Pause sagte sie: »Er hat es für mich getan.«

Caroline schrie: »Sagt was! Jemand soll reden! Gustavus – Jules –«

Graf Bernin erhob sich. Seine Miene war furchterregend. *»Du warst es«,* sagte er, *»du …!«* – seine Stimme überschlug sich. »Du hast das über uns gebracht. Jetzt wird vieles klar – wie dich mein Vater in seinem Haus behandelt hat, warum er dir nie ein Amt verschafft hat – Warum hat er mir das bloß nie gesagt? Du – du hast unser Werk zerstört – seines

– und meines – Du hast uns zugrunde gerichtet. Und jetzt fällt es auf dich zurück.«

Ich war geblieben, suchte den richtigen Zeitpunkt, um unbemerkt zu verschwinden. Nun ergriff ich die Chance und floh. Durch den Obstgarten lief ich zum Haus hinüber. Als ich fast dort war, sah ich eine Gestalt vorbeihuschen. Es war Gustavus.

»Geh zu ihm, Jules«, sagte Caroline. »Schlag ihn, tu ihm weh – wenn dir danach ist, aber sag ihm, was du auf dem Herzen hast. Jetzt sofort!«

Julius räumte die Dominosteine in die Schachtel zurück. »Es gibt nichts zu sagen.«

Es geschah eine halbe Stunde später, meine Mutter wollte eben die Bibliothek betreten. Als sie den Schuß hörte, lag ihre Hand gerade auf der Türklinke. Sie trat ein, sah, was geschehen war, und rief um Hilfe; aber jede Hilfe kam zu spät. Als der Doktor eintraf, konnte er nur noch Clara ein Beruhigungsmittel verabreichen. Sie war ohnmächtig geworden, als sie es erfahren hatte.

Später am Abend suchte Graf Bernin Caroline in ihrem Wohnzimmer auf.

»Ich bin gekommen, weil ich Sie etwas fragen wollte.«

Caroline bot ihm einen Sessel an.

»Als Sie ihn gefunden haben – war er da schon tot?«

»Ja. Wie der Doktor gesagt hat: er war sofort tot.«

»Caroline, meine Schwester darf das nie erfahren.«

»Wird der Doktor es ihr nicht sagen?«

»Ich habe mit dem Mann gesprochen. Er ist Katholik.«

»Sie haben mit ihm schon gesprochen?« fragte Caroline.

»Ich werde meine Schwester schützen. Wo ich kann.«

»Wollen Sie mir nicht erklären …?«

»Ja, *Ihnen* muß ich es wohl erklären.«

»Ich habe nie behauptet, etwas zu sein, was ich nicht bin. Nur dort, wo die Höflichkeit es verlangte.«

»Das ist mir wohl bewußt«, sagte er kühl. »Für uns ist es furchtbar, daß er so starb – ohne die Sakramente.«

»Arme Clara. Ach, Conrad –« Sie betrachtete den alten Mann, denn alt war er, und sah dann sich und ihn, zwei Menschen allein im hellen Zimmer eines Hauses, in dem etwas Unaussprechliches geschehen war.

»Es gibt eine Chance – die Chance, die jeder von uns hat; unabhängig davon, ob ein Priester zugegen ist oder nicht. Es ist die Reue. Wenn wir vor unserem Tod einen Augenblick lang Reue empfinden, wenn wir einen Moment lang die wahre Natur unserer Taten erfassen und sie bereuen, nicht aus Angst, sondern aus Liebe zu Gott, wenn wir diesen einen Augenblick durchleben, kann Gott uns seine Gnade zuteil werden lassen. Sie kennen vielleicht die Inschrift auf dem Grabstein des Engländers, der vom Pferd fiel und tot war: *Between the stirrup and the ground, Mercy I asked and Mercy I found.*«

»Ja«, sagte Caroline. »Zwischen Steigbügel und Erdboden. Ich verstehe. Eine wundersame Vorstellung ...«

»Aber Zeit muß da sein«, sagte Graf Bernin. »Bedenken Sie, er starb von seiner eigenen Hand. Seine Chance konnte erst kommen, nachdem er abgedrückt hatte.«

Caroline sagte: »Er war tot, als ich hereinkam. Es tut mir leid.«

»Ohne diesen einen Augenblick kann er nicht – verstehen Sie mich? –, kann er nicht gerettet werden.«

»Sie wissen genau Bescheid«, sagte Caroline.

»Clara ebenfalls. Und wenn man Ihren Standpunkt einnimmt, was ich nicht tue – dann kann man auch annehmen, wir *könnten* uns geirrt haben, und dann macht es nichts aus, dann würde es Clara nicht beunruhigen. Sie kennen sie. Wenn man ihr aber sagt, ihr Mann sei sofort tot gewesen, dann weiß sie, daß er diese Zeit nicht hatte. Dann weiß sie, daß er verdammt ist.«

»*Conrad.*«

»Wir brauchen nicht zimperlich zu sein, Caroline. *De mortuis* – es gibt kein dümmeres Sprichwort. Jeden Tag werden Tausende Seelen verdammt, jeden Tag ... Das ist so. Es ist Vermessenheit, von Erlösung auch nur zu sprechen. Glauben müssen wir einzig und allein an diese Chance.«

Caroline sagte: »Er war doch noch fast ein kleiner Junge, als er es getan hat. In einem Anfall von Panik – ein junger Mann erschrickt darüber, daß er nicht bekommt, was er sich wünscht ... Wie viele von uns ...? Und er hat sein Leben lang daran getragen. Bedenken Sie, was es bedeutet, diesen Brief mit sich herumzuschleppen ...«

»Das ist Ihre Sicht der Dinge«, sagte Graf Bernin.

»Hat sie ihn noch einmal gesehen? Bevor – nach dem, was im Garten geschah?«

»Ja.«

»Hat sie mit ihm gesprochen?«

»Ja.«

»Und es hat nichts geändert?«

»Doch – *alles.*«

»Hat sie ihm Vorwürfe gemacht?«

»Gewissermaßen. Sie hat etwas sehr Dummes getan. Aber darauf kommt es jetzt nicht mehr an.«

»Was?« fragte Caroline.

»Lassen wir es auf sich beruhen.«

»Ich möchte, daß Sie es mir sagen, Conrad.«

Widerstrebend sagte Graf Bernin: »Sie hat ihm mit öffentlicher Bloßstellung gedroht.«

»Clara?«

»Eine Idee, die ihr gekommen war. Sie dachte, wenn der Brief ihres Vaters veröffentlicht würde, könnte dies das Interesse an – nun ja, an dem Fall dieses Mannes von neuem beleben. Sie sah darin die Chance, nach der sie die ganze Zeit gesucht hatten. Das hat sie Gustavus gesagt, sie hat ihm gesagt, für ihn sei die Freilassung des Feldwebels vielleicht die Chance zur Sühne. Dann kam sie zu mir und hat es mir erzählt.«

»Und Sie?«

»Ich habe ihr zu verstehen gegeben, ich würde alles in meiner Macht Stehende tun, um diese Absicht zu vereiteln. Schon das erste Ergebnis hat mir recht gegeben.«

»Arme Clara.«

»Werden Sie mir helfen, ihr zu helfen?« fragte Graf Bernin.

»Kann denn eine Frau von ihrer Geistesart Halt an solchen theologischen Spitzfindigkeiten finden?«

»Hoffnung ist mehr als das. Mit der Hoffnung werden wir ihr die letzte Chance nehmen, auf Erden ihren Frieden zu finden.«

»Conrad – hat sie ihn wirklich geliebt?«

»Ich weiß es nicht«, sagte Graf Bernin schroff. »Das geht mich nichts an. Als seine Frau hatte sie Pflichten ihm gegenüber; und sie war verantwortlich dafür, daß die Ehe zustande kam.«

»Wenn wir ihr diese *Geschichte* jetzt erzählen – wird sie denn nach allem, was Sie da sagen, später die Wahrheit nicht selbst herausfinden?«

»Sie wird später allen Beistand haben, dessen sie bedarf. Das braucht uns hier und jetzt nicht zu kümmern. Und da Sie nicht gläubig sind, braucht es Sie überhaupt nicht zu kümmern.«

»Ich soll also für Ihre Schwester die Szene von Gustavus' Reue auf dem Sterbebett erfinden.«

»Nichts dergleichen wird von Ihnen verlangt. Sie sollen nur erklären, daß Sie es für möglich halten, daß Gustavus noch gelebt hat, als Sie die Tür öffneten und ihm zu Hilfe kamen. Ich möchte, daß Sie ihr das sagen, wenn sie danach fragt. Wie ich Clara kenne, wird sie das morgen, gleich nachdem sie aufgewacht ist, tun. Und sie wird Ihnen glauben, denn sie weiß, daß Sie die Bedeutung dieser Frage gar nicht ermessen können. Werden Sie das für uns tun?«

Sie sagte: »Ich glaube, ich kann nicht.«

Er wartete.

»Es ist schon zuviel gelogen worden.«

Er wartete noch immer.

»Das muß jetzt aufhören. Ich spüre es. Es erstickt mich. Ich habe das Gefühl – noch eine einzige Lüge, und wir alle werden untergehen.«

»Das ist Aberglaube«, sagte er.

»Vielleicht. Aber wissen wir, woher der Aberglaube kommt? Die Griechen waren abergläubisch. Ich weiß nur, daß wir den Lauf der Dinge unterbrechen müssen.« In einem anderen Ton fügte sie hinzu: »Ich weiß, Sie haben recht, was Clara angeht. Ich würde alles tun, um ihr zu helfen. Nur verlangen Sie nicht von mir, daß ich die nächste Lüge in die Welt setze.«

»Nur so können Sie ihr helfen«, sagte er. »Vielleicht wird dies – ›die nächste Lüge in die Welt setzen‹, wie Sie das nennen – von Ihnen als Wiedergutmachung für eine Lüge verlangt, die Sie selbst mal in die Welt gesetzt haben.«

Sie sah ihn aufmerksam und freundlich an. »Ach, das wissen Sie also? Ich habe mich das schon gefragt. Es sollte keine sein. Aber Sie haben natürlich recht: ich habe zugelassen, daß es eine Lüge wurde. Damals waren noch andere Menschen betroffen; und es schien mir das beste zu sein. Heute ist es nicht mehr wichtig, ich habe dafür bezahlt.«

»Ich weiß gar nicht, wovon Sie sprechen, Caroline«, sagte Graf Bernin. »Verstehe ich recht, Sie wollen mir sagen, Sie hätten schon einmal anderen zuliebe gelogen?«

»Sie argumentieren sehr gut«, sagte sie.

»Werden Sie den richtigen Schluß daraus ziehen?«

»Nein, Conrad; nein. So funktioniert das nicht. Das läßt sich nicht einfach manipulieren; selbst unsere bösen Taten müssen, scheint es, spontan sein. Ein Unrecht ist mit einem anderen nicht gutzumachen ...«

»Gilt das auch für eine Notlüge, die einen Mitmenschen vor unermeßlichen Seelenqualen bewahrt? Glauben Sie das? Ihr Gewissen muß seltsam beschaffen sein.«

Sie sagte: »Ich weiß, daß ich es nicht tun darf. Es ist, als würde ich es geschrieben vor mir sehen.«

»Sie wissen genau Bescheid«, sagte Graf Bernin.

»Was soll ich denn machen?« sagte sie traurig.

Leise, als würde er nur zu sich selbst sprechen, sagte Graf Bernin: »Nichts erkennt, wer allein ist ... wer überzeugt ist, er sei allein ... der Verstand schafft sich seine eigenen Illusionen ... der Geist, der nie über sich hinausgefragt hat, ist allein ... es gibt eine erkennbare Wirklichkeit ... ein Bindeglied ... für jene, die der Wahrheit fernstehen ... die nicht sehen wollen: das Mitleid.«

Caroline sagte: »Falls Gustavus die Zeit gehabt hätte, die er nicht hatte – was gibt uns die Gewißheit, daß er sie genutzt hätte?«

»Die Barmherzigkeit Gottes ist grenzenlos.«

Hellwach fragte sie: »Haben Sie sie selbst je verspürt?«

»Ich glaube daran«, sagte Graf Bernin.

»Ach ...« Dann sagte sie: »Es hat keinen Zweck, Conrad. Es tut mir leid.« Und dann: »Es muß schon spät sein.«

Aber Graf Bernin blieb.

Nach einer Weile sagte sie: »Wenn diese Barmherzigkeit so grenzenlos ist, warum hat er dann nicht die Zeit bekommen, die er brauchte? Warum wurde die Kugel nicht in eine andere Richtung gelenkt? Und überhaupt, warum hat ihn nichts an dem gehindert, was er getan hat?«

»So fragen Heiden und Schulkinder. Es gibt einen freien Willen, und es gibt ein Gesetz.«

»Ach ja«, sagte sie, »ein Gesetz.«

Irgendwann sagte sie: »Wenn ich tue, was Sie von mir verlangen, werden dann *Sie* zulassen, daß Clara und ich für den Feldwebel alles tun, was in unserer Macht steht?«

»Für den Mann, der den Bruder Ihres Gatten umgebracht hat?«

»*Er* hat ihn nicht umgebracht.«

»Ist Ihnen klar, was dann wieder auf uns zukommt? Auf Jules – auf mich – auf uns alle. Auf die Mädchen.«

»Auf uns alle.«

»Mit Ihrem Auftauchen haben Sie hier schon viel Unruhe gestiftet. Und jetzt verlangen Sie sehr viel.«

»Nein, Conrad, keine Sorge – ich verlange es nicht. Ich verlange gar nichts. Keine Tauschgeschäfte... Ich wollte den Feldwebel freibekommen, aber nicht so, nicht um diesen Preis...« Ein Lächeln glitt über ihr Gesicht. »Außerdem wissen wir beide, wenn Clara es sich in den Kopf gesetzt hat, schafft sie das ohnehin.«

Graf Bernin sagte: »Da Sie sich so sehr sträuben – wären Sie denn einverstanden, wenn ich es für Sie tue? Ich würde Clara morgen sagen, daß ich Sie gleich nachher gefragt habe – sie wird das verstehen – und was Sie mir geantwortet haben. Sie wird Sie nicht noch einmal danach fragen. Wäre Ihnen das recht?«

Erschöpft sagte sie: »Ich kann mich Ihnen nicht begreiflich machen. Es wäre dasselbe. Es wäre sogar schlimmer. Ach, ich will nicht grob sein – und nicht hartherzig, das schon gar nicht –«

»Ich habe mich immer für Sie interessiert«, sagte Graf Bernin. »Es gab eine Zeit, da habe ich mir gewünscht, Ihr Kind wäre ein Junge... Ich hätte ihn als einen Sohn betrachten können, ich hätte ihn zu meinem Erben machen können… Jules hätte sich schon dazu überreden lassen. Aber nach dem, wie es nun gekommen ist, brauche ich keinen Erben.«

Etwas später sagte er: »Könnte es nicht sein, daß Sie sich einfach irren? Ein Irrtum in einer Tatsachenfrage – so etwas kommt vor.«

»Sie vergessen den Arzt«, sagte Caroline.

»Der wird morgen zugänglicher sein.«

Sie seufzte.

Er betrachtete das Bild an der Wand ihres Zimmers. »Das gefällt Ihnen, nicht wahr? Dahin muß es wohl führen, wenn man sich darauf einläßt.«

»Zur Kunst?« fragte sie.

»Nicht zur Kunst überhaupt. Zu dieser.« Er las das Namensschild. »Claude Monet. Ich verstehe, es ist –«, er hielt inne, »überzeugend.«

»Sind Sie solchen Versuchungen nie erlegen?«

»Als Junge habe ich Shakespeare geliebt«, sagte er.

Caroline sagte: »Conrad, Sie haben so lange gelebt, mehr als doppelt so lange wie ich. Was für ein sonderbarer Ertrag…«

Graf Bernin sagte: »Niemand hat mich je verstanden.«

Etwas später sagte er: »Mein Vater hat *einen* Fehler gemacht. Und ich bin ihm darin gefolgt. Er war überzeugt, man müsse vor allem die Ketzerei bekämpfen. Aber die wirkliche Bedrohung für dieses Jahrhundert liegt in der Gottlosigkeit.«

Er erhob sich. »Sie würden sich doch eine Menschenfreundin nennen, oder nicht? Ich bitte Sie, das, was ich Ihnen gesagt habe, aus diesem Blickwinkel noch einmal zu erwägen.«

»Ach, wie ich mich nenne…«, sagte sie. »Verstehen Sie denn nicht? Wie immer die Antwort ausfällt – sie richtet sich gegen Sie.«

»Ich werde Sie jetzt verlassen«, sagte Graf Bernin. »Denken Sie daran, daß meine Schwester Ihnen gleich morgen früh eine Frage stellen wird.«

Caroline blieb eine Weile allein – es war noch mild, aber sehr dunkel –, dann ging sie nach oben und klopfte bei Julius.

»Ich weiß, es ist spät«, sagte sie, »und wir sind alle todmüde, aber ich muß mit dir sprechen. Jetzt sofort. Allein komme ich nicht damit zurecht. – Ausnahmsweise sollst du für mich etwas sein, was du ja auch wirklich sein könntest – ein älterer Bruder.«

Julius war in seinem Ankleidezimmer. Alle Lichter brannten, und er war noch angekleidet. Er hatte die Spirituslampe angezündet, die er zum Verdampfen eines Mittels gegen sein Asthma benutzte. Ein Rechnungsbuch lag aufgeschlagen auf dem Tisch, aber er schrieb nicht.

Als Caroline eintrat, stand er mit dem Rücken zum Fenster, dessen Vorhänge zugezogen waren. »Sind sie weg?« fragte er.

»Wer?«

»Reisen sie denn nicht ab? Sie müssen! Sie können hier nicht bleiben, nicht in diesem Haus. Sie müssen zurück und alles mitnehmen – nach Sigmundshofen.«

»Heute abend?«

»Sie müssen fahren. Sorge dafür, daß sie fahren, Caro. Du hast mit ihnen gesprochen, sie haben dir doch bestimmt gesagt, wann sie fahren.«

Sie beherrschte sich. »Jules, das geht doch nicht.«

»Du bist nicht auf meiner Seite«, sagte er.

Sie versuchte es nochmal. »Ich brauche dich«, sagte sie.

Er griff nach der Karaffe und schenkte ihr einen kleinen Cognac ein. »Ich kann heute abend nicht rauchen«, sagte er, »wegen dem.« Er legte die Hand auf die Brust.

»Jules, Conrad will von mir daß ich Clara sage, er sei nicht sofort tot gewesen.«

»Nein«, rief er, *»nein, nein.«*

Sie sah, daß er grau im Gesicht war. Es ging etwas von ihm aus, das sie schwer deuten konnte; bei Pferden war es ihr schon begegnet, eine bestimmte Art von Angst.

»Ich bin den ganzen Abend allein gewesen«, sagte er.

»Es gab so viel zu tun.«

»Ich hätte dich rufen lassen, aber ich dachte, du kümmerst dich darum, daß sie abreisen. Laß uns ein bißchen Pikett spielen.« Er holte die Karten.

Sie hoben ab. »Du fängst an«, sagte sie.

Sie nahm ihre Karten auf, legte ab, nahm fünf neue – und hielt inne. »Das kann doch nicht sein«, sagte sie und sah, daß auch Jules sein Blatt hatte sinken lassen. Sie hielten beide lauter Pik-Karten in den Händen.

Jules schauderte.

»Ein schlechter Scherz«, sagte Caroline. Sie nahm die anderen Karten und drehte sie um. »Nein, gar nicht. Es sind Grabuge-Karten; Plon muß sie irrtümlich aus der Voßstraße mitgebracht haben. Soll ich nachsehen, ob ich andere Karten finde?«

»Nein, nicht!« sagte Jules.

Sie blieb an seinem Schreibtisch sitzen. Er stand vor ihr. »Findest du nicht, daß wir miteinander sprechen müssen? Nicht unbedingt über die Zwickmühle, in der ich stecke, aber über das, was geschehen ist.«

Er hielt sich die Ohren zu. »Sprich nicht davon, sprich nie wieder davon.«

Sie sah ihn aufmerksam an.

»Ich hätte Lust, auf der Stelle zu verreisen«, sagte er unvermittelt.

Sie wollte ihn beruhigen. Sie ging auf ihn ein. »Ja, das ist vielleicht eine gute Idee.«

»Eine weite Reise«, sagte Julius.

»Dann könnten wir das Haus schließen.«

Mißtrauisch sagte er: »Dazu besteht kein Grund.«

»Du weißt, daß wir es früher oder später schließen müssen«, sagte Caroline.

»Wer sagt das?« fragte Julius.

»Wir hätten längst darüber sprechen sollen. Aber ich wollte nicht, solange wir noch unter ihrem Dach weilten.«

»Du hast mit Sarah gesprochen«, sagte Julius.

»Selbstverständlich.«

»Die Anwälte halten das alles für Unfug.«

»Jules –?«

»Man darf nicht zulassen, daß sich Sarah in alles einmischt.«

»Willst du damit etwa sagen, daß du auf diesem Geld bestehst?«

»Ich verstehe davon nichts«, sagte Julius. »Ich verstehe nichts von Geld. Es ist mir vermacht worden. Es hat mit dir oder mit mir nichts zu tun. Die Anwälte werden sich darum kümmern.«

»Jules.«

»Du bist nicht auf meiner Seite«, sagte Julius.

Sie erhob sich rasch und ging zur Tür. »Bleib«, sagte er.

»Es hat keinen Zweck«, erwiderte Caroline und ging hinaus.

Während sie nach unten ging, glaubte sie zu spüren, wie das Haus schlief und zugleich nicht schlief; sah, wie Clara unter der Wirkung des Beruhigungsmittels still dalag und wie die männlichen Hausangestellten und die Frauen aus dem Dorf in der Bibliothek Totenwache hielten, sah das Kinderzimmer, die Dienstmädchen, von Träumen geplagt, sah einsame Leute, die schlaflos vor sich hin starrten. Auf der letzten Stufe fiel ihr ein, was sie tun mußte.

Graf Bernin saß unten im Salon und schrieb.

»Ich habe mich entschieden«, sagte sie.

Er neigte den Kopf zur Seite.

»Ich werde weggehen. Jetzt. Sofort. Meine Anwesenheit ist hier nicht mehr vonnöten.«

»Ja – und wann kommen Sie zurück?«

»Ich komme nicht zurück«, sagte Caroline.

In ihrem Zimmer setzte sie sich, um den Brief zu schreiben; doch dann wurde ihr klar, daß es so nicht richtig war. Sie ging selbst zu Jules. Die Lichter brannten noch, und er stand noch immer am Fenster. Sie hatte nicht bemerkt, daß seither keine zehn Minuten vergangen waren.

»Ich verlasse dich, Jules«, sagte sie. »Diesmal wirklich. Ich kann jetzt nichts sagen. Ich werde das Kind in ein paar Tagen holen lassen; alles andere können wir brieflich regeln. Dieses Haus gehört dir, ich habe es dir geschenkt.«

Julius sagte: »Ich habe immer gewußt, daß du mich verlassen würdest. Es war zu schön, um wahr zu sein.«

»Nein, Jules, das war es nicht. Viele Jahre lang war es das nicht – aber ich weiß, jetzt bist du mir nicht mehr gut. Ich war dir ein schwacher Schutz.«

Er sagte: »Aber du gehst doch nicht *jetzt?*«

»Doch.«

»Was für ein Irrsinn!«

»Du selbst hast mich darauf gebracht, daß es möglich ist, dein Haus um diese Zeit zu verlassen.«

An der Tür sagte sie: »Eines wollte ich dich noch fragen – wußtest du eigentlich, daß die Katzen, die du den Merz geschenkt hast, Fälschungen waren?«

»Aber ja«, sagte Julius. »Mit denen bin ich hereingefallen. Damals war ich noch jung, aber nach einer Woche wußte ich es. Es war einer der größten Fehler, die ich je gemacht habe.«

»Und was hat dich dazu gebracht, sie zu verschenken?«

»Ich wollte sie nicht mehr sehen. Was sollte ich machen? Sie waren schön, weißt du – es waren sehr gute Fälschungen.«

Ich wachte auf. Ein wenig Licht drang vom Park durch das offene Fenster herein, und ich konnte über mir die Umrisse ihres Gesichts erkennen. »Gehst du weg, Mami?«

»Ja, ich gehe weg. Ich laß dich nachkommen, Spätzchen; Nanny kommt bald und holt dich ab.«

»Fährst du mit dem Zug?«

»Mit dem Bummelzug, nehme ich an.«

»Wohin fährst du denn?«

»Nach England.«

»In England ist es gut, nicht? Nanny hat es gesagt.«

»Im Augenblick scheint mir vieles dafür zu sprechen.«

»Werde ich in England bei dir sein?«

»Ja. Aber jetzt mußt du schlafen.«

»Versprochen?«

»Versprochen!«

Aber Nanny kam nie. Mein Vater fand einige Briefe in einem Buch, schickte sie an die Anwälte, und meine Mutter bekam das Sorgerecht für mich nicht. Später schrieb mir mein Vater einen Zettel mit der Bitte, ihren Namen in seiner Gegenwart nie mehr zu erwähnen; das kränkte mich, denn ich hätte es sowieso nicht getan. Ihr Zimmer, das mit dem Bild darin, blieb verschlossen. Den Sommer über lebte ich mit meinem Vater in unserem Haus in Baden, und im Winter bei Großmama Merz in der Voßstraße. Jetzt fuhr ich zusammen mit meinem Vater in seinem Automobil dorthin; er sagte, wir seien ruiniert und könnten uns Fahrkarten für die Eisenbahn nicht mehr leisten. Er sprach oft von unserem Ruin, und es gab tatsächlich gewisse Anzeichen; er hatte die Pferde verkauft und weigerte sich, für die Dienstboten Bier zu beschaffen, statt dessen sollten sie die Weine auftrinken. Und bald hatte ich keine Kleider mehr. Schürzen und Kittel seien das Beste für kleine Kinder, sagte er, und mir war es recht. Wir hatten kein Personal aus dem Dorf mehr; mein Vater ließ Leute aus Frankreich kommen und verbot ihnen, mit den Leuten im Ort zu sprechen – dabei kämen sie nur auf revolutionäre Gedanken, erklärte er mir. Wenn wir Sachen brauchten, die geliefert werden mußten, bestellte mein Vater sie aus einem Katalog, und sie kamen in Paketen. Unser Hausdiener hatte uns schon sehr bald verlassen, angeblich, um zu heiraten, aber ich glaube, er vermißte meine Mutter. Ich bekam keine neue Nanny; von nun an kümmerte sich eines der Dienstmädchen um mich. Mein Vater ging immer noch auf Auktionen. Die neuen Diener sagten mir, wir seien nicht wirklich arm; ich wußte, daß mein Vater für seine Merz-Erbschaft eine Regelung gefunden hatte und daß wir auch von einem Teil des Geldes lebten, daß ihm sein Bruder Johannes hinterlassen hatte.

Wenn wir auf dem Land waren, aßen mein Vater und ich immer zusammen. Er erzählte mir, was er als kleiner Junge gemacht hatte, und sprach über Möbel; auch über Obstbäume und Gemüse wußte er Bescheid und darüber, wie man Wein anbaut, und er brachte es mir bei. Es war nie still, wenn wir zusammensaßen, aber ich fand es schwierig, das Wort an ihn zu richten. Sein Asthma machte ihm in diesen Jahren viel zu schaffen, und ich wußte, daß er sich deswegen Sorgen machte. Henrietta kam nicht mehr mit uns aufs Land; Großmama fühlte sich einsam, deshalb blieb Henrietta nun die ganze Zeit bei ihr. Mein Vater sagte, es sei viel besser so.

»Ich hoffe, du vertraust niemals einer jungen Frau«, sagte er zu mir.

Später blieb Henrietta auch deshalb weg, weil sie sich verlobt hatte. Mit dem Geiger, der früher mit Sarahs jüngerer Tochter verlobt gewesen war. Zuerst sagte Sarah, es sei ein Segen, und dann sagte sie, es sei keiner, weil ihre Tochter nämlich mit einem anderen jungen Mann weggelaufen war.

»Er ist noch schlimmer, falls das überhaupt möglich ist«, sagte sie.

Von Sarah sahen wir nicht viel. Sie kam nicht mehr so oft in die Voßstraße, aber Edu erschien jeden Tag. Mein Vater hatte eine Abneigung gegen Sarah entwickelt; er nannte sie eine falsche Freundin, die uns allen viel Unglück gebracht habe. Sarahs ältere Tochter machte eine Ausbildung als Krankenschwester. Edu sagte, Sarah sei darüber sehr betrübt, meinte aber, sobald ein junger Mann auftauchte, wäre es damit vorbei. Doch Sarah sagte, junge Männer würden nur wegen der anderen auftauchen.

Ich erfuhr auch, daß Sarah Edus Schulden bezahlt hatte.

»Warum denn nicht?« hatte sie gesagt. »Sollen sich die alten Glücksritter ruhig ein bißchen wundern. Ich bin in letzter Zeit anscheinend derart reich geworden – da hat es einfach keinen Sinn, daß ich mich noch länger weigere. Ich weiß gar nicht, warum ich je damit angefangen habe.«

Jeden Tag, wenn ich nach unten kam, um Großmama Merz guten Morgen zu wünschen, sagte sie zu mir: »Wann werden wir denn deine schöne Mama wiedersehen, Liebes? Ich vermisse sie sehr.« Da mein Vater um diese Tageszeit selten unten war, machte es mir nicht viel aus.

Ich wurde nicht in die Schule geschickt; mein Vater wollte das nicht. Eine Zeitlang hätte es für mich vielleicht auch unangenehm sein können. Meine Tante Clara behielt recht – der »Bernin-Brief«, wie er bald genannt wurde, und der Selbstmord von Gustavus Felden entfachten neues Interesse. Offenbar kamen die Leute zu der Ansicht, Feldwebel Schaale gehöre wirklich nicht mehr ins Gefängnis. Die Behörden waren den Ärger leid; ein neues Verfahren wurde nicht eingeleitet, aber Feldwebel Schaale wurde begnadigt und freigelassen.

Tante Clara sahen wir nie.

Im November 1913, während einer Fahrt im Auto nach Berlin, holte sich mein Vater eine Bronchitis. Wir erreichten die Voßstraße; aber die Bronchitis verschlimmerte sein Asthma, und das Asthma schlug ihm aufs Herz. Er atmete nicht, er rang nach Luft, und je mehr er rang, desto schwerer wurde es für ihn. Er bekam Morphium, das die Verkrampfung lösen sollte, aber wenn er ruhig lag, nahm ihm die Bronchitis den Atem. Dann kam eine Lungenentzündung dazu. Er wollte nicht sterben und war sich doch sicher, daß er sterben würde, und diese Wochen müssen sehr schrecklich für ihn gewesen sein. Mir machte das alles große Angst, und ich versuchte, meinen Vater soweit wie möglich zu meiden. Emil und die Diener halfen mir dabei. Als er mich zuletzt zu sich rief, bin ich nicht gegangen.

Er wurde in der Gruft der Merz bestattet, neben Melanie, seiner ersten Frau.

Bald darauf hieß es, ich würde zu meiner Mutter gebracht. Ich sollte an der holländischen Grenze abgeholt werden, und eine der früheren Gesellschafterinnen von Großpapa Merz sollte mich auf dem deutschen Teil der Reise begleiten. Als sich herausstellte, daß meine Mutter selbst mich abholen würde, erbot sich Marie, mit mir zu kommen.

Marie und ich, wir waren beide in Schwarz, als wir auf dem Grenzbahnhof eintrafen. Wir betraten den stickigen Wartesaal, aber meine Mutter war nicht da. Nach einiger Zeit gingen wir wieder nach draußen. Es war sehr kalt. Schon aus dem Zug hatten wir gesehen, daß es schneite.

»Immer zu spät«, sagte Marie, aber in ihrer Stimme klang Freude mit.

Dann war sie da. »Frau Baronin sind so schön wie immer«, sagte Marie.

Meine Mutter beugte sich vor und gab ihr einen Kuß. Sie trug einen Pelz und einen kleinen Schleier. In meiner Vorstellung war Marie kräftig und rund, meine Mutter dagegen klein und schmal. Jetzt sah ich, daß es nicht so war. Marie war gebrechlich und alt. »So viel, wie du anscheinend geglaubt hast, können einem drei Jahre denn doch nicht anhaben«, sagte meine Mutter zu ihr. »Aber mir wäre es lieb, wenn du mich Trafford nennst, wie früher in Spanien, erinnerst du dich?«

»Ach, Spanien –«, sagte Marie. »Oh, Miss Trafford!«

»Na, vielleicht nicht unbedingt *Miss?*« sagte meine Mutter und wandte sich mir zu. »Laß dich ansehen«, sagte sie. »Sprichst du noch Englisch, Spätzchen?«

»Nein, ja, ich weiß nicht«, sagte ich und stellte fest, daß ich es noch konnte.

»Was sind denn das für Kleider?« sagte meine Mutter.

»Nur, weil sie neu sind«, sagte ich. »Sonst ziehe ich so was nicht an.«

Wir gingen zu einem anderen Bahnsteig. Viel Zeit blieb uns nicht.

»Ich habe einen Brief von Frau Edu mitgebracht, gnädige Frau«, sagte Marie.

»Oh, gib ihn mir«, sagte meine Mutter. »Wie geht es ihr?«

»Sie wird älter, wie wir alle. Wenn Sie mich fragen, gnädige Frau, ich glaube, der Tod des Herrn Baron hat sie sehr betrübt.«

Meine Mutter setzte sich in ein Abteil und las den Brief, während sich Marie um meine Sachen kümmerte.

»Ich muß ihr antworten«, sagte meine Mutter. »Spätzchen, hast du Notizbuch und Stift dabei, wenn du auf Reisen bist? Na, ich hab's mir schon gedacht.« Sie öffnete ihre eigene Tasche.

Der Schaffner schlug die Türen zu. »Ach, macht nichts«, sagte sie. Sie trat ans Fenster. »Bestell ihr liebe Grüße von mir, ja? Ach, und dann muß ich ihr eine Frage beantworten. Marie, kannst du dir das merken? Sag doch bitte Frau Edu, mit lieben Grüßen von mir, daß die Briefe, die man gefunden hat, im ›Briefwechsel von Gustave Flaubert‹ gesteckt haben; es waren Briefe in spanischer Sprache ohne Bedeutung für mich – hast du verstanden? unwichtige spanische Briefe –, ich habe sie selbst dorthinein gelegt, weil ich dachte, Jules würde nie lesen.« Wir fuhren schon, ich stand noch auf dem Trittbrett und umarmte Marie. »Sag ihr«, rief Caroline, »sag ihr, auch darin hätte ich mich geirrt.«

DOSSIER

Zusammengestellt von Reinhard Kaiser

Sybille Bedford

*DAHER DER TITEL**

1870 bis 1914, über diese Zeit erstreckt sich der Roman. Vieles, was man in diesen Jahrzehnten geschehen ließ, war unklug, grausam, schlecht, böse (um es einfach auszudrücken); es gab auch einen deutschen Irrsinn ohne jeden Humor ... Gehört manches davon zu den Grundlagen des Ungeheuren und Ungeheuerlichen, das dann folgte? Haben die privaten Ereignisse, auf die ich hier mit leichter Hand eingehe, ein Vermächtnis hinterlassen? Beim Schreiben kam es mir so vor. Daher der Titel.

Sybille Bedford

*WIEVIEL IST AUTOBIOGRAPHISCH?***

Mein Vater war damit aufgewachsen, Preußen als eine barbarische Bedrohung und das vereinigte Deutschland als neuen Unsinn zu betrachten. Er änderte seine Ansichten

---

* Sybille Bedford, *A Legacy.* ›Introduction‹, London: Penguin 1999, S. IXf.

** Sybille Bedford, *Zeitschatten. Ein biographischer Roman.* Aus dem Englischen von Margarete Längsfeld. Reinbek: Wunderlich 1992, S. 16f. © Sybille Bedford. Für die dt. Übersetzung © Rowohlt Verlag, Reinbek.

nie. Zudem liebte er Frankreich, wo er einen Großteil seines Lebens verbracht hatte, und wann immer auch nur die geringste Chance bestand, daß er verstanden wurde, sprach er französisch. Für ihn waren die Ereignisse eine Katastrophe – der Krieg eine gefährliche Torheit, der allen Betroffenen Zerstörung brachte und über den man am besten nicht nachdachte. Für meine Mutter war der Krieg eine Frage dessen, was Menschen – Männer und Frauen, sagte sie – imstande waren zu tun, einander anzutun. Sie benutzte Worte wie Verstümmelung und Töten. Die meisten unserer Dienstboten kamen aus dem Dorf, und es gab Gerede über unsere Ansichten. Wir unterhielten uns daher auf französisch und englisch.

Eines Tages wurde ein Stein über die Parkmauer geworfen, als das Kindermädchen, meine Halbschwester und ich spielten. Er traf mich im Gesicht, es war nur eine Schürfwunde, aber es blutete stark, und ich schrie. Ich habe die Narbe noch, eine kleine, unterhalb der Augenbraue. Es war nichts Schlimmes, aber die Erinnerung wirkt nach. In einem Roman, den ich Jahrzehnte später schrieb, gibt es eine Episode in Deutschland, die ich den Felden-Skandal nannte, wo der Mob einen Stein auf die kindliche Erzählerin wirft.

Im Jahre 1915 wurde unser Haus für die Dauer des Krieges verschlossen, und wir fuhren quer durch Deutschland nach Berlin. Das ist meine erste Erinnerung an eine Eisenbahnfahrt. Man hatte mir gesagt, ich würde vielleicht »die Verwundeten« sehen. Lange graue Züge, die Abteile übervoll mit Menschen, lange Wartezeiten in grauen, stahlüberwölbten Bahnhöfen, Soldaten auf den Bahnsteigen, in den Gängen, Soldaten, die zu den Fenstern hereinsahen, Soldaten, denen in die Abteile geholfen wurde – Soldaten auf Krücken, Soldaten mit Kopfverbänden, Soldaten mit großen Gipsverbänden um den Brustkasten – es war unmöglich, sie nicht zu sehen. Auch diese Erinnerung wirkt bis heute nach.

Die Schwiegereltern meines Vaters die uns aufnahmen, waren nicht die Eltern meiner Mutter, sondern die seiner ersten Frau, die jung gestorben war. Sie betrachteten ihn weiterhin als ihren Schwiegersohn. Sie waren reich, entgegenkommend und hatten lächerlich beschränkte Ansichten. Mein Vater, der dem Alter nach besser zu ihnen paßte als zu seiner zweiten Frau, meiner Mutter, sah immer noch bemerkenswert gut aus. *Le beau Max* hatten sie ihn seinerzeit in der Pariser Halbwelt genannt, und zu seinen ewigen Klagen gehörte der Verlust seiner Jugend. Er konnte kluge Frauen nicht ausstehen. Meine Mutter war zu schön gewesen, als daß er bemerkt hätte, daß sie eine kluge Frau war, und als er es merkte, war es zu spät. Die Berliner Schwiegereltern standen einer jüdischen Familie vor. Sie waren Edwardianische Juden. In meinem Roman habe ich die Charaktere und Bräuche ihrer Familie – ich nannte sie Merz – und die ihrer Verwandten und Freunde geschildert. (Lebensecht? Ich glaube schon, wenn man von der dichterischen Freiheit der Romanschriftstellerin absieht.) Ich beschrieb ihr Haus in der Voßstraße, dessen Rückseite auf die Reichskanzlei in der Wilhelmstraße hinausging und dessen ganzer Block im Zweiten Weltkrieg zerstört wurde. Es war ein großes, düsteres Haus, vollgestopft mit Polstermöbeln und überheizt. Seine Bewohner aßen unaufhörlich. Einige waren außerordentlich liebevoll, andere bekrittelten unsere Anwesenheit. Ich führte als Gast in einem oberen Stockwerk mein eigenes Leben: Ich konnte damals schon lesen, und ich war das einzige Kind im Haus. Meine Halbschwester, ihr richtiges Enkelkind, war schon halb erwachsen. Die Mahlzeiten wurden im Kreise der Familie eingenommen, die zufällig vierzehn Personen zählte; wann immer jemand ausfiel, wurde ich zum Essen nach unten

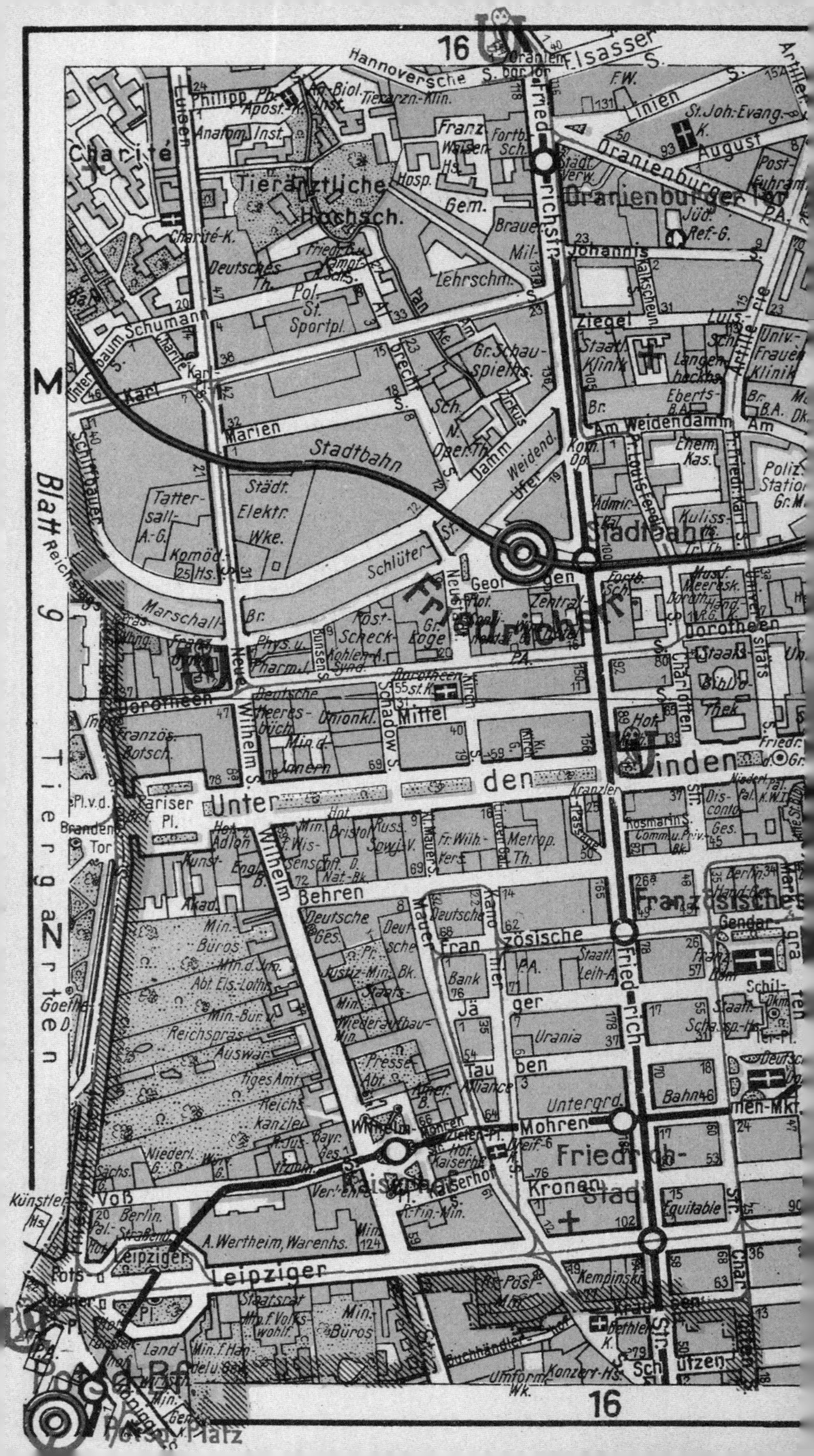
16
Hannoversche S.
Elsasser
Oranienburger Tor
Linien
St. Joh.-Evang.-K.
August
Oranienburger
Post-Fuhramt
Charité
Luisen
Philipp
Anatom. Inst.
Tierärztliche Hochsch.
Franz. Waisen Hs.
Fortb. Sch.
Städt. Verw.
Gem.
Brauer
Mil.
Lehrschm.
Jüd. Ref.-G.
Johannis
Kalkscheun
Charité-K.
Deutsches Th.
Pol. St. Sportpl.
Schumann
Karl
Gr. Schauspielhs.
Ziegel
Staatl. Klinik
Langenbeckhs.
Univ.-Frauen Klinik
Artillerie
Eberts-Br.
Am Weidendamm
Marien
Stadtbahn
N. Oper. Th.
Zirkus
Weidend. Ufer
Ehem. Kas.
Poliz. Station
Admir.
Kuliss-
M
Blatt 9
Tatter-sall-A.-G.
Komöd. Hs.
Städt. Elektr. Wke.
Schlüter-
Stadtbahn
Georgen
Friedrich
Zentral-
Fortb. Sch.
Dorotheen
Marschall-Br.
Franzos. Botsch.
Post-Scheck-
Phys. u. Pharm. I.
Bunsen S.
Kohlen-A.-Synd.
Gr. Loge
P.A.
Neue Wilhelm S.
Dorotheen
Deutsche Heeresbüch.
Min. d. Innern
Schadow S.
Mittel
Charlotten
Staats-Biblio-Thek
Unter den Linden
Kranzler
Rosmarin S.
Dis-conto-Ges.
Pariser Pl.
Branden-Tor
Hot. Adlon
Hot. Bristol
Russ. Sowj.-V.
Fr. Wilh.-Vers.
Metrop. Th.
Kunst-Akad.
Engl. B.
Wilhelm
Behren
Deutsche Ges.
Deutsche Bk.
Mauer
Französische
Französische
Gendar-
Bank
Staatl. Leih-A.
Jäger
Schiller-
Urania
Min. Büros
Min. d. Inn.
Abt. Els.-Lothr.
Reichspräs.
Auswär-tiges Amt
Reichs-kanzlei
Justiz-Min.
Presse-Abt.
Tauben
Allianz
Untergrd.
Bahn
Mohren
Friedrich-Stadt
Kronen
Equitable
Goethe-D.
Tiergarten
Wilhelm-Pl.
Zieten-Pl.
Hot. Kaiserhof
Kaiserhof
Sächs. G.
Niederl.
Voß
Künstler-Hs.
Berlin. Pal.-Straßenb.
A. Wertheim, Warenhs.
Min. 124
Leipziger
Leipziger
Staatsrat
Min. f. Volkswohlf.
Min. Büros
Land-
Min. f. Handel u. Gew.
Kempinski
Kraus-
Bethlehem K.
Buchhändler-
Konzert-Hs.
Schützen-
Umform.-Wk.
Potsdamer Platz
16

befohlen, um zu verhindern, daß sie dreizehn bei Tisch waren. Ich wurde liebkost und war die Zielscheibe sarkastischer Bemerkungen von Onkeln und Cousins. Im übrigen fütterten sie mich durch und vergaßen, daß ich ein lebendes Wesen sein könnte. Ich wurde entweder neben Großmama Merz oder ans Ende des Tisches gesetzt. Man sprach offen miteinander, und so lernte ich viel über deutsch-jüdisches Familienleben.

Sybille Bedford

*GAB ES EINEN FELDEN-SKANDAL?**

Ja und nein. Als ich die Geschichte schrieb, glaubte ich auf immer damit fertig zu sein. Sind die Tatsachen, die ich jetzt zu erinnern suche, verläßlicher als die Fiktion? Meine Quellen sind dieselben – *Hörensagen:* belauschte ältere Familienangehörige, Voßstraßenklatsch, Geschichten, die mir mein Vater erzählte, als wir beide nach dem Krieg allein in Feldkirch lebten, er über sechzig, ich ein Kind von acht … von neun Jahren …

Er war in einem Haus wie unserem in Feldkirch aufgewachsen, wie Feldkirch, bevor wir allein waren. Er hatte Brüder gehabt, es gab ländlichen Zeitvertreib, sie waren glücklich gewesen. Ein Sohn wurde auf eine Kadettenschule geschickt, konnte es nicht ertragen und trat eine dramatische Flucht an; er ging nachts, versteckte sich tagsüber und machte ungeheure Umwege, um nicht aufgegriffen und zurückgebracht zu werden. Halb verhungert, halb verrückt kam er zu Hause an. Sie päppelten ihn auf und schickten

---

* Sybille Bedford, *Zeitschatten. Ein biographischer Roman.* Aus dem Englischen von Margarete Längsfeld. Reinbek: Wunderlich 1992, S. 24 bis 26.

erlin Mitte,
inks unten die Voßstraße.

ihn dann zurück. Er versuchte sich umzubringen, indem er eine Schachtel Streichhölzer verschluckte. Sie schickten ihn trotzdem zurück. Er verlor nicht den Verstand, er wurde nicht in eine Irrenanstalt eingeliefert. Er wurde in der Tat Kavallerieoffizier, Kommandeur seines Regiments, und alsbald heiratete er. Wie weit hatte er Schaden genommen? Es ist zu spät, das festzustellen. Er muß exzentrisch gewesen sein. Sein Interesse galt den Tieren, und er konnte großartig mit ihnen umgehen. Wilde Tiere. Er hielt Wölfe und schenkte ihnen zu Weihnachten mit Edelsteinen besetzte Halsbänder, das hat mir jedenfalls mein Vater erzählt, ohne mit der Wimper zu zucken. Saphire (waren sie wirklich echt?) für die Wölfe, *nicht* für die Gattin – der Tonfall meines Vaters deutete an, daß dies ein Fehler war. Die Gattin war eine schöne junge Frau, die eine große Anziehungskraft auf Männer ausübte. Der Bruder meines Vaters war in einer kleinen Garnisonsstadt namens Allenstein in Ostpreußen stationiert, und seine Frau soll mit dem halben Regiment geschlafen haben, mit und ohne Offizierspatent. An einem Weihnachtsabend, 1908 oder 1909*, kam ein Hauptmann zum Essen; anschließend verabschiedete er sich zum Schein, versteckte sich jedoch, statt zu gehen, in der Zufahrt. Als im Haus alles dunkel war, schlich er zurück. Er hatte dicke Socken über seine Schuhe gezogen und einen Revolver in seiner Tasche. Der Bruder meines Vaters rief: »Wer da?« und machte Licht. *Er* stand im Lichtschein, der Hauptmann schoß auf ihn und tötete ihn. Im Gefängnis schrieb er ein Geständnis, er sei rasend in die Frau des Obersten, Antonia hieß sie, verliebt gewesen, und sie habe ihn zu der Tat angestiftet. Sie habe ihm die Wollsocken, die Socken ihres Mannes, und einen Schlüssel gegeben. Der Hauptmann erhängte sich vor der Gerichtsverhandlung in

* Am 26. Dezember 1907 (R.K.).

seiner Zelle. Antonia wurde verhaftet und wegen Mordes vor Gericht gestellt, man verurteilte sie zum Tode. Einem psychiatrischen Sachverständigen gelang es, sie für geisteskrank erklären zu lassen, und sie wurde nicht – gemäß der deutschen Gesetzgebung – durch das Beil hingerichtet, sondern in eine Nervenheilanstalt eingewiesen. Von dort wurde sie mit der Hilfe des Psychiaters nach wenigen Wochen entlassen. Sie gingen nach Italien und heirateten. Der Allenstein-Mord war eine nationale Sensation – die Vorgänge in einem kaiserlichen Regiment, die Ermordung des Obersten durch einen seiner Offiziere und seine eigene Frau am Weihnachtsabend, die Socken, die Wölfe, der Selbstmord im Gefängnis, die Schönheit der Frau und ihr ungeschorenes Davonkommen. Manche Leute wurden furchtbar wütend. Hinter dem lauten Säbelrasseln steckten erhebliche Ressentiments gegen die überbesetzte Militärverwaltung und die Kosten dafür; die Allenstein-Affäre goß Wasser auf viele Mühlen und wurde durch Teile der Presse, die parlamentarische Opposition und die Öffentlichkeit zum politischen Skandal. Maximilian Harden, ein aggressiver radikaler Journalist jener Zeit, schrieb einen glühenden Leitartikel mit unserem Familiennamen als Überschrift: wir – was wir angeblich waren und vertraten – wurden zur Zielscheibe. (Mein Vater war schlichtweg verwirrt und entsetzt.) Der Skandal war bemerkenswert wegen der unterschiedlichen boshaften Emotionen, die er erweckte. Er erzeugte sogar neuen Antisemitismus: die erste Ehe meines Vaters mit einer verstorbenen jüdischen Erbin wurde hineingezogen, und damit auch die armen Merz. Zum Zeitpunkt des Mordes war meine Mutter mit meinem Vater verlobt, aber bereits dabei, es sich anders zu überlegen. Grob umrissen war es zu ihrer Verlobung ähnlich gekommen wie zu der von Jules und Caroline Trafford – er, empfänglich für Schönheit und Temperament, verliebte sich in sie und machte ihr ziel-

STAMMBAUM DER FAMILIE SCHOENEBECK

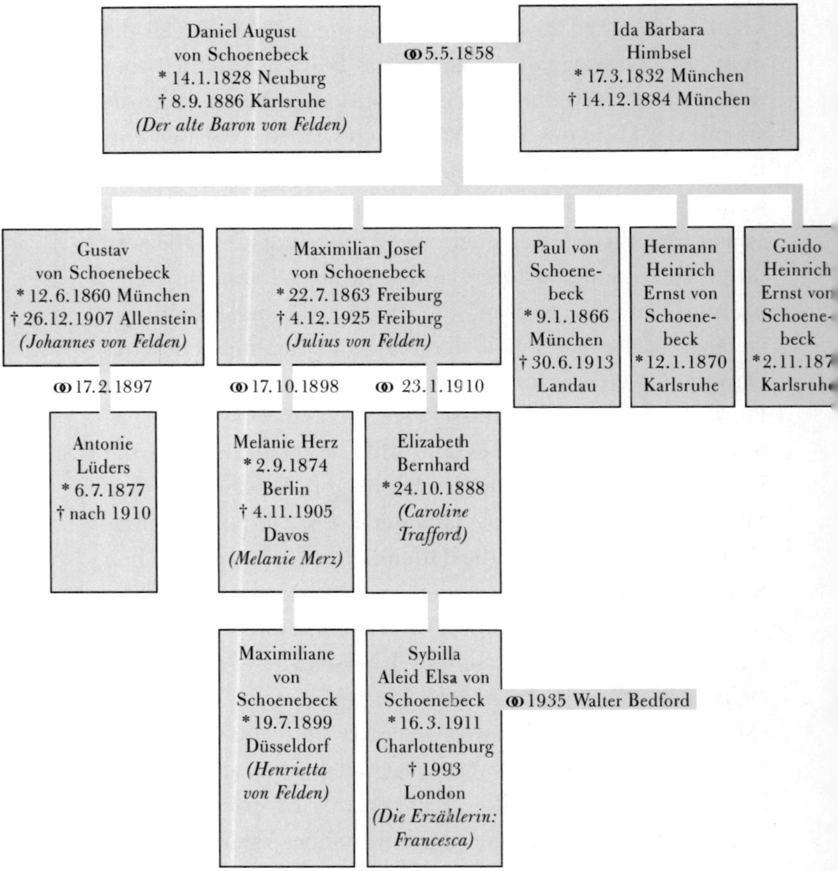

Quellen: Karl Pellmann, *Die Familie Hertmanni*, Cleve 1928; und die genealogische Datenbank von Bernd Klein: home.t-online.de/home/bernd.klein.ettringen/
Für freundliche Hinweise dankt der Übersetzer Bernd Klein in Ettringen.

strebig den Hof; sie, von dieser Zielstrebigkeit eingenommen, amüsierte sich liebevoll über ihn und sein veraltetes Gehabe und war angetan von der Aussicht auf eine völlige Veränderung, durch die sie, so glaubte sie, die Schmerzen und die ausweglose Situation einer vorangegangenen gescheiterten Liebe überwinden könne. (Jener Mann war lange verheiratet und zu ehrenhaft, um eine Frau im Stich zu lassen, die älter war als er, was meine Mutter billigte.) Sie war gerade im Begriff, die Klugheit ihrer Entscheidung anzuzweifeln, als der Bruder meines Vaters erschossen wurde und sie es nicht mehr für statthaft befand, die Verlobung zu lösen. Sie heirateten 1910. Manche Leute fanden es amüsant, wenn sie ihr vorgestellt wurden zu fragen: »Die Mörderin?«, denn natürlich trug sie jetzt deren Namen. Schließlich bewog sie meinen Vater fortzuziehen, und sie lebten eine Zeitlang in Spanien. Meine bevorstehende Geburt setzte dem ein Ende. Sie kehrten zurück und kauften das Haus in Feldkirch. Der Allenstein-Affäre verdanke ich meine Existenz.

Maximilian Harden
*SCHOENEBECKS**

... Am zweiten Tag nach der Weihnacht findet, morgens vor Sechs, der Dragoner, der des Majors Burschen vertritt, Herrn von Schoenebeck tot in seinem Schlafzimmer. Die Leiche liegt auf dem Rücken, ist nur mit Nachthemd und Pantoffeln bekleidet; aus einer Stirnwunde rinnt noch Blut. Zwischen den Beinen liegt ein Revolver. Im Schlafzimmer brennt das Elektrische Licht. ... Frau von Schoenebeck

* Maximilian Harden: »Schoenebecks«, in: *Die Zukunft*, 71. Band, 25. Juni 1910, S. 411 f., 415 f.

schreit, heult, tobt; bleibt aber im Bett. Rennt nicht das Treppchen hinunter, um den Leib des Mannes zu sehen, in dessen Umarmung sie zwei Kinder empfangen hat. Ein paar Kameraden Schoenebecks sind geweckt worden und eilen herbei. Raubmord nach einem Einbruch? Im Haushalt fehlt nichts. ... Nach Sieben kommt Goeben, um den Hausherrn zu einem (angeblich vereinbarten) Jagdausflug abzuholen. Der Bursche meldet, der Herr Major habe sich erschossen. Undenkbar, sagt Goeben; weilt nur eine Minute neben der Leiche und stürmt dann hinauf: die Witwe zu trösten. Ob sie ihm (wie sie behauptet) ihr Schlafzimmer sperrte oder ihn (wie er behauptet hat) einließ? Nach seiner Angabe hat sie, als er eintrat geschrien: »Mein Gustel!« Bei seinem Anblick sich nicht beruhigt; gefragt: »War er gleich tot? Ich weiß von nichts. Ich bin verrückt. Sags Allen!« Als Goeben wieder unten ist, scheint er ganz ruhig. Spricht, wie schon lange, schlecht über Schoenebeck ...

... Der fast Siebenunddreißigjährige, der als Batteriechef nach Allenstein versetzt wird, hat als ein Glücklicher niemals noch den Leib eines Weibes umschlungen.

Im März hat er die von überströmendem Dankgefühl hingerissene Antonie geküßt; dem Drängen ihrer nach körperlicher Vereinigung lechzenden Hypererosie aber, im Bewußtsein des Unvermögens, nicht nachgegeben. Er läßt sich lieben; doch durch die ungestümste Zärtlichkeit nicht aus dem vorsichtig gewählten Triebgewahrsam locken. Auch nicht, als der Major* dem Haus ein paar Wochen lang fern bleibt. Der Lenz kommt endlich ins Pregelland. Die Luft erwärmt sich und unter dem letzten Schnee steigt sacht, in Wald und Garten, aus der Wurzel der Saft ins Gesträuch. Wühlt und wirkt auch in des Hauptmanns Sinnen die Zeugerkraft dieses Frühlings? In schwüler Mittagsstunde

* Antonies Ehemann, Gustav von Schoenebeck (R. K.).

bebrütet, während des Heimrittes vom Uebungsplatz, die Sonne in Goebens Hirn die Hoffnung, jetzt, so spät noch, das volle Glück der Mannheit zu erlangen. Wer weiß? Vielleicht hat ihm bisher nur der seine scheue, verschüchterte Geschlechtsart ergänzende Weibtypus gefehlt; der besondere Wesensduft, dessen Wehen auch ihn in den großen Orgasmus lenzlicher Natur taucht. In unbewußter Bewegung sinkt die fiebernde Hand vom Zügel und streichelt den Rücken des Thieres. Das den Reiter so willig trägt …

Karl Kraus

*SCHOENEBECKMESSER**

… Hütet euch vor seinem wissenden Blick, ihr deutschen Soldaten; zeigt ihm die Front nicht und kehrt ihm nicht den Rücken; ihr Goeben und Moltke, habt Acht! Nicht mehr gefährlich ist er, aber zudringlich. Nicht über Krieg und Frieden entscheidet er jetzt, aber über eure Siege und Niederlagen im Bett. Eine Zeit der Geschlechtsparade ist angebrochen: weh dem, der normwidrig adjustiert ist; weh dem, der im Vordertreffen seinen Mann nicht gestellt hat. Pardon wird nicht gegeben. Wer sich den Luxus eines Privat- und Familienlebens gestattet, muß sich auch eine Kritik gefallen lassen. Und wie's bei Schoenebecks zuging, das zeigt uns nicht nur die öffentliche Berichterstattung über eine geheim durchgeführte Verhandlung. Nein, dort, wo der Reporter verzichtet, dort, wo selbst unsere Phantasie diskret wird, eben dort tritt Herr Maximilian Harden dazwischen, duldet keine Heimlichkeiten, dreht die Lampe auf, die's nicht wissen soll, spricht aus, »was ist«, ruft Zeu-

---

* Karl Kraus: »Schoenebeckmesser«, in: *Die Fackel*, Nr. 305/306, 20. Juli 1910, XII. Jahr, S. 1 f. © Suhrkamp Verlag, Frankfurt/Main 1986.

gen zur Tat, wälzt ein Protokoll heran und sorgt dafür, daß auch nicht ein Tropfen erweislicher Lustbarkeit verloren gehe. Auf die Frage, ob man im Dunkeln erröten könne, läßt er sich nicht ein, da er weder ein Dunkel zugibt, noch ein Erröten kennt. Was an Tatsachen nicht zu haben ist, ersetzt er durch die Erkenntnisse seiner ausschweifenden Psychologie. Und mit einem Wissen, dem nichts Menschliches fremd, und mit einem Besserwissen, das über alles Menschliche informiert ist, mit dem ganzen Rüstzeug einer neuzeitlichen Bildung, die Juristerei, Philosophie und Medizin und leider auch Pornolalie studiert hat, und mit einem Eifer, der von der Erschaffung der Welt anfängt, die Bibel plündert und Allenstein das Olsztyn der masurischen Polen nennt, um auf die Hauptsache, die sexuellen Gewohnheiten des Herrn v. Goeben zu kommen, bepackt mit Erudition, Information und Sensation wie noch nie: so tritt Herr Maximilian Harden in das Schlafzimmer des Hauses Schoenebeck …

Evelyn Waugh und Nancy Mitford
*WER VERBIRGT SICH HINTER DIESER BRILLANTEN MRS. BEDFORD?**

Evelyn Waugh an Nancy Mitford. *Piers Court, 22. März 1956*

Liebste Nancy,

ich bin Dir riesig dankbar, daß Du mir *A Legacy* geschickt hast. Ich habe es in einem Zug gelesen, mit ungeheurem

* Evelyn Waugh, *The Letters,* hrsg. v. Mark Amory, New Haven, New York: Ticknor & Fields 1980, S. 470 f. By Permission of PDF on behalf of the Estate of Laura Waugh. Nancy Mitford, *Love from Nancy. The Letters of Nancy Mitford,* hrsg. v. Charlotte Mosley, London: Hodder & Stoughton 1993, S. 351 f. By Permission of PDF on behalf of the Estate of Nancy Mitford.

Vergnügen. Was die erste Hälfte angeht – bis zur Ehe von Jules & Melanie –, bin ich vollkommen einverstanden: »einer der besten Romane, die ich je gelesen habe«, wie Du schreibst. Danach scheint es mir ein wenig abzusacken, so als hätte sich der Verfasser plötzlich eine reichliche Portion Henry James einverleibt, vor allem in den langen Gesprächen zwischen Sarah und Caroline. Ich finde es auch ungeschickt, daß manche Teile des Buches in der ersten Person erzählt sind. Die Tochter teilt Dinge, die sie gar nicht wissen kann, so mit, als wäre sie eine Augenzeugin. Aber das sind Kleinigkeiten. Was für ein brillanter Plot! Wie gruselig die Vorgänge in der Kadettenanstalt! Wie ungeheuer komisch dieses jüdische Haus & Gottlieb und die Affen und die Taufen! Clara scheint mir über die halbe Strecke mißlungen. Vom Katholizismus versteht der Verfasser nicht besonders viel. »Heißt es nicht im Irrtum verharren, wenn man Bilder von etwas malt, das selbst schon eine Täuschung ist?« (S. 194) könnte vielleicht von einem Pseudotheosophen gesagt sein, und (S. 366): »Es ist Vermessenheit, von Erlösung auch nur zu sprechen« – von einem verzweifelnden Calvinisten. Das Englisch ist stellenweise etwas merkwürdig. Und immer lautet der Plural von Merz »Merz's« statt »Merzes«.

Eine Zeitlang habe ich mich gefragt, wer sich hinter dieser brillanten »Mrs. Bedford« verbergen könnte. Offenbar ein kosmopolitischer Militär, der sich mit dem Parlamentarismus und der Welt des Journalismus auskennt, dem die Preußen zuwider und Juden sympathisch sind und der fest davon überzeugt ist, daß bei sich zu Hause jeder Mensch französisch spricht ... Und dann fiel es mir natürlich ein. Der gute, alte Colonel. Er hat seinen Ruhestand gut genutzt. Bitte, übermittle ihm meine tiefempfundene Hochachtung.

Alles Liebe Evelyn

Der »Colonel«, auf den Evelyn Waugh hier anspielt, war Gaston Palewski (1901–1984), während des Zweiten Weltkriegs ein enger Mitarbeiter Charles de Gaulles, später in verschiedenen politischen und diplomatischen Ämtern für die französische Republik tätig. Vor allem seinetwegen hatte sich Nancy Mitford nach dem Krieg in Paris niedergelassen.

Nancy Mitford an Evelyn Waugh. *Paris, 25. März 1956*

Lieber Evelyn,

Colonel Bedford ist entzückt über Deine Lobsprüche – so ein Kreischen habe ich noch nie gehört. Er bewundert das Buch sehr, genau wie wir – und genau wie Dir, hat es ihm nach dem Auftauchen von Caroline weniger gut gefallen. Er sagt, er sei eben konservativ und habe sich an Melanie gewöhnt gehabt.

Ich bin viel weniger kritisch, und alles schien mir perfekt. Ich hoffe bloß, diese idiotischen Kritiker tun, was ihres Amtes ist…

Die wirkliche Mrs. Bedford ist eine kleine, blonde, überaus scheue Frau, ungefähr vierzig, schätze ich, halb deutsch. Sie wirkt sehr *lieb*, aber nie und nimmer würde man Talent bei ihr vermuten, und als eine gemeinsame Freundin mir das Buch schickte, dachte ich schon mit Schrecken daran, wieviel ich wohl allenfalls lesen müßte, um etwas darüber sagen zu können. Du kennst das. Statt dessen war ich dann tagelang gefesselt…

Liebe Grüße
N

LITERATURHINWEISE

SYBILLE BEDFORD – *WERKE*

The Sudden View. A Mexican Journey, London 1953; Neuausgabe unter dem Titel: *A Visit to Don Otavio,* London 1960. Dt. *Zu Besuch bei Don Otavio. Eine mexikanische Reise,* München 1967.

A Legacy. Roman, London 1956. Dt. *Das Legat,* München 1964.

The Best We Can Do. An Account of the Trial of John Bodkin Adams, London 1958. Dt. *Der Fall von John Bodkin Adams. Ein Bericht,* Tübingen 1960.

The Faces of Justice. A Traveller's Report, London 1961. Dt. *Fünf Gesichter der Gerechtigkeit. Justiz in England Deutschland, Österreich, Schweiz, Frankreich,* Gütersloh 1964.

A Favourite of the Gods. Roman, London, New York 1963. Dt. *Ein Liebling der Götter,* München 1965.

A Compass Error. Roman, London 1968. Dt. *Kursabweichung,* München 1969.

Aldous Huxley. A Biography, London 1973/74 (2 Bde.).

Jigsaw. An Unsentimental Education, London 1989. Dt. *Zeitschatten. Ein biographischer Roman,* Reinbek 1992.

ÜBER SYBILLE BEDFORD

FitzGibbon, Constantine, in: *Irish Times* (Dublin), 19. Oktober 1968.

Furbank, P. N., in: *Encounter* (London), April 1964.

Kimball, Roger, in: *The New Criterion,* Jg. 12, Nr. 8, April 1994.

Levin, Bernard, in: *London Daily Mail,* 12. September 1966.

Mantel, Hilary, in: *New York Review of Books,* 15./29. November 2001.

Pritchett, V. S., in: *New Statesman* (London), 11. Januar 1963.

Waugh, Evelyn, in: *The Spectator* (London), 13. April 1956.

Sybille Bedfords Roman *EIN VERMÄCHTNIS* ist im Juli 2003 als zweihundertdreiundzwanzigster Band der *Anderen Bibliothek* im Eichborn Verlag, Frankfurt am Main, erschienen. Die Neuübersetzung aus dem Englischen stammt von Reinhard Kaiser, der auch das Dossier zu diesem Buch beigesteuert hat. Das englische Original trägt den Titel *A LEGACY*; verlegt wurde es 1956 bei Weidenfeld & Nicolson in London. Das Lektorat besorgte Rainer Wieland.

DIESES BUCH wurde in der Korpus Bulmer Antiqua von Wilfried Schmidberger in Nördlingen gesetzt und bei der Fuldaer Verlagsagentur auf 100 g/m² holz- und säurefreies mattgeglättetes Bücherpapier der Papierfabrik Schleipen gedruckt. Den Einband besorgte die Buchbinderei G. Lachenmaier, Reutlingen. Ausstattung & Typographie von Franz Greno.

1. bis 6. Tausend, Juli 2003. Von diesem Band der *Anderen Bibliothek* gibt es eine handgebundene Lederausgabe mit den Nummern 1 bis 999; die folgenden Exemplare der limitierten Erstausgabe werden ab 1001 numeriert. Dieses Buch trägt die Nummer:

2473 *